国家科学技术学术著作出版基金资助出版

岩石力学与工程研究著作丛书

钻爆法施工的海底隧道最小
岩石覆盖厚度确定方法

李术才　徐帮树　蔚立元　著

科学出版社

北　京

内 容 简 介

本书综合运用工程类比、数值计算、模型实验和现场监测等方法,对海底隧道覆盖岩层变形、渗流、破坏规律开展系统研究。阐述了海底隧道最小岩石覆盖厚度的影响因素及其确定方法研究现状。归纳总结了确定最小岩石覆盖厚度的工程类比方法,分析了各种方法的适用条件。提出了确定最小岩石覆盖厚度的最小位移法和安全系数法判别准则。开展了断裂损伤、渗流、爆破、地震和施工过程等因素对海底隧道覆盖岩层稳定性影响的研究。研制了海底隧道模型实验系统,揭示了海底隧道覆盖岩层渗流场、应力场和位移场变化规律。基于施工全过程位移释放率、位移增量反演理论和现场监测数据,建立了最小岩石覆盖厚度支护结构稳定性的分析方法,验证了最小岩石覆盖厚度取值的合理性。以青岛胶州湾隧道为背景,综合运用上述研究成果,建立了适合中国的钻爆法施工条件下海底隧道最小岩石覆盖厚度的确定方法和体系。研究成果成功应用到厦门翔安海底隧道、青岛胶州湾隧道纵断面线路设计。

本书适合从事海底隧道设计、施工等领域的工程技术人员,以及岩土工程相关专业的研究生和教师参考。

图书在版编目(CIP)数据

钻爆法施工的海底隧道最小岩石覆盖厚度确定方法 / 李术才,徐帮树,蔚立元著 . —北京:科学出版社,2013.10

(岩石力学与工程研究著作丛书)

ISBN 978-7-03-038833-9

Ⅰ.①钻… Ⅱ.①李…②徐…③蔚… Ⅲ.①水下隧道–隧道施工–钻爆法施工–施工技术–研究 Ⅳ.①U459.5

中国版本图书馆 CIP 数据核字(2013)第 241056 号

责任编辑:刘宝莉 张艳芬 / 责任校对:包志虹
责任印制:肖 兴 / 封面设计:陈 敬

科学出版社 出版

北京东黄城根北街 16 号
邮政编码:100717
http://www.sciencep.com

中国科学院印刷厂 印刷
科学出版社发行 各地新华书店经销

*

2013 年 10 月第 一 版 开本:B5(720×1000)
2013 年 10 月第一次印刷 印张:20 1/4 插页:4
字数:388 000

定价:**120.00 元**
(如有印装质量问题,我社负责调换)

《岩石力学与工程研究著作丛书》编委会

《岩石力学与工程研究著作丛书》序

随着西部大开发等相关战略的实施，国家重大基础设施建设正以前所未有的速度在全国展开：在建、拟建水电工程达 30 多项，大多以地下硐室（群）为其主要水工建筑物，如龙滩、小湾、三板溪、水布垭、虎跳峡、向家坝等，其中白鹤滩水电站的地下厂房高达 90m、宽达 35m、长 400 多米；锦屏二级水电站 4 条引水隧道，单洞长 16.67km，最大埋深 2525m，是世界上埋深与规模均为最大的水工引水隧洞；规划中的南水北调西线工程的隧洞埋深大多在 400~900m，最大埋深 1150m。矿产资源与石油开采向深部延伸，许多矿山采深已达 1200m 以上。高应力的作用使得地下工程冲击地压显现剧烈，岩爆危险性增加，巷（隧）道变形速度加快、持续时间长。城镇建设与地下空间开发、高速公路与高速铁路建设日新月异。海洋工程（如深海石油与矿产资源的开发等）也出现方兴未艾的发展势头。能源地下储存、高放核废物的深地质处置、天然气水合物的勘探与安全开采、CO_2 地下隔离等已引起政府的高度重视，有的已列入国家发展规划。这些工程建设提出了许多前所未有的岩石力学前沿课题和亟待解决的工程技术难题。例如，深部高应力下地下工程安全性评价与设计优化问题，高山峡谷地区高陡边坡的稳定性问题，地下油气储库、高放核废物深地质处置库以及地下 CO_2 隔离层的安全性问题，深部岩体的分区碎裂化的演化机制与规律，等等，这些难题的解决迫切需要岩石力学理论的发展与相关技术的突破。

近几年来，国家 863 计划、国家 973 计划、"十一五"国家科技支撑计划、国家自然科学基金重大研究计划以及人才和面上项目、中国科学院知识创新工程项目、教育部重点（重大）与人才项目等，对攻克上述科学与工程技术难题陆续给予了有力资助，并针对重大工程在设计和施工过程中遇到的技术难题组织了一些专项科研，吸收国内外的优势力量进行攻关。在各方面的支持下，这些课题已经取得了很多很好的研究成果，并在国家重点工程建设中发挥了重要的作用。目前组织国内同行将上述领域所研究的成果进行了系统的总结，并出版《岩石力学与工程研究著作丛书》，值得钦佩、支持与鼓励。

该研究丛书涉及近几年来我国围绕岩石力学学科的国际前沿、国家重大工程建设中所遇到的工程技术难题的攻克等方面所取得的主要创新性研究成果，包括深部及其复杂条件下的岩体力学的室内、原位实验方法和技术，考虑复杂条件与过程（如高应力、高渗透压、高应变速率、温度-水流-应力-化学耦合）的岩体力学特性、变形破裂过程规律及其数学模型、分析方法与理论，地质超前预报方法与技术，工程地质灾害预测预报与防治措施，断续节理岩体的加固止裂机理与设计方法，灾害环境下重大工程的安全性，岩石工程实时监测技术与应用，岩石工程施工过程仿真、动态反馈分析与设计优化，典型与特殊岩石工程（海底隧道、深埋长隧洞、高陡边坡、膨胀岩工程等）超规范的设计与实践实例，等等。

　　岩石力学是一门应用性很强的学科。岩石力学课题来自于工程建设，岩石力学理论以解决复杂的岩石工程技术难题为生命力，在工程实践中检验、完善和发展。该研究丛书较好地体现了这一岩石力学学科的属性与特色。

　　我深信《岩石力学与工程研究著作丛书》的出版，必将推动我国岩石力学与工程研究工作的深入开展，在人才培养、岩石工程建设难题的攻克以及推动技术进步方面将会发挥显著的作用。

2007 年 12 月 8 日

《岩石力学与工程研究著作丛书》编者的话

近二十年来，随着我国许多举世瞩目的岩石工程不断兴建，岩石力学与工程学科各领域的理论研究和工程实践得到较广泛的发展，科研水平与工程技术能力得到大幅度提高。在岩石力学与工程基本特性、理论与建模、智能分析与计算、设计与虚拟仿真、施工控制与信息化、测试与监测、灾害性防治、工程建设与环境协调等诸多学科方向与领域都取得了辉煌成绩。特别是解决岩石工程建设中的关键性复杂技术疑难问题的方法，973、863、国家自然科学基金等重大、重点课题研究成果，为我国岩石力学与工程学科的发展发挥了重大的推动作用。

应科学出版社诚邀，由国际岩石力学学会副主席、岩石力学与工程国家重点实验室主任冯夏庭教授和黄理兴研究员策划，先后在武汉与葫芦岛市召开《岩石力学与工程研究著作丛书》编写研讨会，组织我国岩石力学工程界的精英们参与本丛书的撰写，以反映我国近期在岩石力学与工程领域研究取得的最新成果。本丛书内容涵盖岩石力学与工程的理论研究、试验方法、实验技术、计算仿真、工程实践等各个方面。

本丛书编委会编委由58位来自全国水利水电、煤炭石油、能源矿山、铁道交通、资源环境、市镇建设、国防科研、大专院校、工矿企业等单位与部门的岩石力学与工程界精英组成。编委会负责选题的审查，科学出版社负责稿件的审定与出版。

在本套丛书的策划、组织与出版过程中，得到了各专著作者与编委的积极响应；得到了各界领导的关怀与支持，中国岩石力学与工程学会理事长钱七虎院士特为丛书作序；中国科学院武汉岩土力学研究所冯夏庭、黄理兴研究员与科学出版社刘宝莉、沈建等编辑做了许多繁琐而有成效的工作，在此一并表示感谢。

"21世纪岩土力学与工程研究中心在中国"，这一理念已得到世人的共识。我们生长在这个年代里，感到无限的幸福与骄傲，同时我们也感觉到肩上的责任重大。我们组织编写这套丛书，希望能真实反映我国岩石力学与工程的现状与成果，希望对读者有所帮助，希望能为我国岩石力学学科发展与工程建设贡献一份力量。

《岩石力学与工程研究著作丛书》

编辑委员会

2007年11月28日

前　　言

我国沿海地带人口稠密、经济发达，今后随着国民经济发展，对跨海峡交通的需求将与日俱增。目前，我国的跨海峡交通靠轮船和飞机的状况必将迅速改变，桥梁和隧道并举是未来跨海峡交通发展的重点。特别是海峡海底隧道，因其既不受台风、浓雾天气条件的影响，可以全天候使用，也不像桥梁那样容易阻塞海上航运，而且有利于备战安全，所以，海底隧道成为跨海峡交通的首选方式。随着国家现代化建设的高速发展，我国有多条海峡海底隧道正在规划和建设之中。厦门翔安海底隧道和青岛胶州湾海底隧道已建成通车。最小岩石覆盖厚度是海底隧道纵断面线路设计的主要参数之一，影响海底隧道的造价和安全。钻爆法海底隧道施工期间可能会出现坍塌、失稳和突水事故，这些风险都与海底隧道最小岩石覆盖厚度密切相关。如何确定海底隧道的最小岩石覆盖厚度，既能确保隧道施工期安全与稳定，又能提高隧道的经济性，需要深入研究。

作者积极参与国家重大工程研究，先后承担了厦门翔安海底隧道、青岛胶州海底湾隧道、宁波象山港海底隧道和舟山灌门水道海底隧道最小岩石覆盖厚度研究。其中，厦门翔安海底隧道、青岛胶州湾海底隧道研究成果被业主和中交第二公路勘察设计研究院有限公司、中铁隧道勘测设计院采纳，产生了良好的经济效益和社会效益。课题组得到了国家自然科学基金［钻爆法施工的海底隧道最小岩石覆盖厚度研究（50820135907）、海底隧道覆盖岩层失稳机理及最小岩石覆盖厚度分析方法研究（50909056）、爆破荷载作用下岩石损伤-渗流耦合机理及其在海底隧道中的应用（51109209）］的资助，深入开展了覆盖岩层稳定性及合理覆盖厚度判别准则研究。初步解决了海底隧道设计中合理覆盖厚度这一关键理论与技术难题。

作者在国家自然科学基金重大国际合作项目及重大工程建设项目的支持下，通过工程类比、数值模拟、室内试验、模型实验和理论分析等手段系统开展了钻爆法施工的最小岩石覆盖厚度研究。本书是海底隧道最小岩石覆盖厚度科学研究的总结。首先，重点对国内外已建海底隧道建设现状进行统计分析、阐述了海底隧道最小岩石覆盖厚度影响因素及其确定方法研究现状。其次，以青岛胶州湾海底隧道为背景，阐明了确定最小岩石覆盖厚度的综合分析方法；归纳总结了确定最小岩石覆盖厚度的工程类比方法，分析了各种方法的适用条件；重点介绍了数值方法确定最小岩石覆盖厚度的判别准则，从弹塑性、断裂损伤、流固耦合、爆破振动、地震影响等方面对海底隧道覆盖岩层稳定性进行研究。上述方法体系成功应用于青岛胶州湾海底隧道纵断面设计。再次，通过模型试验、现场反馈研究海底隧道覆盖岩层渗流场、应力场和位移场变化规律。最后，对已完成的四条海底隧道最小岩石覆盖厚度研究成果进行总结，并对进一步的研究提出展望。

本书第 1、2、3、6、8 章由李术才教授撰写；第 4 章由徐帮树副教授、蔚立元讲师撰写，第 5 章由蔚立元讲师撰写，第 7 章由徐帮树副教授撰写。全书由李术才教授统稿。山东大学李树忱教授、丁万涛副教授、李利平副教授、薛翊国副教授、王汉鹏副教授、李连崇副教授等参与本课题的部分研究工作，在此表示衷心感谢！

本书的出版得到了国家自然科学基金委重大国际合作项目（50820135907）、青年基金项目（50909056、51109209）的大力资助；得到了厦门路桥建设集团有限公司、中交第二公路勘察设计研究院有限公司、中铁二十二局集团有限公司、青岛国信胶州湾交通有限公司、中铁隧道勘测设计院有限公司、舟山大陆连岛工程指挥部、中交公路规划设计院有限公司等单位的资助和支持，在此深表谢意！另外，对于参加本课题研究的研究生赵成龙、王育奎、冯现大、赵岩、公铭、刘日成、宋曙光、王凯、晏勤等表示衷心感谢！

本书的研究成果得到山东大学朱维申教授、陈卫忠教授、张强勇教授、张庆松教授的大力支持和帮助，在此一并表示衷心感谢！

限于作者水平，书中难免存在疏漏及欠妥之处，敬请读者批评指正！

作　者

2013 年 6 月 20 日

目 录

第 1 章　绪　　论

文明是伴随着人类的聚居而逐步发展的。在大陆文明时代,城市一般都出现在交通便利、地势平坦的大江大河以及湖泊附近。而 15 世纪欧洲的地理大发现则是海洋时代开启的序幕,此后沿海地区及岛屿逐渐成为社会繁荣、经济发达的地区。

目前,世界上有许多发达国家已建有海峡海底隧道,包括日本、英国、法国、美国、挪威、澳大利亚、丹麦、冰岛等。修筑理论和技术的发展,使得世界范围内的连接各地区、国家甚至大洲的海底隧道构想层出不穷,有的已经进行了多年的可行性研究。图 1.1 是全球拟建的主要海底隧道分布示意图。

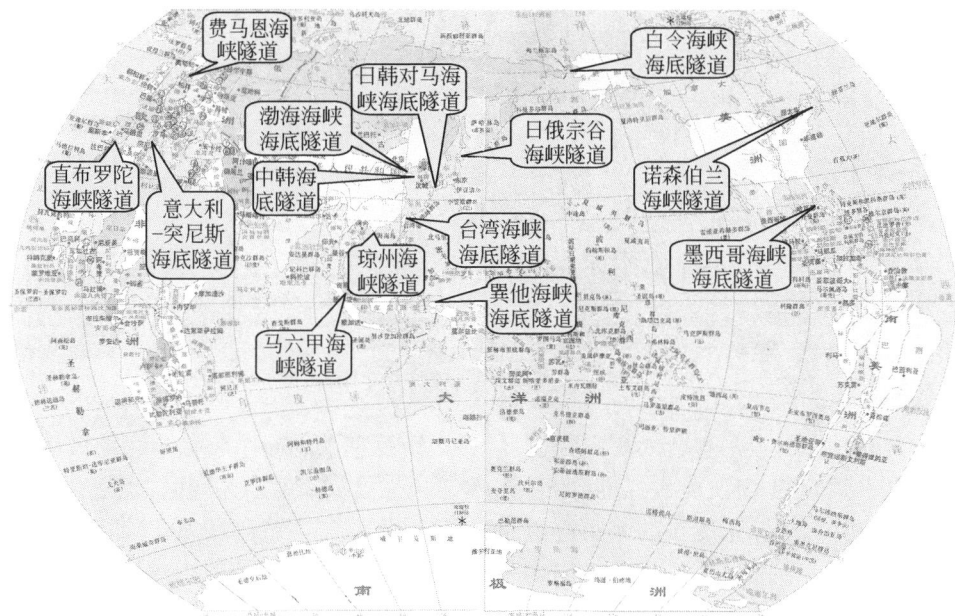

图 1.1　全球拟建的主要海底隧道分布示意图

中国海底隧道建设起步较晚,拥有近 2×10^4 km 长海岸线,岛屿、海湾、海峡星罗棋布。海南岛、台湾岛、香港、澳门、厦门、青岛、烟台和大连等区域都是人口稠密、经济发达的地区。今后随着国民经济的发展,对跨海峡交通的需求将与日俱增。目前,我国跨海峡交通靠轮船和飞机的状况必将迅速改变,桥梁和隧道并举是未来跨海峡交通发展的重点。特别是海峡海底隧道,因其既不受台风、浓雾、冰雹等恶劣天气条件的影响可以全天候使用,也不像桥梁那样容易阻塞海上航运,而且有利于备战安全,所以海底隧道成为跨海峡交通的首选方式。随着国家现代化建设的高速发展,我国有多条海峡海底隧道正在规划和建设之中,如图 1.2 所示,包括厦门翔安海底隧道、青岛胶州湾海底隧道、港珠澳伶仃洋大通道、大连市区海湾海底隧道、大连至烟台海底铁路隧道、琼州海峡海底铁路隧道、台湾海峡海底隧道等。其中,厦门翔安海底隧道、青岛胶州湾海底隧道已建成通车。

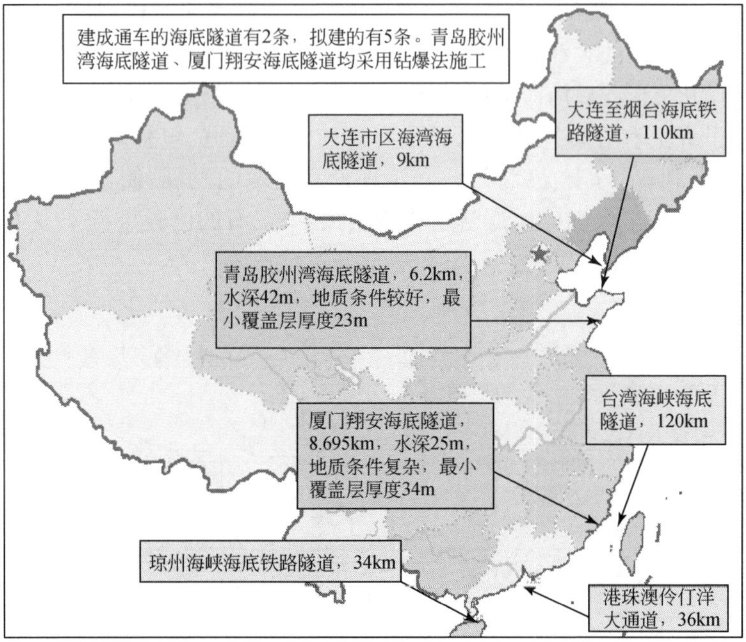

图 1.2　中国海底隧道分布图

　　纵观国内外形形色色的海底隧道,从最初设计理念的萌生到如今横跨江河湖海的交通运输的实现,海底隧道在给人类带来巨大便利和财富的同时,也存在着一定的风险。对于排水困难的海底隧道而言,最严重的灾害就是塌方、突水,这将造成巨大的经济损失,甚至是灾难性的后果。著名的青函隧道施工中在岩体软弱破碎区发生了四次大的突水事件,其中 1976 年的一次突水直接造成工程停工 237 天(张明聚等,2007)。表 1.1 是部分海底隧道修建过程中的灾害统计。

表 1.1　海底隧道施工过程中的灾害

隧道名称	Vardø	Ellingsøy	Bjorøy	Oslofjord	Karmsund	Slemmestad	Vollsfjord	Sei-Kan	Storebaelt
灾害类型	塌方	塌方	塌方	涌水/塌方	落石	塌方	塌方	涌水/塌方	淹水
灾害次数	2	1	1	1	1	1	1	4	1

1.1　海底隧道的优点

虽然江河湖海给人类提供了各种便利,但是由于近现代以来社会加速发展,交通需求大大增加,它们反而成了进一步发展的制约和瓶颈,人们便考虑利用各种手段跨越江河湖海。最早主要采用轮渡,但轮渡有很多不利因素,如交通运输量小、等候时间长、气候影响大等。19 世纪以来,各种桥梁如梁式、拱式、斜拉式和悬索式等成为最主要的方式。最近几十年来,海底隧道以其独有的特点得到了迅猛发展,逐渐成为与桥梁并举的跨越方式。

跨江越海通道选择桥梁还是隧道应主要依据航运、水文、地质、生态环境以及工程成本等具体建设条件进行全面的比较、论证而定(王梦恕,2008a)。经论证,水下隧道与桥梁相比具有以下优势:

(1)不侵占航道净空,不破坏航运,不影响海域生态环境,不干扰岸上航务设施,能避免噪声、尘土对周围环境的影响,有利于环境保护。

(2)不受天气和气候变化的影响,有稳定畅通的通行能力。

(3)具有很强的承载能力,一般无通行车辆载重限制。

(4)在建设时能做到不拆迁或少拆迁,引线比桥梁短,不破坏环境;建筑钢用量比桥梁少,且只需普通建筑钢。

(5)可以做到一洞多用,可以把城市供水、供电、供气和通信等设施安排在相对安全稳定的环境中。

(6)结构耐久性好,可以做到百年工程,且结构维护保养费用一般比桥梁低很多。

(7)具有很强的抵抗战争破坏、自然灾害(如地震)和突发事件的能力。

(8)易于和两端交通接线,形成路网。

1.2　海底隧道的特点

图 1.3 给出典型海底隧道的示意图(Blindheim et al.,2005)。结合该图可以看出,与山岭隧道、城市地铁隧道相比,海底隧道具有如下显著特点(王梦恕,2008a;孙钧,2006,2009;洪代玲,1995b):

修建海底隧道不同于陆上隧道,也不同于跨江河的海底隧道,有其特殊性:

(1)通过深水进行海底地质勘测比在地面的地质勘测更困难、造价更高,而且准确性相对较低,所以遇到未能预测到的不良地质情况风险更大。因此,必须对隧道工作面前方很长范围内进行超前水平钻探。

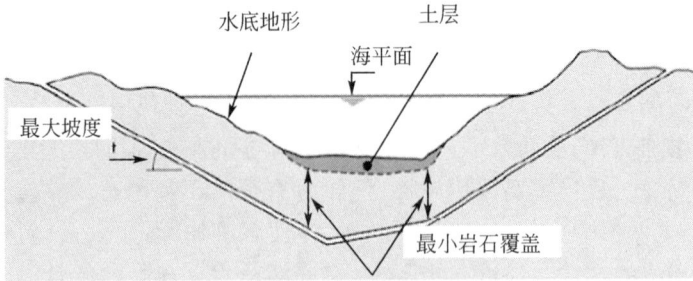

图 1.3　典型海底隧道示意图

（2）海底隧道施工的主要困难是突然涌水,特别是断层破碎带的涌水。因此,必须加强施工期间对不良地质和涌水点的预测和预报。

（3）沿海底隧道线路布置施工竖井费用大,导致连续的单口掘进长度很大,而对施工期间的后勤和通风有更高的要求。

（4）很高的孔隙水压力会降低隧道围岩的有效应力,造成较低的成拱作用和地层的稳定性。很高的渗水压力可能导致水通过高渗透性或有扰动的地层中水流通道大量涌入隧道水面有水流通道相连的地层中大量流入。

（5）山岭隧道一般采用单向坡或"人"字坡以利排水,但是水下隧道必须选用进口和出口都向上倾斜的倒"人"字坡。这样当发生塌方、突水灾害时,后果难以想象;而且隧道内的渗涌水不能自然流出,必须采用人工办法排水,增加了施工难度和工程投资。

（6）在高水压下开挖横通道是一大技术难题。采用特殊的施工方法,如超前探孔、注浆防渗加固,可保证施工顺利进行。

（7）海底隧道衬砌上的作用荷载与陆地隧道有很大的不同。海底隧道除了实际的覆盖岩层的压力外,还有很高的静水压力荷载。有效覆盖岩层荷载可以被地层成拱作用降低,而静水压力荷载仍保持全值,不能用任何成拱作用来降低。为了建成不透水的隧道,并且使衬砌上的静水压力荷载降低到可以承受的程度,有必要在衬砌周围地层中利用注浆形成一个注浆密封环,这样,静水压力就会首先作用在注浆环上,避免了直接作用在衬砌上。

（8）单口连续掘进的距离很长从而导致工期很长,财政投资很高,因此,必须采用能快速掘进的设备。

（9）由于受水体长期浸泡和腐蚀,以及受汽车尾气 CO_2 入渗等因素的影响,要求衬砌混凝土耐腐蚀性能高、抗渗性能好,对结构安全性、可靠性和耐久性的考验十分严峻,另外洞内装修与机电设施要求做到严格的防潮去湿。

（10）海底隧道的运营通风、防灾救援和交通监控,需有周密设计与技术措施保证。

1.3　海底隧道修建方法

　　海底隧道的主要修建方法有围堤明挖法、钻爆法、盾构法/硬岩掘进机(TBM)法、沉管法和悬浮隧道(王梦恕,2008a;郭陕云,2007)。围堤明挖法受到地质条件限制,并严重破坏生态环境,所以不经常采用,国内仅有几座湖底隧道使用明挖法;而水中悬浮隧道现在还停留在研究阶段,目前还没有成功实例。海底隧道施工经常使用的方法有钻爆法、盾构法/TBM 法和沉管法。

　　用传统钻爆法或臂式掘进机开挖埋置于基岩中的隧道的方法就是钻爆法(也称矿山法)。钻爆法广为应用,在常见的隧道施工中一直占据着主导地位,这是因为它具有明显的优点,如隧道断面可以随机设置,灵活变化,空间利用率高;施工方法和施工顺序机动性好,易于调整,对地层地质适应能力强,借助中间辅助坑道或平行导坑开辟工作面可较大幅度地提高施工进度;在掘进过程中遭遇不良地质,如突水、涌泥、溶岩时容易治理,工程风险相对较低。但钻爆法也有以下缺点:工人劳动强度大,洞内作业环境差;频繁的爆破作业对隧道围岩扰动大,不利于围岩稳定;对海底隧道的埋置深度要求高,从而增加了隧道长度;长距离独头掘进造成通风困难等。

　　钻爆法在国外海底隧道施工中的应用很多,日本关门海峡隧道是世界上最早使用钻爆法修建的海底隧道,之后又用钻爆法修建了世界闻名的青函海底隧道。挪威在过去近 30 年的时间里,用钻爆法建成了 40 条、总长 100 多千米的海底隧道,积累了大量经验,形成了被称为"挪威海底隧道概念"的一整套技术,并在北欧国家中广泛应用。虽然我国绝大多数山岭隧道都是使用钻爆法施工的,但是海底隧道的实例却不多,最近几年才有所发展,如厦门翔安海底隧道、青岛胶州湾海底隧道、湘江隧道和南水北调穿黄隧道等。

　　盾构法是用被称作盾(shield)的钢壳在保持掌子面稳定的同时进行安全掘进,后面装上管片衬砌组件,利用其反作用力掘进的一种隧道施工方法。盾构法也是修建海底隧道的一种重要施工方法,尤其是在软土地层中。自从 1843 年第一条盾构法隧道在伦敦泰晤士河建成以来,盾构法隧道的设计和施工技术得到了很大发展,出现了现代化的气压平衡、土压平衡和泥水加压平衡等多种形式的盾构机和TBM。近年来,又出现了适用于软、硬交错地层的复合式盾构机和伸缩式双护盾掘进机,从而盾构机和掘进机(可以统称为 TBM)的使用范围越来越广泛。盾构法采用现代化的生产手段,速度快,效率高,工作人员作业环境较好,安全保证程度高;施工通风易于解决,可以实现长距离独头掘进;盾构法比钻爆法埋置深度要求低,因此线路长度可以缩短。但是盾构法的劣势也是明显的:隧道断面形式和线型受限,曲线不能太小;设备昂贵,机件复杂,建设成本中设备费用比率较高;对地层地质和水文情况敏感度极高,建设风险较大。

用盾构法施工的世界著名海底隧道有英吉利海峡隧道和后来的日本东京湾海底隧道、丹麦大贝尔特海峡隧道。中国在 20 世纪 60 年代开始研究盾构法施工,上海市 1970 年建成了第一条黄浦江越江隧道。目前,盾构法已成为我国穿江越湖隧道的主要工法,在长江入海口上游附近,上海市使用目前世界上最大直径(15.4m)的盾构机修建水下双向单管三车道的公路隧道。但是我国使用盾构掘进机在海底建造隧道的例子还没有过,这是我们尚待弥补的空缺。

沉管法是在岸边的干坞里或在大型船台上将隧道管节预制好,再浮拖至设计位置沉放对接而后沟通成隧。沉管隧道一般由敞开段、暗埋段和沉埋段等部分组成,部分工程在沉埋段两端设置岸边竖井,供通风、供电和排水等使用。美国 1910年首次使用沉管法建造了穿越底特律河的海底隧道。使用沉管法修筑海底隧道具有较多优势:隧道埋置深度浅,只需 0.5 ~ 1.0m,也可为零覆盖,甚至可凸出河床面,线路相对较短;隧道断面形式灵活,可以做得很大且利用率很高;隧道管节在岸边或船上工厂化预制,质量有保证;隧道管节长度大(一般超过 100m),接缝少,防水结构可靠;地质条件的适应能力较强,且抗震性能较好;技术成熟,工程风险相对较低。但是,沉管法的使用往往受到较多的限制,甚至在很多情况下不能被采用。例如:水下地形复杂,基槽开挖困难或工程量太大不易实现时;水深过大,隧道结构防水能力不足或基槽开挖没有能力实现时;水道流速过大(目前受限于 3m/s),管节沉放对接困难时;航道交通异常繁忙,无法为管节拖放提供时间或空间时。另外,沉管法还有破坏海洋生态环境、干扰航运和工程造价高的缺点。

百年来沉管法发展很快,世界各国,特别是美国、荷兰和日本等在沉管技术领域有了长足的进展,已经修建了数百条沉管隧道。著名的沉管隧道有美国 1970 年建成的旧金山海湾地铁隧道、丹麦和瑞典的厄勒海峡隧道等。我国最早采用沉管法修筑的海底隧道是香港 1972 年建成的穿越维多利亚海港的红磡海底隧道。上海外环线沉管隧道的规模位居世界第二位,而港珠澳海上通道的海底隧道部分采用沉管法施工。

1.4　研　究　意　义

海底隧道覆盖层是指隧道拱顶与水体下地表之间的岩土体,对于钻爆法和盾构法修建的海底隧道而言,它既是上覆水体的渗流途径、隧道的防突水屏障和稳定性支撑结构,又是纵断面设计中的决定因素,所以覆盖层厚度即隧道埋置深度是海底隧道设计施工的重要参数和关键指标,影响海底隧道的造价和安全。

国内外学者对钻爆法施工的海底隧道的合理埋置深度基本达成如下共识:岩石覆盖厚度太小会增加隧道丧失稳定的可能性,增加隧道涌水量,间接增加支护、防渗和排水的费用;加大岩石覆盖厚度意味着增大隧道埋置深度,增加隧道长度,作用于衬砌结构上的水头压力也会增大,因而造价提高(吕明等,2005;孙钧,2009,王梦恕,2008a;李术才等,2007;Grøv 等,2007;Nilsen,2005;Blindheim et al.,2005;Akira Kitamura,1986)。吕明等(2005)认为最小岩石覆盖厚度与岩石强度和基岩以上水深有关,岩石强度高,基岩以上海水浅,岩石覆盖厚度可以降低。此外,岩石覆盖厚度还与灌浆压力有关,要保证预灌浆质量,必须用足够高的压力,而高灌浆压力则要求具有足够的岩石覆盖厚度。其指出,在挪威海底隧道最小岩石覆盖厚度通常用工程类比法凭借经验确定。李术才等(2007,2009)通过大量的数值计算与理论分析研究得出最小岩石覆盖厚度不仅与海水深度、岩体特性和灌浆压力有关,而且还与软土层厚度、隧道断面、施工方法有关。海底隧道基岩上覆低渗透性的淤泥层、亚黏土等软土层,是天然的隔水层,可以降低覆盖厚度。隧道断面大,需要较厚覆盖层形成稳定的支撑拱。中隔壁(CD)、交叉中隔壁(CRD)、双侧壁导坑等施工方法划大断面为小断面,可以降低覆盖厚度。

从理论上说,对于特定分析断面必定存在较优的最小岩石覆盖厚度值,海底隧道岩石覆盖厚度为最小岩石覆盖厚度时,隧道稳定性、防渗性和防突水相对较好。从降低施工风险考虑,隧道垂直线路规划覆盖厚度应大于或等于最小岩石覆盖厚度。隧道覆盖层厚度示意图如图 1.4 所示。

海水深度:指海平面到海底面的深度。外水压力是海底隧道衬砌设计的主要外荷载之一,海水深度决定了围岩的静孔隙水压力。为保证隧道衬砌安全,常取最大高潮时海平面设计计算。

软土层厚度:从海底面到基岩表面的厚度,包括海底淤泥层、黏土层、亚黏土层、砂层、砾砂层、全风化和强风化基岩层等。

基岩埋置深度:指海水深度与软土层厚度之和。

岩石覆盖厚度:指海底隧道拱顶至基岩表面或弱风化基岩表面的高度。

最小岩石覆盖厚度:指对于特定的隧道断面,海水深度、地质条件、隧道断面、施工方法确定时,所对应的技术可行、经济合理的较优岩石覆盖厚度。

最小岩石覆盖厚度是钻爆法施工的海底隧道纵断面线路设计的主要参数之一,影响海底隧道造价和安全。海底隧道纵断面线路主要取决于隧道的限制坡度和合理埋置深度,而一般隧道的限制坡度由各国规范规定,故决定海底隧道纵断面线路和长度的参数就是其覆盖厚度。以我国常用的隧道纵坡 3% 计,隧道埋置深度每增加 1m,隧道长度就增加 66.7m(郭陕云,2007)。而据 Palmstrom 于 1994 年

海平面

海水

海底面

软土

基岩顶面

隧道

基岩

海水深度(h_w)

基岩埋深(h_w+h_s)

软土层厚度(h_s)

岩石覆盖厚度(h_t)

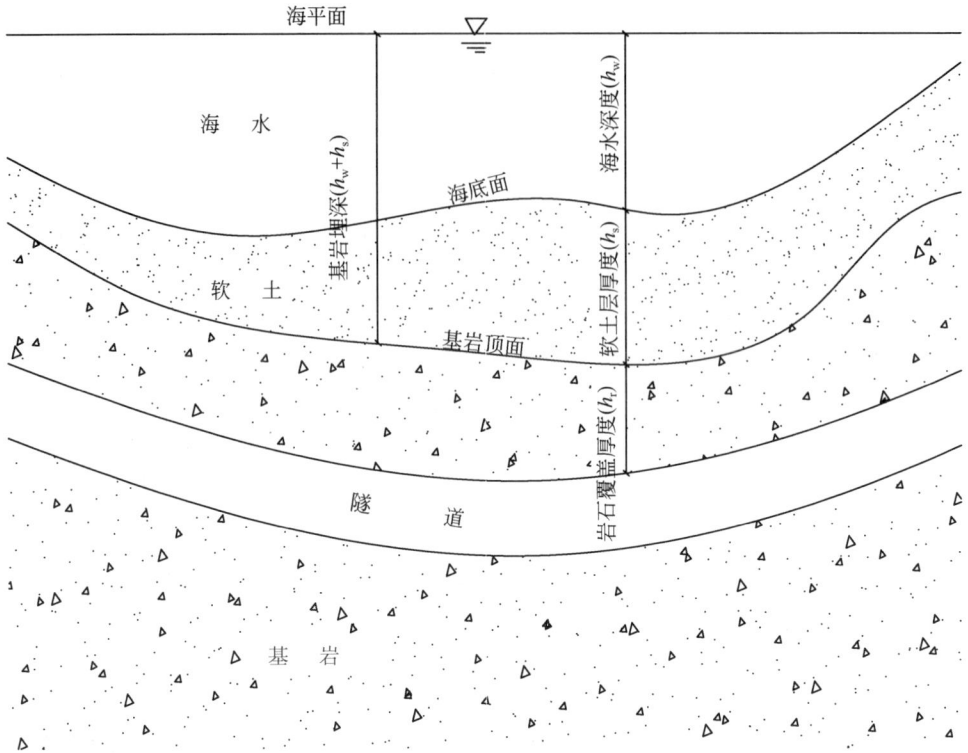

图1.4 隧道覆盖层厚度示意图

的统计,挪威海底公路隧道(断面 50m^2,限制坡度 8%)岩石覆盖厚度每减小 1m,就可减少建设费用约 13.5 万美元,而运营费用的节约更多(Palmstrom,1994)。岩石覆盖厚度太小会增加隧道丧失稳定的可能性,增加隧道涌水量,间接增加支护、防渗和排水的费用;加大岩石覆盖厚度意味着增大隧道埋置深度,增加隧道长度,作用于衬砌结构上的水头压力也会增大,因而造价提高。因此,海底隧道岩石覆盖厚度存在一个优选值。最小岩石覆盖厚度影响因素包括海水深度、软土层厚度、岩体特性、断面面积、灌浆压力和施工方法等。钻爆法海底隧道施工期可能会出现坍塌、失稳和突水事故,这些风险都与海底隧道最小岩石覆盖厚度密切相关。如何确定海底隧道的最小岩石覆盖厚度,既能确保隧道施工期安全与稳定,又能提高隧道的经济性,需要深入研究。

1.5 世界海底隧道修建现状

目前,世界上有许多发达国家已建有海峡海底隧道,包括日本、英国、法国、美国、挪威、澳大利亚、丹麦、冰岛等。综观国内外海底隧道,从最初设计理念的萌生到如今横跨海底的交通运输实现,海底隧道给人类带来了巨大的便利和财富,同时也存在着一定的风险。有许多关键技术问题亟待解决,其中包括最小岩石覆盖厚度的确定。

1. 钻爆法

1)日本关门隧道

日本关门隧道位于下关、门司区间,于1936年9月施工,全长3.6km,海底部分1.14km,为双孔铁路隧道,下行线于1942年11月15日通车,上行线于1944年8月8日通车,在当时是世界上最大的海底隧道。隧道海底部分主要采用钻爆法和盾构法施工。在下关方向的引线地段采用钻爆法,在门司方向采用气压沉箱法和明挖法。上行线最大坡度为2.0%,下行线为2.5%。下关方向的海底地段地质大体为岩层,但也有断层和硬软的变化,经水泥注浆止水后,采用钻爆法施工。门司方向的海底地段地层软弱且覆盖层薄(约700m长),采用盾构法施工。钻爆法施工地段采用马蹄形,考虑到有水压,侧壁边墙和底部仰拱为圆弧形,衬砌厚度为0.4m,盾构区间外径为7m,衬砌厚度为0.5m。隧道覆盖层的平均厚度约为11m,特别是在修建时,从海底填石和填黏土进行覆盖工程的覆盖厚度最薄处仅为9.5m。

日本在关门隧道通车50周年之际,进行了一次全面检查,黏土覆盖层周围变动很小;在衬砌背面岩层调查时,虽发现有风化带和龟裂多的围岩状态,但大体上岩质良好,从龟裂部分采取岩芯,未发现地压松弛现象,可以判断围岩是稳定的。

2)日本青函隧道

日本青函隧道于1940年着手研究,1964年开工,于1985年竣工并于1988年3月13日正式通车,该工程从海底穿越津轻海峡,连接北海道本洲。经过20年施工,克服了许多困难,如四次海水淹没和强大的土压力造成施工困难等,为后来的海底隧道工程建设提供了宝贵的经验,也使得许多相关技术得到了发展。

青函隧道全长53.85km,陆上段本洲一侧13.55km,北海道一侧17km,海底部分23.0km,施工方式以传统钻爆法为主,部分采用掘进机法。水深为140m,最小覆盖层厚为100m,当时主要是根据海底煤矿的经验,把理想的隧道深度确定为低于海底100m。隧道主要通过第三纪火山堆积岩,部分火山岩透水性较高,岩体中裂隙和断层较发育,因此,静水压力高达2.4MPa,为了控制渗透率,要采用注浆法处理地层,允许部分水流浸入隧道,使作用在覆盖层上的压力降到一个合理的数值。工程施工前,由京都大学小林博士对海底部分渗漏水等进行了预测。

在海床下深h处,开挖无限长的圆柱形隧道(见图1.5),并假定半径r_0相对开挖深度h足够小,渗漏量由达西定律可得

$$Q = 2\pi k \frac{P_b - P_0}{\ln(2h/r_0)} \quad (1.1)$$

式中，Q 为渗水量；k 为渗透系数；P_b 为海底水头（水深）；P_0 为隧道主体衬砌壁面水头。

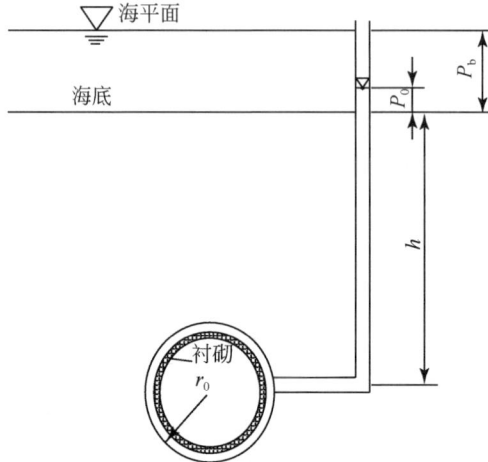

图1.5 渗流量计算地质模型图

隧道全线通过的地质情况以凝灰岩、沉积岩和火山岩为主，地层构造极为复杂，局部破碎变质，有很多断层破碎带，在全线施工中出现了四次大的漏水。为了调查海底大致的地质条件，在施工前，先进行了超前钻探；在开挖主隧道前，先进行了超前导洞和工作导洞的开挖；开挖主隧道时，在岩层较硬区域，采用上下台阶法，这样注浆操作比较简单；在无渗水地段，采用底设导坑法；遇到软弱围岩时，则采用双侧壁导坑法。

青函隧道海底大部分由沉积岩构成，且海水较深，在钻孔探测地质情况时，对钻孔技术不断的改进，以达到高效的钻孔目的，对钻孔设备进行改进，以获得更深的钻孔，取得更详尽的地质资料。考虑经济效益和隧道安全施工，青函隧道针对注浆圈的不同范围，利用摩尔-库仑塑性屈服准则进行分析比较，得出较优的注浆半径来指导施工；同时根据隧道所处地层情况，对注浆材料进行改进，在普通硅酸盐水泥中加入低摩尔比率的水玻璃，使水泥浆强度持久，且较易渗入细微裂隙。对支护单元进行有限元分析，确定支护单元的效果。

上述的开挖和支护技术处于当时地下工程新技术的先进行列，对隧道及地下工程，特别是对海峡海底隧道的发展产生了巨大的影响。

3）瑞典福斯马克核电站的4条海底隧道

福斯马克（Forsmark）核电站处于瑞典东海岸，距首都斯德哥尔摩以北约

130km。核电站共有 3 台机组,机组冷却水经两条海底岩石隧道排出,其中 1 号、2 号机组合用 1 号泄水隧洞,3 号机组单独使用 2 号泄水隧洞;此外,还建有两条平行交通洞,用于运送来自瑞典福斯马克核电站反应堆的废料到近海的海底废料库内,这 4 条隧洞建在波罗的海的海底下并穿过地质条件复杂的新古大断层。1 号洞总长 2300m,断面积为 80m²,其中上导洞断面积为 50m²,台阶部分的断面积为 30m²,隧道布设在海面以下约 75m 处,岩石覆盖厚度为 55~60m;2 号洞总长 3000m,断面宽 10m、高 6.3m,理论面积为 55m²,最大岩石覆盖厚度为 70m。通向核废料库的两条平行交通洞长 1000m,断面积分别为 65m² 和 49m²,岩石覆盖厚度约为 50m。

瑞典福斯马克核电站地质上处于两个主要区域断裂带之间,隧道通过最北端的断裂带–新古大断层,带宽约为 200m,由糜棱石和角砾石组成的这种角砾麻花岗岩中,存在许多充填有黏土的裂隙,局部是富含矿物的黏土和强风化的黏土。

4）挪威海底隧道

挪威是一个半岛国家,岛屿很多,海洋石油工业比较发达,最早的海底隧道主要是为了给、排水和油、气输运而铺设。自从 20 世纪 80 年代初开始海峡海底公路隧道的修建以来,已经修建了近 20 条海底公路隧道,累计总长超过 100km,而且正在规划中的海底公路隧道总长也有 100 余千米。挪威是世界上采用钻爆法修建海峡海底隧道最多的国家,其交通(铁路、公路)海底隧道大部分位于比较坚硬的岩石层内,即古老的火成岩和变质岩。1989~1991 年,挪威皇家科学与工业研究委员会专项资助了对海底隧道的研究工作,特别是在海底隧道最小岩石覆盖的问题上曾经作了专门的研究。

2. 盾构法

1）东京湾渡海海底隧道

东京湾渡海公路位于海湾中央,是由隧道、桥梁、人工岛连接川崎和木更津市的汽车专用公路(见图 1.6),其中隧道长约 9km,设计速度为 80km/h,设计荷载 TL-20t 和 TT-43t,3.5m×4 车道(每个方向双车道),将来扩宽为 6 车道,工程费用大约为 11500 亿日元,计划竣工后 20 年每天通行 64000 辆(每天运营通行 33000 辆)。全长为 15.1km 的东京湾公路,其海上部分由三大段组成:一为船舶航行较多的川崎侧,长为 9.1km 的海底盾构隧道;二为处在水深较浅的木更津侧,长为 4.4km 的海上桥梁;三为川崎侧岸边浮岛的引道部分。为了缩短盾构的掘进距离,于 9.9km 隧道段的海上部分的中间处筑造了川崎人工岛。此人工岛的筑造,是供隧道盾构向东、西两个方向推出 4 台盾构;而在隧道的东端、连接桥梁的西端处,也筑造了木更津人工岛。从此,岛上的沉井中向西推出 2 台盾构,和由川崎人工岛沉井中向东推出的 2 台盾构在东侧的海底地层中对接接合;而从川崎人工岛沉井中向西推出的 2 台盾构,和从浮岛部分沉井中向东推出的 2 台盾构,在西侧海底地层中对接接合。整条长度为 9.1km 的海底隧道建造是由 8 台 ϕ14.14 m 的超大型泥水式土压平衡盾构在海底地层中穿越接通。此类盾构掘进机,长为 13.5m、重达 3200t,属于世界上最大级的盾构机械。该工程规模空前,地质、气象、地震等自然条件恶劣,并受到通航、环境保护等复杂的社会条件的严格制约。施工中遇到了许多前所未有的技术问题,其中提出了不少前所未有的新技术、新工艺,有的是通过相当规模的试验、研究,最后应用到工程施工中去,取得了相当大的成绩,其施工实施要点如下:

(1) 快速施工。

(2) 施工中的各种机械装备采用自动化装置。

(3) 在高精度的定向控制方法的基础上,进行相向推进的盾构实施自动化对接。

(4) 管片拼装作业自动化,管片拼装作业和内衬浇筑混凝土同步施工。

此外,隧道工程的掘进是在长距离、高水压的软弱黏土层中进行的,条件之苛刻也是世界隧道掘进史上少有的,尤其是在掘进了 2000 ~ 2500m 后,2 台面对面的大盾构在海底地层中实施对接,并达到了预期的效果,也是盾构掘进史上值得称颂的,令同行刮目相看。

该隧道是软地基、大水深、浅覆盖条件下的并列长距离隧道,覆盖层中坡道段长 6.4 ~ 9.4m,海底平坦段长 16.0m,海底段平均水深 27.5m。隧道段地质,川崎侧以冲积、洪积黏土层为主,木更津侧以夹有洪积砂质土的黏土层为主,浮岛和木更津坡段是人工地基,该隧道采用安全可靠的泥浆加压平衡式盾构施工法。

2) 丹麦斯多贝尔特大海峡隧道

丹麦斯多贝尔特大海峡隧道在丹麦境内,连接西边的菲英岛与东边的西兰岛,全长 18km,其中海底隧道长 7.9km,由 2 条外径为 8.5m 的铁路隧道组成,隧道最大埋置深度 75m,采用 4 台直径为 8.78m 的混合型土压平衡盾构掘进机施工。由于隧道穿越的地层为冰积层和泥灰岩,均为含水层,渗透水量大,因此比英法海峡隧道的掘进施工更困难。工程中曾发生涌水险情,已采用海底井管降水、冻结、气压等辅助施工法解决了困难。隧道施工历经艰险,为隧道建设史提供了宝贵的经验。

3) 英国泰晤士河隧道

海底隧道铁路链(CTRL)是英国第一条高速铁路,也是英国 100 多年来建设规模最大的全新客运铁路工程项目。该隧道链经泰晤士河隧道穿过泰晤士河,泰晤士河隧道是长 2.5km、内径为 7.2m 的双孔隧道和一条长 1200m 的进口坡段(北南),隧道上覆层厚度约为 15.2 m,最大水深为 9.7m。进口坡段的 800m 采用明挖

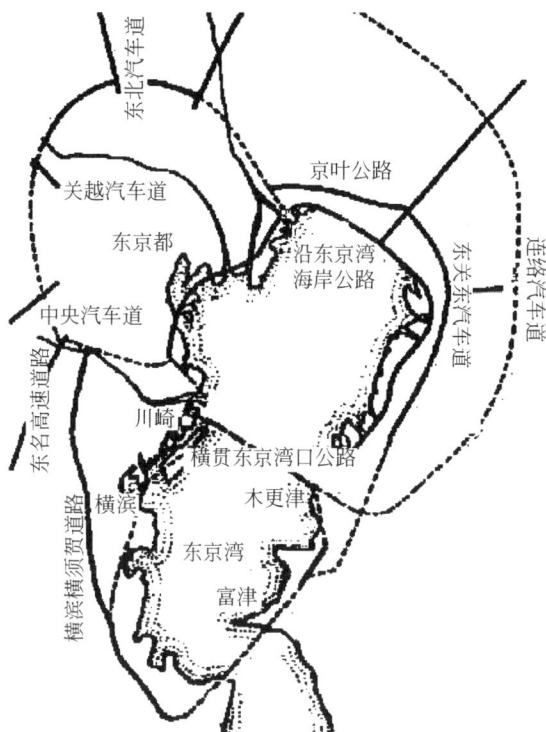

图 1.6 横穿东京湾的公路隧道位置示意图

法施工,其余 400m 是有支护墙的明堑。双孔隧道都从泰晤士河南岸肯特郡 Swanscombe 沼泽地开始施工,穿过泰晤士河后在北岸埃塞克斯郡 West Thurrock 露出地面。新隧道位于紧邻 Dartford 大桥和公路隧道的下游。

泰晤士河隧道掘进是英国第一个采用泥浆/水力掘进盾构在石灰石层挖掘的大型隧道,因此进行了多次大型实验以论证隧道掘进技术和渣土处理方法的水平。现在该项目近 70% 的工程量已经完成。

3. 掘进机法

1) 英法海峡隧道

1994 年竣工的英法海峡隧道是连接英、法两国的海底隧道,全长 50.5km,海底部分长 37.0km,水深 60m,最小覆盖层厚 40m。与日本青函隧道复杂地质条件不同,英法海峡隧道地质条件较好,地质调查工作详尽,因此进展比青函隧道顺利。

英法海峡水深只有 60m,地质调查用 SEP 型钻机在海底钻了约 140 个孔,同时使用声波勘探仪等仪器,几乎完全掌握了地层剖面。隧道穿过白垩层,泥灰岩比较均匀,透水性低,裂隙也少,强度适中。其下部是高尔特阶黏土及海绿砂层。

由于在隧道线路方向上地质变化小,开挖顺着地层,因此用掘进机开挖最为合适。

英法海峡隧道从拿破仑时代(1800 年)就有人开始设想。因此,英法海峡隧道是在准备工作最完善、地质调查最详细、地质资料相对可靠、地质岩石(白垩纪泥灰岩)条件最优越的情况下,于 1988 年正式动工修建的。

2) 冰岛华尔峡湾隧道

华尔峡湾位于雷克雅未克以西约 30km 的东北至西南方向上,6km 的隧道从该海湾下穿过,它是冰岛的第一座海底隧道。隧道大部分穿过混合地质岩层,主要由玄武岩、熔碴(火山喷发期间因气体逸散造成小孔洞的火山岩石)和沉积(火山的)岩组成。隧道由 5.8km 长的单孔道组成,两端洞口明挖施工的长度总计约 200m,隧道的剩余部分均在岩石中,最小岩石覆盖厚度约 50m,海水深度约 100m。北坡道有三条车道,坡度为 8%。中间和南段为两车道,坡度分别为 4.5% 和 7%。三车道隧道断面的跨度为 12m($64m^2$),两车道隧道断面的跨度为 10m($47m^2$)。在两车道沿隧道每隔约 500m 处有避车洞。设计的隧道通行速度是 80km/h。

该隧道采用的施工方法是钻爆法,并且根据斯堪的纳维亚的实际情况采用加强的开挖—观测—支护方法。隧道是按照挪威指南和挪威、冰岛及国际标准设计的。冰岛是一个中度地震性的国家,通过对地震危害和有关风险进行评价,隧道结构必须进行抗震设计。

1.6　中国海底隧道修建现状

随着国家现代化建设的高速发展,我国有多条海峡海底隧道正在规划和建设之中。厦门翔安海底隧道、青岛胶州湾海底隧道已建成通车。

1. 钻爆法

1) 厦门翔安海底隧道

中国大陆第一条海底隧道——厦门翔安海底隧道于 2010 年 4 月 26 日建成通车。设计双向六车道,位于海域段的隧道长 6.05km,跨越海域约 4.2km,最深在海平面以下 70m。采用三孔隧道方案,两侧为行车主洞,中间一条为服务中孔。两线隧道衬砌中线间距约 50m,单条隧道毛洞跨径为 14.67 m,高 9.85m,采用钻爆法施工。厦门翔安海底隧道是世界上断面最大的海底隧道。其分别采用了 CRD 法、双侧壁导坑法穿越了地下水丰富的全强风化浅埋地层;采用全断面超前帷幕注浆方法,成功突破了位于海域深处围岩破碎、易坍塌、渗水量大的风化槽地段,攻克了钻爆法修建海底隧道的世界级难题,为以后承建同类工程项目积累了宝贵的设计和施工经验。厦门翔安海底隧道建成通车、隧道洞门外景如图 1.7、图 1.8 所示。

图 1.7 厦门翔安海底隧道建成通车

图 1.8 厦门翔安海底隧道外景

2）青岛胶州湾海底隧道

青岛胶州湾海底隧道全长 7800m,其中陆域段长 3850m,海域段 3950m。隧道最低点高程为-73.69m。该隧道也是继东京湾隧道和挪威伯姆拉湾隧道之后的世界第三长海底公路隧道,是我国建成的第二条海底隧道,项目总投资 32.98 亿元。该工程于 2007 年 9 月正式开工;2009 年 12 月,服务隧道工程成功穿越所有不良地质地段,顺利实现全线贯通;2010 年 4 月 28 日,青岛胶州湾海底隧道全线贯通;2011 年 6 月 30 日建成通车。设计双向六车道,车速为 80km/h,通车之后使得青岛至黄岛目前由高速公路通行的 1.5h、轮渡通行的 40min 缩短到 10min。青岛胶州湾海底隧道洞门如图 1.9 所示,隧道内实景如图 1.10 所示。

图 1.9 青岛胶州湾海底隧道洞门

图 1.10 青岛胶州湾海底隧道内实景

2. 盾构机法

1）黄浦江海底隧道

我国大陆的水下隧道始于上海 1965～1970 年采用盾构法修建的穿越黄浦江的打浦路过江隧道,到目前为止上海市有 8 条越江隧道建成,5 条在建,规划拟建的还有 9 条。

2）南京长江隧道

南京长江隧道工程是我国长江上隧道长度最长、盾构直径最大、工程难度最大、挑战性最大的工程之一，工程位于南京长江大桥与三桥之间，连接河西新城区—江心洲—浦口区。左线于 2009 年 5 月 20 日 10 时贯通，右线于 2009 年 8 月 22 日上午贯通。

南京长江隧道工程由江南滨江快速路与应天大街互通立交过渡段接入点起，至江北收费广场连接快速路 500m 处止，整个工程通道总长约 6.2km，按六车道城市快速通道规模建设，设计车速为 80km/h，采用"左汉盾构隧道+右汉桥梁"方案，左汉盾构隧道建筑长度为 3.9km，采用大直径泥水盾构机施工，是当今世界上直径最大的盾构隧道之一。其盾构直径为 15m，仅次于上海长江隧道盾构机。右汉江心洲大桥全长 665.5m，主跨 248m，为独塔自锚悬索桥，主塔高 107m。大桥双向六车道，并设有专门的人行道，供行人步行过江。

在南京长江隧道中使用的刀盘直径为 14.93m、重约 4000t、长 130 余米、有 5 层楼高的"巨无霸"盾构机。

3）上海长江隧道

上海长江隧道起于浦东新区五好沟，穿越南港水域，在长兴岛西南方登陆，全长 8.95km，其中穿越水域部分达 7.5km。隧道整体断面设计为上下双管隧道，两单管间净距约为 16m，沿其纵向每隔 800m 左右设一条横向人行联络通道。单管外径为 1500cm，内径为 1370cm，内设三条（3×3.75m）车道，双向即六车道，设计车速为 80km/h。隧道在浦东侧及长兴岛侧均设有敞开断矩形暗埋段 22m×48m 及深约 25m 的工作井。两台直径为 15.43m 的泥水加气平衡盾构，从浦东侧工作井由南向北依次掘进至长兴岛侧工作井实现隧道贯通。隧道工程共用混凝土 819100m³，使用钢筋 152214t。

4）武汉长江隧道

武汉长江隧道位于武汉长江大桥和武汉长江二桥之间，是万里长江上的第一条穿江隧道，又称"万里长江第一隧"。该隧道起于汉口大智路铭新街平交口，止于武昌友谊大道东侧，与规划的沙湖路衔接，并在汉口端设胜利街右进隧道匝道、天津路右出隧道匝道，在武昌端设友谊大道南北方向右进匝道和右出匝道各两条。该隧道总建筑长度为 3630m，分左、右两条隧洞，其中东线隧道长 3295m，西线隧道长 3303.6m，每条线各设两车道，宽 7m，车道净高 4.5m，设计车速为 50km/h。

武汉长江隧道可抵御 6 级地震和 300 年一遇洪水。隧道内设置了专门的地下逃生通道，安装了 102 个摄像头进行全方位实时监控，以及大型通风换气设备保障空气流通。此外，隧道两端都设置有防淹门，倘若遭遇战争破坏、恐怖袭击以及自然灾害,该门将关闭,防止江水进入隧道涌入城区。武汉长江隧道采用泥水加压式盾构机施工,2008 年 12 月 28 日建成通车。

5）庆春路过江隧道

正在建设中的杭州市庆春路过江隧道,北接杭州市庆春东路,南连萧山市心北路,东距钱江二桥 2.6km,西距钱江三桥 2.5km,是杭州市第一条过江隧道,它将连接起杭州未来的行政中心钱江新城和对岸萧山的钱江世纪城两个新中心,实现杭州从"西湖时代"到"钱塘江时代"的跨越。隧道深入江底约 37m,全长 5352m,其中隧道主线全长 3024m。泥水加压平衡盾构机施工,直径为 11.65m。整条通道穿越钱江新城与钱江世纪城的中心地带。分东西两孔,东孔供南来车辆通行,西孔供北往车辆通行,每孔两车道,整条隧道双向四车道,设计车速为 60km/h,3min 即可从地下穿越宽阔的钱塘江。

6）南京玄武湖隧道

玄武湖隧道西起模范马路,东至新庄立交二期,全长约 2.66km,其中暗埋段为 2.23km,总宽度为 32m,为双向六车道,单洞净宽为 13.6m,通行净高为 4.5m,是国内第一条城市浅埋式湖底隧道。隧道穿过玄武湖、古城墙和中央路,到达芦席营路口后在南京化工大学附近出地面。根据设计,隧道通车后按满负荷计算,每小时可通行 7000 余辆机动车。

7）苏州独墅湖桥隧工程

独墅湖桥隧工程是国内目前规模最大、最长的城市桥隧结合工程,该工程西接东南环立交,采用高架形式从苏嘉杭高速公路桥下穿过,向东连续跨越通园路、星港街、通达路,然后在高尔夫球场西侧下穿,以隧道形式穿越独墅湖、星湖街后,快速路隧道接地,以地面形式接入斜路交叉口。线路总长度为 7.37km,其中快速路高架桥长 3.43km,隧道长 3.46km,地面接线长 0.48km,地面辅道长 2.86km。主线采用双向六车道,桥梁段宽 26m,隧道段宽 30.2m,设计车速为 60km/h,工程总造价约为 24 亿元。

8）无锡蠡湖隧道

蠡湖隧道总长 1180m,整体呈小"S"形,南北各有下沉和爬坡的敞开段,北段 180m,南段 120 多米,其中从金城西路起至湖底为暗埋段,暗埋总长 880m。蠡湖隧道宽达 30m,为两孔双向六车道,设计最高车速为 60km/h,距地面最深处为 12m。

9）黄石磁湖湖底隧道

我国首条湖底隧道是 1992 年开始修建的黄石磁湖湖底隧道。磁湖湖底隧道于 1992 年 11 月 10 日正式开凿,高 2.6m、宽 3.3m、全长 3000 多米的隧道蜿蜒在地面之下 50m 处,施工工期长达 6 年,1998 年 7 月 1 日正式投入使用。该隧道不通车辆行人,而是用于华新水泥公司的石料运输。隧道输送系统投入使用后,石料每吨运输成本由 5 元降至 2 元,每年可节省 1400 多万元。运转 9 年来,投资 6000 多万元的这条隧道累计节约成本 12 多亿元。不仅如此,隧道运输还减少了环境污染,噪声和粉尘污染消失了。

10) 苏州金鸡湖湖底隧道

金鸡湖湖底隧道东起金鸡湖东岸的会展中心站,西至湖西的星港街站,左右线总长 4.7km,其中穿越湖底的左右线总长 3.65km,是目前为止国内最长的湖底盾构隧道。

2. 沉管法

广州和宁波最早采用沉管法于 1994 年和 1995 年分别建成了珠江越江隧道和甬江水下隧道,现在广州市在建和设计中的珠江隧道有五条之多。

珠江隧道于 1993 年 12 月 28 日建成通车,是我国大陆首次采用沉管法设计施工的大型海底隧道,共有三条管道,西侧双管道为两车道汽车管道,东侧一管道为地铁一号线的双轨管道。

1.7　海底隧道主要设计参数统计

表 1.2 中,海底隧道以钻爆法修建的隧道为主,且主要包括公路和铁路隧道。表 1.3 主要包括输气、输水和供油海底隧道。表 1.4 为国内海底隧道一览表。表 1.5 为国内外跨海桥隧结合工程一览表。

表 1.2　世界上主要公路、铁路海底隧道一览表

隧道名称	国家	完成年份	用途	主要岩性	截面积/m²	总长度/km	最小岩石覆盖厚度/m	隧道最深点位置/m
Vardø	挪威	1981	公路	页岩和砂岩	53	2.6	28	88
Ellingsøy	挪威	1987	公路	片麻岩	68	3.5	42	140
Valderøy	挪威	1987	公路	片麻岩	68	4.2	34	145
Kvalsund	挪威	1988	公路	片麻岩	43	1.6	23	56
Godøy	挪威	1989	公路	片麻岩	52	3.8	33	153
Hvaler	挪威	1989	公路	片麻岩	45	3.8	35	121
Flekkerøy	挪威	1989	公路	片麻岩	46	2.3	29	101
Nappstraumen	挪威	1990	公路	片麻岩	55	1.8	27	60
Fannefjørd	挪威	1991	公路	片麻岩	54	2.7	28	100
Maursund	挪威	1991	公路	片麻岩	43	2.3	20	92

隧道名称	国家	完成年份	用途	主要岩性	截面积/m²	总长度/km	最小岩石覆盖厚度/m	隧道最深点位置/m
Byfjørd	挪威	1992	公路	千枚岩	70	5.8	34	223
Mastrafjord	挪威	1992	公路	片麻岩	70	4.4	40	132
Freifjørd	挪威	1992	公路	片麻岩	70	5.2	30	132
Hitra	挪威	1994	公路	片麻岩	70	5.6	38	264
Tromsoysund	挪威	1994	公路	片麻岩	60	3.4	45	101
Bjorøy	挪威	1996	公路	片麻岩	53	2.0	35	85
Sloverfjord	挪威	1997	公路	片麻岩	55	3.3	40	100
North Cape	挪威	1999	公路	页岩和砂岩	50	6.8	49	212
Oslofjørd	挪威	2000	公路	片麻岩	79	7.2	32	134
Frøya	挪威	2000	公路	片麻岩	52	5.2	41	164
Ibestad	挪威	2000	公路	云母片岩和花岗岩	46	3.4	30	125
Bomlafjord	挪威	2000	公路	绿岩、片麻岩和千枚岩	74	7.9	35	260
Skatestraumen	挪威	2002	公路	片麻岩	52	1.9	40	80
Kanmon	日本	1944	铁路	—	80	3.6	11	40
Kanmon	日本	1958	公路	—	95	3.5	21	49
Shin Kanmon	日本	1974	铁路	—	90	18.7	20	50
Sei-Kan	日本	1985	铁路	火山岩	1×90 2×18	53.9	100	250
Storebælt	丹麦	1990	铁路	片麻岩	$2\times\phi8.5$	7.9	13	68
Gibraltar	西班牙	—	铁路	—	$2\times\phi7.3$	~50	—	400
Channel Tunnel	英、法	1994	铁路	片麻岩	$2\times\phi8.5$ $1\times\phi5.7$	50.5	40	105
厦门翔安海底隧道	中国	2009	公路	花岗岩	~113	8.695	19.2	70

注:"—"表示不详

表1.3　世界上主要输气、输水和供油海底隧道一览表

隧道名称	国家	完成年份	用途	主要岩性	截面积/m²	总长度/km	最小岩石覆盖厚度/m	隧道最深点位置/m
Frierfjorden	挪威	1976	供气	片麻岩和黏土石	16	3.6	48	253
Karstø	挪威	1983	供水	千枚岩	20	0.4	15	58
Karmsund(Stapipe)	挪威	1984	供气	片麻岩和千枚岩	27	4.7	56	180
Fordesfjord(Statpipe)	挪威	1984	供气	片麻岩	27	3.4	46	160
Forlandsfjord(Statpipe)	挪威	1984	供气	片麻岩和千枚岩	27	3.9	55	170
Hjartøy	挪威	1986	供油	片麻岩	26	2.3	38(在钻孔处仅6m)	110
Køllsnes(Troll)	挪威	1994	供气	片麻岩	45~70	3.8	在钻孔处仅7m	180
Karstø	挪威	1999	新建供水	千枚岩	20	3.0	—	60,10
Snøhvit	挪威	2005	送排水	片麻岩	22	3.3	—	111,54
Aukra	挪威	2005	送排水	片麻岩	20,25	1.4	5,8(在钻孔处取5.5m)	86,57
Boston Harbor	美国	1995	送水	—	ϕ7.6	~11.0	—	125
Seabrook	美国	1980	送水	—	2×ϕ6.7	5.0	—	70
Forsmark1&2	瑞典	1985	送水	—	80	2.3	—	75
Saltsjo	瑞典	1989	送水	—	ϕ3.5	7.5	—	60
Sydney Harbour	澳大利亚	1990	送水	—	ϕ4.1	3.1	—	130

注:"—"表示不详。

表1.4　国内海底隧道一览表

隧道名称	地区	完成年份	用途	施工方法	总长度/km	水下长度/km	造价/(×10⁸元)	备注
香港红磡海底隧道	香港	1972	公路	沉管	1.86	1.60	3.2	
香港东区海底隧道	香港	1989	公、铁两用	沉管	1.86	1.40	—	
香港西区公路隧道	香港	1998	公路	沉管	2.0	1.36	46.7	
高雄过港隧道	台湾	1984	公路	沉管	2.25	1.06	~10	

续表

隧道名称	地区	完成年份	用途	施工方法	总长度/km	水下长度/km	造价/(×10⁸元)	备注
打浦路过江隧道	上海	1970	公路	盾构	2.74	—	—	20 世纪 30 年代提出构想
珠江海底隧道	广东	1994	公路	沉管	1.38	—	6.8	
甬江海底隧道	浙江	1995	公路	沉管	1.02	0.42	—	
玄武湖隧道	江苏	2003	公路	明挖	2.66	—	8.37	
厦门翔安海底隧道	福建	2010	公路	钻爆	9.0	6.0	39.5	20 世纪 80 年代提出构想
胶州湾湾口海底隧道	山东	2011	公路	钻爆	6.17	3.3	31.8	20 世纪 80 年代提出构想
武汉长江隧道	湖北	2009	公路	盾构	3.63	—	20	1988 年提出构想
南京长江隧道	江苏	2010	公路	盾构	6.15	—	33	
庆春路过江隧道	浙江杭州	2011	公路	盾构	3.0	—	17.5	
浏阳河水下隧道	湖南长沙	2010	公路	钻爆	1.91	—	5.5	
营盘路过江隧道	湖南长沙	2012	公路	钻爆	3.0	17.0	—	
大连湾海底隧道	辽宁	—	公路	钻爆	6.0	3.0	—	2003 年提出构想,目前还未建成
台湾海峡海底隧道	福建、台湾	—	铁路	TBM	约 130	—	1000.0	1948 年提出构想,拟建
琼州海峡海底隧道	广东、海南	—	铁路	盾构	34.0	18.0	200	1980 年提出构想,拟建
渤海湾海底隧道	大连、烟台	—	铁路	—	约 130	—	—	拟建
狮子洋水下隧道	深圳、东莞	2011	铁路	盾构	10.8	4.7		
港岛—大屿山海底隧道	香港	—	公路	—	10.0	—	—	拟建
汕头市内海底隧道	广东	—	公路	盾构	—	—	—	拟建
杭州湾水下隧道	浙江	—	铁路	TBM、钻爆	—	—	—	拟建
济南黄河隧道	山东	—	公路	盾构	4.5	—	16	拟建
南水北调中线穿黄隧道	河南	2009	输水	盾构	4.25	—	—	

续表

隧道名称	地区	完成年份	用途	施工方法	总长度/km	水下长度/km	造价/(×10^8 元)	备注
南水北调东线穿黄隧道	山东	2012	输水	钻爆	7.87	3.45	6.13	

注:"—"表示不详。

表 1.5　国内外跨海桥隧结合工程一览表

跨海通道名称	国家	总长度/km	通车年份	交通类型	工程造价	隧道部分 长度/km	隧道部分 施工方法	大桥部分 长度/km	大桥部分 桥梁类型
东京湾桥隧工程	日本	15.1	1996	公路	135 亿美元	9.40	盾构	4.4	梁式
大贝尔特桥隧工程	丹麦	17.5	1998	—	61 亿美元	6.61	盾构	13.4	梁式-悬索
厄勒海峡桥隧工程	丹麦、瑞典	16.0	2000	公、铁两用	37 亿美元	4.06	沉管	7.85	斜拉-高架
切萨皮克湾桥隧工程	美国	28.0	1964	公路	2 亿美元	3.20	沉管	20.9	梁式
独墅湖桥隧工程	中国	7.37	2007	公路	27.1 亿元	3.46	明挖	3.43	梁式
长江口桥隧工程	中国	25.5	2010	公路	123 亿元	8.90	盾构	10.3	梁式-斜拉
港珠澳海上通道	中国	50.0	2016（预计）	公路	726 亿元	6.65	沉管	29.0	梁式-斜拉

注:"—"表示不详。

1.8　本书主要内容

本书是海底隧道最小岩石覆盖厚度科学研究的总结。全书共 8 章。第 1 章,重点对国内外已建海底隧道建设现状进行统计分析、阐述了海底隧道最小岩石覆盖厚度影响因素及确定方法研究现状。

第 2 章,以青岛胶州湾海底隧道为背景、提出了确定最小岩石覆盖厚度的综合分析方法。

第 3 章,归纳总结了确定最小岩石覆盖厚度的工程类比方法,包括挪威经验法、日本最小涌水量法、国内顶水采煤法、国内规范方法和普氏压力拱理论方法,分析了各种方法的适用条件,并应用于青岛胶州湾海底隧道最小岩石覆盖厚度的确定。

第 4 章,重点介绍数值分析确定最小岩石覆盖厚度的判别准则。从弹塑性、断裂损伤、流固耦合、爆破地震、地震影响及施工过程等方面对海底隧道覆盖岩层稳定性进行研究。通过最小位移法判据给出了海底隧道最小岩石覆盖厚度值。

第 5 章,分别通过模型试验和流固耦合数值计算对海底隧道覆盖岩层的稳定性进行研究,获得覆盖岩层渗流场、应力场和位移场变化规律。

第 6 章,对已完成的四条海底隧道最小岩石覆盖厚度研究成果进行总结。

第 7 章,开展海底隧道施工监测反馈分析研究。基于施工全过程位移释放率、位移增量反演理论和海底隧道施工过程中现场监测数据,建立了最小岩石覆盖厚度支护结构稳定性的分析方法。

第 8 章,总结和展望。

第2章　确定岩石覆盖厚度方法体系

2.1　方　法　体　系

自从20世纪30年代开始修建海底或海底隧道以来,对采用钻爆法施工的海底隧道来说,如何确定合理岩石覆盖厚度的问题一直没有很好的解决办法,也就是说,一直没有找到比较成熟的理论和方法。在海底隧道刚开始修建阶段,岩石覆盖厚度主要采用经验的方法来确定,如日本青函隧道的岩石覆盖厚度的确定就是依靠当时海底采煤的经验。考虑当时海底隧道修建经验还不丰富、海底隧道修建技术还不发达的情况下,为了保证施工安全,一般认为岩石覆盖层越厚隧道施工越安全,所以岩石覆盖层厚度选择一般偏保守。但实际上岩石覆盖厚度的选择并不是越厚越好,虽然说隧道岩石覆盖厚度太小,隧道施工作业面局部性失稳与涌、突水患的险情加大;但是如果隧道岩石覆盖厚度过厚,作用于衬砌结构上的水头压力将会增大,因此支护结构失稳的概率相应增大。当从经济因素考虑时,确定合理的岩石覆盖厚度显得尤为重要。因此,对于海底隧道最小岩石覆盖厚度方面,国内外都进行了详细的研究。例如,日本的隧道建设公司在选择海底隧道最小岩石覆盖厚度方面主要从涌水量方面来考虑;1989~1991年,挪威皇家科学与工业研究委员会专项资助了对海底隧道的研究工作,特别是在海底隧道最小岩石覆盖的问题上曾经做了专门的研究。

李术才课题组在国内率先开展海底隧道覆盖岩层厚度的研究,先后完成厦门翔安海底隧道、宁波象山港海底隧道、青岛胶州湾海底隧道和舟山灌门水道海底隧道最小岩石覆盖厚度研究课题;并承担了国家自然科学基金委重大国际合作项目——钻爆法施工的海底隧道最小岩石覆盖厚度。通过工程类比、数值计算和模型实验对最小岩石覆盖厚度进行了大量研究,建立了海底隧道的最小岩石覆盖厚度的方法体系。海底隧道最小岩石覆盖厚度综合分析方法流程如图2.1所示。工程类比方法主要包括挪威隧道经验法(简称挪威经验法)、日本最小涌水量法、国内顶水采煤法、国内规范方法和普氏压力拱理论方法。数值方法主要从弹塑性、断裂损伤、流固耦合、爆破影响、地震影响及施工过程等方面进行研究。其先后提出了确定最小岩石覆盖厚度的应力挠动法、位移收敛法、安全系数法和最小位移法等判别方法。上述研究成果成功应用于厦门翔安海底隧道、青岛胶州湾海底隧道,指导了工程设计与施工。

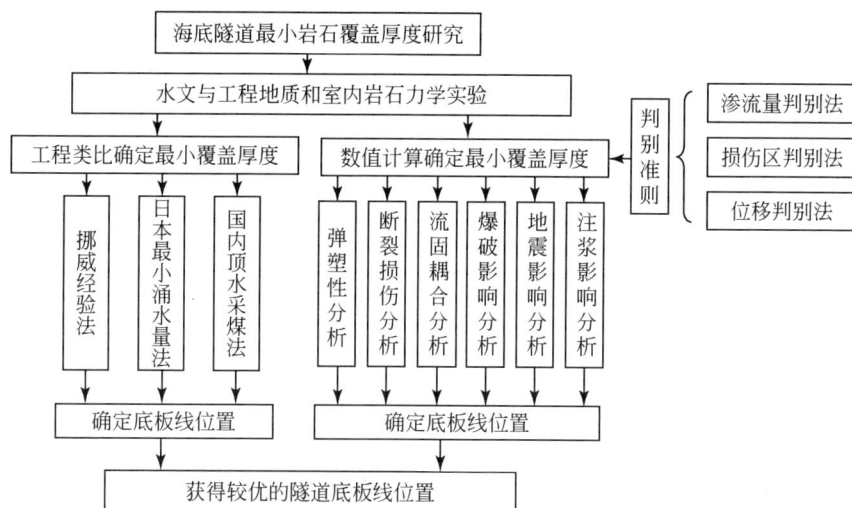

图 2.1　海底隧道最小岩石覆盖厚度综合分析方法流程

2.1.1　围岩稳定性分析岩石覆盖厚度

隧道开挖后周围的岩石一般情况下在径向发生伸长变形,在切向发生压缩变形,使得原来径向上的压缩应力降低,切向上的压缩应力升高,而这种降低和升高的程度随着距隧道洞壁距离的增大而减小,到达一定距离后基本没有影响。这种应力的变化称为应力重分布。当重分布以后的应力达到或者超过岩石的强度极限时,除弹性变形外还会产生较大的塑性变形,如果不阻止这种变形则会导致围岩破裂甚至造成失稳破坏。洞室开挖以后二次应力的形成和大小与地应力、岩石的强度特征、洞室形状、洞室大小以及埋置深度等都有关系。为了正确地评价地下工程的稳定性,除进行必要的地质分析之外,对围岩应力分布特征的分析计算是评价围岩稳定性不可缺少的重要环节。

围岩稳定性分析岩石覆盖厚度,通常利用 FLAC³ᴰ 有限差分程序对海底隧道不同岩石覆盖厚度的工况进行稳定性分析,分析不同工况下隧道开挖后,隧道周边产生塑性区的大小,以此来决定最佳的岩石覆盖厚度。该方法对于岩体完整性较好的海底隧道来说,分析结果比较准确;但对于地质条件差的海底隧道,如节理、裂隙密集的节理岩体,分析结果的精度难以保证。

2.1.2　岩石准三维断裂损伤分析岩石覆盖厚度

岩体工程中普遍存在断续节理岩体。含断续节理的岩体,实质上是含初始损伤的介质,节理面使强度削弱,岩桥则对强度作出贡献。当岩体开挖卸荷时,某些部位的节理其端部高度的应力集中,将导致脆性断裂破坏,结果是其力学性能进一步劣化,即损伤进一步积累。就岩体工程稳定而言,原生节理及其扩展演化效应是应予以高度重视的。研究手段应该是断裂力学与损伤力学的综合运用。断裂力学用来分析材料局部裂纹的起裂、扩展及其能量变化,损伤力学用来研究材料当中已有缺陷及受荷引发的分支裂纹对材料强度的弱化作用,并表征材料宏观力学性能的演变直致破坏的全过程。岩体常处于多向受压的力学环境中,但开挖卸荷也会引起局部拉压状态。大量资料表明拉剪裂纹起裂扩展,较压剪裂纹更具有破坏性。因此,尽管在岩土工程中受拉剪作用的节理裂隙相对较少,但也应引起高度重视。

　　岩石准三维断裂损伤分析岩石覆盖厚度主要采用已有的断裂损伤三维有限元程序,该程序由在弹塑性有限元三维程序中添加压剪和拉剪状态下的断裂损伤本构关系和损伤演化方程编制而成。该程序可模拟断续节理对岩体损伤及损伤演化的影响,通过分析海底隧道不同岩石覆盖厚度的隧道开挖周边的塑性区和损伤演化区的大小来选择最佳的岩石覆盖厚度。该方法只是按照出露岩层节理统计信息,对节理进行分组并给出节理的长度、节理间距及结构面强度等平面信息,无法反映真实岩体中节理的三维空间分布,因此也就无法反映三维空间中岩体的节理和裂隙对海底隧道岩石覆盖厚度的影响。

2.1.3　海水渗流分析岩石覆盖厚度

　　海底隧道渗流的研究对于隧道岩石覆盖厚度的确定和隧道稳定性的保证具有重要意义。一方面,随着隧道覆盖层厚度的增加,作用在隧道壁上的静水压力增加,势能荷载增大;另一方面,隧道覆盖层越厚,海底和隧道之间的渗流通道就会越长,从而减少向隧道的渗水流量。因此,还需进行不同岩石覆盖层厚度情况下流固耦合分析,并对不同岩石覆盖厚度情况下的隧道渗入水量和应力分布状态进行重点分析。

　　海水渗流分析岩石覆盖厚度主要利用 FLAC^{3D} 有限差分法程序对海底隧道不同岩石覆盖厚度的工况进行分析,分析不同工况下隧道开挖后,隧道周边区域孔隙水压力的重分布、周边塑性区的大小及隧道渗水量的大小,以此来选择最佳的岩石覆盖厚度。FLAC^{3D} 有限差分法程序是一种连续介质模型,它无法真实反映节理岩体中裂隙分布对海水渗流的影响,因此对于岩体完整性较好的海底隧道来说,采用该方法可较好地模拟海水渗流对岩石覆盖厚度的影响;但对于节理岩体来说,该方法模拟效果会较差。

2.1.4　地震载荷分析岩石覆盖厚度

根据隧道工程所处地区地震构造条件来确定是否考虑地震载荷对岩石覆盖厚度的影响。当隧道所处地区地震频繁、地震强度较大时,需要考虑地震载荷的作用;当隧道所处地区稳定、无强地震的发震构造条件时,无需考虑地震载荷的作用。地震载荷分析岩石覆盖厚度通常采用大型有限单元法分析软件 ABAQUS 来模拟地震载荷作用下隧道上覆岩石的动力学响应。通过分析不同岩石覆盖厚度下隧道周边的水平振动速度峰值的大小,来判断地震载荷产生的动力响应是否破坏隧道的上覆围岩,从而选择隧道最佳的岩石覆盖厚度。

2.1.5　爆破载荷分析岩石覆盖厚度

在海底应用钻爆法开挖施工中存在着爆破施工开挖岩石和保护围岩使其影响降到最低的矛盾,炸药在岩体内爆炸时,在将开挖范围内的岩石爆破下来的同时,必然要对保留的岩体造成损伤和破坏,从而影响围岩的稳定性和渗透性。

爆破对围岩的影响主要体现在以下方面:

(1) 使岩石的力学性能劣化,岩石的强度和弹性模量降低。

(2) 在围岩内产生裂纹或使原生裂纹扩展,从而影响围岩的稳定性和渗透率。

(3) 沿炮孔产生一些径向裂纹或在孔底周围生成多组随机裂纹。

(4) 隧道周边环向应力瞬间增大。

爆破载荷分析岩石覆盖厚度通常采用有限单元法分析软件 ABAQUS 来分析爆破载荷对隧道上覆岩石的动力响应。通过隧道爆破震动模拟结果,了解隧道周边各监测点速度、加速度时程曲线与爆心距大小的变化规律;判断爆破震动对隧道岩石覆盖厚度的影响范围,从而达到优化爆破设计的目的。

2.2　青岛胶州湾海底隧道

2.2.1　工程概况

1. 隧道位置

青岛胶州湾隧道工程是连接青岛市主城与辅城的重要通道,南接薛家岛,北连团岛,下穿胶州湾湾口海域,隧道位置见图 2.2。胶州湾海底隧道为城市快速道路隧道,设双向六车道,设计车速为 80km/h。该隧道的建设可以从根本上解决"青黄不接",大大改善西部投资环境,加速发展新区经济,实现新、老港区的优势互补和整体效益的提高,是实现青岛市发展成为现代化国际大城市的有力支撑和重大工程措施。

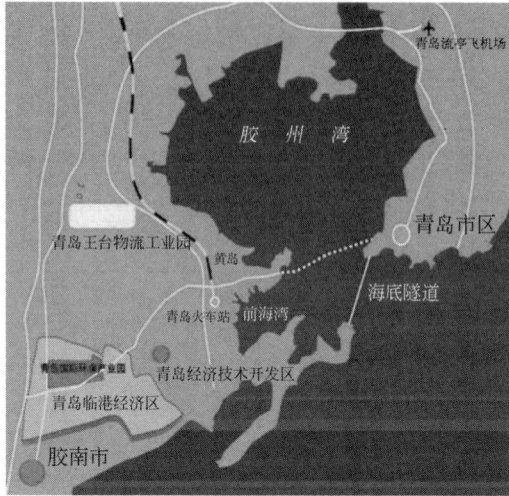

图 2.2　青岛胶州湾海底隧道地理位置图

工程(含团岛路端接线隧道)起点,左右线洞口分别位于青岛繁华的主城区四川路与东平路口附近和云南路与东平路口附近,两接线隧道路线沿路向南延伸。至团岛路与瞿塘峡路交汇口向南约 50m 处为胶州湾隧道工程设计起点,路线以隧道形式沿团岛路向南,下穿部队营区,进入海底向西南穿越胶州湾湾口,在薛家岛北庄村和后岔湾村之间出洞,出洞后地形开阔,路线以地面道路形式到北庄村南终止,然后接黄岛区重要的东西干道嘉陵江路,与青岛辅城区相连。设计里程右线隧道 YK2+730 ~ YK8+900,左线隧道 ZK2+755 ~ ZK8+893.3,黄岛端接线(右线)K8+900 ~ K9+850。服务隧道 FK0+200 ~ FK6+150。

2. 工程建设规模及接线情况

青岛胶州湾海底隧道是一项规模宏大的跨海工程,本工程设计范围仅限于跨海隧道主体工程及两岸的部分接线工程,全长约 7120m。隧道部分设两条主隧道和一条服务隧道,以及各项运营管理设施,并预留市政管线敷设通道,隧道总长6170 m,其中跨越海域段长约 3950m;路基段长约 950m,是一条以城市道路功能为主兼有公路功能的隧道,双向六车道,隧道断面为椭圆形,内净空高 10.391m,宽14.426m,建设工期 47 个月。团岛路端接线在四川路、云南路采用分离式隧道,与本工程北端地下相接,长约 1620m。

3. 主要技术标准

（1）设计基准期：100 年。

（2）使用功能：城市道路交通。

（3）路线等级：城市快速路。

（4）设计车速：80km/h。

（5）车道数：双向六车道。

（6）地震烈度：按Ⅶ度设防。

（7）最小平曲线半径：1000m。

（8）隧道最大纵坡：3.9%；隧道最小纵坡：0.3%。

（9）隧道限界高度：5.0m。

（10）行车道宽度：2×3.5m+3.75m。

（11）路面类型：沥青混凝土路面。

（12）设计荷载：城–A 级；汽车–超 20 级，挂车–120 级检算。

（13）设计安全等级：A 级。

（14）结构防水等级：一级。

4. 主要设计内容简介

1）道路平面设计

（1）胶州湾海底隧道平面起点。

胶州湾海底隧道起点位于团岛一路与瞿塘峡路路口南约 50m 处。左线起点里程 ZK2+755（HZK0+000），右线起点里程 YK2+730（HYK0+000）。

（2）路线走向。

① 青岛端接线段。路线北接莘县路立交（K0+300）快速路三期山西路路口，左右线分行。右线线位沿四川路向西南延伸，在东平路与观城路之间设置隧道进口（YK0+900），之后隧道沿四川路行进，过贵州路路口后，隧道沿团岛一路向西南前行，经过台西三路后穿越团岛驻军地下，过团岛一路与瞿塘峡路路口南约 50m，进入海底隧道（YK2+730），并在台西三路设置入口匝道与右线合流。左线线位沿云南路向南偏西延伸，在东平路与观城路之间设置隧道进口（ZK1+020），之后隧道沿云南路行进，过磁山路后，路线沿台西三路布设；为了避让团岛一路与团岛二路交叉口东南的一栋 27 层高层建筑，路线在贵州路路口前，偏离台西三路行进在建筑物下并横穿过青岛智荣中学，向西南延伸进入海底隧道（ZK2+755），并设置团岛二路出口匝道与左线分流，接出地面至贵州路。

② 海底隧道段。进入海底隧道后左右线平行设置，通过一半径为 1200m 的曲

线后(右线为半径是 1000~1500m 的复曲线),以直线向南延伸进入海底,进入海底后又通过一半径为 2000m 的曲线拐向薛家岛方向,在接近薛家岛时,通过一半径为 6500m 的圆曲线上岸(右线半径为 4945m),然后以直线段直达薛家岛,于北庄村和后岔湾村之间出洞(YK8+900 = ZK8+893.3)。而后左右线通过一半径为 2000m 的曲线合并前行,穿过北庄村在北庄村和瓦屋庄之间设置收费站(K9+525)后至本工程终点(K9+850),接规划的黄岛端海底隧道接线工程。

(3) 左右线线间距的确定。

利用工程类比、施工模拟进行计算分析和经济分析,综合确定主隧道的轴间距大部分地段为 55m。大洞和小洞之间的净距分析要考虑大小洞的尺寸效应和对围岩的影响范围,小洞自身的影响范围很小,所以大小洞之间的间距是以两个洞的大小综合确定的。主隧道和服务隧道的净间距约为 16m。在陆地段的局部地段主隧道轴间距最小为 45m。确定的隧道净间距是可以保证隧道施工安全和运营安全的。本隧道海域段线间距一般为 55m;青岛端接线线位分修,线间距在 400m 以上,由于地形受限,部分路段隧道线间距为 26m(K2+500~K2+800);黄岛端接线线位通过曲线合并为整体式路基。

(4) 平面设计情况。

① 青岛端海底隧道接线工程平面设计情况。青岛端右线线位引入海底隧道接线工程长度为 2430m,共设置 4 条曲线,曲线半径特征为 R-400,l-50;R-450,l-70 (设计车速 60km/h);R-1000,l-70;R-1000,l-70;青岛端左线线位驶出海底隧道接线工程长度为 2455m,共设置 5 条曲线,曲线半径特征为 R-160,l-50;R-220,l-35;R-800(设计车速为 60km/h),l-80;R-1590;R-1200,l-100。

② 隧道及黄岛端洞口接线平面设计情况。黄岛端考虑隧道洞口到收费站距离,应满足收费预告、司机操作反映、减速滑行、停车交费、排队等待的要求,本次设计将《青岛胶州湾湾口海底隧道工程可行性研究报告》中的收费站位置向黄岛方向移动,布设在北庄村与瓦屋庄村之间(K9+525),收费站中心距隧道洞口 550m。道路全长 9650m,其中本项目范围为海底段(YK2+730 = ZK2+755)~(YK8+900 = ZK8+893.3),隧道长 6170m(以右线计)。海底段最小曲线半径为 1000m,路线平面线型顺直。

③ 服务隧道。服务隧道在八大观新村南侧的西陵峡路入洞(FK0+200),而后从左线隧道(FK0+425 = ZK3+185)上方穿过后,平行布设在左右线隧道中间,直至黄岛,与主隧道一并出洞(FK6+150)。

2) 道路纵断面设计

海底隧道应与两端接线工程统一设置纵断面,并考虑洞口与现有道路系统的关系,较好地组织车辆进出海底隧道,以便达到快速分流的目的。通过比选、分析

研究,纵断面设计情况如下:

左线(云南路):左线隧道北接莘县路公交(K0+300)快速路三期高架桥,云南路采用0.497%/513.88m的下坡顺接高架桥,然后以3.5%/512m的下坡转入地下,在东平路与观城路之间设置进出海底隧道的洞口,下穿东平路。然后以1.483%/750m、0.3%/748m的缓下坡进入海底隧道(目的是为了使台西三路进隧道匝道能顺利接上地面道路)。进入海底隧道后左线以−3.5%/958.879m、−2.23%/512.477m的下坡下至海底最低点,而后以0.3%/803m、2.617%/751m、3.865%/807m、2.55%/383.5m、3.888%/802.5m的上坡上到薛家岛岸地面,设置隧道口,最后以−0.703%/368.669m至左线终点(ZK9+191.377)=接线起点(JK9+200)。

右线(四川路):右线隧道北接莘县路公交(K0+300)快速路三期高架桥,采用0.5%/301.75m、−3.5%/653m的下坡转入地下,东平路与观城路之间设置进出海底隧道的洞口,下穿东平路。再以−0.48%/1540m的缓下坡进入海底隧道(目的是为了使团岛二路出隧道匝道能顺利接上地面道路)。进入海底隧道后右线先以−3.5%/928.103m、−2.2%/1592.609m的下坡下至海底最低点,而后以0.3%/800m、2.62%/750m、3.9%/800m、2.57%/380m、3.9%/800m的上坡上到薛家岛岸地面,设置隧道口,最后以−0.70%/370m的下坡至右线终点(ZK9+200)=接线起点(JK9+200)。

黄岛端接线部分:接线接左右线终点−0.7%的下坡,而后以1.2%/500m的上坡至收费广场(中心桩号K9+525),最后接−0.8%的下坡至终点K9+850。

服务隧道:服务隧道以−8.0%的下坡进入地下并从左线隧道上方穿过,而后保持与左右线隧道高程同步(服务隧道设计标高=主隧道设计标高−隧道净距×横洞坡度)直至黄岛端洞口。

3)横断面设计

(1)隧道建筑限界。

隧道推荐方案行车道宽度为2×3.5m+3.75m,建筑限界拟定如下(限界图见图2.3):限界高度为5.0m,行车道宽度为2×3.5m+3.75m;路缘带宽度为0.5m+0.75=1.25m;安全带宽度为2×0.25m=0.5m;总宽为12.5m(每个隧道);服务隧道按高6.05m、宽5.8m设计。

(2)隧道横断面结构设计。

隧道横断面采用马蹄形。海底段和陆域段形式相同,只是在底边角上有差别,海域段采用圆角,陆域段采用直角。隧道断面见图2.4。

(3)隧道支护结构参数与耐久性设计。

隧道支护采用复合式衬砌,支护参数见表2.1。

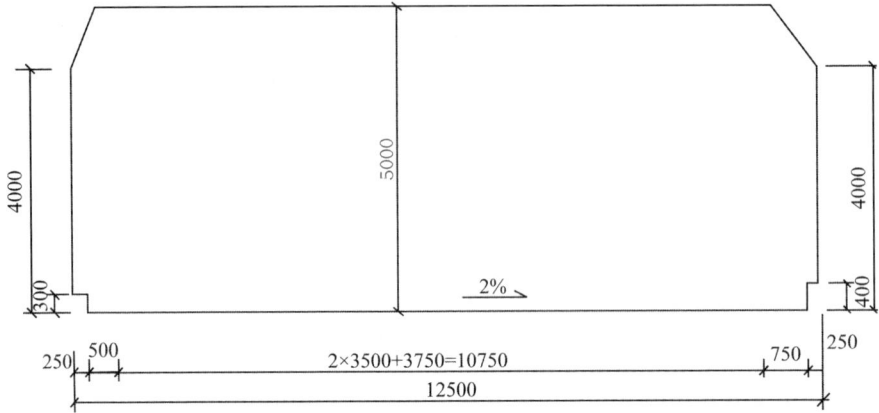

图 2.3　推荐方案隧道建筑限界图(单位:mm)

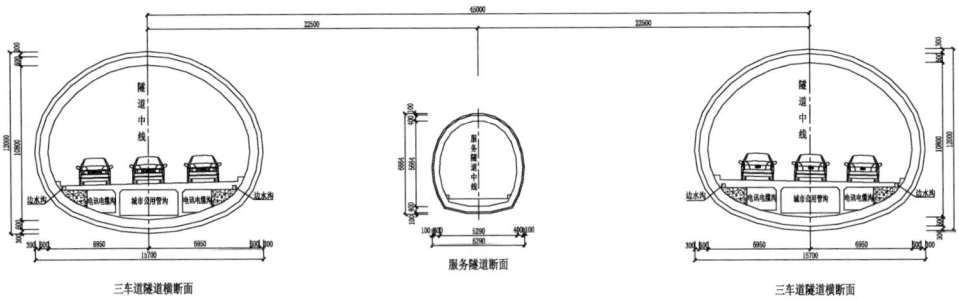

图 2.4　隧道断面示意图(单位:mm)

表 2.1　隧道衬砌结构参数表(海域)

结构断面	初期支护	二次衬砌
Ⅱ级围岩主隧道断面	局部注浆锚杆 $L=3.0$ m,拱部钢筋网 $\phi 8$ mm,间距 200 mm×200 mm,湿喷 C30 混凝土 100 mm 厚	模筑 C45、S12 钢筋混凝土 400 mm 厚
Ⅲ级围岩主隧道断面	拱部注浆锚杆 $\phi 25$ mm、$L=3.0$ m,环纵间距 1.2 m×1.0 m,拱部钢筋网 $\phi 8$ mm,间距 200 mm×200 mm,湿喷 C30 混凝土 150 mm 厚	模筑 C45、S12 钢筋混凝土 450 mm 厚
Ⅴ(Ⅳ)级围岩主隧道断面	$\phi 42$ mm 小导管,$L=2.5$ (3.0) m,环向间距 0.3(0.4) m,两榀钢架打设一环,边墙注浆锚杆 $\phi 25$ mm、$L=4.0$ (3.5) m,环纵间距 1.0 m×0.8 m,拱墙钢筋网 $\phi 8$ mm,间距 200 mm×200 mm,$\phi 25$ mm 格栅间距 0.5(0.75) m,湿喷 C30 混凝土 300(250) mm 厚	模筑 C45、S12 钢筋混凝土 700(600) mm 厚
Ⅱ级围岩服务隧道断面	湿喷 C30 混凝土 80 mm 厚	模筑 C45、S12 钢筋混凝土 350 mm 厚

续表

结构断面	初期支护	二次衬砌
Ⅲ级围岩服务隧道断面	局部锚杆 ϕ25mm、L=2.5m,环纵间距 1.2m×1.2m,拱部钢筋网 ϕ6.5mm,间距 200mm×200mm,湿喷 C30 混凝土 100mm 厚	模筑 C45、S12 钢筋混凝土 350mm 厚
Ⅳ级围岩服务隧道断面	拱墙注浆锚杆 ϕ25mm、L=2.5m,环纵间距 1.0m×1.0m,拱墙钢筋网 ϕ6.5mm,间距 200mm×200mm,ϕ22mm 格栅间距 0.75m,湿喷 C30 混凝土 200mm 厚	模筑 C45、S12 钢筋混凝土 400mm 厚
Ⅴ级围岩服务隧道断面	ϕ42mm 小导管,L=2.5m,环向间距 0.3m,两榀钢架打设一环,边墙注浆锚杆 ϕ25mm,L=3.0m,环纵间距 1.0m×1.0m,拱墙钢筋网 ϕ6.5mm,间距 200mm×200mm,ϕ25mm 格栅间距 0.5m,湿喷 C30 混凝土 250mm 厚	模筑 C45、S12 钢筋混凝土 400mm 厚

4)隧道防排水设计

(1)防水设计原则。

① 隧道结构的防水设计应遵循"以防为主,限量排放,刚柔结合,多道防线,因地制宜,综合治理"的原则。

② 确立钢筋混凝土结构自防水体系,并以此作为系统工程对待。即以结构自防水为根本,加强钢筋混凝土结构的抗裂防渗能力,改善钢筋混凝土结构的工作环境,进一步提高其耐久性。同时以施工缝、变形缝等接缝防水为重点,辅之以附加防水层加强防水。

③ 采用分仓防水设计,防止局部防水板破坏造成地下水在隧道内贯通,便于维修。

(2)结构防水技术措施。

① 注浆堵水。海底隧道与一般山岭隧道最显著的差异就是涌水源是无限的海水,必须止水。设计中对断层破碎带进行帷幕注浆止水,节理、裂隙带局部注浆止水,主要采用水泥浆和水泥砂浆进行压注。但完全地止水从时间、经费上都有困难,也没必要,为了处理衬砌表面渗透的海水,要设置排水结构。

② 混凝土自防水。U 形槽结构、暗挖隧道结构均采用防水混凝土,根据工程的埋置深度及地下水位情况,防水混凝土抗渗等级统一取 1.0MPa。采用低水化热水泥,增加磨细碳灰或其他活性粉料(如微硅粉)用量,采用高效减水剂,控制水灰比,减少水泥用量,浇筑耐久性高的防水混凝土。

③ 暗挖隧道结构防水。在隧道初期支护与二次衬砌之间设防水卷材和无纺布,每 10m 采用背贴式止水带进行分仓隔断。

④ 明挖结构防水。明挖结构设置防水卷材和无纺布。

⑤ 特殊部位结构防水。明、暗挖隧道水平施工缝采用钢板腻子止水条,环向

施工缝采用中埋式止水带,变形缝采用 Ω 形中埋式止水带和聚硫橡胶衬垫。

5)施工方法

Ⅱ、Ⅲ级围岩采用全断面开挖,Ⅳ级围岩采用台阶法开挖,Ⅴ级围岩陆域段和挤压型海底破碎带采用 CD 工法施工,Ⅴ级围岩张拉性断层破碎带和过房屋段采用双侧壁导坑法施工。采用凿岩台车钻孔作业,大型机械配套施工。

2.2.2　工程地质

1. 地形地貌

隧址区地貌可分为湾口海床和两岸滨海低山丘陵区。隧道轴线处海面宽约 3.5km,最大水深约 42m;最深处靠近水域中央,在中部形成一宽阔的海底面,为主要通航区,向两侧分别成两个较陡的斜坡,斜坡间发育宽窄不一的缓坡平台,潮间带多为礁石。

团岛岸为滨海缓丘地貌,经人工改造后地形较平坦,地面高程多为 5 ~ 10m,地面建筑物众多。

薛家岛岸为低山丘陵地貌,隧道通过处地面高程多为 5 ~ 40m,地面起伏不平,并有较多采石陡坎,局部发育冲沟,K5+350 ~ K5+800 段为村庄,地表民房密集。地表地貌及线路走向如图 2.5 所示。

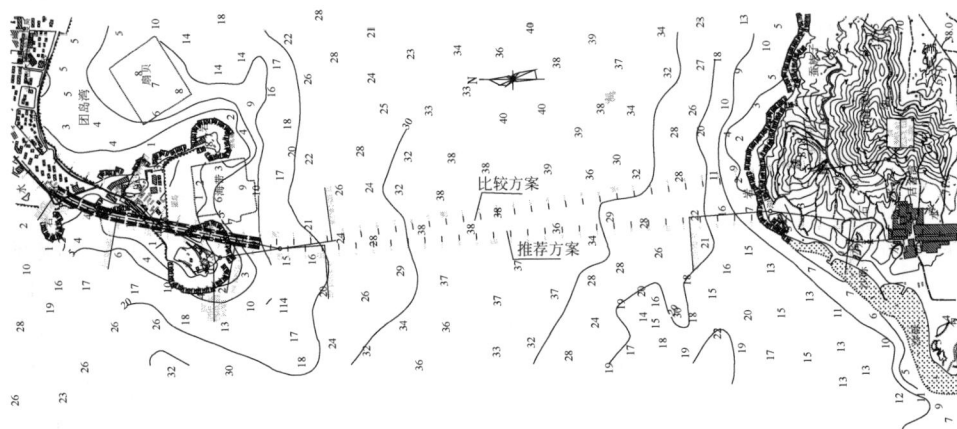

图 2.5　青岛胶州湾海底隧道平面布置图

2. 地质构造

隧址处断裂带特征如下:

F_{1-1}:NDZ12 孔有所揭示;原岩为中细粒二长花岗岩,受构造影响形成压碎—碎裂岩带,破碎带倾角大于 60°,推测走向北东,倾向北西,宽度小于 2.5m;破碎带岩体风化严重,两侧岩体出现差异风化现象。

F_{1-2}:青岛市勘察测绘研究院施钻的 17 号钻孔有所揭示;原岩为粗料花岗岩,受挤压作用影响,矿物发生强烈蚀变,岩石易碎,定性为构造破碎带,钻孔揭示垂直厚度 1.70m,推测为高角度北东走向的小型挤压破碎带,宽度小于 1m。

F_{1-3}:NDZ25 孔有所揭示;破碎带呈角(砾)碎(石)状散体结构,可辨原岩为辉绿岩和蚀变较严重的花岗岩,破碎物软硬不等,推测辉绿岩沿早期断裂侵入后又被错动破碎所致,推测其走向为北东向,近直立,宽度小于 3m,两侧有数米宽的影响带,影响带岩体破碎。

F_{2-1}:物探显示在 QDZ11 ~ DZ2 孔存在走向为近北东向的线型低速带,钻孔揭示此处存在错动破碎带,带内岩体破碎,并见有 1 ~ 10cm 宽的绿泥石化错碎物,裂面上见斜擦痕,显示压扭特征,错动面倾角大于 70°;断裂带宽度约为 2m,两侧有数米宽的影响带。

F_{2-3}:物探显示该破碎带为北西走向;DZ5 孔揭示带内有碎裂岩及多条数厘米宽的绿泥岩化错碎物;绿泥石化错碎带近直立,裂面显示张扭性特征,破碎带宽度小于 3m,两侧有数米宽的影响带。

F_{3-1}:分布于 DZ9、DZ10 一带,推测走向为北东或北东东向;错动带宽度小于 2m,两侧岩体破碎;破碎带岩石微裂纹密集,并见绿泥石化错碎物,优势结构面倾角大于 70°,其上可见侧伏角 30°左侧的压扭性擦痕,显示该断裂为以平移为主的压扭性断裂。

F_{3-2}:分布于 DZ11、DZ12 一带,走向为北东或北东东向,破碎带性质与 F_{3-1} 相似,宽度略大于 F_{3-1}。

F_{4-1}:DZ14 孔有所揭示,物探显示该孔东南侧有一个低速带,推测其走向为北西向。岩芯显示断裂带有辉绿岩侵入,辉绿岩外为破碎流纹岩,辉绿岩顶部风化严重。

F_{4-2} ~ F_{4-6}:这四条断裂均为地震勘探显示的低速带,走向为北东东向或北东向;带内岩体破碎且多有辉绿岩侵入,破碎岩体多为火山岩,部分辉绿岩也十分破碎;显示辉绿岩沿早期形成的断裂侵入后又有过构造活动;破碎带显示张性为主,宽度一般为几米至几十米,辉绿岩风化厚度往往较大。

3. 岩土特性

隧道区第四系覆盖层不甚发育,最厚处不足 10m,许多部位基岩裸露,基岩主要为下白垩纪青山群火山岩及燕山晚期崂山超单元侵入岩。根据岩土体成因和工程特性,将隧址区勘探揭示的地层分为以下 36 个工程地质亚层进行描述。

① 人工填土:灰、灰黑、棕红等颜色,由煤渣、砂土、黏性土、碎砖、碎石等构成,

成分杂乱,结构疏密不匀,主要分布于团岛岸,最大厚度约6m。

③ 亚黏土:残坡积成因;灰黄色,硬塑状,质不匀,普遍含角砾和碎石,局部夹碎石土,碎石软硬不等。主要分布于薛家岛低山丘陵坡麓及低洼地带,提示最大厚度约6m。

④ 基岩风化带:灰黄色—褐黄色,除石英外的其他矿物均已风化为黏土矿物,岩石结构不易辨识,岩体已呈土状。隧址处该风化带大部缺失或极薄,一般在抗风化能力差的辉绿岩、煌斑岩脉部出现;本次钻探仅在 DZ6、QDZ9、QDZ10 孔揭示,最大厚度约6.5m。

⑤ 基岩强风化带:灰色—灰黄为主,部分棕红色—灰紫色,绝大多数矿物风化褪色,部分矿物风化为黏土,颗粒间结合力丧失严重,岩体呈土夹软岩块或软岩块夹土状。此风化带厚度与岩体抗风化能力及破碎程度相关,一般岩性段不超过5m,辉绿岩及煌斑岩发育段可达15m左右。

⑥ 基岩弱风化带:岩体主色与原岩有关,一般有灰黄色—褐黄色风化带;岩体中风化裂隙较发育,风化裂隙附近的岩石褪色并变软,部分裂隙内有泥质风化物,风化裂隙成为岩体中的软弱结构面。此风化带厚度也与岩体破碎程度及抗风化能力有关,一般其厚度不超10m,构造破碎带或易风化的辉绿岩带厚度可超过15m。

⑦$_3$微风化碎裂岩:颜色多比原岩浅,岩体遭受强烈挤压后脆性破裂,多形成毫米级碎粒,粒间相对错动不明显,其间一般被方解石、绿帘石、绢云母等矿物重新胶,岩体完整性一般较好,但岩石强度普遍较低,此类岩体多呈陡倾角不规则带状或透镜状产出。

⑦$_4$ ~ ⑦$_{26}$微风化基岩带,依次为辉绿岩、闪长岩、石英正长岩、正长斑岩、花岗斑岩、花岗岩、流纹斑岩、流纹英安斑岩、粗安斑岩、英安玢岩、安山玢岩、粗安玢岩、粗安岩、流纹岩、凝灰质流纹岩、含火山角砾流纹岩、含火山集块角砾熔岩、熔结凝灰岩、流纹质凝灰岩、流纹质岩屑凝灰岩、含火山角砾凝灰岩、凝灰岩、凝灰质粉砂岩。岩体较完整—完整,岩质较硬—坚硬。

4. 水文地质

根据地下水补给贮藏条件及水化学类型等特征,可将场区水文地质单元划分为低山丘陵基岩裂隙水分布区、低山丘陵松散岩类孔隙水分布区、滨海基岩裂隙水分布区、滨海松散岩类孔隙水分布区和海域基岩裂隙水分布区。

两岸高程5m以上基岩出露区为低山丘陵基岩裂隙水分布区,薛家岛岸低山丘陵坡麓和沟谷洼地残坡积区为低山丘陵松散岩类孔隙水分布区,滨海地带海蚀洼地沉积层或人工填土为滨海松散岩类孔隙水分布区,滨海地带低于高潮位的基岩分布带为滨海基岩裂隙水分布区,被海水淹没地带为海域基岩裂隙水分布区。

地下水运动主要受地形、地貌的控制。在低山丘陵区,基岩裂隙水在降雨补给下,形成强烈的交替作用,地下水沿裂隙向低洼处汇流,常在冲沟、山脚、陡坎处露出地表或渗流补给邻近含水层。

低山丘陵松散岩类孔隙水除接受大气降雨补给外,主要接受基岩裂隙水的侧向和顶托补给,各自向低处汇流,排泄于沟口。

滨海松散岩类孔隙水主要接受海水侧向补给,流向随海水涨落往复改变。

滨海基岩裂隙水既接受低山丘陵基岩裂隙水的侧向补给,又可接受海水补给,地下水运动缓慢。

海域基岩裂隙水接受海垂直补给,地下水在自然状态下基本不运动。

5. 物理力学参数

根据孔内波速测试、岩石抗压强度试验、抽水和压水试验,结合野外岩芯鉴定和基岩露头观察情况,通过计算和分析判断,隧址处岩土层物理力学指标和渗透性指标如表 2.2 所示。

表 2.2　岩土层物理力学指标和渗透性指标

名称	密度/(g/cm³)	弹性模量(压缩)/GPa	泊松比	黏聚力/kPa	内摩擦角/(°)	抗压强度/MPa	孔隙比	渗透系数/(×10⁻⁵ cm/s)
②₂ 亚黏土	1.82	—	—	24	5	—	1.234	—
③ 亚黏土	2.01	—	—	58.5	18.0	—	0.659	—
④ 全风岩	1.91	—	—	—	—	—	0.887	—
⑤ 强风化岩	2.06	2.2	0.445	55.3	29.9	—	0.615	271.56
⑥ 弱风化岩	2.22	21.6	0.326	—	—	48	0.10	8
⑦₁ 断裂破碎岩	2.1	17.8	0.312	—	—	—	0.2	2
⑦₂ 微风化破碎岩	2.52	29.1	0.307	—	—	24.7	0.2	2
⑦₃ 微风化碎裂岩	2.62	31.5	0.25	—	—	46.33	0.2	0.5
⑦₄ 微风化辉绿岩	2.83	29.2	0.25	$5.3×10^3$	62	77.9	0.02	0.5
⑦₅ 微风化闪长岩	2.74	37.2	0.27	—	—	—	0.02	0.5
⑦₆ 微风化石英正长岩	2.57	43.7	0.288	—	—	232.8	0.02	0.5
⑦₇ 微风化闪正长斑岩	2.59	41.6	0.22	$24×10^3$	62.45	90.31	0.02	0.5
⑦₈ 微风化花岗斑岩	2.6	44.9	0.249	—	—	70.45	0.02	0.5
⑦₉ 微风化花岗岩	2.6	44.75	0.26	$10.4×10^3$	54.9	92.39	0.02	0.5

续表

名称	密度 /(g/cm³)	弹性模量（压缩）/GPa	泊松比	黏聚力 /kPa	内摩擦角 /(°)	抗压强度 /MPa	孔隙比	渗透系数 /(×10⁻⁵ cm/s)
⑦₁₀微风化流纹斑岩	2.58	39.7	0.287	—	—	101.53	0.02	0.5
⑦₁₁微风化流纹英安斑岩	2.59	40.9	0.293	—	—	93.7	0.02	0.5
⑦₁₂微风化粗安岩	2.56	45.2	0.297	—	—	110.77	0.02	0.5
⑦₁₃微风化英安玢岩	2.62	20.8	0.26	12.7×10^3	57.9	64.71	0.02	0.5
⑦₁₄微风化安山玢岩	2.63	44.7	0.26	—	—	110.3	0.02	0.5
⑦₁₅微风化粗安玢岩	2.65	72	0.26	—	—	134.2	0.02	0.5
⑦₁₆微风化粗安岩	2.66	57.2	0.304	—	—	94.45	0.02	0.5
⑦₁₇微风化流纹岩	2.58	34.1	0.32	9.2×10^3	54.8	93	0.02	0.5
⑦₁₉微风化含火山角砾流纹岩	2.58	45.5	0.3	—	—	83.64	0.02	0.5
⑦₂₁微风化熔结凝灰岩	2.59	35.95	0.25	—	—	85.65	0.02	0.5
⑦₂₂微风化流纹质凝灰岩	2.53	35.8	0.299	—	—	89.8	0.02	0.5
⑦₂₃微风化流纹质岩屑凝灰岩	2.55	47.2	0.297	—	—	92.5	0.02	0.5
⑦₂₄微风化含火山角砾凝灰岩	2.59	12.9	0.28	8.7×10^3	54.8	83.98	0.02	0.5
⑦₂₅微风化凝灰岩	2.58	46	0.305	—	—		0.02	0.5
⑦₂₆微风化凝灰质粉砂岩	2.56	38.8	0.259	—	—		0.02	0.5

注:"—"表示不详。

第3章 工程类比法

海底隧道地质调查困难,影响隧道岩石覆盖厚度取值的不确定因素较多。目前,还没有成熟的理论公式或计算方法来确定合理的最小岩石覆盖厚度,主要通过工程类比法、数值分析法确定。通常采用的工程类比法有挪威经验法、日本最小涌水量法和国内顶水采煤法。以上三种方法的特点如下:

挪威经验法确定的岩石覆盖层厚度,较之世界其他国家的海底隧道岩石覆盖层厚度值偏于保守。一方面是由挪威的地层特点决定的,虽然挪威岩层多以硬岩为主,即古老的火成岩和变质岩,但经历了几次地壳构造运动后,产生了许多断层、软弱带,所以挪威很多隧道修建时,为了避免在开挖工程中出现困难,尽量少穿越或者不穿越软弱带,从而在一定程度上增加了岩石覆盖厚度。另一方面则与施工技术息息相关,随着在海底隧道施工技术方面的发展,挪威近年来修建的海底隧道岩石覆盖层厚度取值越来越小。

日本最小涌水量法在确定最小岩石覆盖层厚度时,假定海水渗漏到隧道的过程中所穿过岩层的透水性是均匀的。严格来说,这种理想化地质条件是不存在的,因此在确定岩石覆盖厚度时,会产生一定的误差。一般来说,岩石的渗透系数相差很小,因此在确定岩石覆盖层厚度时,根据日本最小涌水量法预测的值可以作为隧道选线的参考,然后再结合其他方法来确定最佳的岩石覆盖厚度。

国内顶水采煤法在确定预留安全煤岩柱方面积累了非常丰富的经验,海底隧道的最小岩石覆盖厚度的确定与煤矿安全开采上限的确定有异曲同工之处,值得借鉴。但顶水采煤不像海底隧道那样可以尽量选择在有利地层中修建,而只能在煤层所处位置开拓巷道采煤,由于一般煤层处岩性较软,所以国内顶水采煤法比较适合修建在较弱岩层中的海底隧道。

由以上分析可知,工程类比分析的三种方法各有其优缺点。下面采用以上三种方法对青岛胶州湾海底隧道进行工程类比分析,确定出岩石覆盖厚度经验值,然后再利用数值分析方法分析围岩稳定性,进一步对岩石覆盖厚度进行优化。

3.1 挪威经验法

挪威受本身地理位置及地形条件的影响,很多交通工程需要穿越海峡或海湾(见图 3.1)。迄今为止,挪威是世界上修建海底隧道最多的国家。

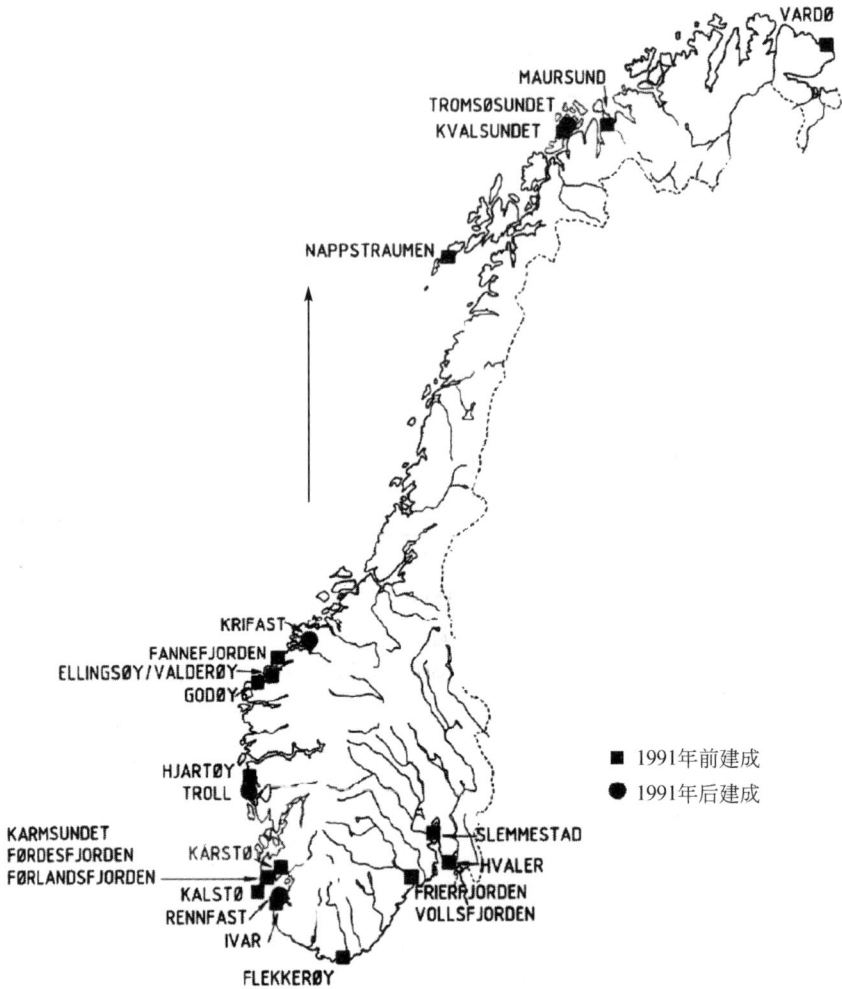

图 3.1　挪威部分海底公路隧道位置分布

　　最小岩石覆盖厚度与岩石强度和基岩以上的水深有关,岩石强度高,基岩以上海水浅,岩石覆盖厚度可以降低。此外,岩石覆盖厚度还与灌浆压力有关,要保证预灌浆质量,必须用足够高的压力,而高灌浆压力则要求足够的岩石覆盖厚度。在挪威,由于考虑输入数据的不准确性,挪威专家学者在确定海底隧道最小岩石覆盖厚度时,通常采用工程类比法,很少进行理论分析和数值计算。考虑隧道最小岩石覆盖厚度时选择经验方法,挪威《公路隧道设计规范》从安全角度考虑,规定海底隧道的最小岩石覆盖厚度不小于 50m;如果小于 50m,那么必须进行详细的地质勘探及特别分析,并报告国家公路管理局批准。但是实际上,大部分挪威海底公路隧道的最小岩石覆盖厚度都小于 50m,最浅的只有 23m(吕明等,2005)。

3.1.1 岩石覆盖厚度经济性比较

海底隧道的选线主要取决于隧道的限制坡度和最小岩石覆盖厚度。坡度过小将增加隧道长度,导致造价提高,坡度过陡则可能增加交通事故隐患。挪威海底隧道的最大允许坡度由隧道交通量决定,通常为 6% ~ 8%,最高可达 12.5%。中国《公路隧道设计规范》(JTG D70—2004)规定一般情况下限制纵坡为 3%。所以,当一条隧道的最大坡度确定以后,决定海底隧道长度的主要参数就是隧道的最小岩石覆盖厚度。如果过于保守,就会增加隧道的长度,从而增加额外的修建费用,按 1993 年的情况考虑,对于一条横截面面积为 50m^2 的海底隧道,如果最小岩石覆盖厚度增加 1m,就意味着要多付出 1.35 万美元的造价。另据挪威专家 Holmoy 对截面积为 52m^2 Frøya 隧道的分析,得到不同坡度情况下,隧道岩石覆盖厚度增加 1m 与隧道建设造价增加费用之间的关系曲线(见表 3.1、图 3.2)。但是如果基岩条件比较差,而岩石覆盖又过薄,那么海底隧道就有面临失稳和海水涌入的危险。

表 3.1 不同坡度下隧道岩石覆盖厚度增加 1m 需要增加的隧道建设费用

隧道坡度/%	倾角/(°)	隧道长度增加量 (岩石覆盖厚度增加 1m)/m	造价增加量(岩石 覆盖厚度增加 1m)/美元
12.5	7.13	16.12	0.2038
10	5.71	20.10	0.2508
8	4.57	25.08	0.3135
4	2.29	50.04	0.6271
2	1.15	100.02	1.2542
隧道 1 延米建设费用/美元		12541.76	(Holmoy et al., 2002)
隧道 1 延米支护费用/美元		2194.81	(Holmoy et al., 2002)

海峡海底隧道最小岩石覆盖厚度除了考虑技术安全因素以外,还需要考虑经济因素。挪威 Oslofjørd 海底隧道给出很好的解释。Oslofjørd 海底隧道建造时最小岩石覆盖层厚度取为 32m,由于地质勘探(见图 3.3 和图 3.4)没有预测到隧道轴线的一条主要的断层,当隧道施工到该断层处时,出现了大的海水渗漏,使得开挖很难进行,而又不能改变线路,所以为了不影响施工的正常进行,一边对断层进行冻结技术处理,一边在偏移断层一定距离处开挖,绕过断层继续后面的施工(见图

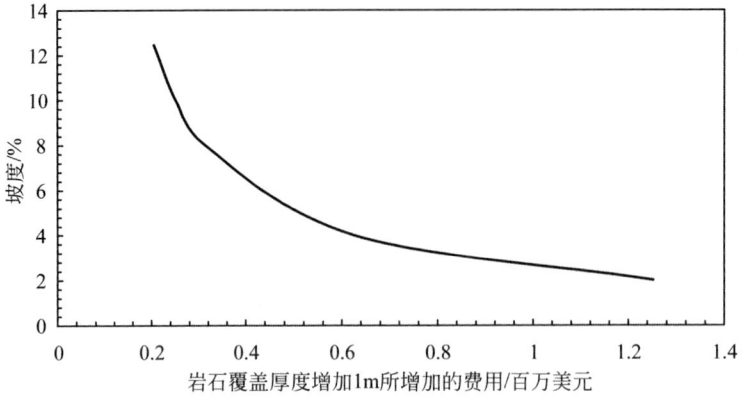

图 3.2　不同坡度下隧道岩石覆盖厚度增加 1m 需要增加的隧道建设费用

3.5），额外增加了很多的预算。

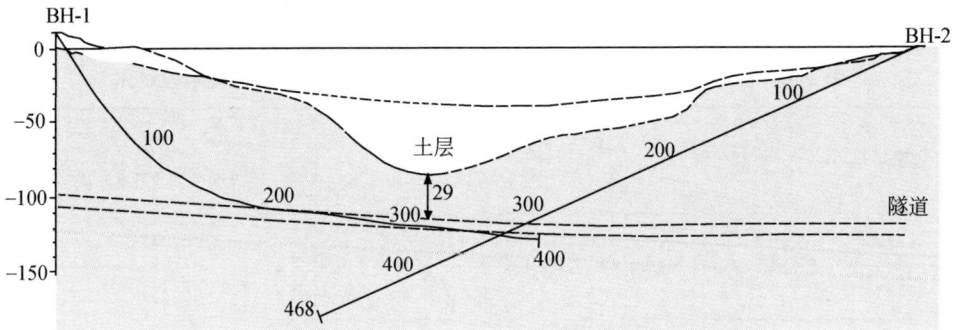

图 3.3　Oslofjørd 隧道关键位置传统直接钻孔探测图（单位：m）

在选择最小岩石厚度时，可以增大岩石覆盖层厚度来避免隧道从已知断层穿过，但同时会增加隧道的长度，基于 Oslofjørd 海底隧道处理断层的经验，可以通过比较隧道避免断层增加的费用和处理断层的费用，对最小岩石覆盖厚度进行优化。

3.1.2　世界主要海底隧道的最小岩石覆盖厚度比较

表 3.2 是用来对比的世界上一些主要的海底隧道。图 3.6 中绘有上述挪威海底隧道最小岩石覆盖厚度的两条统计经验曲线，并在该曲线图中标出表 3.2 中世界海底隧道对应的位置（Dahlø,Nilsen,1994）。

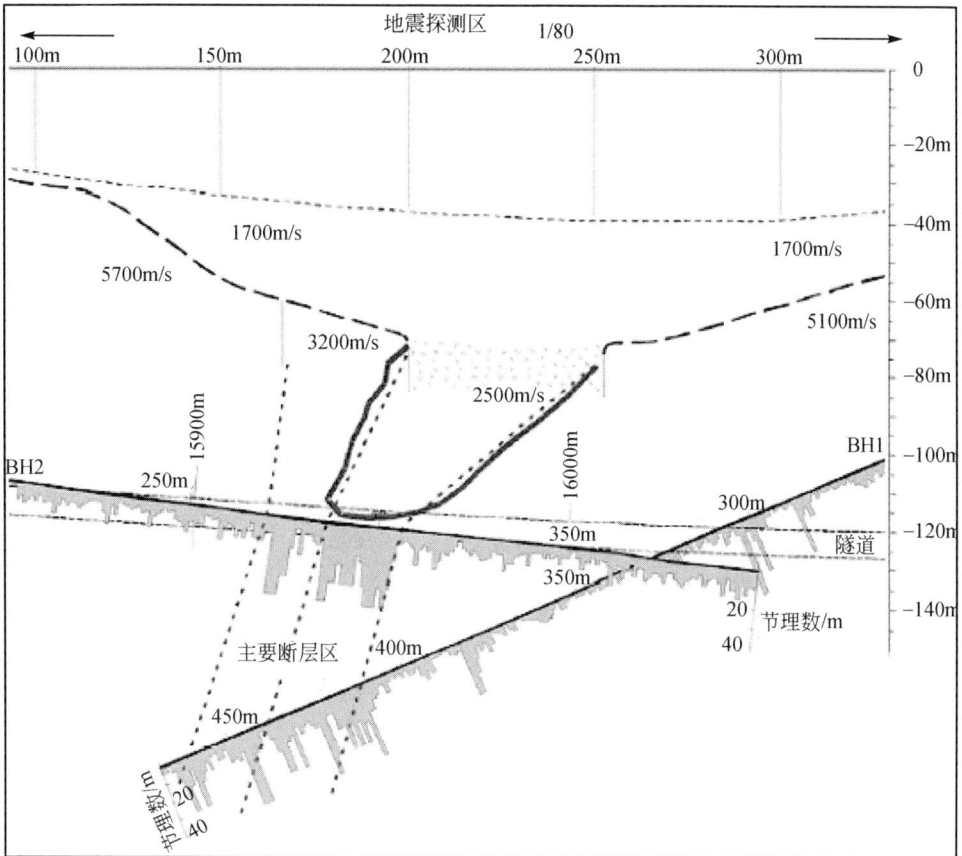

图 3.4　Oslofjørd 隧道侵蚀最深点示意图

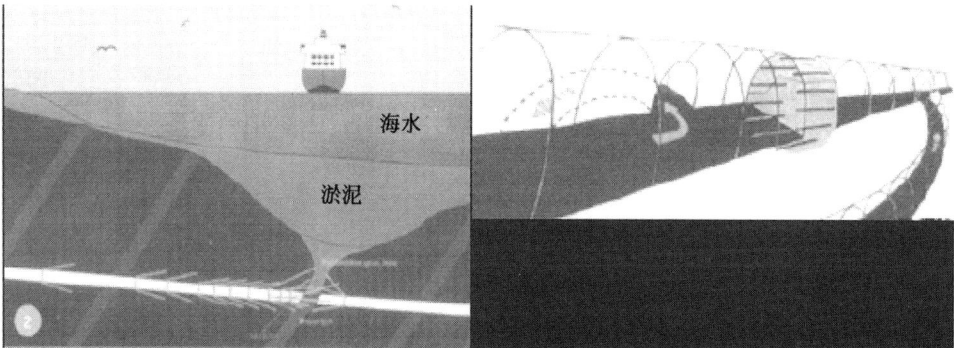

图 3.5　Oslofjørd 隧道线形及断层处理示意图

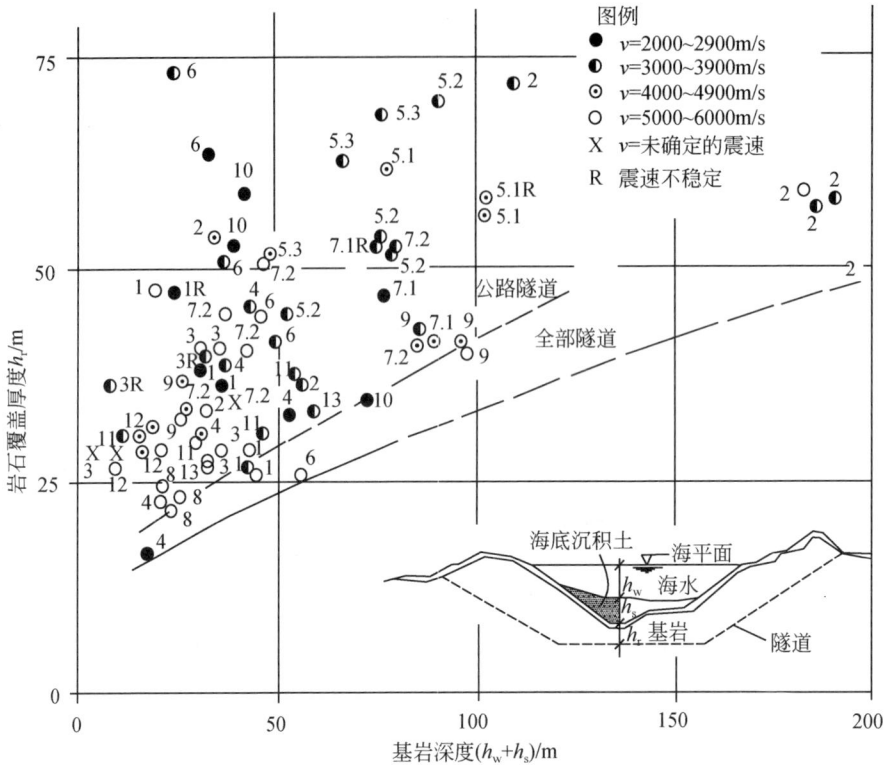

图 3.6   世界主要海底隧道与挪威海底隧道最小岩石覆盖比较

基岩深度 $h_w + h_s$ 表示海水深度和海底沉积土层厚度之和

表 3.2   世界主要海底隧道目录

海底隧道名称,国家	类型	竣工年份	长度/km	最低点/m	横截面面积	参考文献
Kanmon,日本	RR	1944	3.6	-40	~80m²	Miyaguchi 等(1986)
Kanmon,日本	R	1958	3.5	-49	~95m²	Wada 等(1986)
Shin Kanmon,日本	RR	1974	18.7	-50	~90m²	Miyaguchi 等(1986)
Seabrook,美国	W	1980	5.0	-70	2×φ6.7m	Blindheim 等(1980)
Forsmark 1&2,瑞典	W	1985	2.3	-75	80m²	Carlsson 等(1986)
Sei-Kan,日本	RR	1985	53.9	~ -250	1×90m² 2×18m²	Inoue 等(1986)
Saltsjo,瑞典	W	1989	7.5	~ -60	φ3.5m	Smith(1988)

海底隧道名称,国家	类型	竣工年份	长度/km	最低点/m	横截面面积	参考文献
Channel Tunnel,英国、法国	RR	1994	49.2	~ -100	2×φ8.5m 1×φ5.7m	Smith(1988)
Sydney Harbour 澳大利亚	W	1990	3.1	-130	φ4.1m	Wallis 等(1987)
Boston Harbour,美国	W	1995	~11.0	-125	φ7.6m	Williamson 等(1989)
Gibraltar,西班牙/摩洛哥	RR	拟建	~50.0	-400	2×φ7.3m	Serrano 等(1988)
厦门翔安,中国	R	2010	8.695	-70	~113	隧道设计报告

注:R.公路隧道;RR.铁路隧道;W.输水管道。

由图 3.6 可以看出,世界上一些主要的海底隧道在隧道最小岩石覆盖厚度方面与挪威海底隧道相比,并没有明显的规律,日本的关门隧道和青函隧道是两个极端的例子。当然,个别海底隧道在地质条件上的差别过大是一个比较主要的原因;另外,各国在决定海底隧道最小岩石覆盖厚度方面并没有一个统一的遵循准则。总体来讲,挪威的海底隧道设计过于稳妥。

3.1.3　与海水深度相关的经验曲线

挪威专家分析该国已建海底隧道的地质条件,归纳地质条件相近时的隧道岩石覆盖厚度与海水深度的关系,得到好的岩石条件和差的岩石条件下,已建隧道的岩石覆盖厚度与海水深度的关系曲线(见图 3.7),即得到挪威海底隧道修建时,岩石覆盖厚度的选择范围。也就是说,从挪威海底隧道地质条件的角度考虑,为保证隧道的安全,在一定海水深度下,确定拟建海底隧道的岩石覆盖厚度应该不大于差的岩石条件对应的岩石覆盖厚度值,同时不小于好的岩石条件对应的岩石覆盖厚度值。

由图 3.7 可知,随着海水深度的增加岩石覆盖厚度也相应增加;岩性的好坏对确定岩石覆盖厚度具有明显影响,相同的海水深度对应的较好岩石与较差岩石,覆盖厚度相差较大,海水深度从 0~200m,岩石覆盖厚度相差 10~20m;由该图还可以看出,挪威修建的海底隧道岩石覆盖厚度在较差岩石中一般不会超过 70m,而在较好岩石中,其岩石覆盖厚度一般也不超过 40m。

对图 3.7 中经验曲线进行回归分析,得到对应一定海水深度时,计算较好岩石和较差岩石条件下岩石覆盖厚度的经验公式。

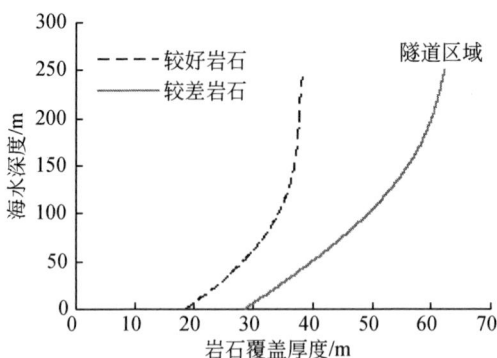

图 3.7 挪威海底隧道岩石覆盖厚度与海水深度的经验曲线

该图简称为海水深度经验曲线,包括输油、气和水管道隧道;迄今为止,挪威公路隧道岩石厚度最小值为23m

(1) 较好岩石条件:

$$h_{rg} = (6 \times 10^{-9})h_w^4 - (3 \times 10^{-6})h_w^3 - (2 \times 10^{-5})h_w^2 + 0.2332h_w + 28.6$$

$$(3.1)$$

(2) 较差岩石条件:

$$h_{rb} = (4 \times 10^{-9})h_w^4 - (3 \times 10^{-7})h_w^3 - (8 \times 10^{-4})h_w^2 + 0.2356h_w + 18.627$$

$$(3.2)$$

式中,h_{rg} 为较好岩石最小岩石覆盖厚度;h_{rb} 为较差岩石最小岩石覆盖厚度;h_w 为海水深度。

根据图 3.7 中经验曲线得到青岛胶州湾海底隧道所选典型剖面岩石覆盖厚度值,见表 3.3 和表 3.4。该岩石覆盖值表示依据挪威经验,在不同岩性和水深条件下海底隧道岩石覆盖厚度的取值范围。

表 3.3 海水深度经验曲线建议值(左线隧道)

编号	基岩岩性	里程桩号/m	围岩分级	水深/m	挪威较差岩石经验曲线值	挪威较好岩石经验曲线值
1	基岩主要为花岗斑岩、石英正长岩及粗安质火山角砾岩,局部夹粗安岩	ZK4+177	Ⅱ~Ⅲ	12.9	31.6	21.5
2	岩性主要为含晶屑火山角砾凝灰岩、粗安质火山角砾岩和流纹岩,局部夹流纹质凝灰岩和沉凝灰岩	ZK4+740	Ⅱ~Ⅲ	26.5	34.7	24.3

续表

编号	基岩岩性	里程桩号 /m	围岩 分级	水深 /m	岩石覆盖厚度/m	
					挪威较差 岩石经验 曲线值	挪威较好 岩石经验 曲线值
3	断层 F_{2-3},岩体以碎裂结构为主,岩块软硬不均	ZK4+919	IV	32.6	36.1	25.5
4	基岩主要为正长斑岩、英安玢岩和流纹斑岩,中部穿插有辉绿岩及闪长岩脉,并见有少量流纹岩,含晶屑火山角砾凝灰岩	ZK5+271	IV	38.1	37.3	26.4
5	断层 F_{3-1},岩体为镶嵌碎裂结构—碎裂结构,微裂隙密集,岩质较坚硬	ZK5+607	IV	43.6	38.5	27.4
6	岩性以流纹斑岩和安山质火山角砾岩为主,夹含晶屑火山角砾凝灰岩	ZK5+915	III	44.6	38.7	27.5
7	断层 F_{4-1},带内有辉绿岩进入,岩体多呈碎裂或镶嵌碎裂结构,岩质软硬不均	ZK6+297	IV	37.7	37.2	26.4
8	基岩以含晶屑火山角砾凝灰岩为主,穿插多条辉绿岩、石英正长岩等岩脉	ZK6+527	II～III	31.2	35.8	25.2
9	断层 F_{4-3},带内有辉绿岩侵入,岩体多呈碎裂或镶嵌碎裂结构,局部微散体状结构,岩质软硬不均,宽度约30m	ZK6+785	V	33.8	36.3	25.7
10	基岩以含晶屑火山角砾凝灰岩为主,穿插多条辉绿岩、石英正长岩等岩脉	ZK7+142	II～III	20.5	33.3	23.1

表3.4 海水深度经验曲线建议值(右线隧道)

编号	基岩岩性	里程桩号 /m	围岩 分级	水深 /m	岩石覆盖厚度/m	
					挪威较差 岩石经验 曲线值	挪威较好 岩石经验 曲线值
1	岩性主要为含晶屑火山角砾凝灰岩、粗安质火山角砾岩和流纹岩,局部夹流纹质凝灰岩和沉凝灰岩,并发育有高角度产出的石英正长岩脉	YK4+315	IV	14.4	31.9	21.9

编号	基岩岩性	里程桩号/m	围岩分级	水深/m	岩石覆盖厚度/m	
					挪威较差岩石经验曲线值	挪威较好岩石经验曲线值
2	断层 F_{2-3},岩体以碎裂结构为主,岩块软硬不均	YK4+843	V	27.2	34.9	24.4
3	基岩主要为正长斑岩、英安玢岩和流纹斑岩,中部穿插有辉绿岩及闪长岩脉,并见有少量流纹岩、含晶屑火山角砾凝灰岩	YK5+218	III	36.2	36.9	26.1
4	岩性以流纹斑岩和安山质火山角砾岩为主,夹含晶屑火山角砾凝灰岩	YK5+823	III	42.6	38.3	27.2
5	断层 F_{3-2},岩体以碎裂结构为主,夹有坚硬土或半成岩状断裂碎裂物,岩质较软—极软	YK5+953	IV	43.2	38.4	27.3
6	断层 F_{4-1},带内有辉绿岩进入,岩体多呈碎裂或镶嵌碎裂结构,岩质软硬不均	YK6+249	IV	40.8	37.9	26.9
7	基岩主要为流纹岩,少量流纹质火山角砾岩,推测有一条辉绿岩脉及断裂破碎带从本段通过	YK6+386	III	36.4	36.9	26.1
8	断层 F_{4-3},带内有辉绿岩侵入,岩体多呈碎裂或镶嵌碎裂结构,局部微散体状结构,岩质软硬不均,宽度约30m	YK6+833	IV	32.1	36.0	25.4
9	基岩以含晶屑火山角砾凝灰岩为主,穿插多条辉绿岩、石英正长岩等岩脉	YK7+043	III	24.8	34.3	24.0

3.1.4 按纵波波速线性插值获得挪威经验建议值

为了合理利用挪威经验曲线,必须选择一个岩体参数作为评价岩体好坏的指标。基岩纵波波速能综合反映隧道围岩的强度特性以及节理、裂隙等结构面的发育情况,纵波波速越高,岩体承载能力越强、完整性越好,并且在工程现场测定弹性波速的技术非常成熟。所以,可以将基岩纵波波速作为评价岩体好坏的指标。

假定海底隧道最小岩石覆盖厚度与围岩纵波波速之间存在线性关系,那么在

某一水深 h_w 条件下,拟建海底隧道的最小岩石覆盖厚度就可以在图 3.7 经验曲线的基础上,利用围岩的纵波波速线性插值得到

$$h_r = \frac{C_{pg} - C_p}{C_{pg} - C_{pb}}(h_{rb} - h_{rg}) + h_{rg} \tag{3.3}$$

式中,h_r 为拟建隧道待求的最小岩石覆盖厚度;h_{pg}、h_{pb} 分别为海水深度是 h_w 时由挪威经验曲线得到的较好、较差岩石条件下的覆盖层厚度;C_p 为拟建隧道基岩纵波速度;挪威较好岩石的纵波波速 $C_{pg} = 5500\text{m/s}$,较差岩石的纵波波速 $C_{pb} = 2500\text{m/s}$ (Nilsen,1993)。

比较青岛胶州湾海底隧道所选剖面基岩的纵波波速和挪威海底隧道较好岩石与较差岩石的纵波波速的平均值(见表 3.5),依据表 3.3 和表 3.4 中挪威较差岩石曲线值与挪威较好岩石曲线值,按照线性插值的方法得到青岛胶州湾海底隧道所选断面的岩石覆盖厚度建议值(见表 3.6 和表 3.7)。

表 3.5　青岛胶州湾海底隧道与挪威海底隧道基岩纵波波速比较

隧道	基岩岩性	纵波速度/(m/s)	
		范围	平均
青岛胶州湾海底隧道	花岗斑岩	4549	4549
	流纹斑岩	4446~4617	4512
	正长斑岩	3980~5137	4549
	石英正长岩	3876~5262	4706
	含晶屑火山角砾凝灰岩	4217~5254	4644
	安山质火山角砾岩	3989~4677	4397
	粗安质火山角砾岩	4356~5450	4846
	流纹岩	3951~4642	4367
	英安玢岩	4090~4520	4238
	辉绿岩	4070~4992	4460
	⑦₁断裂破碎带	3093~4016	3578
	⑦₂微风化碎裂带	3507~4572	4040
	⑦₃微风化碎裂带	3530~4432	4024
挪威海底隧道	较差岩石	2000~2900	2450
	较好岩石	5000~6000	5500

注:青岛胶州湾海底隧道基岩全为微风化岩石的纵波速度;挪威海底隧道纵波波速来自图 3.7 的统计值。

表3.6　左线隧道,纵波波速分析岩石覆盖厚度建议值

里程桩号/m	ZK4+177	ZK4+740	ZK4+919	ZK5+271	ZK5+607	ZK5+915	ZK6+297	ZK6+527	ZK6+785	ZK7+142
纵波速度/(m/s)	4700	4619	4024	4433	4040	4455	4024	4525	4024	4644
建议值/m	24.1	27.3	30.6	30.2	32.7	31.3	31.6	28.6	30.8	26.0

表3.7　右线隧道,纵波波速分析岩石覆盖厚度建议值

里程桩号/m	YK4+315	YK4+843	YK5+218	YK5+823	YK5+953	YK6+249	YK6+386	YK6+833	YK7+047
纵波速度/(m/s)	4619	4024	4433	4455	4040	4024	4367	4024	4644
建议值/m	24.8	29.5	29.9	31.0	32.6	32.2	30.1	30.5	26.9

3.1.5　与基岩埋置深度相关的经验曲线

挪威岩层条件多以硬岩为主,即古老的火成岩和变质岩,但由于经历了几次地壳构造运动,产生了许多断层、软弱带。因此,挪威工程师在选择隧道最小岩石覆盖厚度时,充分考虑断层和软弱带对隧道施工的影响,并结合已建海底隧道的经验。由于海底隧道的地质条件非常复杂,且大部分被水包围,因此很难详尽了解海底的岩性,挪威工程师在建造海底隧道时更多地参考对已建海底隧道的综合分析经验。为了尽量确保所选择海底隧道岩石覆盖厚度的可行性,挪威学者 Nilsen、Blindheim 对已建的海底隧道最小岩石覆盖厚度进行了统计分析,得到挪威已建海底隧道最小岩石覆盖厚度与基岩深度的对应关系图(见图3.6),同时在图中对不同岩石好坏程度(以波速表示,波速低的表示岩石较差)范围内的情况分别做了统计(Nilsen,1993)。

由图3.6可知,两条经验曲线分别对应公路隧道和全部隧道工程(即含排水和油气管线隧道),这两条曲线分别是按照满足所建公路隧道的岩石覆盖厚度最下限和所有隧道工程岩石覆盖厚度的最下限,归纳分析得到的经验曲线。可见,同样条件下,排水和油气管线隧道的最小岩石覆盖厚度一般要比公路隧道小6~7m,出现这种情况的一个主要原因是排水和油气管线隧道的开挖截面积要比公路隧道开挖截面积小。由于这些隧道至今一直安全运行,因此在规划设计未来的海峡海底隧道时,如果最小岩石覆盖厚度取值在这两条经验曲线之上,虽然不能具体给出该隧道的安全系数是多少,但至少可以说具有比较高的安全性。

采用数据回归分析方法对图3.8中公路隧道和全部隧道下限曲线进行回归,得到挪威海底公路隧道最小岩石覆盖厚度下限与基岩深度经验公式、挪威全部类型海底隧道最小岩石覆盖厚度下限与基岩深度经验公式:

① 海底公路隧道最小岩石覆盖厚度下限与基岩深度经验公式：
$$h_r = (-1 \times 10^{-7})h_b^4 + (4 \times 10^{-5})h_b^3 + 0.493h_b + 13.064 \qquad (3.4)$$
② 全部类型海底隧道最小岩石覆盖厚度下限与基岩深度经验公式：
$$h_r = (-1 \times 10^{-8})h_b^4 + (7 \times 10^{-6})h_b^3 - (1.3 \times 10^{-3})h_b^2 + 0.3073h_b + 11.138$$
$$(3.5)$$
式中，h_r 为岩石覆盖层厚度；h_b 为基岩深度（$h_w + h_s$）。

挪威的海底隧道研究学者 Nilsen、Blindheim 等分别比较 1990 年和 2001 年前竣工的海底公路隧道的最小岩石覆盖厚度与基岩深度关系（见图 3.8）发现，挪威1990 年以前海底隧道最小岩石覆盖厚度比较保守，其实这与当时的施工技术相关，随着挪威海底隧道施工技术以及施工设备的发展，隧道的最小岩石覆盖厚度也越来越小。

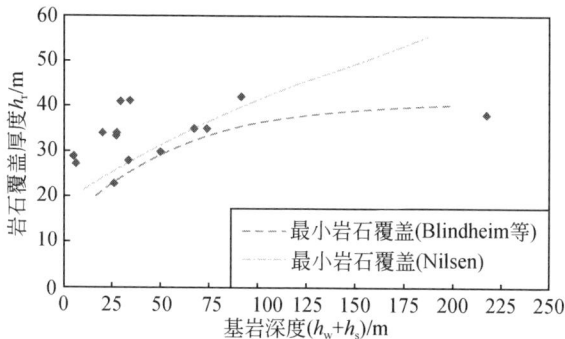

图 3.8 挪威 1990 年前与 2001 年前竣工海底隧道最小岩石覆盖厚度与基岩深度关系曲线
基岩深度（$h_w + h_s$）表示海水深度和海底沉积土层厚度之和

以上挪威海底隧道最小岩石覆盖厚度的经验分析结果对挪威后来的海峡海底隧道的规划设计起着重要的指导作用。因此，对青岛胶州湾海底隧道的最小岩石覆盖厚度的选择主要结合图 3.7（按照岩性）得到的经验曲线和图 3.8（按照年代）得出的经验曲线进行工程类比分析。为避免最小岩石覆盖厚度取值过于保守，主要参考 2001 年前竣工隧道经验公式，计算得到的最小岩石覆盖厚度见表 3.8、表 3.9。

表 3.8 左线隧道，基岩深度经验曲线建议值

编号	里程桩号 /m	水深 h_w/m	软土层厚 h_s/m	基岩深度 (h_w+h_s)/m	最小岩石覆盖厚度/m 2001 年经验曲线
1	ZK4+177	12.9	6.4	29.3	24.11
2	ZK4+740	26.5	0	26.5	23.34

续表

编号	里程桩号 /m	水深 h_w/m	软土层厚 h_s/m	基岩深度 (h_w+h_s)/m	最小岩石覆盖厚度/m 2001 年经验曲线
3	ZK4+919	32.6	0	32.6	24.99
4	ZK5+271	38.1	4.4	42.5	27.42
5	ZK5+607	43.6	2.0	45.6	28.12
6	ZK5+915	44.6	0	44.6	27.90
7	ZK6+297	37.7	5.6	43.3	27.60
8	ZK6+527	31.2	2.8	34.0	25.35
9	ZK6+785	33.8	9.8	43.6	27.67
10	ZK7+142	20.5	1.2	21.7	21.95

表3.9 右线隧道,基岩深度经验曲线建议值

编号	里程桩号 /m	水深 h_w/m	软土层厚 h_s/m	基岩深度 (h_w+h_s)/m	最小岩石覆盖厚度/m 2001 年经验曲线
1	YK4+315	14.4	1.6	16.0	20.19
2	YK4+843	27.2	0	27.2	23.53
3	YK5+218	36.2	0	36.2	25.91
4	YK5+823	42.6	2.4	45.0	27.99
5	YK5+953	43.2	9.6	52.8	29.64
6	YK6+249	40.8	9.6	50.4	29.15
7	YK6+386	36.4	0	36.4	25.96
8	YK6+833	32.1	13.2	45.3	28.05
9	YK7+043	24.8	3.4	28.2	23.81

3.1.6 挪威经验法小结

根据图 3.7 和图 3.8 分别计算出左线隧道、右线隧道关键剖面分别对应的岩石覆盖厚度。最终选取纵波波速插值获得的最小岩石覆盖厚度建议值,如表 3.10 和表 3.11 所示。用图 3.6 和图 3.8 作为底图,把表 3.10 和表 3.11 挪威经验法确定的最小岩石覆盖厚度及其建议值(简称挪威经验值)绘制在最小岩石覆盖厚度与基岩埋置深度关系曲线上,如图 3.9 和图 3.10 所示。

表 3.10 左线隧道,挪威经验法确定的最小岩石覆盖厚度及其建议值

编号	地层性质	里程桩号 /m	水深 /m	岩石覆盖厚度/m 挪威较差岩石	挪威较好岩石	纵波速度建议值 /m	基岩深度 /m	最小岩石覆盖厚度/m 2001年经验曲线	挪威经验值 /m
1	完整岩石	ZK4+177	12.9	31.6	21.5	24.1	29.3	24.11	24.11
2	完整岩石	ZK4+740	26.5	34.7	24.3	27.3	26.5	23.34	27.3
3	断层 F_{2-3}	ZK4+919	32.6	36.1	25.5	30.6	32.6	24.99	30.6
4	完整岩石	ZK5+271	38.1	37.3	26.4	30.2	42.5	27.42	30.2
5	断层 F_{3-1}	ZK5+607	43.6	38.5	27.4	32.7	45.6	28.12	32.7
6	完整岩石	ZK5+915	44.6	38.7	27.4	31.3	44.6	27.90	31.3
7	断层 F_{4-1}	ZK6+297	37.7	37.2	26.4	31.6	43.3	27.60	31.6
8	完整岩石	ZK6+527	31.2	35.8	25.2	28.6	34.0	25.35	28.6
9	断层 F_{4-3}	ZK6+785	33.3	36.3	25.7	30.8	43.6	27.67	30.8
10	完整岩石	ZK7+142	20.5	33.3	23.1	26.0	21.7	21.95	26.0

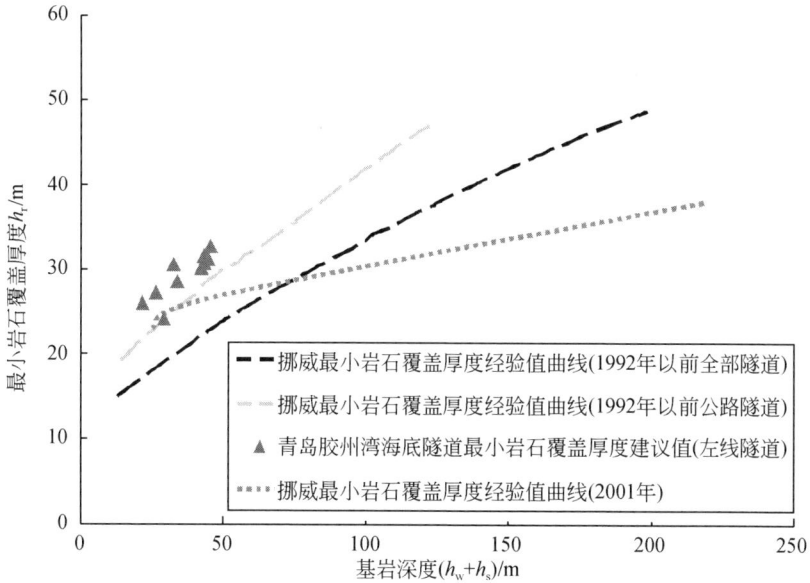

图 3.9 左线隧道,挪威经验值与挪威最小岩石覆盖厚度经验值曲线比较

表 3.11　挪威经验法确定的右线隧道最小岩石覆盖厚度及其建议值

编号	地层性质	里程桩号/m	水深/m	岩石覆盖厚度/m		纵波速度建议值/m	基岩深度/m	最小岩石覆盖厚度/m	挪威经验值/m
				挪威较差岩石	挪威较好岩石			2001 年经验曲线	
1	完整岩石	YK4+315	14.4	31.9	21.9	24.8	16.0	20.19	24.8
2	断层 F_{2-3}	YK4+843	27.2	34.9	24.4	29.5	27.2	23.53	29.5
3	完整岩石	YK5+218	36.2	36.9	26.1	29.9	36.2	25.91	29.9
4	完整岩石	YK5+823	42.6	38.3	27.2	31.0	45.0	27.99	31
5	断层 F_{3-2}	YK5+953	43.2	38.4	27.3	32.6	52.8	29.64	32.6
6	断层 F_{4-1}	YK6+249	40.8	37.9	26.9	32.2	50.4	29.15	32.2
7	完整岩石	YK6+386	36.4	36.9	26.1	30.1	36.4	25.96	30.1
8	断层 F_{4-3}	YK6+833	32.1	36.0	25.4	30.5	45.3	28.05	30.5
9	完整岩石	YK7+043	24.8	34.3	24.0	26.9	28.2	23.81	26.9

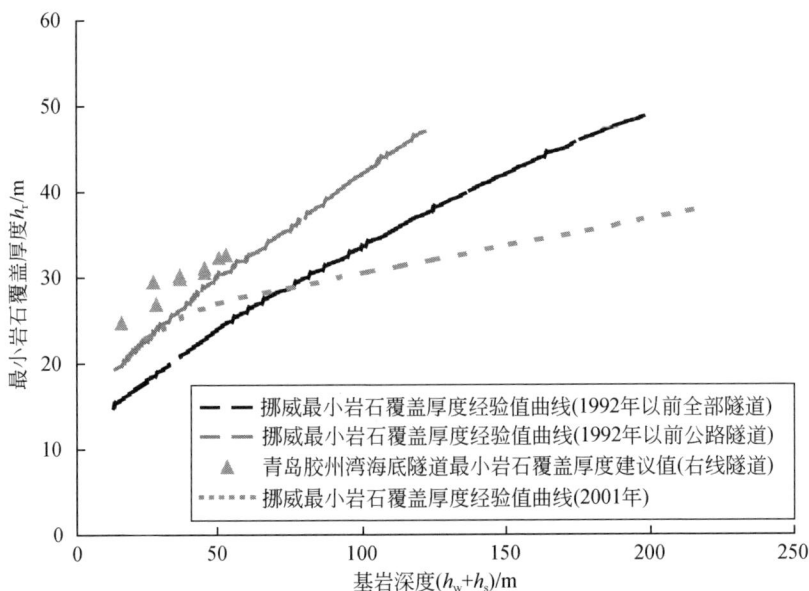

图 3.10　右线隧道,挪威经验值与挪威最小岩石覆盖厚度经验值曲线比较

由图 3.9 和图 3.10 可知,青岛胶州湾海底隧道最小岩石覆盖厚度建议值基本

上都大于挪威 1992 年最小岩石覆盖厚度经验值,说明按照挪威经验能够满足安全的要求。

应用挪威经验法确定海底隧道覆盖层厚度时应注意以下事项:

(1) 与其他国家已竣工海底隧道相比,挪威经验法确定的覆盖层厚度偏于保守。这是由其地层特点决定的,虽然挪威岩层多以硬岩为主,但地壳运动导致断层、破碎带发育较多,设计阶段工程师尽量使隧道少穿越或者不穿越软弱带以避免出现施工困难,从而增加了岩石覆盖层厚度。

(2) 由于交通量较小,开挖面积一般为 $40 \sim 70 \text{m}^2$,所以挪威经验法确定海底隧道覆盖层厚度的过程中没有考虑开挖面积的影响。我国海底隧道的规模一般是两车道甚至三车道,开挖面积多为 $80 \sim 180 \text{m}^2$,所以在应用中应综合其他方法以考虑隧道开挖面积的影响。

3.2　日本最小涌水量法

日本与挪威一样,由于其本身地形条件的限制,很多交通枢纽(公路或铁路隧道)需要穿越海峡,见图 3.11,同样,日本在修建海底隧道方面也积累了大量的经验。日本修建海底隧道时,根据隧道深度和长度情况,并结合地质勘探资料采用不同的施工方法:深度较大和长度较长的隧道多采用掘进机和钻爆法;深度较浅和长度较短的隧道多采用沉管法和盾构法。对于采用盾构法施工的海底隧道来说,如东京湾越江隧道,海底隧道埋置深度主要依据水的浮力作用来确定;对于采用钻爆法修建的海底隧道来说,日本隧道建设公司确定隧道岩石覆盖厚度时,主要依据渗入隧道的涌水量来确定,即通过选取不同的岩石覆盖层厚度计算出对应的涌水量,得到涌水量和覆盖厚度的曲线(见图 3.12 和图 3.13),对应曲线上最小涌水量的岩石覆盖厚度即为最小岩石覆盖厚度,如早崎濑户隧道和长岛海峡隧道。

由图 3.12 和图 3.13 可知,早崎濑户海底隧道和长岛海峡海底隧道涌水量与岩石覆盖厚度的关系曲线中,随着隧道岩石覆盖厚度的增加,涌水量存在最小值,该涌水量最小处对应的岩石覆盖厚度被认为是海底隧道修建中最佳的岩石覆盖厚度。

3.2.1　涌水量计算公式

1. 隧道涌水量解析公式

在隧道施工过程中地下水渗流到隧道中是一个普遍存在的现象,但是也是隧道设计和施工者需要面对的最具挑战的课题。突然的、未预见的隧道大涌水事故

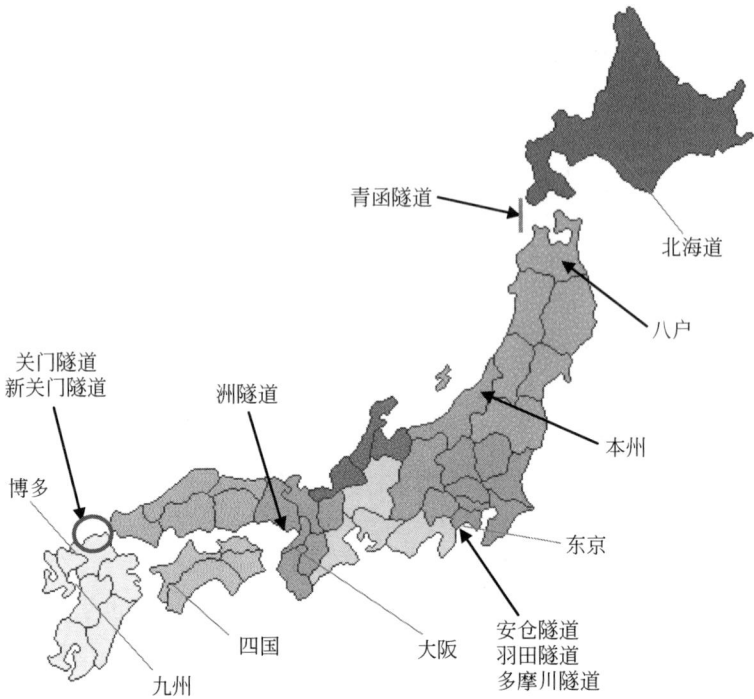

图 3.11　日本部分海底隧道位置分布

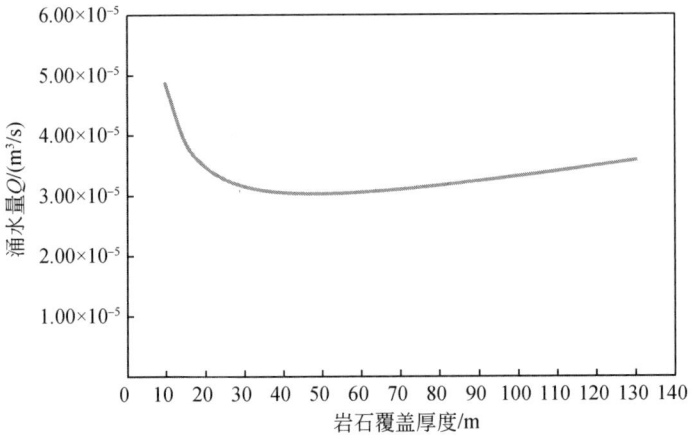

图 3.12　早崎濑户海底隧道涌水量与岩石覆盖厚度的关系曲线

可能损坏施工设备和引起人员伤亡。不可控制的地下水涌水事故将会使得一切隧道施工工序停止,直至涌水事故处理结束,所以在隧道施工中控制地下水的最主要

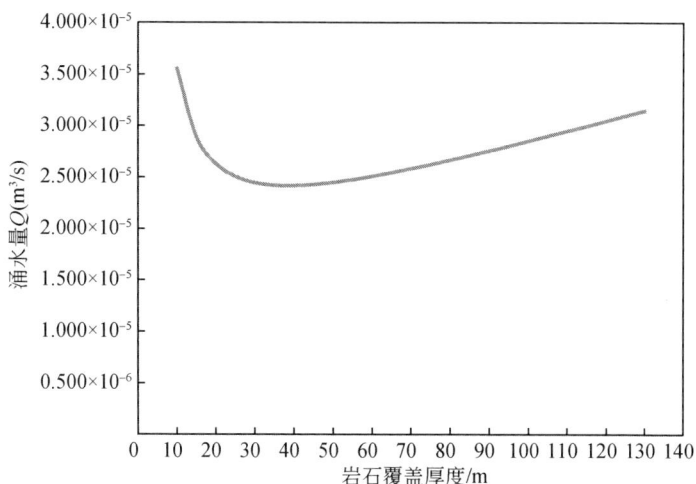

图 3.13　长岛海峡海底隧道涌水量与岩石覆盖厚度的关系曲线

任务就是估计掌子面前方可能进入隧道的涌水量。

尽管精确预测隧道施工中的涌水量是非常困难的,但在过去 40 年的时间里许多专家对该难题进行了大量的研究,并取得了不少研究成果(见表 3.12)。例如,Goodman 等(1965)、Freeze 等(1979)、Lei(1999)利用井流理论估计常水头下流入隧道的涌水量;以著名的 Jacoby 等(1981)解为基础,Marechal 等(2003)模拟了Alpine 深埋隧道施工过程中流入隧道的瞬时涌水量;Perrochet 等(2005)提出计算Jacoby 和 Lohman 解近似值的方法;Zhang 等(1993)提出了预测一定水力传导梯度的岩石隧道涌水量的解析解,该解析解可以认为是 Goodman 等(1965)解的拓展;El Tani 等(2002)提出计算半无限水体中圆形隧道涌水量精确解的方法,该方法考虑了衬砌隧道的内压力、隧道渗漏和补给;Kolymbas 等(2007)利用复变函数的方法推导得到计算半无限水体中圆形隧道涌水量精确解析解的公式。

表 3.12　隧道渗水量解析公式

序号	涌水量解析公式	公式来源
1	$Q_{MG} = 2\pi k \dfrac{h}{\ln(2h/r)}$	Muskat(1937),Goodman 等(1965)
2	$Q_{Ka} = 2\pi k \dfrac{h}{\ln(2h/r - 1)}$	Karlsrud 等(2001)
3	$Q_{SL} = 2\pi k \dfrac{h}{\ln\left(h/r + \sqrt{h^2/r^2 - 1}\right)}$	Rat 等(1973),Schleiss(1988)

续表

序号	涌水量解析公式	公式来源
4	$Q_{Lo} = 2\pi k \dfrac{h}{\left[1 + 0.4\left(\dfrac{r}{h}\right)^2\right]\ln\dfrac{2h}{r}}$	Lombardi 等(2002)
5	$Q_{T2} = 2\pi kh \dfrac{1 - 3\left(\dfrac{r}{2h}\right)^2}{\left[1 - \left(\dfrac{r}{2h}\right)^2\right]\ln\dfrac{2h}{r} - \left(\dfrac{r}{2h}\right)^2}$	El Tani(2002)

对应海底隧道,表中 h 表示海平面与洞身横断面等价圆中心的距离;r 表示洞身横断面等价圆中心的半径;h_1 表示海底地表面与等价圆中心的距离。表3.12 中的近似或精确计算海底隧道涌水量的解析公式,都是对隧道所处边界条件和介质特性进行理想化处理得到的结果,都具有一定的使用局限性。由表 3.12 中公式可知,隧道涌水量的大小与海水深度、隧道等价圆半径和岩石覆盖层厚度成一定的对数关系。

日本计算海底隧道涌水量通常采用 Korehide Miyaguchi 推导的公式(Korehide Miyaguchi,1986):

$$Q = 2\pi kL \frac{H + h}{\ln\dfrac{2h}{r}} \tag{3.6}$$

式中,k 为渗透系数(m/s);L 为隧道延长(m);h 为岩石厚度(m);H 为水深(m);r 为隧道半径(m)。

对于准备修建的海底隧道,式(3.6)中水深 H、隧道半径 r 和隧道延长 L 是定值。因此,可得到最小岩石覆盖厚度和水深、隧道半径之间的关系式:

$$h = \frac{re}{2}e^{\frac{H}{h}} \tag{3.7}$$

2. 隧道涌水量数值模拟与日本最小涌水量法预测公式计算比较

日本隧道建设公司预测涌水量通常采用式(3.6),为明确该近似解析公式预测海底隧道涌水量的可靠程度,本节选取青岛胶州湾海底隧道左线和右线两个断层进行渗流数值模拟计算,只考虑流体在连续孔隙介质中的流动问题,不考虑孔隙介质的力学行为。比较数值模拟与日本最小涌水量法预测公式的计算结果,了解该解析公式结果的精度,同时分析数值模拟所得涌水量与岩石覆盖厚度的关系,以验证隧道涌水量是否存在最小值。

1) 涌水量数值模型边界条件及计算参数

青岛胶州湾海底隧道左线和右线两处断层的渗流计算采用 FLAC³ᴰ 软件,计算模式为关闭力学计算,单纯进行渗流计算。初始计算条件取孔隙水压力为最大高潮水位(高程为 3.11m)时的静水压力;边界条件取模型上边界为固定孔隙水压力边界(pp 为一定值,与海水深度有关),模型左边界、右边界及底边界为自由边界,隧道周边为固定孔隙水压力边界(pp=0)(见图 3.14)。

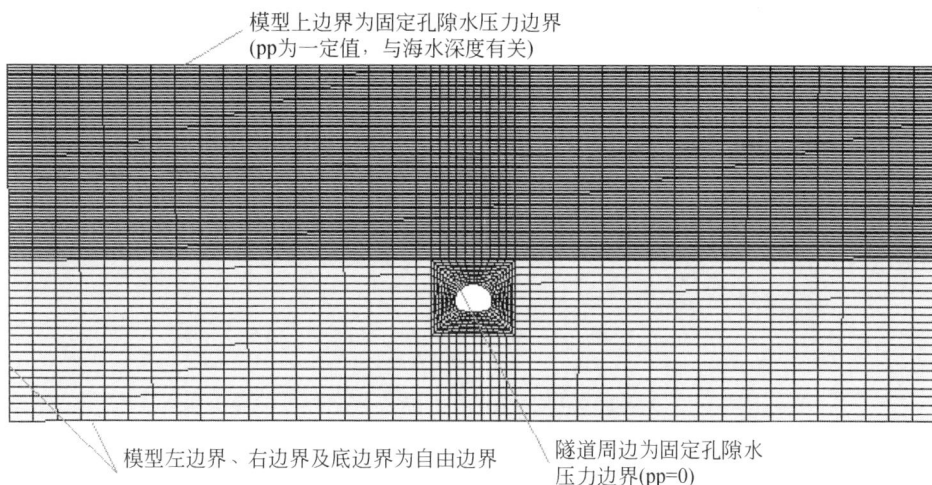

图 3.14　渗流计算模型边界条件

参考青岛胶州湾海底隧道工程地质与水文地质资料,取左线断层 F_{3-1}(LK2+910)和右线断层 F_{3-2}(RK2+270)进行计算,渗透系数取 1.412×10^{-4}cm/s。

2) 计算结果比较分析

为了得到岩石覆盖厚度与涌水量的关系,分别对青岛胶州湾海底隧道左线和右线断层各取 10 个不同岩石覆盖厚度进行计算。其中,左线选取岩石覆盖厚度分别为 10m、12m、15m、17m、20m、26.7m、30m、40m、50m、60m;右线选取岩石覆盖厚度分别为 10m、12m、15m、17m、20m、30m、33m、40m、50m、60m。另外,根据日本最小涌水量法计算对应上述各种工况下隧道的涌水量,并与数值模拟结果进行比较,可得到青岛胶州湾海底隧道左线和右线断层处不同岩石覆盖厚度下的隧道涌水量(见表 3.13、表 3.14)及涌水量与岩石覆盖厚度的关系曲线(见图 3.15、图 3.16)。

表 3.13　左线断层 F_{3-1}(LK2+910)不同岩石覆盖厚度的隧道涌水量

覆盖厚度/m		10	12	15	17	20	26.7	30	40	50	60
涌水量 /(m³/d)	数值解	4.17	4.03	3.91	3.87	3.84	3.88	3.92	4.13	4.39	4.69
	近似解析解	3.59	3.22	2.90	2.77	2.65	2.52	2.53	2.54	2.61	2.71

表 3.14　右线断层 F_{3-2}（RK2+270）不同岩石覆盖厚度的隧道涌水量

覆盖厚度/m		10	12	15	17	20	30	33	40	50	60
涌水量 /(m³/d)	数值解	4.14	4.00	3.88	3.84	3.82	3.90	3.96	4.11	4.38	4.67
	近似解析解	3.62	3.24	2.92	2.79	2.67	2.53	2.52	2.54	2.62	2.72

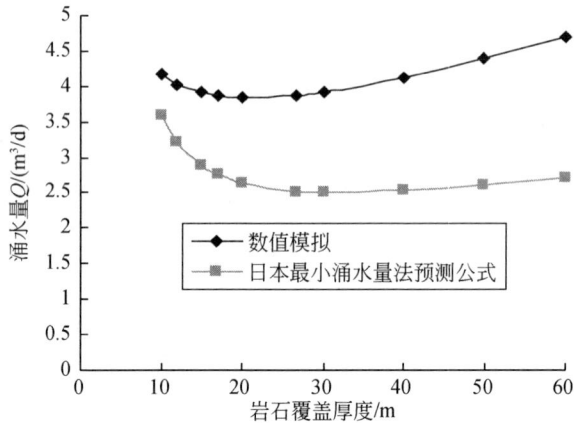

图 3.15　左线断层 F_{3-1}（LK2+910）不同岩石覆盖厚度的隧道涌水量

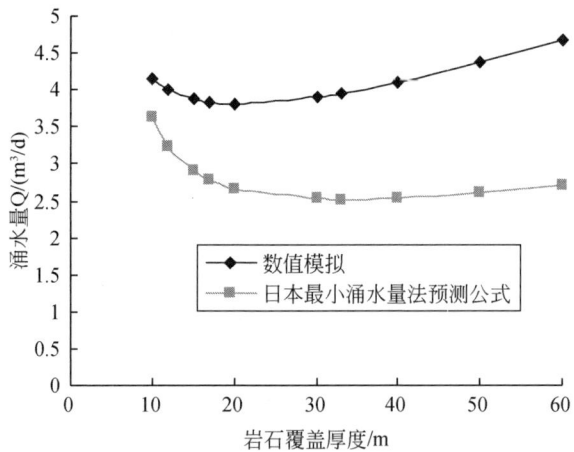

图 3.16　右线断层 F_{3-2}（RK2+270）不同岩石覆盖厚度的隧道涌水量

通过比较数值模拟和日本最小涌水量法预测公式两种方法的隧道涌水量计算结果可知：

① 隧道涌水量的大小随着岩石覆盖厚度的增加出现先减少后增大的趋势,说明海底隧道的岩石覆盖厚度理论上存在一个最佳值,同时说明日本隧道建设公司

依据涌水量来选择海底隧道岩石覆盖厚度的可行性。

② 随着岩石覆盖厚度的增加,涌水量数值模拟解与日本最小涌水量法预测公式结果的变化趋势相同,但数值模拟解与日本最小涌水量法预测公式的解在相同岩石覆盖厚度条件下的涌水量值并不相等,这主要是因为日本最小涌水量法预测公式的解公式解由近似解析解计算得到,且公式中的隧道半径为数值模拟时隧道横断面的等价圆半径。

③ 随着岩石覆盖厚度的增加,日本最小涌水量法预测公式预测结果与数值解的偏差越来越大,说明岩石覆盖厚度对隧道涌水量近似解析解的影响较大。

3.2.2　日本最小涌水量法应用

日本最小涌水量法确定最小岩石覆盖厚度的公式见式(3.7),据此可计算出左线隧道、右线隧道关键剖面的最小岩石覆盖厚度。根据地质报告和隧道开挖断面图,等价圆半径可取 8m。计算结果如表 3.15、表 3.16 所示。

日本最小涌水量法建立在达西定律线性渗流的基础上,最小涌水量法确定的最小岩覆盖厚度与介质渗透特性无关,只与海水深度有关。海水越深,所取得的最小岩石覆盖厚度越大。对于渗透性高的围岩,涌水量直接影响施工安全和排水费用;而对于渗透性很低的围岩,涌水量较小,不同岩石覆盖厚度对应的隧道涌水量绝对差值也小,日本最小涌水量法确定最小岩石覆盖厚度的意义也就较小。

表 3.15　左线隧道,日本最小涌水量法确定的最小岩石覆盖厚度

编号	地层性质	里程桩号 /m	水深 /m	最小岩石覆盖厚度 /m
1	完整岩石	ZK4+177	12.9	20.4
2	完整岩石	ZK4+740	26.5	28.0
3	F_{2-3}	ZK4+919	32.6	31.1
4	完整岩石	ZK5+271	38.1	33.7
5	F_{3-1}	ZK5+607	43.6	36.2
6	完整岩石	ZK5+915	44.6	36.7
7	F_{4-1}	ZK6+297	37.7	33.5
8	完整岩石	ZK6+527	31.2	30.4
9	F_{4-3}	ZK6+785	33.8	31.6
10	完整岩石	ZK7+142	20.5	24.8

表 3.16　右线隧道,日本最小涌水量法确定的最小岩石覆盖厚度

编号	地层性质	里程桩号 /m	水深 /m	最小岩石覆盖厚度 /m
1	完整岩石	YK4+315	14.4	21.3
2	F_{2-3}	YK4+843	27.2	28.4
3	完整岩石	YK5+218	36.2	32.8
4	完整岩石	YK5+823	42.6	35.8
5	F_{3-2}	YK5+953	43.2	36.0
6	F_{4-1}	YK6+249	40.8	34.9
7	完整岩石	YK6+386	36.4	32.9
8	F_{4-3}	YK6+833	32.1	30.8
9	完整岩石	YK7+043	24.8	27.1

3.3　国内顶水采煤法

3.3.1　国内顶水采煤法概述

海底隧道最小岩石覆盖厚度的确定和顶水采煤安全开采上限的确定有异曲同工之处,故海底隧道最小岩石覆盖厚度的选择,可结合隧道地质条件,借鉴国内顶水采煤法。

安全防水煤岩柱属于隔离煤柱,它的作用主要是最大限度地防止煤层开采所形成的导水裂隙带波及上覆水体,进而避免上覆水体涌入井下,并使矿井涌水量不显著增加(见图 3.17)。对于海底隧道来说,安全防水煤岩柱高度 H 即需要确定的岩石覆盖厚度,主要由导水裂隙带高度 H_w 和保护层厚度 H_s 组成。当海底基岩风化程度很小时,应考虑地表裂隙深度 H_a;当海底基岩裸露,基岩风化较严重,且基岩风化带透水时,应考虑基岩导水风化带深度 H_a(见图 3.18)。因此,国内顶水采煤法确定的岩石覆盖厚度可根据下列经验公式确定:

$$H = H_a + H_s + H_w \tag{3.8}$$

1. 导水裂隙带高度的确定

隧道上方岩体破裂高度是确定海底隧道最小埋置深度的关键数据。顶水采煤导水裂隙带高度确定的思想可用于隧道围岩破裂范围的确定,但顶水采煤与隧道开挖不同,一方面,煤层开采一般是大面积地将煤炭资源采出,开采范围在走向和倾向方向都比较长,但隧道的开挖只是在线路走向方向延伸较长,隧道宽度的数量

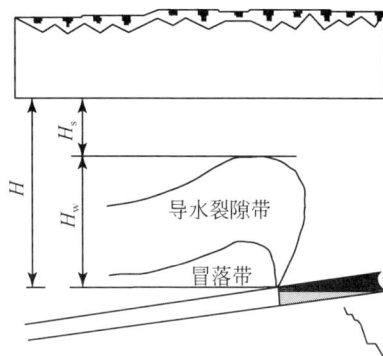

图 3.17 安全防水煤岩柱的组成

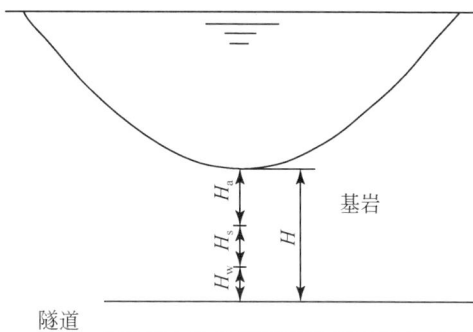

图 3.18 隧道岩石覆盖厚度组成

级别较煤层开采工作面倾向要小得多;另一方面,当前大部分矿山采用的是垮落法开采,即煤层采出后,顶板随即垮落破碎充填采空区,垮落带上部岩体的破坏程度随距采空区的距离增大而逐渐减弱,形成导水裂隙带,而隧道开挖必须及时支护防止岩体破坏,并充分发挥围岩的自稳能力,因此,隧道开挖导致的围岩破裂范围一般较小。

根据海底隧道的岩性和地质情况,隧道破裂的高度可按如下两种方法确定:

(1) 根据隧道开挖要使围岩扰动最小的原理,同时考虑安全系数,隧道破裂高度取 $100R$(R 为炮孔半径)。

(2) 根据岩石爆破力学,按公式 $H_w = kw\sqrt[3]{F(n)}$ 确定。式中,k 为地基系数;w 为单个最危险药包的最小抵抗线;$F(n)$ 为相应药包爆破指数的函数。

2. 保护层厚度的确定

(1) 保护层的厚度可根据顶水采煤的经验确定,在顶水采煤中,保护层的厚度取决于水体类型、煤层倾角、埋藏条件和覆岩性质等综合因素,一般取几倍的分层采厚。由于隧道开挖和煤层开采的方式不同,应用这种方法确定的保护层厚度一般偏大,在实际应用中应做适当的折减。

(2) 保护层厚度也可根据下面的经验公式确定:

$$H_b = 1.5\frac{\sqrt{h_1 h_2}}{f} + c \tag{3.9}$$

式中,h_1 为水头高度(m);h_2 为坑道宽度(m);c 为岩层强风化带厚度,一般取 5m;f 为普氏强度,通过查表或取样试验获得。

另外,对于地表裂隙深度或基岩导水风化带深度 H_a,需要结合海底隧道所处具体的工程地质条件、水文地质条件取值。

3.3.2　国内顶水采煤法应用

对于青岛胶州湾海底隧道,根据事先确定的典型地质断面的岩性、海水深度、隧道施工参数等,综合确定了保护层厚度,见表 3.17、表 3.18。综合考虑基岩表面裂隙带高度、保护层厚度、隧道破裂带高度,给出国内顶水采煤法确定的最小岩石覆盖厚度建议值,见表 3.19、表 3.20。表面裂隙带按如下方法取值:

（1）强风化带厚度≥5m 时,表面裂隙带厚度按强风化带厚度取值。

（2）强风化带厚度<5m,表面裂隙带厚度按 5m 计算。

表 3.17　左线隧道关键剖面保护层厚度计算表

编号	里程桩号 /m	h_1 /m	h_2 /m	f	保护层厚度 /m
1	ZK4+177	12.9	15.7	4.2	5.1
2	ZK4+740	26.5	15.7	5.5	5.6
3	ZK4+919	32.6	15.7	2	17.0
4	ZK5+271	38.1	15.7	3.2	11.5
5	ZK5+607	43.6	15.7	2	19.6
6	ZK5+915	44.6	15.7	4.2	9.5
7	ZK6+297	37.7	15.7	2	18.2
8	ZK6+527	31.2	15.7	4.3	7.7
9	ZK6+785	33.8	15.7	2	17.3
10	ZK7+142	20.5	15.7	4.3	6.3

表 3.18　右线隧道关键剖面保护层厚度计算表

编号	里程桩号 /m	h_1 /m	h_2 /m	f	保护层厚度 /m
1	YK4+315	14.4	15.7	4.2	5.4
2	YK4+843	27.2	15.7	2	15.5
3	YK5+218	36.2	15.7	3.2	11.2
4	YK5+823	42.6	15.7	4.2	9.2
5	YK5+953	43.2	15.7	2	19.5
6	YK6+249	40.8	15.7	2	19.0
7	YK6+386	36.4	15.7	4.6	7.8
8	YK6+833	32.1	15.7	2	16.8
9	YK7+043	24.8	15.7	4.3	6.9

表 3.19　国内顶水采煤法确定的左线隧道最小岩石覆盖厚度

编号	里程桩号/m	海水深度/m	隧道破裂带高度/m	保护层厚度/m	表面裂隙带厚度/m	最小岩石覆盖厚度/m
1	ZK4+177	12.9	2	5.1	6.4	13.5
2	ZK4+740	26.5	2	5.6	5	12.6
3	ZK4+919	32.6	2	17.0	5	24
4	ZK5+271	38.1	2	11.5	5	18.5
5	ZK5+607	43.6	2	19.6	5	26.6
6	ZK5+915	44.6	2	9.5	5	16.5
7	ZK6+297	37.7	2	18.2	5.6	25.8
8	ZK6+527	31.2	2	7.7	5	14.7
9	ZK6+785	33.8	2	17.3	9.8	29.1
10	ZK7+142	20.5	2	6.3	5	13.3

表 3.20　国内顶水采煤法确定的右线隧道最小岩石覆盖厚度

编号	里程桩号/m	海水深度/m	隧道破裂带高度/m	保护层厚度/m	表面裂隙带厚度/m	最小岩石覆盖厚度/m
1	YK4+315	14.4	2	5.4	5	12.4
2	YK4+843	27.2	2	15.5	5	22.5
3	YK5+218	36.2	2	11.2	5	18.2
4	YK5+823	42.6	2	9.2	5	16.2
5	YK5+953	43.2	2	19.5	9.6	31.1
6	YK6+249	40.8	2	19.0	9.6	30.6
7	YK6+386	36.4	2	7.8	5	14.8
8	YK6+833	32.1	2	16.8	13.2	32.0
9	YK7+043	24.8	2	6.9	5	13.9

3.4　国内规范方法

有关隧道深、浅埋的分界问题,一直被工程界所关注。目前有许多不同的观点,其中重要的有两种:一种观点是从松弛荷载的角度出发,将在施工中不能保证形成承载拱的最大埋置深度定义为深、浅埋分界深度(是荷载松弛高度的 2.0~2.5 倍);另一种观点是将隧道开挖所造成的围岩松弛影响范围不能达到地表的最小埋置深度定义为深、浅埋分界深度(是隧道洞跨的 2.0~2.5 倍);日本“山岭隧道技术规范"认为分界深度是 1~2 倍的开挖宽度。根据国内外近 50 个试验段的资料和工程实例,将等于或大于隧道开挖宽度 2 倍的覆盖厚度定为深、浅埋分界深度是合适的(关宝树等,2001)。

《公路隧道设计规范》(JTG D70—2004)按荷载等效高度,并结合地质条件、施工方法等因素综合判定浅埋和深埋隧道的分界深度。水下隧道的覆盖层厚度可以借用山岭隧道深、浅埋分界深度,即能提供自承与自稳能力的最小承载拱厚度来确定。隧道开挖后,其上覆围岩在达到和超过一定厚度时,将可提供自稳与自承能力,岩体自重荷载的绝大部分将不再下传到衬砌结构;反之,当覆盖层厚度不够时,则将不足以提供其自稳和自承能力,其自重荷载将大部分或全部下传,由衬砌结构承受。

根据上述规范,深、浅埋隧道的分界深度 H_p 按荷载等效高度来判定,即

$$H_p = (2 \sim 2.5)h_q \tag{3.10}$$

式中,h_q 为荷载等效高度(m),按下式计算:

$$h_q = \frac{q}{\gamma} \tag{3.11}$$

式中,γ 为围岩重度(kN/m³);q 为深埋隧道垂直均布压力,按下式计算:

$$q = 0.45 \times 2^{s-1}\gamma\omega \tag{3.12}$$

式中,γ 为围岩重度(kN/m³);s 为围岩级别;ω 为宽度影响系数,其表达式为

$$\omega = 1 + i(B - 5) \tag{3.13}$$

式中,B 为隧道宽度;i 为隧道宽度 B 每增减 1m 时的围岩压力增减率。以 $B=5$m 时的围岩垂直均布压力为准,当 $B<5$m 时,$i=0.2$;当 $B>5$m 时,$i=0.1$。应用式(3.3)时,必须同时具备下列条件:①$H/B<1.7$,H 为隧道开挖高度(m);②不产生显著偏压及膨胀力的一般围岩。

在钻爆法施工的条件下,Ⅳ~Ⅵ级围岩取

$$H_p = 2.5h_q \tag{3.14}$$

Ⅰ~Ⅲ级围岩取

$$H_p = 2.0h_q \tag{3.15}$$

图 3.19 为按上述公式计算的不同隧道宽度、不同围岩级别条件下的深、浅埋分界深度。由计算结果可知,围岩级别越高(即越破碎)相应的最小覆盖层厚度越大;洞室跨度越大,最小覆盖层厚度越大。

《公路隧道设计规范》(JTG D70—2004)借用的是《铁路隧道设计规范》(TB 10003—2001)的分界方法,而铁路隧道经验公式是通过对 127 座单线铁路隧道的 417 个塌方资料的统计分析,以 5m 为基本跨度整理而成的。公路隧道与铁路隧道相比,在建筑限界、跨度、高跨比等方面有其自身的特点,引用铁路隧道经验公式必然存在较大的误差。对于Ⅱ、Ⅲ级围岩,规范方法得到的水下隧道最小覆盖层厚度

较小,风险增大;而对于Ⅵ级围岩,规范方法没有考虑注浆加固的作用,用于隧道设计中将偏于保守和安全。

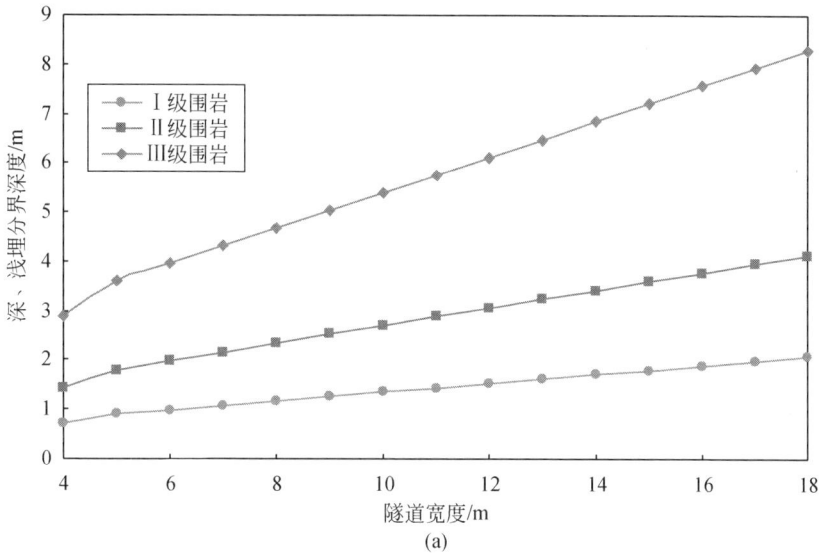

(a)

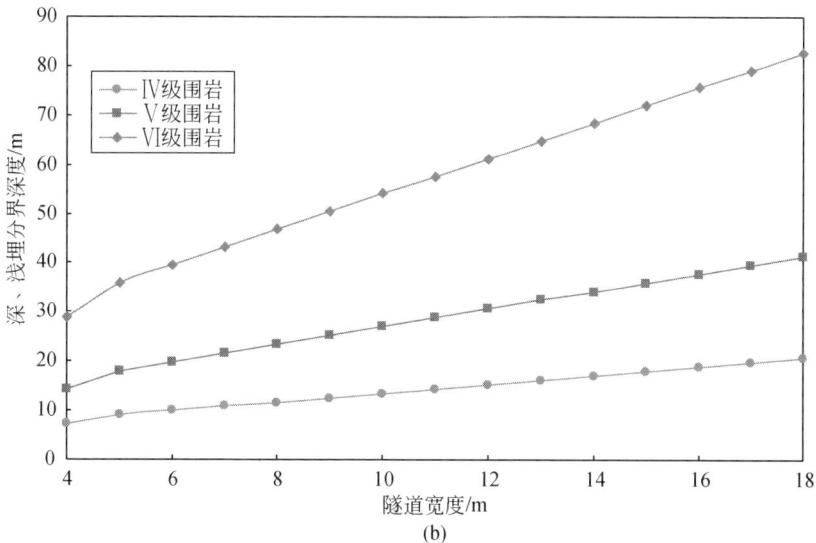

(b)

图 3.19　隧道深、浅埋分界深度

3.5　普氏压力拱理论方法

在深埋洞室的松动压力计算中,最常用的是概念清晰、计算方便的普氏理论,这是由俄国学者普罗托奇雅阔诺夫（Протдвяконв）在 1907 年提出的（沈明荣等，2006）。普氏经过长期观察发现，深埋洞室开挖之后，由于节理的切割，洞顶的岩体产生塌落，当塌落到一定程度以后，上部岩体会形成一个自然平衡拱，而作用在洞顶的围岩压力是自然平衡拱内岩体的自重。根据这一机理就能确定松散岩体中洞室的围岩压力。我们可以利用普氏拱上面脱离体的受力条件来确定水下隧道合理的覆盖层厚度。

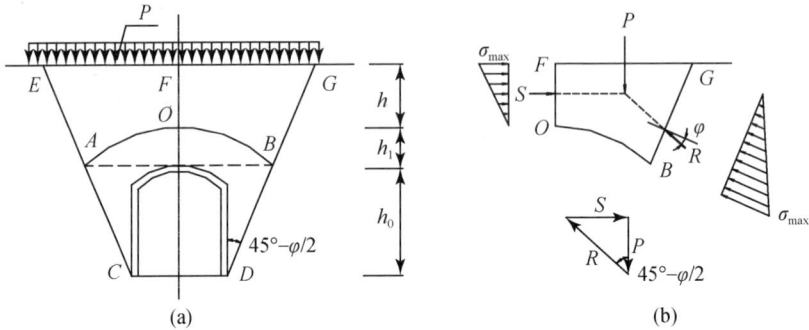

图 3.20　*OFGB* 脱离体受力分析

如图 3.20，取 *OFGB* 为脱离体进行分析。在 *OF* 和 *GB* 的切面上，岩体不能承受拉应力而只能承受压应力。同时，假设 *O* 处拱顶和 *G* 处岩表的拉应力部分岩石已经完全崩落，所以 *O* 点和 *G* 点为拉、压应力的交界点，其应力为零。在弹性介质假设下，再假定压应力从 *O* 点自下向上和从 *G* 点自上向下均呈线性增加，分别在 *F* 点、*B* 点达到最大值 σ_{max}。*OF* 面上的总压力为 $S = \sigma_{max} h/2$，其作用点位于距 *O* 点 $2h/3$ 处。作用于 *OFGB* 上的垂直力有这部分岩体自重和基岩层面上的残积土荷载以及上覆水体压力，这些竖向力的合力用 *P* 表示，其作用点也不难求得。在拱脚 *BG* 面上，假定 *BG* 面上的反力 *R* 与该面的法线成 φ 角（φ 为岩土体的内摩擦角）。根据静力平衡条件，*P*、*R*、*S* 三力必相交于一点，据此，可以用图解法求出 *S*，即

$$S = P\tan(45° - \varphi/2) \tag{3.16}$$

从而求得 *OF* 面上的最大压应力 σ_{max}，即

$$\sigma_{max} = \frac{2S}{h} = \frac{2P\tan(45° - \varphi/2)}{h} \tag{3.17}$$

若 σ_{max} 达到岩石的允许抗压强度 $[R_c]$，则认为压力拱将处于临界破坏的允许极限。允许抗压强度可用下式计算：

$$[R_c] = \frac{R_c}{F_s} \tag{3.18}$$

式中，R_c 为岩土体的单轴极限抗压强度（MPa）；F_s 为安全系数，其值根据岩土体的

物理力学性质和地质条件决定,由于岩土体的离散性和随机性很大,因此工程中一般应采用 $F_s = 8$。

若 $\sigma_{max} \leqslant [R_c]$,即

$$h \geqslant \frac{2P\tan(45° - \varphi/2)}{R_c}F_s \qquad (3.19)$$

则上覆岩体将具有形成承载拱的条件。

将式(3.10)展开得到关于覆盖层厚度 H 的一元二次不等式:

$$k_1 H^2 + k_2 H + k_3 \leqslant 0 \qquad (3.20)$$

式中,k_1、k_2、k_3 为系数,计算公式如下:

$$k_1 = \gamma_r \frac{\tan^2(45° - \varphi/2)}{R_c}F_s \qquad (3.21)$$

$$k_2 = \gamma_r a_1 \frac{2\tan(45° - \varphi/2)}{R_c}F_s + P \frac{2\tan^2(45° - \varphi/2)}{R_c}F_s - 1 \qquad (3.22)$$

$$k_3 = \left(Pa_1 - \frac{2a_1^2}{3f}\gamma_r\right)\frac{2\tan(45° - \varphi/2)}{R_c}F_s + \frac{a_1}{f} \qquad (3.23)$$

式中,H 为覆盖层厚度,$H = h + h_1$;γ_r 为岩土体重度;φ 为岩土体内摩擦角;a_1 为压力拱半跨,$a_1 = a + h_0\tan(45° - \varphi/2)$,$a$ 为隧道半跨,h_0 为隧道洞高;P 为基岩层面上的残积土荷载以及上覆水体压力;f 为普氏强度。式(3.20)需要编程计算。

通过计算可以得到以下规律:围岩质量越差,相应最小覆盖层厚度越大;洞室跨度增大,最小覆盖层厚度也随之增加;基岩层面上的外荷载越大,最小覆盖层厚度也越大。

普氏压力拱理论方法是在极限平衡条件的基础上推导最小覆盖层厚度。需要指出的是,推导过程中假设图3.20中 B、F 两点应力同时达到最大,这适用于金属类塑性材料,应用于岩石类脆性材料则显得勉强。因为对于岩石来说,当 B 点的应力达到最大值后,它并非保持不变只发生塑性流动,而是出现脆性开裂发生破坏,此时 F 点的应力往往没有达到最大值。另外,假定压应力呈线性分布也与实际不符。因此,据此推出的公式必然有很大的局限性。

普氏压力拱理论方法考虑了洞跨、洞高、围岩质量以及基岩层面上的外载等因素对覆盖层厚度的影响,但没有考虑洞室形状、岩体结构、地下水、施工方法、支护形式等因素的作用。

3.6　工程类比法计算数值分析

3.6.1　计算结果整理

　　根据挪威经验法、日本最小涌水量法和国内顶水采煤法确定最小岩石覆盖厚度,整理成表 3.21 和表 3.22。为便于进一步对比分析,对每个关键剖面,绘制出海水深度、工程类比法确定的最小岩石覆盖厚度的对比曲线,见图 3.21 和图 3.22。

表 3.21　工程类比法确定的左线隧道最小岩石覆盖厚度

编号	地层性质	里程桩号/m	水深/m	最小岩石覆盖厚度/m		
				日本最小涌水量法	挪威经验法	国内顶水采煤法
1	完整岩石	ZK4+177	12.9	20.4	24.11	13.5
2	完整岩石	ZK4+740	26.5	28.0	27.3	12.6
3	断层 F_{2-3}	ZK4+919	32.6	31.1	30.6	24.0
4	完整岩石	ZK5+271	38.1	33.7	30.2	18.5
5	断层 F_{3-1}	ZK5+607	43.6	36.2	32.7	26.6
6	完整岩石	ZK5+915	44.6	36.7	31.3	16.5
7	断层 F_{4-1}	ZK6+297	37.7	33.5	31.6	25.8
8	完整岩石	ZK6+527	31.2	30.4	28.6	14.7
9	断层 F_{4-3}	ZK6+785	33.8	31.6	30.8	29.1
10	完整岩石	ZK7+142	20.5	24.8	26.0	13.3

表 3.22　工程类比法确定的右线隧道最小岩石覆盖厚度

编号	地层性质	里程桩号/m	水深/m	最小岩石覆盖厚度/m		
				日本最小涌水量法	挪威经验法	国内顶水采煤法
1	完整岩石	YK4+315	14.4	21.3	24.8	12.4
2	断层 F_{2-3}	YK4+843	27.2	28.4	29.5	22.5
3	完整岩石	YK5+218	36.2	32.8	29.9	18.2
4	完整岩石	YK5+823	42.6	35.8	31.0	16.2
5	断层 F_{3-2}	YK5+953	43.2	36.0	32.6	31.1
6	断层 F_{4-1}	YK6+249	40.8	34.9	32.2	30.6
7	完整岩石	YK6+386	36.4	32.9	30.1	14.8
8	断层 F_{4-3}	YK6+833	32.1	30.8	30.5	32.0
9	完整岩石	YK7+043	24.8	27.1	26.9	13.9

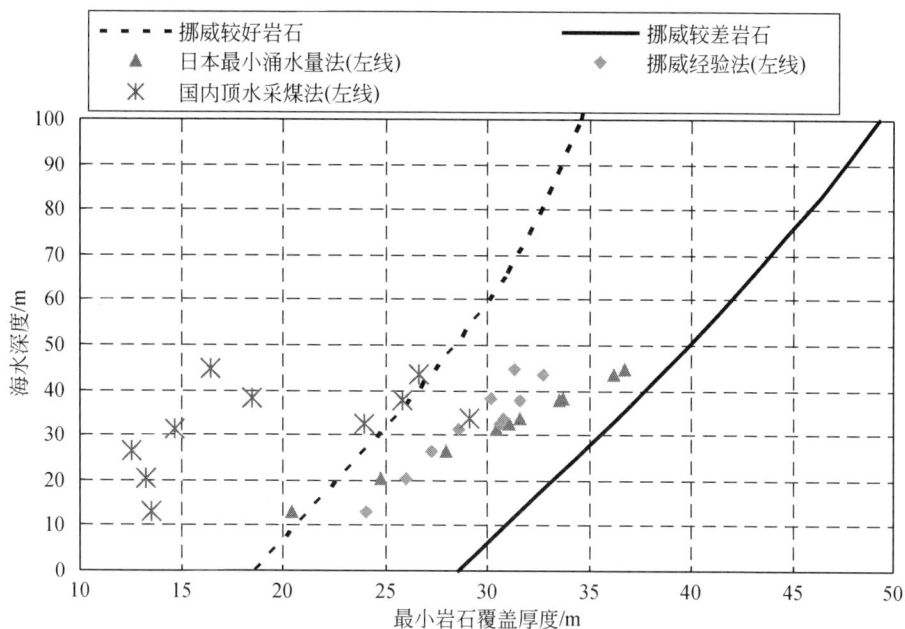

图 3.21　左线隧道,工程类比法确定的最小岩石覆盖厚度比较

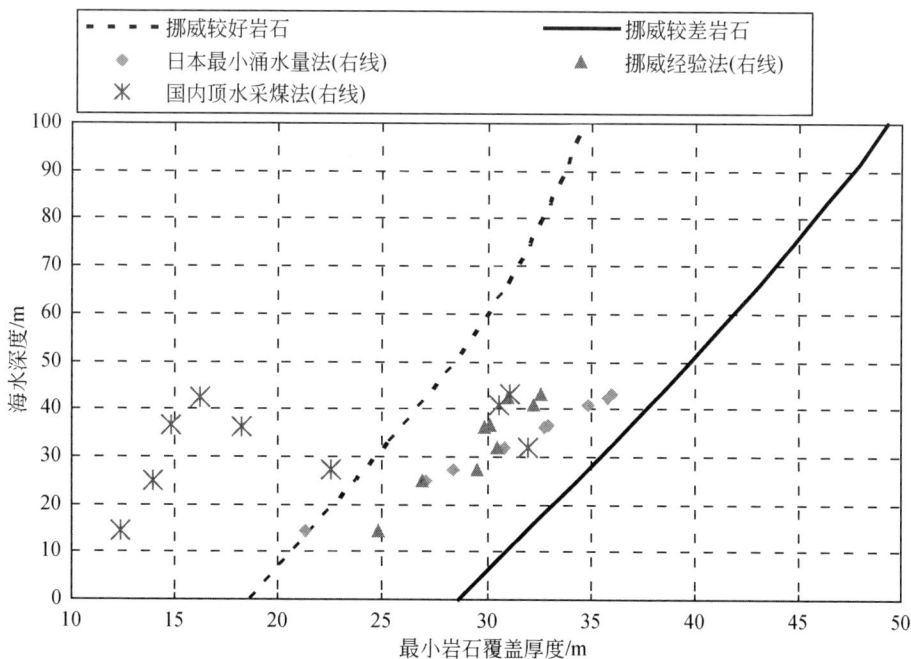

图 3.22　右线隧道,工程类比法确定的最小岩石覆盖厚度比较

3.6.2　对比分析

由表 3.21、表 3.22 绘制出各种工程类比法确定的拱顶曲线,见图 3.23、图 3.24。由图 3.23 和图 3.24 可见,日本最小涌水量法确定的最小岩石覆盖厚度介

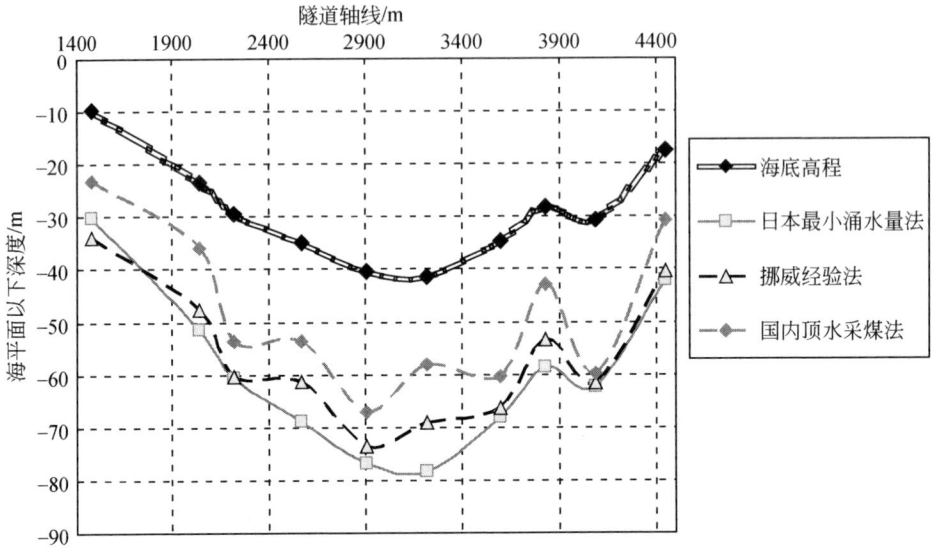

图 3.23　左线隧道,工程类比法确定的关键剖面拱顶线高程

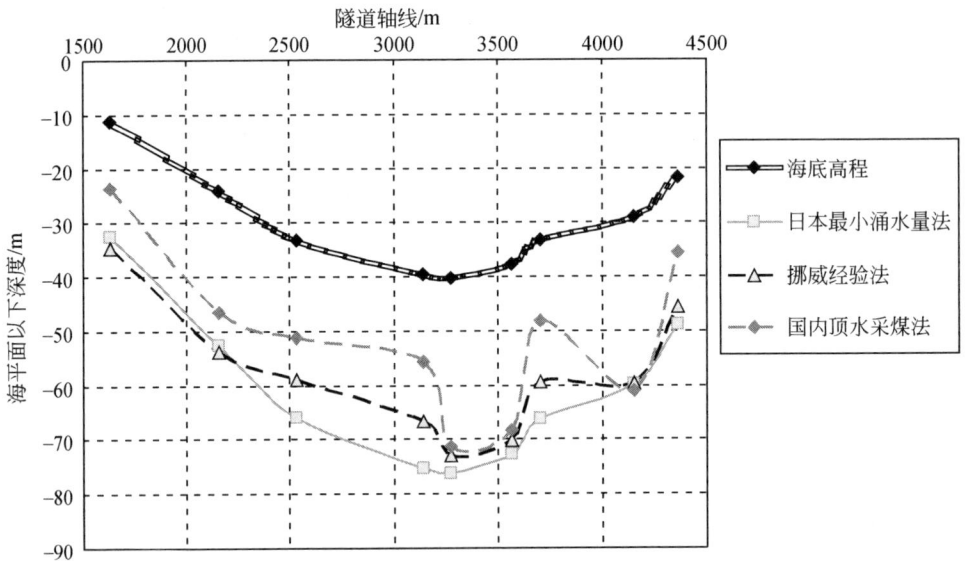

图 3.24　右线隧道,工程类比法确定的关键剖面拱顶线高程

于挪威完整岩石值与挪威破碎岩石值之间;海水较小时,接近完整岩石值;海水较大时,接近破碎岩石值。国内顶水采煤法综合考虑了工程地质、水文地质条件,与海水深度没有确定关系,取值具有随机性。挪威经验值基本都靠近挪威较好岩石曲线,说明青岛胶州湾海底隧道岩性较接近于挪威较好岩石的岩性。

断层带岩体破碎,最小岩石覆盖厚度取挪威经验值较为合理;但是断层在整个垂直线路上仅属于局部现象,取挪威经验值可能过于保守。青岛胶州湾海底隧道地质情况较复杂,大部分海域基岩裸露,断层破碎带渗透性强,采用日本最小涌水量法较为适用。

综合分析,对于青岛胶州湾海底隧道确定最小岩石覆盖厚度,国内顶水采煤法具有较高的参考价值,日本最小涌水量法较为适用,挪威经验法偏于保守。

3.7　本 章 小 结

本章详细阐述了确定海底隧道最小岩石覆盖厚度的工程类比法,包括挪威经验法、日本最小涌水量法和国内顶水采煤法、国内规范方法、普氏压力拱方法。以上方法在确定海底隧道合理覆盖层时具有较好的参考价值。由于海底隧道地质条件复杂性、海水深度、断面形状及面积、施工方法多样性,对于具体的海底隧道还需利用数值分析方法对围岩稳定性进行分析,进一步对岩石覆盖厚度进行优化。

第4章 数值计算法

数值计算法确定海底隧道最小岩石覆盖厚度,主要考虑隧道围岩的稳定性。它通常用来验证工程类比方法选择的岩石覆盖厚度是否合理,分析隧道在工程类比方法选定的岩石覆盖厚度下开挖是否稳定。数值计算法一般从围岩稳定性、岩石准三维断裂损伤、海水渗流、地震载荷、爆破载荷等方面进行分析,并综合各个方面的影响,确定最小岩石覆盖厚度。

4.1 数值计算判别准则

4.1.1 最小位移法判据

在工程问题的力学分析中,解析法只能适用于比较简单的情况,而数值计算法由于能适应复杂的边界条件和介质本构关系,所以在工程实践中得到了广泛应用。目前在岩土工程稳定性分析中,经常用到的数值方法有有限元法、有限差分法、有限体积法、离散元法、块体单元法和边界元等。本节将采用近年来岩土界普遍运用的有限差分软件 FLAC³ᴰ 进行相关数值模拟研究。

20 世纪 80 年代中期,Cundall 基于有限差分原理,提出了连续体快速拉格朗日分析(fast Lagrangian analysis of continuum,FLAC)方法。在此基础上,美国 Itasca 公司开发了可以模拟岩土介质力学行为的三维显式有限差分软件 FLAC³ᴰ。该软件采用了混合离散方法、动态松弛方法和显式差分方法,不形成刚度矩阵;适合于模拟地质材料在达到强度极限或屈服极限时发生的破坏和塑性流动等力学行为;适合于模拟地质材料的大变形、失稳、动态响应、流变、支护及加固、建造及开挖等问题(Itasca Consulting Group,2005)。由于这些优点,FLAC³ᴰ软件非常适用于模拟各种岩土工程,进而在本领域得到了广泛的应用。

地下工程的失稳主要由施工开挖引起的应力重分布超过围岩强度,或引起围岩的过分变形所致,判断围岩是否稳定及稳定的范围是地下工程研究的重要目的,这需要在力学分析的基础上建立相关判据,以判断岩体处于何种状态。和地基、边坡等岩土工程不同,地下工程由于没有类似于安全系数的、明确统一的判别标准,导致围岩稳定的判别方法虽然较多,但意义都不甚明确(李树忱等,2007)。

① 强度判据。基于介质应力状态的强度类判据在地下结构围岩稳定性分析中得到广泛应用,它通过比较荷载作用下岩体应力或应力组合与岩体抗压、抗拉、

抗剪等强度指标来判断围岩的稳定性,比较常用的有摩尔-库仑、Drucker-Prager、Hoek-Brown 和 Zienkiewicz-Pande 等强度理论。例如,根据摩尔-库仑准则,在低约束压力条件下,当岩体内某斜截面的剪应力超过破坏理论规定的滑动界限范围时,岩体就会发生剪切极限破坏。

② 变形量或变形率判据。国内外有关规范多以围岩的变形(位移)值或变形(位移)速率为主,认为当变形量或变形速率超过一定值时,岩体就会发生破坏。

对于特定的海底隧道剖面,最小岩石覆盖厚度是指技术可行、经济合理的较优岩石覆盖厚度,海水深度、地质条件、隧道断面和施工方法等因素都将影响最小岩石覆盖厚度的确定。目前,通过数值方法确定最小岩石覆盖厚度还没有很好的判据,主要是先通过应力挠动法(李庭春等,2004a)、安全系数法(李树忱等,2007)、位移收敛法(李术才等,2006)等方法选择初值,然后再由围岩稳定性分析进行综合判断。

虽然有以上判据,但目前还没有很好的标准来选择海底隧道的最小覆盖层厚度。作者在"青岛胶州湾隧道最小岩石覆盖厚度研究"、"舟山灌门水道隧道最小岩石覆盖厚度研究"等课题的研究中,对海底隧道相同剖面的不同岩石覆盖厚度做了大量的数值模拟,总结出有价值的发现:对于海底隧道某剖面,拱顶位移随着岩石覆盖厚度的增加是先减小,后增加,存在最小值(图 4.1 以青岛胶州湾海底隧道左线 LK2+222 断面的计算结果为例展示了这种规律)。在最小位移所确定的岩石覆盖厚度条件下,进行了变形、应力、塑性区等方面的分析,发现这时隧道也是相对稳定的。故可以认为,最小位移对应的岩石覆盖厚度为技术可行、经济合理的最小岩石覆盖厚度。

可以利用上述的最小位移法判别标准,通过大量数值分析,得到不同围岩级别、隧道开挖面积和水深条件下的覆盖层厚度,拟合出相应的回归公式以便设计人员应用。

水下隧道工程中最常遇到的围岩级别是 Ⅱ～Ⅴ 级,如青岛胶州湾海底隧道主洞 Ⅱ、Ⅲ 级围岩约占 55.7%,Ⅳ 级围岩约占 38.1%,Ⅴ 级围岩约占 6.2%。在实际施工过程中,由于 Ⅴ 级围岩基本没有自稳能力,为了规避风险、确保安全,一般不会直接进行开挖,而是在采用超前锚杆、超前导管和超前帷幕注浆、甚至冻结法等预加固堵水措施提高围岩自稳防渗能力后,再进行开挖。经过超前支护的 Ⅴ 级围岩,其物理力学参数基本可以达到 Ⅳ 级水平,因此,只需进行 Ⅱ～Ⅳ 级围岩的相关计算即可。在计算过程中,Ⅱ、Ⅲ 级围岩用摩尔-库仑模型模拟;Ⅳ 级围岩性能较差,为了避免出现不收敛现象,采用线弹性模型模拟。参照《公路隧道设计规范》(JTG D70—2004),Ⅱ～Ⅳ 级围岩的物理力学参数如表 4.1 所示。

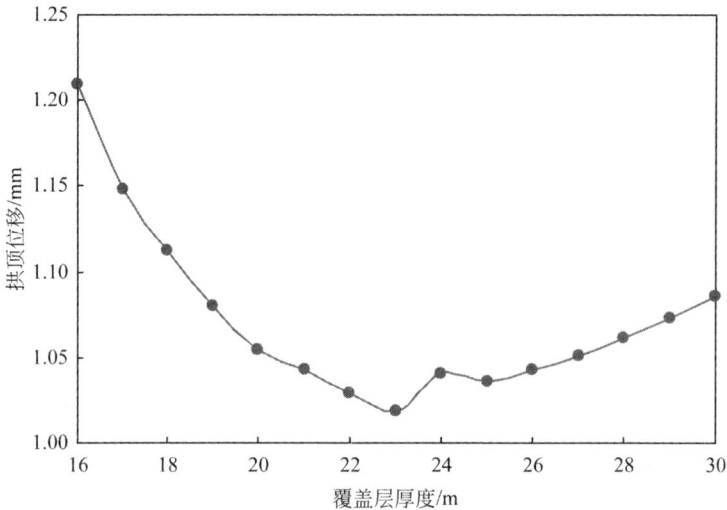

图 4.1　岩石覆盖厚度与拱顶位移关系曲线

表 4.1　各级围岩的物理力学参数

围岩级别	重度 $\gamma/(\mathrm{kN/m^3})$	变形模量 E/GPa	泊松比 μ	内摩擦角 $\varphi/(°)$	黏聚力 C/MPa	抗拉强度 R_1/MPa
Ⅱ	26	25	0.23	55	1.8	1.5
Ⅲ	24	14	0.27	45	1.2	0.8
Ⅳ	21.5	4	0.32	—	—	—

注:"—"表示不祥

　　钻爆法施工的隧道形状较盾构圆形隧道复杂,而其中公路隧道一般是扁平结构,受力条件比铁路隧道差,因此钻爆法修建的海底公路隧道的覆盖层厚度是其中相对保守的,其结论可以应用于其他类型的隧道。按照规范,公路隧道的标准内轮廓形状一般为三心圆。铁路隧道开挖面积较小,单线隧道一般在 50m² 左右;而公路隧道面积较大,如刚竣工通车的、直径达 15.0m 的上海长江隧道开挖面积近 180m²。为了考虑开挖面积对水下隧道覆盖层厚度的影响,计算中考虑了 40m²、80m²、120m²、160m² 和 200m² 五种情况。图 4.2 是开挖面积为 160m² 的隧道内轮廓图。

　　数值分析采用简单概化的准三维模型,隧道轴线方向为 z 轴,竖直方向为 y 轴。计算区域由隧道中线向左右各取不小于 4 倍洞跨的距离;上边界即海底面,上覆水体当做外荷载作用在模型上边界;下边界取在隧道仰拱以下不小于 4 倍洞高的位置。由于水的黏性对海底地面的影响可略去不计(朱镜清等,1991),因此模型

上表面为施加水体重量的法向应力边界,而4个侧面和底面设置法向约束。图4.3
是开挖面积为160m²时的数值分析模型,隧道洞周围岩采用小尺寸单元进行了
加密。

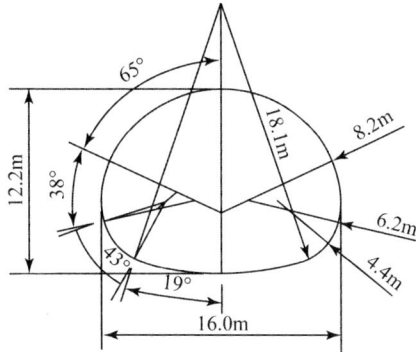

图4.2　隧道标准内轮廓断面(160m²)

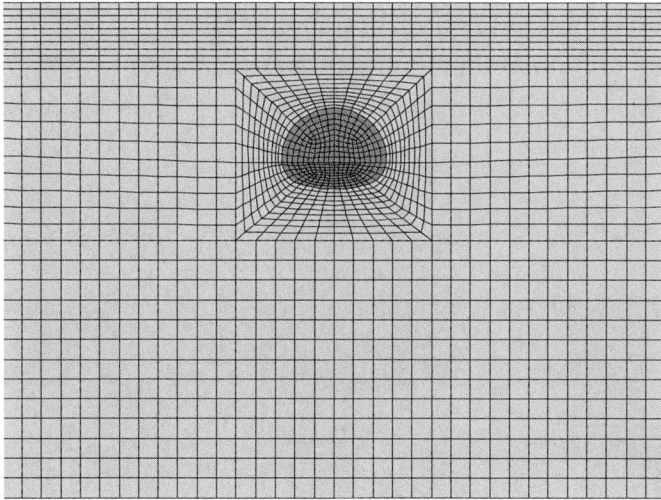

图4.3　水下隧道数值计算模型(160m²)

水深因素考虑了10m,20m,…,100m 十种情况,因此,对于每个级别的围岩,就
有50种工况。为了寻找拱顶位移最小值,对于每种工况,必须计算十几个覆盖层
厚度的情况,这样3个围岩级别条件下,共进行了约2000次数值计算,最终计算结
果见表4.2。

表 4.2　各种工况下的最小覆盖层厚度　　　（单位：m）

h_w/m	40m			80m			120m			160m			200m		
	II	III	IV	II	III	IV	II	III	IV	II	III	IV	II	III	IV
10	5	5	5	5	5	6	6	6	7	7	7	7	6	8	8
20	6	7	7	7	8	8	9	10	10	10	10	11	11	11	12
30	8	8	8	9	9	10	11	11	11	11	12	12	12	13	13
40	9	9	9	10	10	11	12	12	13	13	13	14	14	14	15
50	10	10	11	11	12	12	13	14	14	15	15	16	15	16	17
60	11	11	12	12	13	14	15	15	16	16	16	17	17	17	18
70	11	12	12	13	14	15	16	16	17	17	18	18	18	18	19
80	12	13	13	14	15	16	17	17	18	18	19	19	19	20	21
90	12	13	14	15	15	17	18	18	19	19	20	20	20	21	22
100	13	14	15	16	16	18	19	19	20	20	21	21	21	22	23

根据以上结果，可以用最小二乘法拟合出各级围岩条件下最小覆盖层厚度 h_r 和隧道开挖面积 A、水深 h_w 之间的函数表达式，即

II 级围岩：$\qquad h_r = 0.037A + 5.192\ln h_w - 11.296, \quad r = 0.973$

III 级围岩：$\qquad h_r = 0.037A + 5.321\ln h_w - 11.447, \quad r = 0.978$ 　　　（4.1）

IV 级围岩：$\qquad h_r = 0.038A + 5.591\ln h_w - 11.88, \quad r = 0.979$

4.1.2　弹塑性计算

隧道开挖后周围的岩石一般情况下在径向发生伸长变形，在切向发生压缩变形，使得原来径向上的压缩应力降低，切向上的压缩应力升高，而这种降低和升高的程度随着距隧道洞壁距离的增大而减小，到达一定距离后基本没有影响。这种应力的变化叫做应力重分布。当重分布以后的应力达到或者超过岩石的强度极限时，围岩除弹性变形外还会产生较大的塑性变形，如果不阻止这种变形，将会导致围岩破裂甚至失稳。洞室开挖以后二次应力的形成和大小与岩石的强度特征、洞室形状、大小以及埋置深度等都有关系。为了正确地评价地下工程的稳定性，除进行必要的地质分析之外，对围岩应力分布特征的分析计算也是评价围岩稳定性不可缺少的重要环节。

从围岩稳定性角度分析岩石覆盖厚度时，通常利用 FLAC^{3D} 软件对不同岩石覆盖厚度条件下的海底隧道进行计算分析，根据不同工况下隧道开挖后，周边塑性区的大小来决定最佳的岩石覆盖厚度。该方法对于岩体完整性较好的海底隧道来说，分析结果比较准确；但对于地质条件差的海底隧道，如对于节理、裂隙密集的节

理岩体来说,分析结果的精度难以保证。

1. 计算目的

海底隧道地质情况复杂,不同海底隧道地质条件相差悬殊;此外,影响海底隧道最小岩石覆盖厚度确定的因素很多,如隧道断面形状、施工方法、工程地质和水文地质等,因而不存在各种因素都相似的两条海底隧道工程。因此,单纯利用工程类比法确定最小岩石覆盖具有局限性。所以,必须采用模型试验、数值计算等其他方法来对工程类比初步选定的隧道最小岩石覆盖厚度做进一步的校验和优选。数值计算成本相对较低,效率高,适合对海底隧道最小岩石覆盖厚度做进一步研究。

本节分别对青岛胶州湾海底隧道左线、右线多个剖面进行三维弹塑性计算,根据位移、应力、塑性区分析,最终确定青岛胶州湾隧道控制剖面的最小岩石覆盖厚度。

2. 计算方案

青岛胶州湾海底隧道海域发育有 10 个断层,即 F_{2-1}、F_{2-2}、F_{2-3}、F_{3-1}、F_{3-2}、F_{4-1}、F_{4-2}、F_{4-3}、F_{4-4}、F_{4-5}。根据对工程纵断面图的初步分析认为,左线隧道断层 F_{2-3}、F_{3-1}、F_{4-1}、F_{4-3} 和右线隧道断层 F_{2-3}、F_{3-2}、F_{4-1}、F_{4-3} 基岩风化层较厚,类似于风化深囊。为此,选取上述位置作为研究对象,断层位置如图 4.4 所示。以断层为中心,隧道 100m 范围的地质描述如表 4.3、表 4.4 所示。左线选取 6 个完整岩石位置,右线选取 5 个完整岩石位置,如表 4.5、表 4.6 所示。

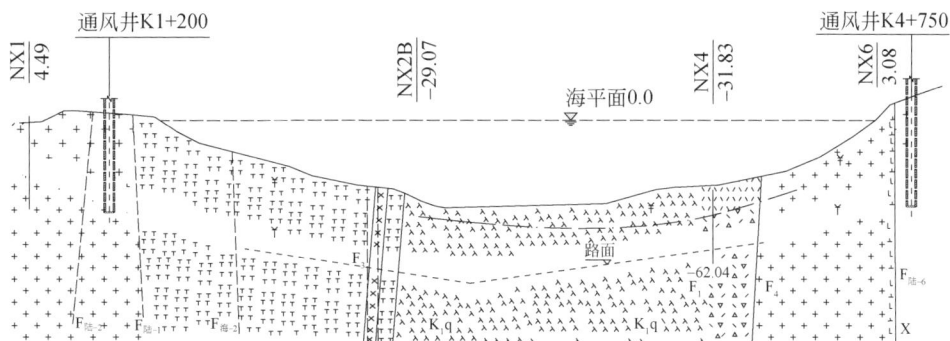

图 4.4　青岛胶州湾海底隧道纵断面图(单位:m)

对于每个分析剖面,取隧道轴线长度 100m,以断层为中心,左右各 50m。根据工程类比成果初步选定隧道岩石覆盖厚度范围,如 10～30m,每间隔 1m 作为一个计算工况,而初始地应力场分为自重应力场和侧压力系数 0.8 两种情况,故共进行 $21 \times 2 = 42$ 次弹塑性计算。

表 4.3　左线隧道断层位置地质描述

编号	断层	岩石种类	里程桩号 /m	海底高程 /m	软土层厚 /m	弱风化层厚 /m
1	F_{2-3}	⑦₁ 断裂破碎岩 ⑦₂ 微风化破碎岩 ⑦₆ 微风石英正长岩 ⑦₇ 微风闪正长斑岩 ⑦₁₂ 微风化粗安岩	ZK4+877 ~ ZK4+977	−30.20 ~ −28.80	0	5.2 ~ 15.4
2	F_{3-1}	⑦₁ 断裂破碎岩 ⑦₂ 微风化破碎岩 ⑦₁₀ 微风流纹斑岩	ZK5+527 ~ ZK5+627	−41.00 ~ −40.00	1.6 ~ 2.4	2.0 ~ 13.4
3	F_{4-1}	⑦₁ 断裂破碎岩 ⑦₂ 微风化破碎岩 ⑦₁₇ 微风化流纹岩	ZK6+247 ~ ZK6+347	−36.37 ~ −32.77	0.6 ~ 5.6	3.6 ~ 7.2
4	F_{4-3}	⑦₂₁ 微风化熔结凝灰岩 ⑦₁ 断裂破碎岩 ⑦₂ 微风化破碎岩	ZK6+735 ~ ZK6+835	−31.06 ~ −29.86	2.2 ~ 10.0	8.0 ~ 15.6

表 4.4　右线隧道断层位置地质描述

编号	断层	岩石种类	里程桩号 /m	海底高程 /m	软土层厚 /m	弱风化层厚 /m
1	F_{2-3}	⑦₁ 断裂破碎岩 ⑦₂ 微风化破碎岩 ⑦₁₂ 微风化流纹岩 ⑦₁₂ 微风化粗安斑岩	YK4+793 ~ YK4+893	−23.69 ~ −25.69	0 ~ 1.6	3.2 ~ 22
2	F_{3-2}	⑦₁ 断裂破碎岩 ⑦₂ 微风化破碎岩 ⑦₁₇ 微风化流纹岩 ⑦₁₇ 含火山角砾凝灰岩	YK5+903 ~ YK6+003	−37.69 ~ −40.09	6.8 ~ 9.6	7.2 ~ 16

续表

编号	断层	岩石种类	里程桩号 /m	海底高程 /m	软土层厚 /m	弱风化层厚 /m
3	F₄₋₁	⑦₁断裂破碎岩 ⑦₂微风化破碎岩 ⑦₁₇微风化流纹岩 ⑦₁₇微风化辉绿岩	YK6+233 ~ YK6+333	-38.49 ~ -35.69	1.6 ~ 9.6	4.4 ~ 6
4	F₄₋₃	⑦₂₁微风化熔结凝灰岩 ⑦₂微风化破碎岩	YK6+771 ~ YK6+871	-30.09 ~ -27.69	0 ~ 13.2	0 ~ 32.9

表 4.5　左线隧道完整岩石位置地质描述

编号	围岩级别	岩石种类	里程桩号 /m	水深 /m	软土层厚 /m	弱风化层厚 /m
1	II	⑦₁₉微风化含火山角砾流纹岩	ZK4+177	12.9	6.4	4.2
2	III	⑦₁₂微风化粗安岩	ZK4+740	26.5	0	4
3	III	⑦₁₃微风英安玢岩	ZK5+271	38.1	4.4	2
4	IV	⑦₂₄微风化含火山角砾凝灰岩	ZK5+915	44.6	0	2.8
5	III	⑦₂₁微风化熔结凝灰岩	ZK6+527	31.2	2.8	1.0
6	IV	⑦₂₁微风化熔结凝灰岩	ZK7+142	20.5	1.2	9.2

表 4.6　右线隧道完整岩石位置地质描述

编号	围岩级别	岩石种类	里程桩号 /m	水深 /m	软土层厚 /m	弱风化层厚 /m
1	III	⑦₁₉微风化含火山角砾流纹岩	YK4+315	14.4	1.6	5.6
2	III	⑦₁₃微风化英安玢岩	YK5+218	36.2	0	4.0
3	IV	⑦₂₄微风化流纹斑岩	YK5+823	42.6	2.4	4.4
4	III	⑦₁₇微风化流纹岩	YK6+386	36.4	0	1.2
5	IV	⑦₂₁微风化熔结凝灰岩	YK7+043	24.8	3.4	6.0

3. 岩土体的物理力学参数

根据地质报告、岩石室内力学实验、岩石力学参数手册和相关工程经验,本次岩土体物理力学参数选取见表 2.2。

4. 建模

取隧道轴线长度 100m,以各分析剖面为中心,左右各 50m。高程以最大高潮水位 3.11m 为 0 水平面。计算时取隧道轴线方向为 z 轴,水平面内垂直隧道轴线方向为 x 轴,铅直方向为 y 轴。z 方向范围为 $-50\text{m}<z<50\text{m}$;x 方向范围为 $-80\text{m}<x<80\text{m}$;y 方向下边界为隧道底板线向下 50m,上表面为覆盖层表面。以左线 F_{4-1} 断层为例,计算区域模型网格图见图 4.5,隧道周边关键点见图 4.6。

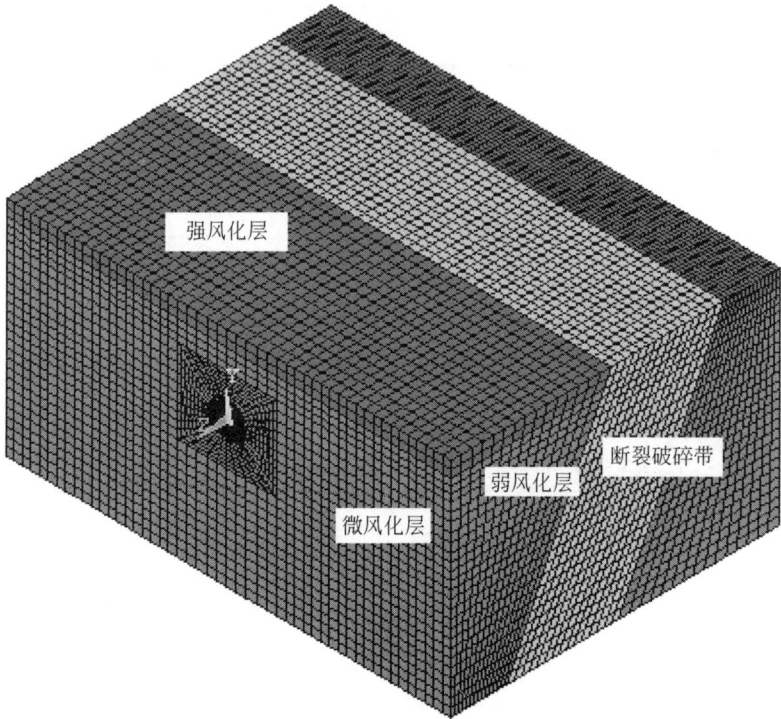

图 4.5　计算区域模型网格图

5. 位移法确定最小岩石覆盖厚度

首先,采用最小位移法判据确定每个剖面的最小岩石覆盖厚度。然后,根据变形、应力、塑性区对比分析,验证最小岩石覆盖厚度取值的合理性。通过弹塑性数值计算确定的左线、右线隧道最小岩石覆盖厚度如表 4.7 和表 4.8 所示,拱顶线如图 4.7、图 4.8 所示。

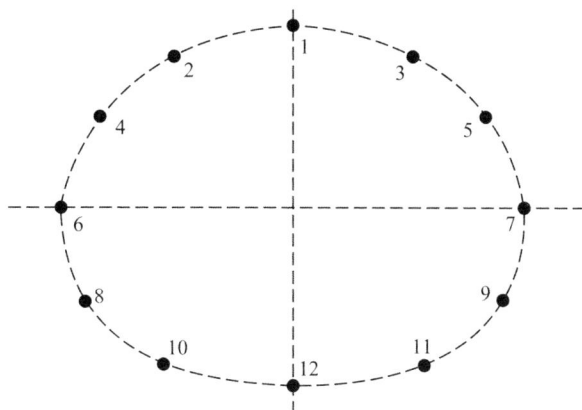

图 4.6　隧道周边关键点

表 4.7　数值方法确定的左线隧道最小岩石覆盖厚度

编号	断层	里程桩号 /m	水深 /m	最小岩石覆盖厚度/m	
				侧压力系数 0.8	自重应力场
1	完整岩石	ZK4+177	12.9	18	18
2	完整岩石	ZK4+740	26.5	12	12
3	F_{2-3}	ZK4+919	32.6	23	23
4	完整岩石	ZK5+271	38.1	16	15
5	F_{3-1}	ZK5+607	43.6	23	23
6	完整岩石	ZK5+915	44.6	15	15
7	F_{4-1}	ZK6+297	37.7	21	21
8	完整岩石	ZK6+527	31.2	16	16
9	F_{4-3}	ZK6+785	33.8	32	29
10	完整岩石	ZK7+142	20.5	18	15

表 4.8　数值方法确定的右线隧道最小岩石覆盖厚度

编号	断层	里程桩号 /m	水深 /m	最小岩石覆盖厚度/m	
				侧压力系数 0.8	自重应力场
1	完整岩石	YK4+315	14.4	16	16
2	完整岩石	YK4+843	27.2	30	32
3	F_{2-3}	YK5+218	36.2	12	12
4	F_{3-2}	YK5+823	42.6	17	17
5	完整岩石	YK5+953	43.2	33	33
6	F_{4-1}	YK6+249	40.8	25	25

续表

编号	断层	里程桩号/m	水深/m	最小岩石覆盖厚度/m	
				侧压力系数0.8	自重应力场
7	完整岩石	YK6+386	36.4	13	13
8	F_{4-3}	YK6+833	32.1	29	29
9	完整岩石	YK7+043	24.8	17	17

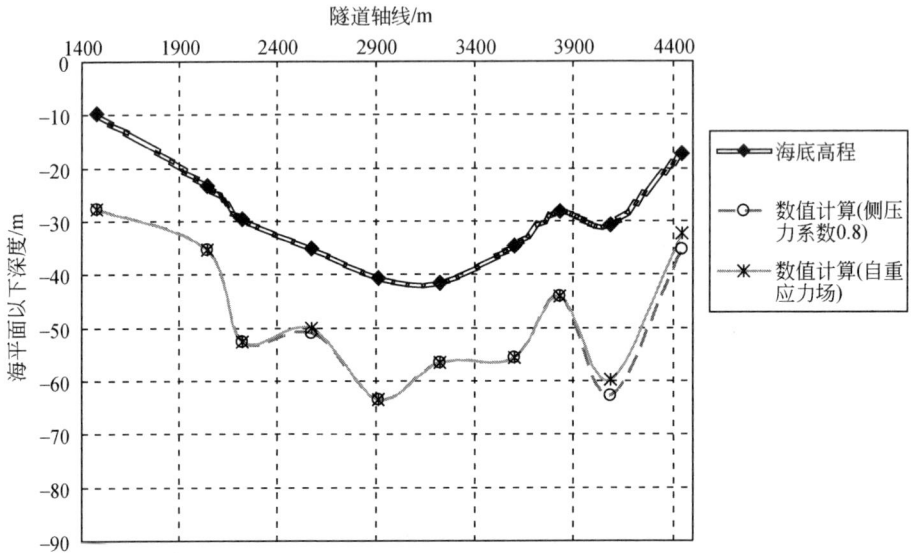

图 4.7　数值方法确定的左线隧道关键剖面拱顶线高程

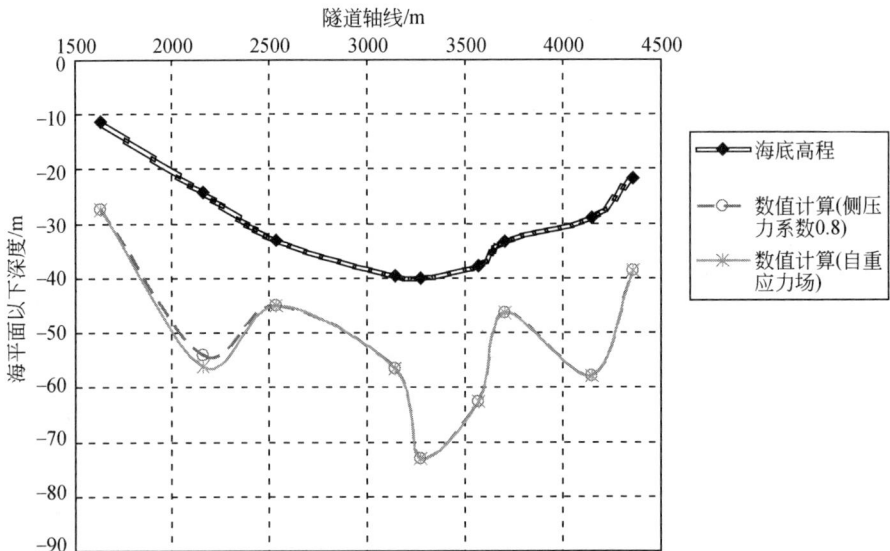

图 4.8　数值方法确定的右线隧道关键剖面拱顶线高程

4.1.3　安全系数法判据

RFPA-Centrifuge 离心加载法以有限元作为应力分析工具,全面满足静力许可、应变相容以及岩土体的非线性应力–应变关系,并秉承了岩石破裂过程分析(rock failure process analysis,RFPA)系统在岩石破裂过程分析中的特色。该系统对岩土结构进行稳定性分析时,无需假定潜在滑动面的具体位置和形状,也无需进行条分,系统可自动求得滑动面,特别是能够跟踪边坡起裂、裂纹发展和滑动面形成等边坡失稳的演化过程。

利用 RFPA-Centrifuge 进行离心加载计算时,模型自重逐步增加,当达到临界破坏时认为工程整体失稳,安全储备系数定义为失稳时单元自重与初始单元自重的比值,用 K 表征,计算公式如下:

$$K = \frac{\gamma + \gamma(S_{tep} - 1)\Delta_g}{\gamma} = 1 + (S_{tep} - 1)\Delta_g \qquad (4.2)$$

式中,K 为安全系数;S_{tep} 为模型失稳时的加载步数;Δ_g 为离心加载系数;γ 为围岩重度。

4.1.4　RFPA 计算分析

1. 计算模型

计算时采用平面应变模型,水平面内垂直隧道轴线方向为 x 轴,铅直方向为 y 轴。x 方向范围为–60m<x<60m;y 方向下边界为隧道底板线向下 50m,上表面为覆盖层表面。以水深最深处的左线 ZK5+915 剖面为例,计算模型见图 4.9,隧道周边关键点见图 4.10,RFPA 计算分析中着重对拱顶("1"点)位移进行了分析。

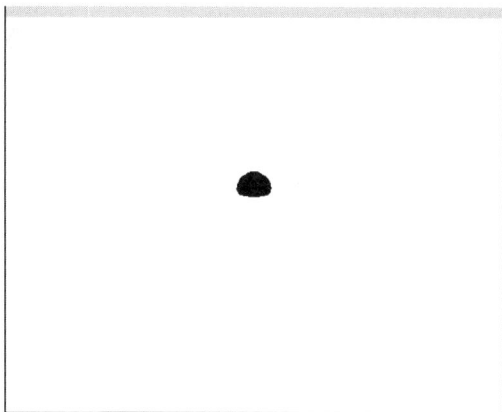

图 4.9　计算区域模型图

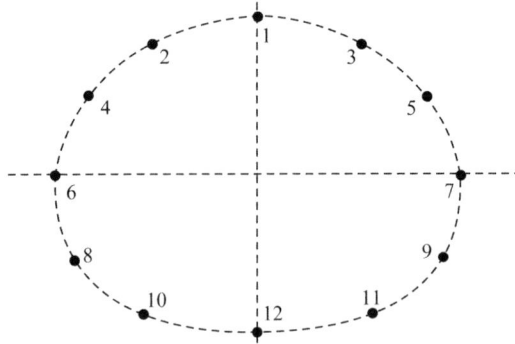

图 4.10　隧道周边关键点

2. 计算原理

RFPA 基于连续介质力学和损伤介质力学原理,可以模拟岩土或其他材料的破坏力学行为。其具有应力分析、破坏分析和离心加载三方面的功能。应力分析采用有限元法计算模型应力分布;破坏分析则根据修正后的摩尔-库仑准则(包括拉伸截断)来检查材料中是否有破坏单元,对破坏单元则采用刚度特性退化(处理分离)和刚度重建(处理接触)的办法进行处理;离心加载是利用土工离心机加载的基本思想,将数值计算单元的自重以线性关系、按一定步长逐渐增加,每增加一次,有限元计算程序都将进行迭代计算,寻找外力与内力的平衡,同时进行破坏分析,直至出现宏观失稳破坏,求得数值模型的滑动破坏面,并计算相应的安全系数。

在岩土工程问题研究中,采用小比例尺模型来模拟实际工程是常用的方法。然而常规小比例尺模型由于其自重产生的应力远低于原型,因而不能再现原型的特性。解决这一问题的唯一途径就是提高模型的自重,使之与原型等效。许多研究表明,在正常重力下做小比例尺的模型试验时,用离心加速是模拟体积力的最有效的方法。1869 年,法国人 Phillips 首次提出用离心机做模型试验的设想,到 20 世纪 30 年代才成为现实,1932 年苏联的包克罗夫斯基在莫斯科水力设计院土力学试验室内首次用离心机研究土工建筑物的稳定,并发展了土工离心机模型试验,取得了进展。到 70 年代为止,不同研究机构专门为研究岩土工程设置了 20 余台离心机,并对离心模型试验的相似理论、试验设备的设计技术以及试验方法等做了卓有成效的工作。80 年代以来,土工离心模型试验无论是在设备的数量、容量还是在技术和应用领域都有了长足的发展,成为岩土工程学科的研究前沿和焦点。其能再现自重应力场以及与自重有关的变形过程,直观揭示变形破坏的机理,并能为其他分析方法提供真实可靠的参数依据,离心模型试验技术的这一优点使其能按照相似率要求,在原型应力状态下研究各类岩土工程、地质工程的稳定、变形与破坏过程,验证设计工程是否安全可靠、经济合理,因而得到越来越广泛的应用,受到了越来越多工程技术人员的重视。土工离心机模型试验促进了土力学基本理论的发展,提高了岩土工程如近海平台、高土石坝、高挡墙、高路堤、码头、核电站等重型结构的设计水平。相关研究人员甚至进行了大地构造、重力异常形成地质上的不稳定,褶皱—断层山带形成方面的离心模型试验,取得了有意义的成果。

　　RFPA 系统基于对岩石细观层次结构的认识,假定岩石的细观力学性质具有统计性,首先把岩石离散成适当尺度的细观基元,对于这些组成材料的细观基元,考虑其非均匀性,按照给定的 Weibull 统计分布函数,对这些单元的力学性质进行赋值,这样就生成了非均匀岩石的数值试样。这些细观基元可以借助有限元法作为应力分析工具来计算其受载条件下的位移和应力。在此基础上,通过基元破坏分析,考察基元是否破坏,从而获得基元材料性质的新状态。RFPA-Centrifuge 是将离心加载的基本思想引入 RFPA 模型,建立单元的离心加载法,从而使 RFPA 系统可以通过离心加载法来研究岩土工程问题,特别是其破裂过程和安全储备系数。RFPA-Centrifuge 将细观基元的自重以线性关系、按一定步长逐渐增加,每增加一次,有限元计算程序都将进行迭代计算,寻找外力与内力的平衡,同时进行破坏分析,直至岩体宏观失稳破坏,求得数值模型的滑动破坏面,以获得最大破坏单元数的计算步作为边坡失稳的临界点,计算相应的安全系数。

　　在细观基元受力的初始状态,细观基元是弹性的,其力学性质可以完全由其弹性模量和泊松比来表达。采用具有拉伸截断的摩尔-库仑准则(包括最大拉应力准则)作为基元破坏的强度阈值,即当细观基元的最大拉应力达到其给定的拉应力阈值时,该基元开始发生拉伸破坏。当细观基元的应力状态满足摩尔-库仑准则时,该基元发生剪切破坏。破坏后的基元根据设定的残余强度系数可继续承受一定的载荷,破坏基元的本构关系用具有残余强度的弹-脆性本构关系来表达。基元在理想单轴受力状态下满足的剪切破坏与拉伸破坏的本构关系如图 4.11 所示。

　　一般认为,岩石应力–应变曲线的非线性是由于其受力后的不断损伤引起微裂纹萌生和扩展而造成的,而不是由于其塑性变形。尤其是在拉应力作用下,其脆性更加明显。因此,用弹性损伤力学的本构关系来描述岩石细观单元的力学性质是合适的。从 1980 年开始,国际上很多学者都提出了各种损伤模型,包括弹性损伤模型、弹塑性损伤模型等。按照应变等价原理,认为应力 σ 作用在受损材料上引起的应变与有效应力作用在无损材料上引起的应变等价。根据这一原理,受损材料单元的本构关系可通过无损材料中的名义应力得到,即

$$\varepsilon = \frac{\sigma}{E} = \frac{\tilde{\sigma}}{E} = \sigma(1-D)E_0 \quad \text{或} \quad \sigma = E_0(1-D)\varepsilon \quad (4.3)$$

式中,E 和 E_0 分别为损伤后单元的弹性模量和初始弹性模量;D 为损伤变量。$D = 0$ 对应无损伤单元状态;$D = 1$ 对应完全损伤(断裂或者破坏)状态;$0 < D < 1$ 对应

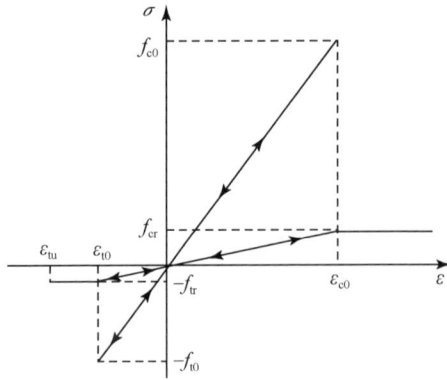

图 4.11　基元单轴应力状态下的弹-脆性本构关系

不同程度的损伤状态。由于本章用弹性有限元程序进行应力分析,因此当 $D = 1$ 时,为了消除计算中可能出现的问题,在程序中单元的弹性模量用一个很小的数(如 1.0×10^{-5})代替。在初始状态,细观单元是弹性的,其力学性质可以完全由其弹性模量和泊松比来表达。随着单元应力的增加,当单元的应力或应变状态满足某个给定的损伤阈值(准则)时,单元开始损伤。这里采用两个损伤阈值准则,其一是最大拉应变准则,认为当细观单元的最大拉伸主应变达到其给定的应变阈值时,该单元开始发生拉伸损伤;其二是摩尔-库仑准则,认为当细观单元的应力状态满足摩尔-库仑准则时,该单元发生剪切损伤。同时,拉伸准则具有优先权,若细观单元满足拉伸准则,则不需要再判断该单元是否满足摩尔-库仑准则。只有细观单元未满足拉伸准则才判定其是否满足摩尔-库仑准则。下面以单轴拉伸和压缩的弹性损伤本构关系为基础,给出单元在单轴应力状态下以全量形式表达的弹性损伤本构关系,并以此为基础,把该本构关系推广到三维应力状态。按照岩石力学中的一般惯例,这里总认为压应力(应变)为正,而拉应力(应变)为负。

　　在单轴受拉应力状态下,假定细观单元的弹性损伤本构关系如图 4.11 所示。对于图 4.11 所给出的本构曲线,损伤变量的表达式为

$$D = \begin{cases} 0, & \varepsilon_{t0} \leq \varepsilon < 0 \\ 1 - \dfrac{f_{tr}}{E_0 \varepsilon}, & \varepsilon_{tu} \leq \varepsilon < \varepsilon_{t0} \\ 1, & \varepsilon \leq \varepsilon_{tu} \end{cases} \tag{4.4}$$

式中,f_{tr} 为单元的残余强度;ε_{t0} 为弹性极限所对应的拉应变,该应变称为拉伸损伤应变阈值;ε_{tu} 为单元的极限拉应变,当单元的单轴拉应变达到极限拉应变时,单元将完全损伤达到拉伸断裂(破坏)状态,即 $D = 1$。这里用 $\varepsilon_{tu} = \eta \varepsilon_{t0}$ 来定义极限应

变系数 η。残余强度系数 λ 和极限应变系数 η 都是用于细观单元本构关系中的重要参数。单轴拉应力状态下,定义关系式 $f_{\text{tr}} = \lambda f_{\text{t}} = \lambda E_0 \varepsilon_{\text{t}0}$ 是成立的,f_{t} 和 $\lambda (0 < \lambda \leqslant 1)$ 分别为单轴抗压强度和残余强度系数。因此,式(4.3)可以简化为

$$D = \begin{cases} 0, & \varepsilon_{\text{t}0} \leqslant \varepsilon < 0 \\ 1 - \dfrac{\lambda \varepsilon_{\text{t}0}}{\varepsilon}, & \varepsilon_{\text{tu}} \leqslant \varepsilon < \varepsilon_{\text{t}0} \\ 1, & \varepsilon \leqslant \varepsilon_{\text{tu}} \end{cases} \tag{4.5}$$

以上介绍的本构关系是基于单元在单轴拉应力状态下得出的,这里假定单元在三维应力状态下,其损伤仍然是各向同性的。当单元满足了最大拉应变准则而产生拉伸损伤时,按照 Marza 把一维损伤本构关系推广到三维的办法,这里也可以把该本构关系推广到三维应力状态。用等效应变 $\bar{\varepsilon}$ 代替式(4.3)和式(4.4)中的拉应变 ε,等效应变按照如下关系定义:

$$\bar{\varepsilon} = \sqrt{\langle -\varepsilon_1 \rangle^2 + \langle -\varepsilon_2 \rangle^2 + \langle -\varepsilon_3 \rangle^2} \tag{4.6}$$

这里,ε_1、ε_2 和 ε_3 为主应变;$\langle \rangle$ 是一个函数,其定义如下:

$$\langle x \rangle = \begin{cases} x, & x \geqslant 0 \\ 0, & x < 0 \end{cases} \tag{4.7}$$

以上给出了细观单元产生拉伸损伤时的弹性损伤本构关系。在单轴压缩或剪切应力作用下,混凝土和岩石类材料的软化或损伤也是存在的,只是这个方面的研究相对较少。因此,这里假定细观层次的剪切损伤也是存在的。为了反映细观单元在压缩或剪切应力下的损伤,这里选择摩尔-库仑准则作为第二个损伤阈值判据。

$$F = \sigma_1 - \frac{1 + \sin\varphi}{1 - \sin\varphi}\sigma_3 \geqslant f_{\text{c}} \tag{4.8}$$

式中,φ 为细观单元的内摩擦角;f_{c} 为细观单元的单轴抗压强度(为正数);σ_1 和 σ_3 分别为细观单元的最大和最小主应力。该准则中也是以压应力为正。若在三个主应力中有一个为压缩主应力,则 σ_1 对应于最大压缩主应力。

对应于图 4.11 给出的单元在单轴拉应力作用下的本构关系,类似地,在单轴压缩应力状态下也可以给出类似的本构关系,其损伤变量可以按照下式求出:

$$D = \begin{cases} 0, & \varepsilon < \varepsilon_{\text{c}0} \\ 1 - \dfrac{\lambda \varepsilon_{\text{c}0}}{\varepsilon}, & \varepsilon \geqslant \varepsilon_{\text{c}0} \end{cases} \tag{4.9}$$

式中,λ 为单元的残余强度系数,其数值假定与单轴拉伸条件下的相同,即满足关系式 $f_{\text{c}0}/f_{\text{cr}} = f_{\text{t}0}/f_{\text{tr}} = \lambda$;$\varepsilon_{\text{c}0}$ 为单元的最大压缩主应力达到其单轴抗压强度时对应的最大压缩主应变。在如上所述的单轴压缩应力状态下可得

$$\varepsilon_{c0} = f_c / E_0 \tag{4.10}$$

当单元处于复杂应力状态并满足摩尔–库仑准则时,可以得出单元的最大压缩主应变 ε_{c0} 为

$$\varepsilon_{c0} = \frac{1}{E_0}\left[f_c + \frac{1+\sin\varphi}{1-\sin\varphi}\sigma_3 - \mu(\sigma_1 + \sigma_2)\right] \tag{4.11}$$

当单元处于多轴应力状态并且满足摩尔–库仑准则时,可以用最大压缩主应变 ε_1 来代替式(4.11)中的单轴压缩应变,这样就可以将以上表述的一维压缩应力作用下的本构关系推广到三维。此时,损伤变量 D 的表达式为

$$D = \begin{cases} 0, & \varepsilon_1 < \varepsilon_{c0} \\ 1 - \dfrac{\lambda\varepsilon_{c0}}{\varepsilon_1}, & \varepsilon_1 \geqslant \varepsilon_{c0} \end{cases} \tag{4.12}$$

由以上描述可知,该本构关系中用到了残余强度系数 λ 和极限应变系数 η 两个基本参数,当参数 λ 和 η 在一定范围内取值($0 < \lambda \leqslant 0.1, 2 \leqslant \eta \leqslant 5$)时,细观单元参数对宏观模拟结果影响很小,模拟结果具有稳定性和合理性。

RFPA 离心加载法的数值模型中,拉伸损伤是导致裂纹萌生和扩展的直接原因。剪切损伤也会导致单元力学性质的弱化,不直接产生裂纹,但是剪切损伤同样可以导致损伤单元周围的应力重分布,从而诱发新的应力集中,促使周围单元发生拉伸损伤,从而形成裂纹。

3. 计算及分析

最小岩石覆盖厚度是指对于特定的隧道剖面,在海水深度、地质条件、隧道断面、施工方法等影响因素确定时,所对应的技术可行、经济合理的较优岩石覆盖厚度。目前,通过数值方法确定最小岩石覆盖厚度还没有很好的判据。主要通过应力挠动、位移收敛等,再根据围岩稳定性分析综合判断。

本节通过利用 RFPA 离心加载法对 10 个剖面(148 种计算工况)的计算分析发现:对于海底隧道任一剖面,拱顶位移随着岩石覆盖厚度的增加,先减小,后增大,存在最小值;除此之外,计算得到的海底隧道的安全储备系数也具有明显的规律性:对于海底隧道任一剖面,安全系数随着岩石覆盖厚度的增加,先增大,后减小,存在最大值。安全储备系数的分布趋势与拱顶位移分布趋势表现出了良好的对应特性。因此,可以认为:以最大安全系数与最小拱顶位移所对应的岩石覆盖厚度来确定技术可行、经济合理的最小岩石覆盖厚度是合理、有效的。

稳定性分析的一个关键问题是如何根据计算结果来判别工程结构是否处于失稳状态。目前已有的失稳判据主要有两类:①在有限元计算过程中采用力和位移求解的不收敛作为失稳的标志;②以塑性应变或损伤区的贯通状态作为失稳的标

志。通常,结构的失稳会伴随着大位移的出现,在有限元计算中,必然有基元破坏数目的增加。在利用 RFPA 离心加载法求解隧道安全系数时,以拱顶位移增量和基元破坏数作为失稳的联合判据,简单、有效。以 ZK5+915m 剖面为例,图 4.12 是离心加载破坏过程中,拱顶位移增量与基元破坏数随加载步的关系,可见在加载至 72 步时,拱顶位移增量与基元破坏数都呈现出阶跃式的变化,可以判定此加载步下隧道整体结构失稳,此时求解的安全系数为 9.0。

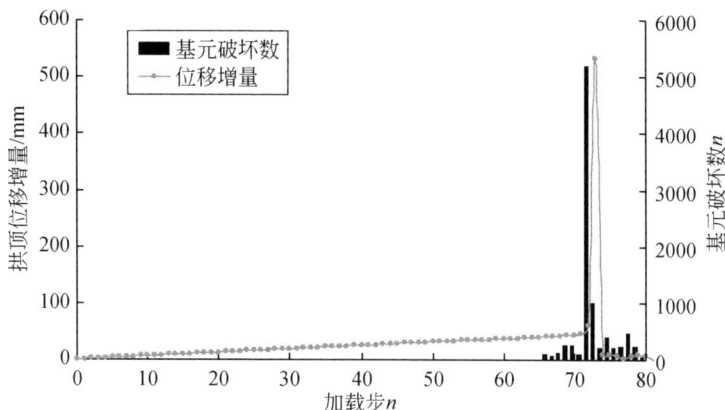

图 4.12　ZK5+915m 剖面离心加载中拱顶位移增量、基元破坏数目变化

　　图 4.13 ~ 图 4.26 是岩石覆盖厚度与安全系数及拱顶位移关系曲线。对于各个剖面计算结果中的安全系数及拱顶位移虽然存在个体差异,但总体上都表现出了上述的分布趋势。

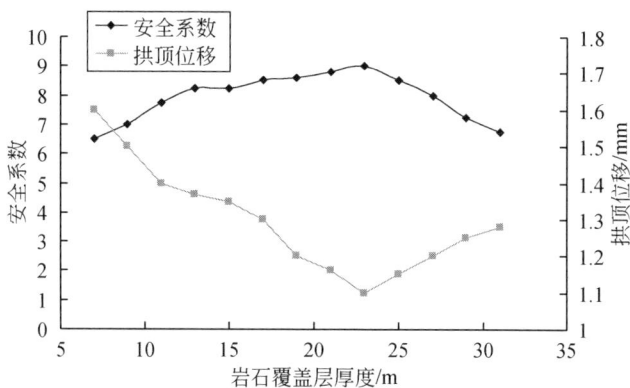

图 4.13　ZK4+919m 岩石覆盖厚度与安全系数及拱顶位移关系曲线

　　以 ZK5+915m 剖面为例,图 4.27 是不同岩石覆盖层厚度下 ZK5+915m 剖面各

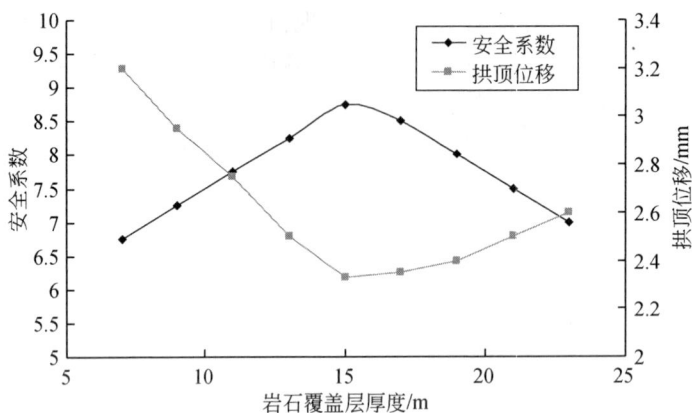

图 4.14　ZK5+271m 岩石覆盖厚度与安全系数及拱顶位移关系曲线

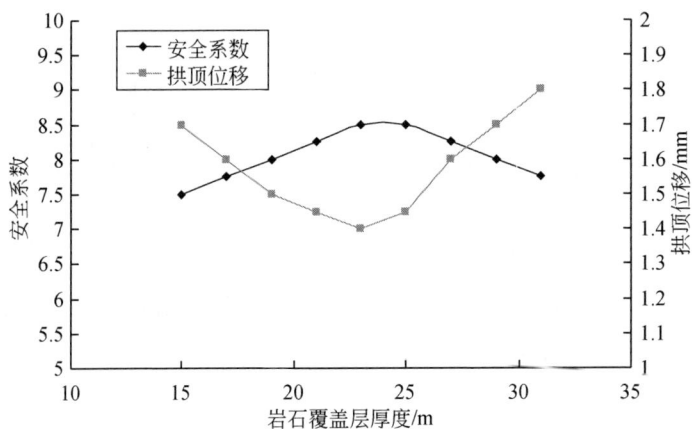

图 4.15　ZK5+607m 岩石覆盖厚度与安全系数及拱顶位移关系曲线

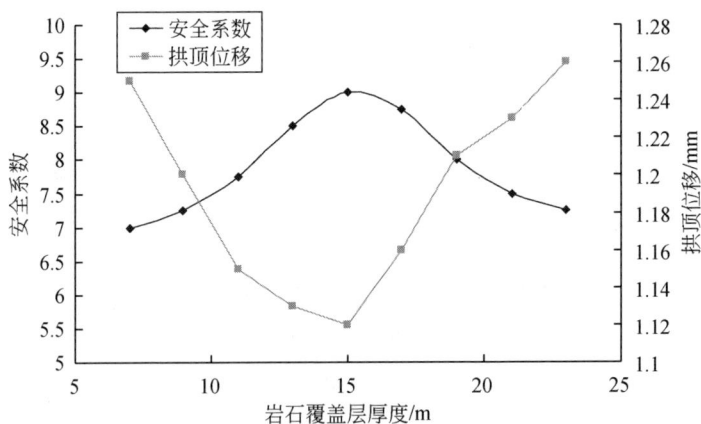

图 4.16　ZK5+915m 岩石覆盖厚度与安全系数及拱顶位移关系曲线

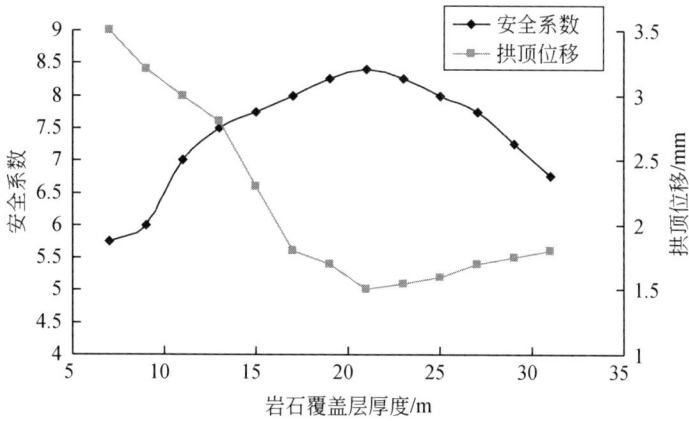

图 4.17　ZK6+297m 岩石覆盖厚度与安全系数及拱顶位移关系曲线

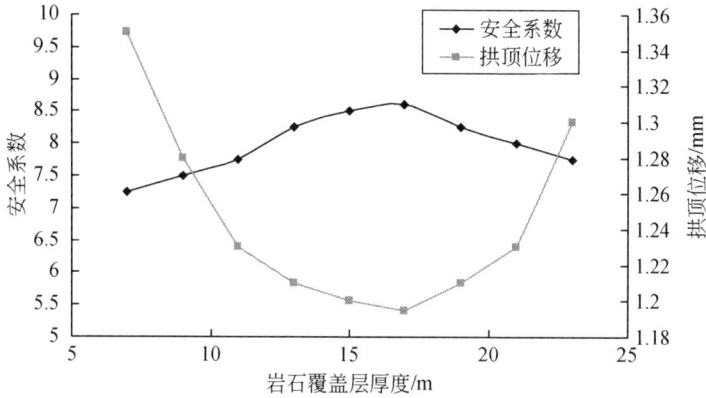

图 4.18　ZK6+527m 岩石覆盖层厚度与安全系数及拱顶位移关系曲线

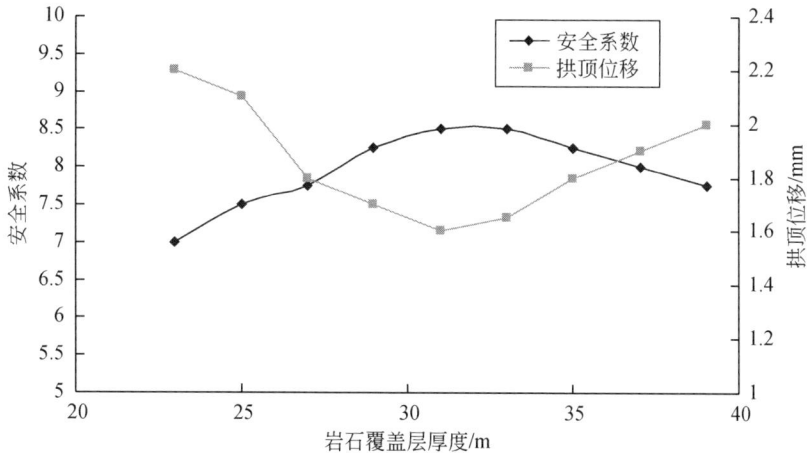

图 4.19　ZK6+785m 岩石覆盖层厚度与安全系数及拱顶位移关系曲线

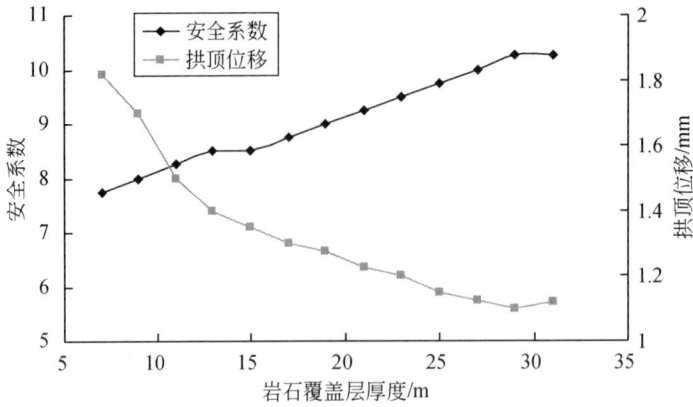

图 4.20   YK4+843m 岩石覆盖厚度与安全系数及拱顶位移关系曲线

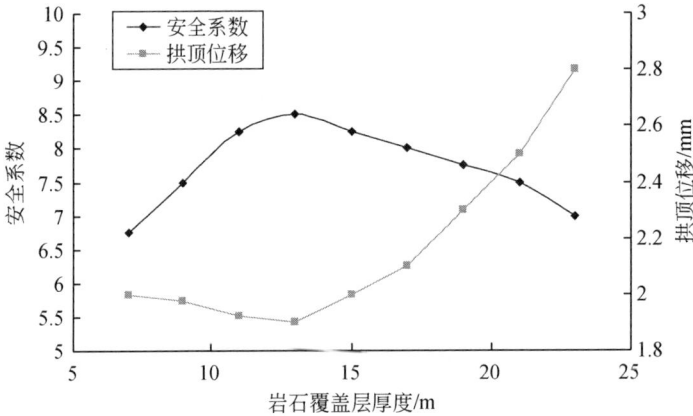

图 4.21   YK5+218m 岩石覆盖厚度与安全系数及拱顶位移关系曲线

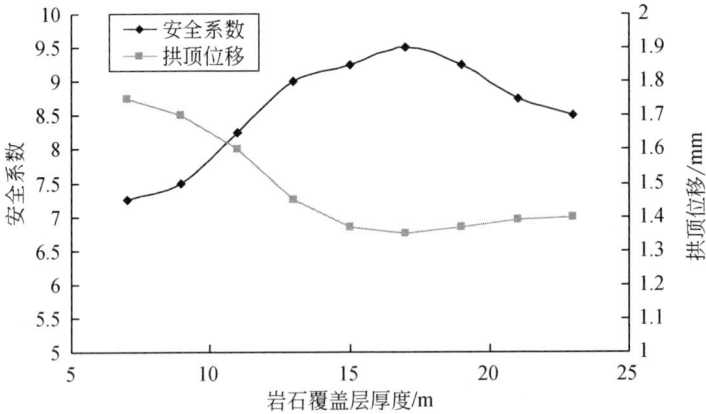

图 4.22   YK5+823m 岩石覆盖厚度与安全系数及拱顶位移关系曲线

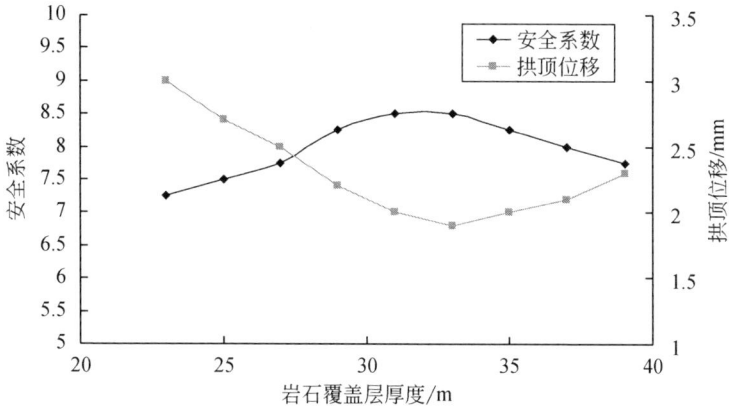

图 4.23　YK5+953m 岩石覆盖厚度与安全系数及拱顶位移关系曲线

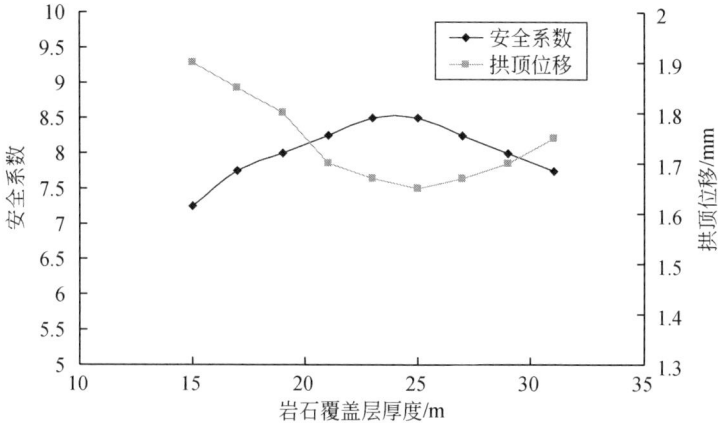

图 4.24　YK6+249m 岩石覆盖厚度与安全系数及拱顶位移关系曲线

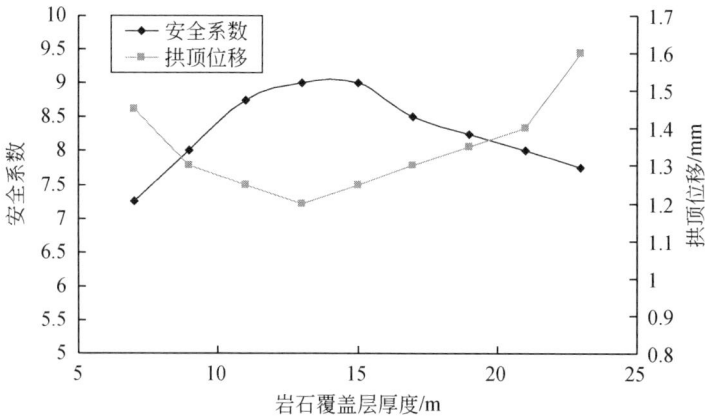

图 4.25　YK6+386m 岩石覆盖厚度与安全系数及拱顶位移关系曲线

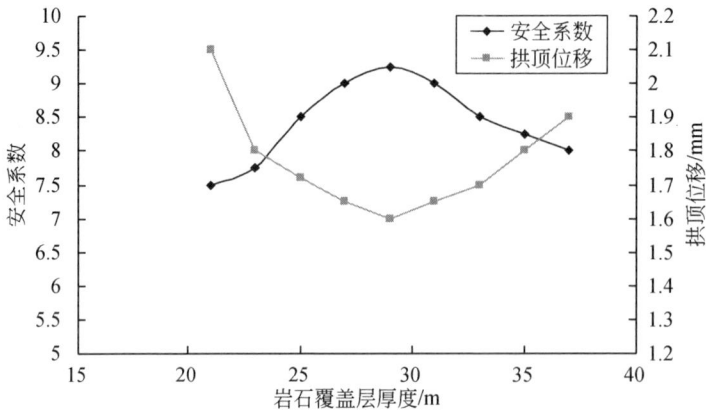

图 4.26　YK6+833m 岩石覆盖厚度与安全系数及拱顶位移关系曲线

计算工况的位移场,可见隧道拱顶与底板处出现较大变形,而随着覆盖层厚度增加,拱顶位移先减小、后增大的趋势十分明显。图 4.28 显示的是 ZK5+915m 不同工况的计算模型离心加载过程中应力场分布与损伤演化。从图 4.28 中可以看出,潜在滑面基本从隧道两侧开始萌生,然后向上扩展,最后导通至覆盖岩层顶部。而且滑面大多是由于两侧处的压破坏诱发(图 4.28(b)、(d)、(f)中的白色破坏点),然后拉破坏促使滑面扩展(图 4.28(b)、(d)、(f)中的红色破坏带)。

(a)岩石覆盖层厚度为7m工况的位移场

图 4.27　不同岩石覆盖层厚度下 ZK5+915m 剖面各计算工况的位移场(见彩图)

0.00E+000

1.21E+000

(b) 岩石覆盖层厚度为9m工况的位移场

0.00E+000

1.15E+000

(c) 岩石覆盖层厚度为11m工况的位移场

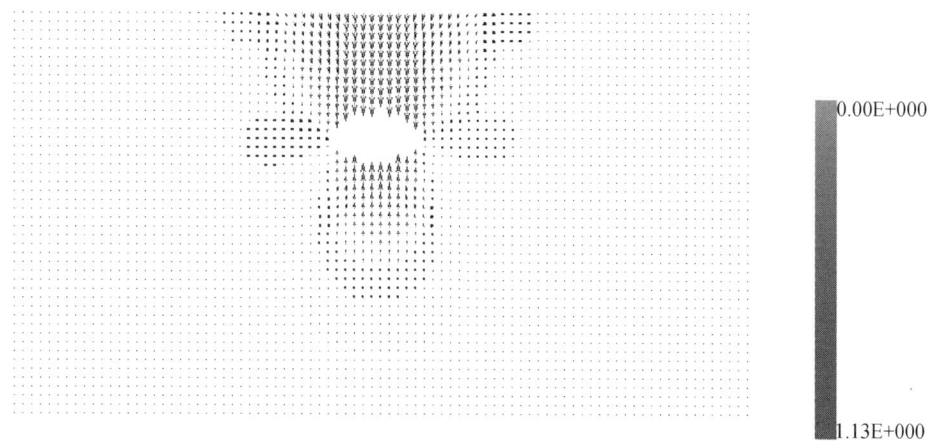

0.00E+000

1.13E+000

(d) 岩石覆盖层厚度为13m工况的位移场

图 4.27　不同岩石覆盖层厚度下 ZK5+915m 剖面各计算工况的位移场(续)(见彩图)

(e) 岩石覆盖层厚度为15m工况的位移场

0.00E+000

1.12E+000

(f) 岩石覆盖层厚度为17m工况的位移场

0.00E+000

1.16E+000

(g) 岩石覆盖层厚度为19m工况的位移场

0.00E+000

1.21E+000

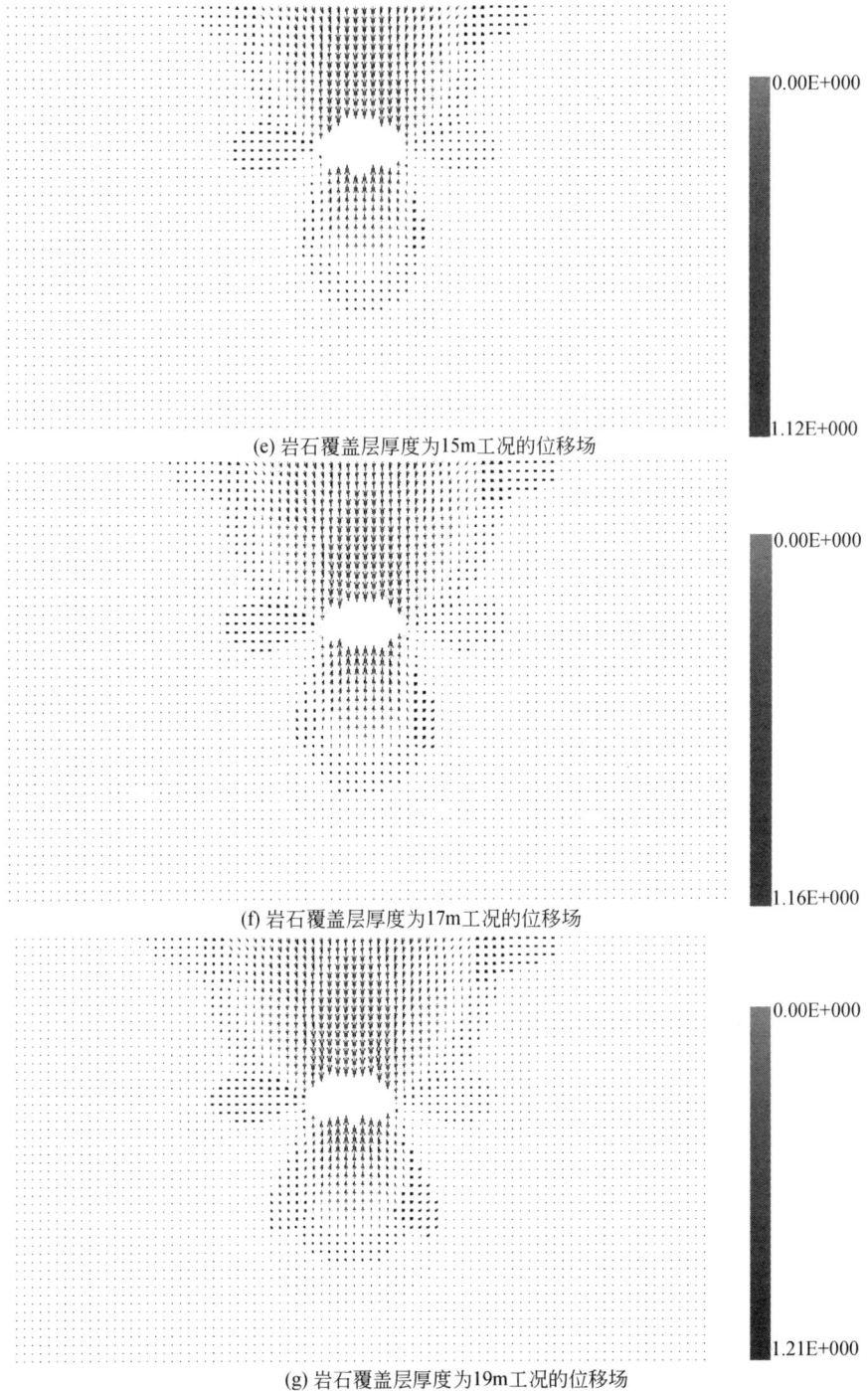

图4.27 不同岩石覆盖层厚度下 ZK5+915m 剖面各计算工况的位移场(续)(见彩图)

(h) 岩石覆盖层厚度为21m工况的位移场

(i) 岩石覆盖层厚度为23m工况的位移场

图 4.27　不同岩石覆盖层厚度下 ZK5+915m 剖面各计算工况的位移场(续)(见彩图)

图 4.28　不同岩石覆盖层厚度下 ZK5+915m 剖面各计算工况的离心破坏过程

(a) 岩石覆盖层厚度为11m时的离心破坏过程(最大剪应力场)

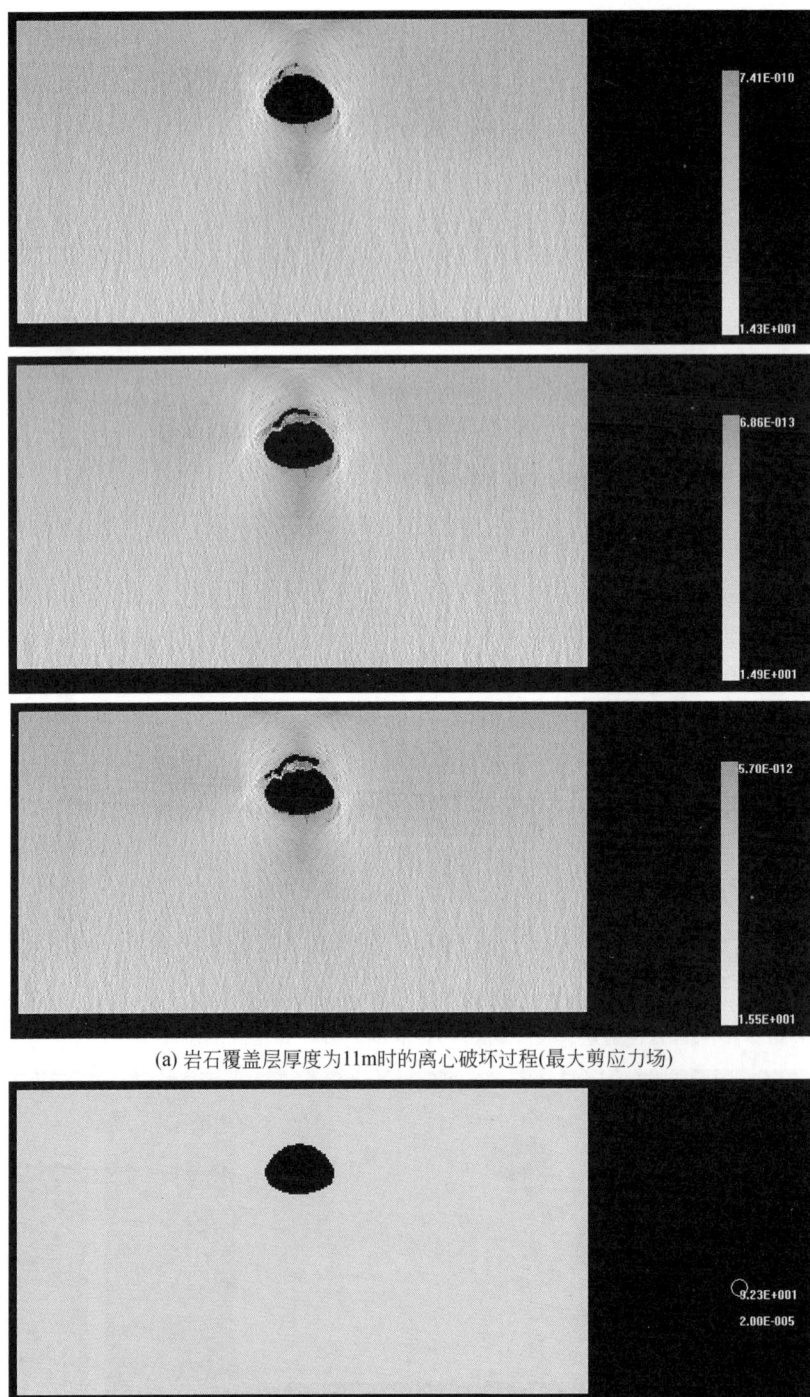

图4.28　不同岩石覆盖层厚度下 ZK5+915m 剖面各计算工况的离心破坏过程(续)

(b) 岩石覆盖层厚度为11m时的离心破坏过程(损伤演化)(见彩图)

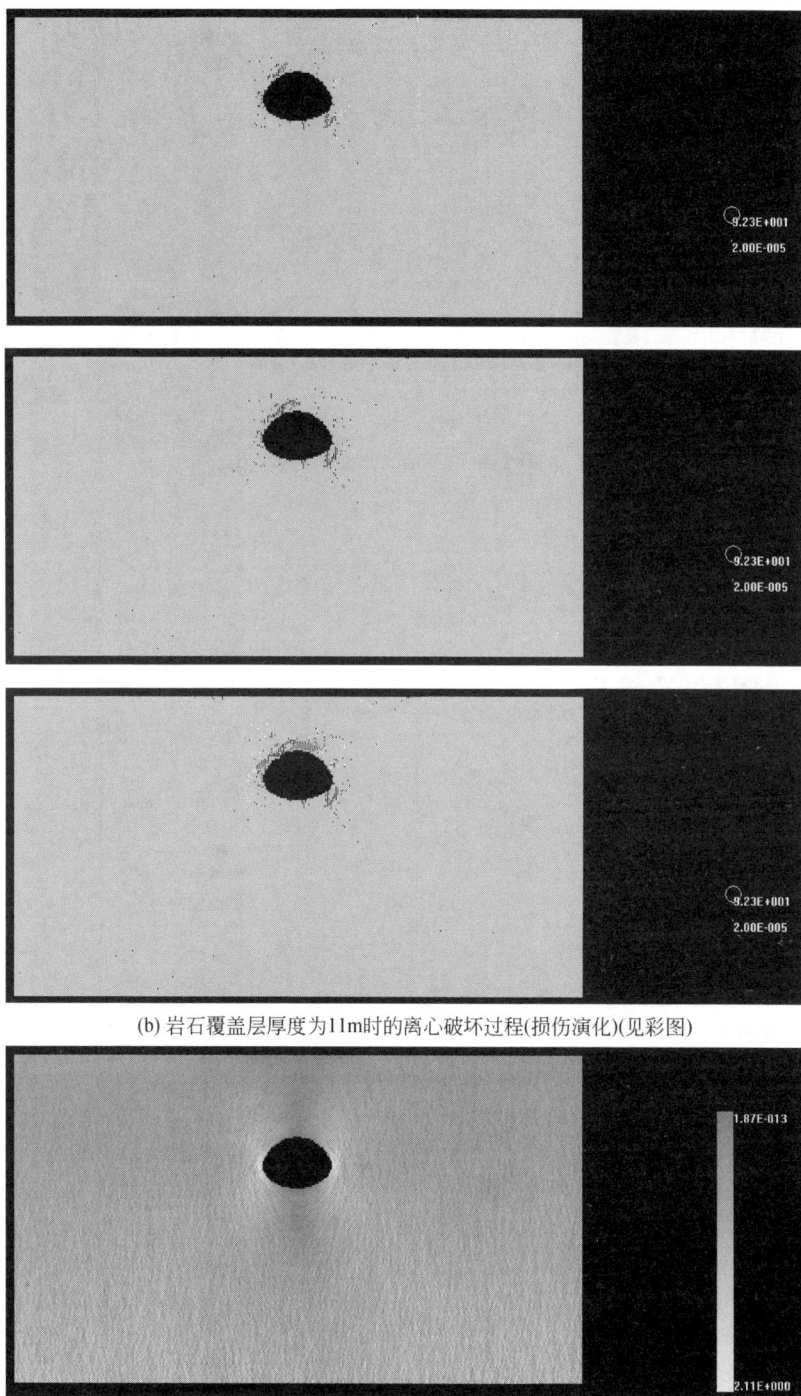

图 4.28　不同岩石覆盖层厚度下 ZK5+915m 剖面各计算工况的离心破坏过程(续)

(c)岩石覆盖层厚度为15m时的离心破坏过程(最大剪应力场)

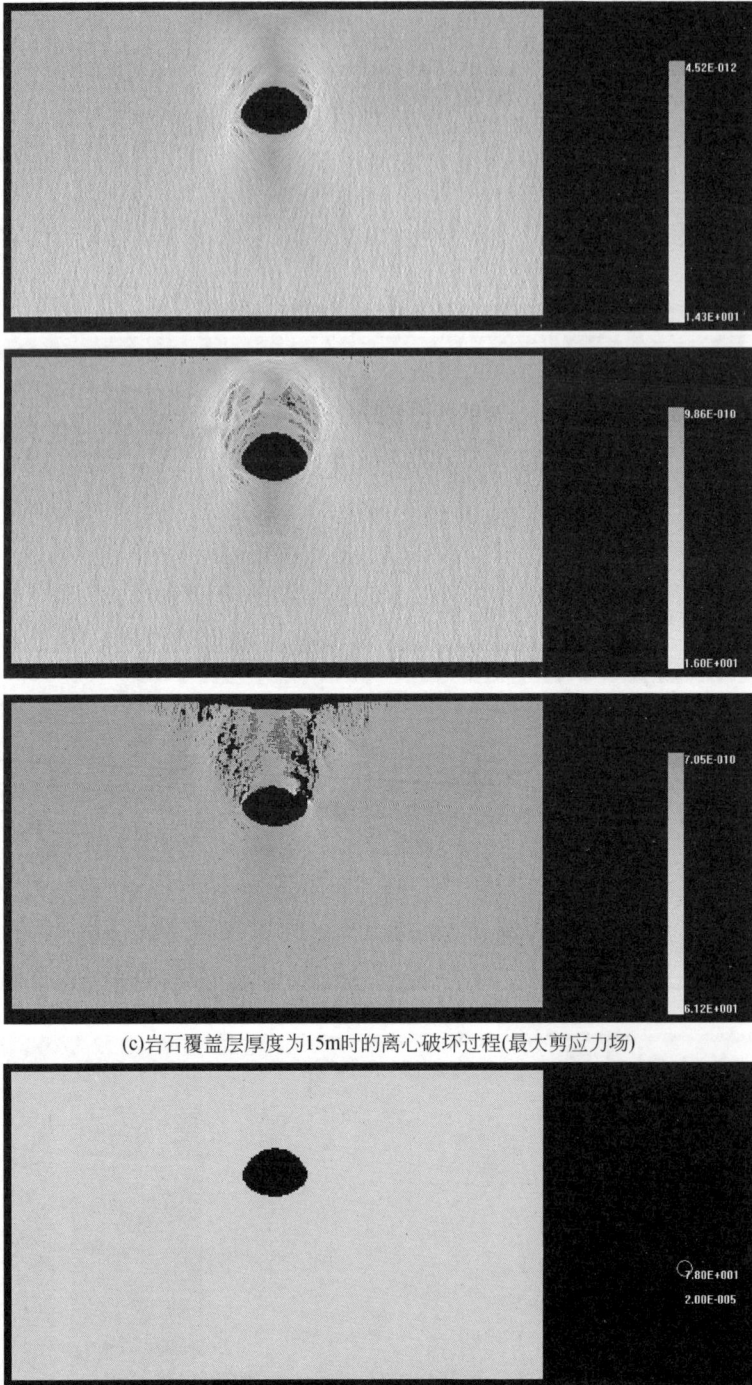

图 4.28　不同岩石覆盖层厚度下 ZK5+915m 剖面各计算工况的离心破坏过程(续)

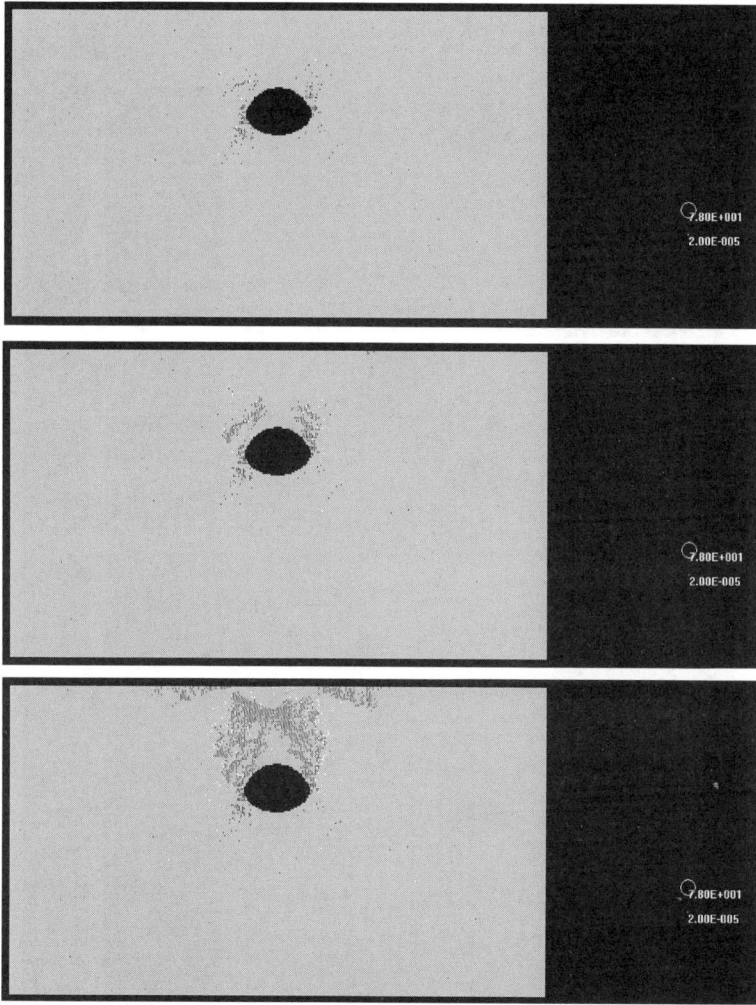

(d) 岩石覆盖层厚度为15m时的离心破坏过程(损伤演化)(见彩图)

图 4.28　不同岩石覆盖层厚度下 ZK5+915m 剖面各计算工况的离心破坏过程(续)

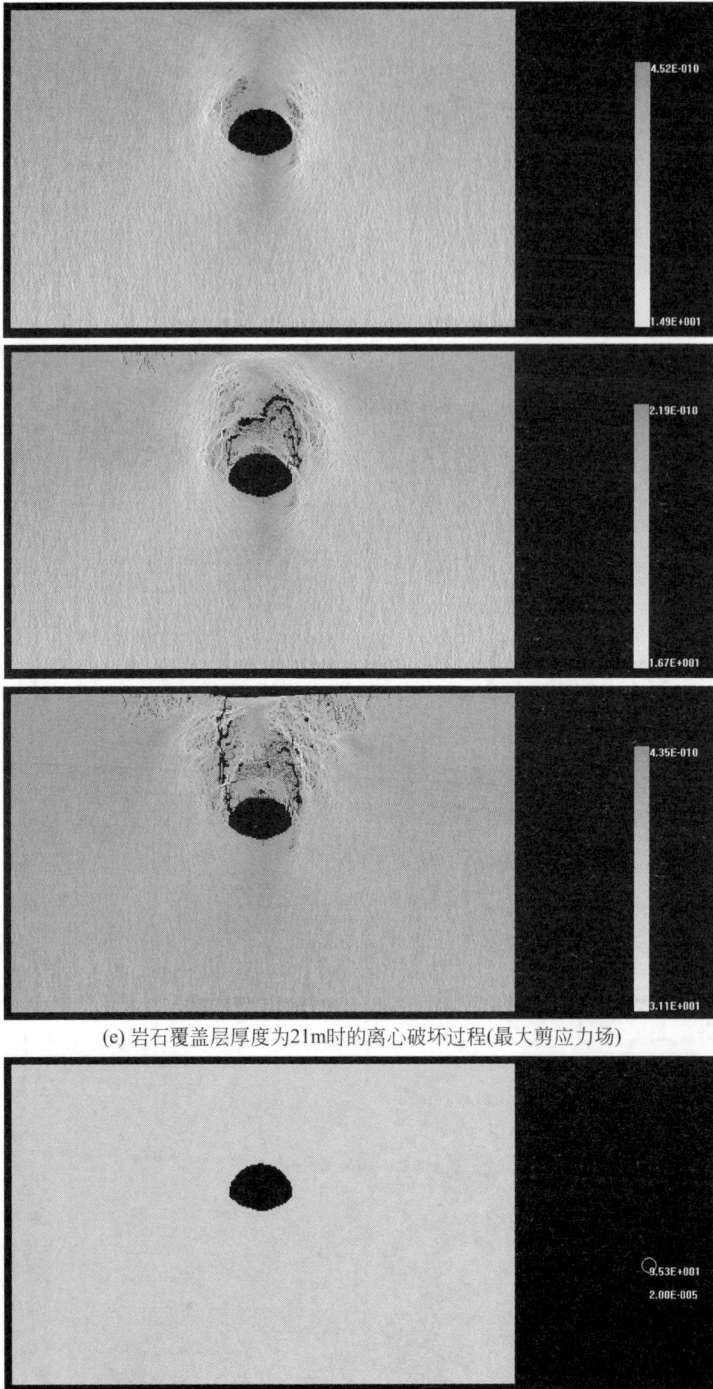

(e) 岩石覆盖层厚度为21m时的离心破坏过程(最大剪应力场)

图 4.28　不同岩石覆盖层厚度下 ZK5+915m 剖面各计算工况的离心破坏过程(续)

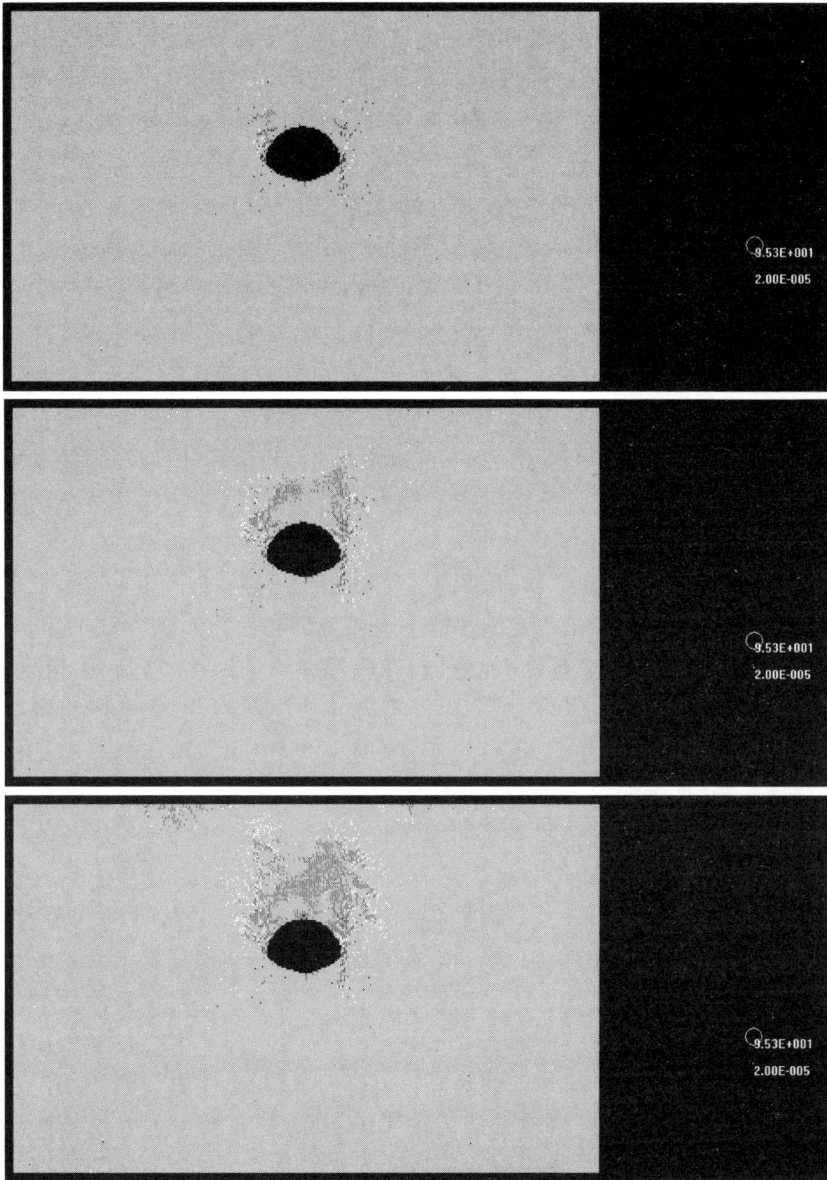

(f) 岩石覆盖层厚度为21m时的离心破坏过程(损伤演化)(见彩图)

图 4.28　不同岩石覆盖层厚度下 ZK5+915m 剖面各计算工况的离心破坏过程(续)

4.2　断裂损伤计算

4.2.1　概述

有限元法最初是在 20 世纪 50 年代作为处理固体力学问题的方法出现的。1941 年,Hernikoff 首先提出用格栅的集合体来表示二维与三维的结构体,这是离散化的最早思想。到了 50 年代,由于工程需要,特别是电子计算机的出现与应用,有限元法才在结构分析矩阵方法的基础上迅速发展起来,并得到越来越广泛的应用。有限元法从 20 世纪 50 年代至今的短短几十年中得到了迅速发展,就单元的类型而言,已从最早的一维杆单元,发展到板壳单元、管单元和实体元等;从常应变单元发展到高次单元。1960 年,Ergatoudius、Iron、Zienkiewics 为等参元的发展奠定了基础,从而使有限元法的计算精度有了较大提高,并可适用于各种复杂的几何形状和边界条件。

有限元理论虽然起源于结构理论,但近年来由于它的理论与公式逐步得到改进和推广,其不仅在结构理论本身内由静力分析发展到动力问题、稳定性问题和波动问题,由线弹性到塑性,而且该方法已经在连续介质的一些场问题中得到应用,如热传导、电磁场、流体力学等领域。由于有限元法的通用性,它已成为解决各种问题的强而有力、灵活通用的工具。对于岩土工程问题,可以考虑材料与结构的线性及非线性行为,如大变形、大应变、应力刚化、接触、塑性、超弹及蠕变等,能够较好地模拟岩石、混凝土类材料的非线性性质。

岩体工程中普遍存在断续节理岩体。含断续节理的岩体,实质上是含初始损伤的介质,节理面使强度削弱,岩桥则对强度作出贡献。当岩体开挖卸荷时,某些部位的节理其端部产生应力集中,将导致脆性断裂破坏,结果是其力学性能进一步劣化,即损伤进一步积累。就岩体工程稳定而言,原生节理及其扩展演化效应应予以高度重视,研究手段应该是断裂力学与损伤力学的综合运用。断裂力学用来分析材料局部裂纹的起裂、扩展及其能量变化;损伤力学用来研究材料当中已有缺陷及受荷引发的分支裂纹对材料强度的弱化作用,并表征材料宏观力学性能的演变直至破坏的全过程。岩体常处于多向受压的力学环境中,但开挖卸荷等也会引起局部拉压状态。大量资料表明,拉剪裂纹起裂扩展较压剪裂纹更具有破坏性。因此,尽管在岩土工程中受拉剪作用的节理裂隙相对较少,但也应引起高度重视。

从岩石准三维断裂损伤角度分析岩石覆盖厚度,主要采用现有断裂损伤三维有限元程序。该程序在弹塑性有限元三维程序中添加压剪和拉剪状态下的断裂损伤本构关系和损伤演化方程,可以模拟断续节理对岩体损伤及损伤演化的影响。这样,就能通过分析海底隧道不同岩石覆盖厚度下的塑性区和损伤演化区的大小来选择最佳的岩石覆盖厚度。该方法只是按照出露岩层节理统计信息,对节理进行分组并给出节理的长度、节理间距及结构面强度等平面信息,无法反映真实岩体中节理的三维空间分布,因此也就无法反映三维空间中岩体的节理和裂隙对海底隧道岩石覆盖厚度的影响。

4.2.2　断裂损伤有限元的基本原理

1. 弹塑性有限元原理

由于所研究问题需要考虑结构的弹塑性变形,因此本节简述弹塑性有限元法的基本关系。

设体力为 $\{p\}$,面力为 $\{\bar{p}\}$,相邻单元对该单元作用的节点力为 $\{f\}^e$,单元内部虚位移为 $\{\delta d\}$,节点力为 $\{f\}$,节点虚位移为 $\{\delta u\}$,相应的虚应变为 $\{\delta\varepsilon\}$。

则由虚功原理可对每个单元写出如下关系:

$$\int_{\Omega^e}\left[\{\delta\varepsilon\}^{\mathrm{T}}\{\sigma\}-\{\delta d\}^{\mathrm{T}}\{p\}\right]\mathrm{d}\Omega-\{\delta u\}^{\mathrm{T}}\{f\}^e-\int_{S_\sigma^e}\left[\{\delta d\}^{\mathrm{T}}\{\bar{p}\}\right]\mathrm{d}s=0\quad(4.13)$$

式中,Ω^e 为单元体积;S_σ^e 为单元应力边界条件表面。考虑到节点位移的位移插值矩阵 $[N]$、单元应变矩阵 $[B]$,有如下关系:

$$\{\delta d\}=[N]\{\delta u\},\qquad\{\delta\varepsilon\}=[B]\{\delta u\}\quad(4.14)$$

由单元组集方法可得

$$\int_\Omega\{\delta u\}^{\mathrm{T}}([B]^{\mathrm{T}}\{\sigma\}-[N]^{\mathrm{T}}\{p\})\mathrm{d}\Omega-\{\delta u\}^{\mathrm{T}}\{f\}-\int_{S_\sigma}\{\delta u\}^{\mathrm{T}}[N]^{\mathrm{T}}\{\bar{p}\}\mathrm{d}s=0$$

$$(4.15)$$

其中,Ω 遍及整个求解区域,它是所有单元之和,对于任意的虚位移 $\{\delta u\}$,式(4.15)必须成立,所以有

$$\int_\Omega[B]^{\mathrm{T}}\{\sigma\}\mathrm{d}\Omega-\int_\Omega[N]^{\mathrm{T}}\{p\}\mathrm{d}\Omega-\int_{S_\sigma}[N]^{\mathrm{T}}\{\bar{p}\}\mathrm{d}s-\{f\}=0\quad(4.16)$$

对于弹塑性问题,应力应变关系为

$$\{\sigma\}=[D_{\mathrm{ep}}]\{\varepsilon\}\quad(4.17)$$

式中,$[D_{\mathrm{ep}}]$ 为弹塑性矩阵,代入应变位移关系后可得

$$\{\sigma\}=[D_{\mathrm{ep}}][B]\{u\}\quad(4.18)$$

引入广义节点力 $\{P\}=\displaystyle\int_\Omega[N]^{\mathrm{T}}\{p\}\mathrm{d}\Omega+\int_{S_\sigma}[N]^{\mathrm{T}}\{\bar{p}\}\mathrm{d}s-\{f\}$ 和刚度矩阵

$[K(u)]=\displaystyle\int_\Omega[B]^{\mathrm{T}}[D_{\mathrm{ep}}][B]\mathrm{d}\Omega$,即可得出弹塑性静力分析的非线性有限元方程

$$[K(u)]\{u\}-\{P\}=\{0\}\quad(4.19)$$

求解上述非线性方程,即可得到节点位移 $\{u\}$ 。

在弹塑性问题中,应力全量和应变全量之间的关系通常与加载历史有关,本构关系一般用增量形式表示。但当某瞬时以前的全部加载历史已知时,可利用这种增量本构方程,引用各种非线性方程组解法,得到该瞬时应力全量与应变全量的值,这便是非线性有限元解法的基本思路。

由于应力全量和应变全量之间是非线性关系,因此每一个增量步内的系统刚度矩阵都不同,第 i 增量步系统刚度矩阵为

$$[K(u)]_i = \int_{\Omega} [B]^{\mathrm{T}} [D_{\mathrm{ep}}]_i [B] \mathrm{d}\Omega \tag{4.20}$$

则由虚功方程可得到第 i 增量步内非线性有限元的基本方程组

$$[K(u)]_i \{u\}_i - \{P\}_i = \{0\} \tag{4.21}$$

式(4.20)中,弹塑性材料矩阵 $[D_{\mathrm{ep}}]$ 由下式表示:

$$[D_{\mathrm{ep}}] = [D] - \frac{1}{B}[D]\frac{\partial f}{\partial\{\sigma\}}\left(\frac{\partial f}{\partial\{\sigma\}}\right)^{\mathrm{T}}[D] \tag{4.22}$$

式中, $[D]$ 为弹性矩阵; f 为屈服面函数; B 可由下式表示:

$$B = \left(\frac{\partial f}{\partial\{\sigma\}}\right)^{\mathrm{T}}[D]\frac{\partial f}{\partial\{\sigma\}} - \left(\frac{\partial f}{\partial\{\varepsilon_{\mathrm{p}}\}}\right)^{\mathrm{T}} + \frac{\partial f}{\partial h}\left(\frac{\partial h}{\partial\{\varepsilon_{\mathrm{p}}\}}\right)^{\mathrm{T}}\frac{\partial f}{\partial\{\sigma\}} \tag{4.23}$$

式中, h 为强化参数,理想塑性时 h 为常数; $\{\varepsilon_{\mathrm{p}}\}$ 为塑性应变。计算塑性屈服准则采用理想塑性的 Drucker-Prager 准则,其屈服函数为

$$f = \alpha I_1 + \sqrt{J_2} - k \tag{4.24}$$

式中, I_1 为第一应力不变量, J_2 为第二偏应力不变量。材料常数 α、k 与材料的摩擦角 θ 和黏聚力 C 有关,即

$$\alpha = \frac{2\sin\theta}{\sqrt{3}(3-\sin\theta)}, \quad k = \frac{6C\cos\theta}{\sqrt{3}(3-\sin\theta)} \tag{4.25}$$

2. 压剪应力状态下的本构模型

图 4.29 所示为节理岩体构元。设岩石材料的弹性模量为 E,泊松比为 μ,剪切模量为 G,岩石柔度矩阵为 $[C^0]$。其中, $[C^0]$ 为

$$[C^0] = \begin{bmatrix} C_{11}^0 & C_{12}^0 & 0 \\ C_{21}^0 & C_{22}^0 & 0 \\ 0 & 0 & C_{33}^0 \end{bmatrix} \tag{4.26}$$

图 4.29 所示节理岩体可等效为图 4.30 所示无裂纹岩体构元。显然,图 4.30 所示岩体柔度要比节理岩体柔度有所增加,这是由于节理裂隙的存在导致了岩体刚度下降,用 $[C]$ 表示图 4.30 所示等效岩体柔度矩阵。

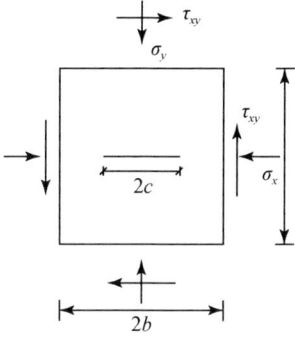

图 4.29　节理岩体构元　　　　　图 4.30　等效无节理构元

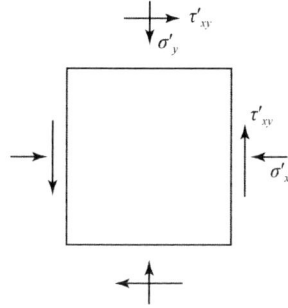

令 $[\varepsilon] = [\varepsilon_x, \varepsilon_y, \gamma_{xy}]^{\mathrm{T}}$，$[\sigma] = [\sigma_x, \sigma_y, \tau_{xy}]^{\mathrm{T}}$，对于有单组或多组节理的岩体，其本构关系可表示为

$$[\varepsilon] = \left[\left(\sum_{i=1}^{n} [A_i]^{\mathrm{T}}[C_i][A_i] \right) - (n-1)[C_0] \right][\sigma] \qquad (4.27)$$

因而

$$[C] = \left[\left(\sum_{i=1}^{n} [A_i]^{\mathrm{T}}[C_i][A_i] \right) - (n-1)[C_0] \right] \qquad (4.28)$$

其中

$$[A_i] = \begin{bmatrix} \cos^2\beta_i & \sin^2\beta_i & -\sin 2\beta_i \\ \sin^2\beta_i & \cos^2\beta_i & \sin 2\beta_i \\ \dfrac{1}{2}\sin^2\beta_i & -\dfrac{1}{2}\sin^2\beta_i & \cos 2\beta_i \end{bmatrix} \qquad (4.29)$$

$$[C_i] = \begin{bmatrix} \dfrac{1}{E} & -\dfrac{\mu}{E} & 0 \\ \dfrac{\mu}{E} & \dfrac{1}{E} + \dfrac{C_{\mathrm{n}}^i}{K_{\mathrm{n}}^i}\dfrac{a_i}{b_i d_i} & 0 \\ 0 & 0 & \dfrac{1}{G} + \dfrac{C_{\mathrm{s}}^i}{K_{\mathrm{s}}^i}\dfrac{a_i}{b_i d_i} \end{bmatrix} \qquad (4.30)$$

$$[C_0] = \begin{bmatrix} \dfrac{1}{E} & -\dfrac{\mu}{E} & 0 \\ -\dfrac{\mu}{E} & \dfrac{1}{E} & 0 \\ 0 & 0 & \dfrac{1}{G} \end{bmatrix} \qquad (4.31)$$

式中, $i = 1,2,\cdots,n,n$ 为节理组数; a_i 为第 i 组节理的半长; d_i 为第 i 组节理间距的 $1/2$; b_i 为 i 组节理两共线相邻节理中心距的 $1/2$; β_i 为第 i 组节理与坐标 x 方向夹角; $[A_i]$ 为几何矩阵; $[C_i]$ 为反映第 i 组节理效应的柔度矩阵; $[C_0]$ 为岩体母体的弹性柔度矩阵; C_n^i 和 C_s^i 分别为第 i 组节理的传压系数和传剪系数; K_n^i 和 K_s^i 分别为第 i 组节理的法向和剪切刚度; E, μ 为广义的弹性模量和泊松比,对平面应力及平面应变取不同数值。

3. 拉剪应力状态下的本构方程

受拉剪应力作用的裂隙的分析单元弹性柔度张量为

$$C^e = C^0 + C^d \tag{4.32}$$

式中, C^e 为损伤分析单元等效柔度; C^0 为岩体母岩柔度; C^d 为裂纹体等效柔度。

式(4.32)的分量形式为

$$C_{ijkl}^e = C_{ijkl}^0 + C_{ijkl}^d \tag{4.33}$$

这里, i,j,k,l 取 $1,2$。其中, C_{ijkl}^0 为岩体母岩材料的弹性柔度张量,可以通过室内岩石力学实验测定得到;而

$$C_{ijkl}^d = \frac{(1 - \mu^2)\pi}{E} \sum_{j=1}^n A^{(j)} \{ 2n_i^{(j)} n_j^{(j)} n_k^{(j)} n_l^{(j)} + \delta_{jl} n_i^{(j)} n_k^{(j)} + \delta_{jk} n_i^{(j)} n_l^{(j)}$$
$$+ \delta_{il} n_j^{(j)} n_k^{(j)} + \delta_{ik} n_j^{(j)} n_l^{(j)} - 4n_i^{(j)} n_j^{(j)} n_k^{(j)} n_l^{(j)} \} \tag{4.34}$$

式中, $A^{(j)} = C^j \rho_j$, C^j, ρ_j 分别为第 j 组节理的半长和密度; n 为节理组数。

$$C_{ijkl}^0 = \begin{bmatrix} c_{1111} & c_{1112} & c_{1121} & c_{1122} \\ c_{1211} & c_{1212} & c_{1221} & c_{1222} \\ c_{2111} & c_{2112} & c_{2121} & c_{2122} \\ c_{2211} & c_{2212} & c_{2221} & c_{2222} \end{bmatrix} = \begin{bmatrix} \dfrac{1}{E_0} & 0 & 0 & \dfrac{-v_0}{E_0} \\ 0 & \dfrac{1+v_0}{2E_0} & \dfrac{1+v_0}{2E_0} & 0 \\ 0 & \dfrac{1+v_0}{2E_0} & \dfrac{1+v_0}{2E_0} & 0 \\ \dfrac{-v_0}{E_0} & 0 & 0 & \dfrac{1}{E_0} \end{bmatrix} \tag{4.35}$$

4. 压剪情况下的损伤演化

根据自洽理论,含 n 组压剪应力状态节理的损伤单元体内等效应变能 U 可表示为

$$U = U_1 + U_2 \tag{4.36}$$

式中, U_1 为裂隙单元体内裂隙未扩展的应变能; U_2 为由于裂隙扩展而产生的应变能。

由式(4.36)可得

$$\frac{1}{2}\sigma:C:\sigma = \frac{1}{2}\sigma:C^1:\sigma + \frac{1}{2}\sigma:C^2:\sigma \tag{4.37}$$

两边对 σ 求导数,可得

$$C = C^1 + C^2 \tag{4.38}$$

式中,上标"1"与"2"分别代表压剪状态下裂纹未扩展时节理裂隙岩体等效柔度和裂纹扩展产生的附加柔度。

由式(4.37)和式(4.38)可知

$$C^2_{ijkl}\sigma_{kl} = \frac{\partial U_2}{\partial \sigma_{ij}} \tag{4.39}$$

式中,U_2 为裂纹扩展过程能量变化 ΔU ,将 ΔU 表达式代入式(4.39)可得

$$C^2_{ijkl} = \sum_{j=1}^{n} \frac{-F^{(j)}_2\tau^{(j)} + 2F^{(j)}_3\sigma^{(j)} - F^{(j)}_5}{\sigma^{(j)}} n^{(j)}_i n^{(j)}_j n^{(j)}_k n^{(j)}_l + \frac{2F^{(j)}_1\tau^{(j)} - F^{(j)}_2\sigma^{(j)} - F^{(j)}_4}{4\tau^{(j)}}$$

$$\cdot \left[\delta_{jl}n^{(j)}_i n^{(j)}_k + \delta_{jk}n^{(j)}_i n^{(j)}_l + \delta_{il}n^{(j)}_j n^{(j)}_k + \delta_{ik}n^{(j)}_j n^{(j)}_l - 4n^{(j)}_i n^{(j)}_j n^{(j)}_k n^{(j)}_l \right] \tag{4.40}$$

式中,n_i, n_j, n_k, n_l 为节理面法线单位矢量在坐标轴上的投影值。

C^1_{ijkl} 为裂隙未扩展前的岩体等效柔度,因此,压剪情况下节理裂隙岩体损伤演化方程为

$$C_{ijkl} = C^1_{ijkl} + C^2_{ijkl} \tag{4.41}$$

5. 拉剪应力状态下的损伤演化方程

当在单纯拉应力状态下,裂纹一旦开裂,且外力保持不变时,裂纹会失稳扩展,导致材料的破坏,但在拉剪应力状态下,裂纹起裂后要经过一个稳定扩展的过程,当外力不再增加时,裂纹扩展会停止。

扩展的分支裂纹对可作为一组单独裂纹考虑,将得到的 l 代入拉剪本构关系表达式 C^d_{ijkl} 中,即可得到损伤发展后的弹性–损伤柔度张量的增量。将这一增量叠加到裂纹扩展前的等效柔度 C 中,即可得到裂纹扩展后的等效柔度。

求解非线性方程组一般都采用线性化方法,即把非线性问题转化为一系列线性问题。本次计算分析采用 Newton-Raphson 法。

对具有一阶导数的连续函数 $\{F(u)\}$,若在 $\{u\}_n$ 处作一阶 Taylor 展开,并用 u_n 表示 $\{u\}_n$,则它在 $\{u\}_n$ 处的线性近似公式为

$$\{F(u)\} = \{F(u_n)\} + \frac{\partial \{F(u)\}}{\partial \{u\}}\Bigg|_{u=u_n} (\{u\} - \{u\}_n) \tag{4.42}$$

因此,非线性方程组 $[K(u)]\{u\} - \{P\} = \{0\}$ 在 $\{u\}_n$ 附近的近似方程组是线性方程组,即

$$\{F(u_n)\} + \frac{\partial\{F(u)\}}{\partial\{u\}}\Bigg|_{u=u_n} (\{u\} - \{u\}_n) = \{0\} \qquad (4.43)$$

若设

$$\{u\} = \{u\}_{n+1}$$

$$\{\Delta u\}_n = \{u\}_{n+1} - \{u\}_n$$

且令

$$\{R(u_n)\} = [K(u_n)]\{u_n\}$$

则有

$$\{F(u_n)\} = \{R(u_n)\} - \{P\}$$

将其代入近似线性方程组,可得

$$\{\Delta u\}_n = [K(u_n)]^{-1}(\{P\} - \{R(u_n)\}) \qquad (4.44)$$

$$\{u\}_{n+1} = \{u\}_n + \{\Delta u\}_n \qquad (4.45)$$

为了提高计算效率,并克服方程组病态的困难,在求解线性方程组时采用预条件共轭梯度(PCG)法。PCG 法的解题思想是:当方程组病态时,即谱条件数较大时,收敛非常慢。为此,需对有限元方程组 $[K]\{u\} - \{P\} = 0$ 进行适当的变换,使之等价于另一个方程组,但后者的谱条件数大为降低,此时再用共轭梯度(CG)法求解,效率可大大提高,这就是 PCG 法。

4.2.3　岩石覆盖厚度的断裂损伤分析

1. 计算模型

现场大量观测和地质统计资料显示,岩体中往往分布着不同尺寸的节理或缺陷,地下工程围岩所表现出的变形和破坏特征与岩体中节理和裂隙的断裂、损伤密切相关。在青岛胶州湾海底隧道工程区域内,工程岩体基本完整,但仍然有少量较小规模的断层,受断裂构造的影响,岩体中不均匀地分布着不同方向的节理。因此,为保证工程的安全与稳定,在隧道的数值模拟分析中,必须考虑岩体的断裂损伤特性对围岩力学特性的影响。数值计算中采用前述的断裂损伤本构关系和损伤演化方程编写的三维有限元分析程序,对隧道区域内三个重点剖面(ZK5 +607、ZK6+297 和 ZK6+785)的建议线位置进行两种应力状态的准三维分析。

ZK5+607、ZK6+297 和 ZK6+785 建议线的海水深度分别为 43.6m、37.7m 和 33.8m;岩石覆盖厚度分别为 26.7m、24.9m 和 31.1m。计算时取隧道轴线方向为 Z 轴,水平面内垂直隧道轴线方向为 X 轴,铅直向上为 Y 轴。计算范围取 $10m \leqslant X \leqslant 170m, 10m \leqslant Z \leqslant 12m$。ZK5+607 剖面共剖分了 2210 个单元,4584 个节点;ZK6+297 剖面共剖分了 2394 个单元,4960 个节点;ZK6+785 剖面共剖分了 2854 个单元,5900 个节点。

由于地质资料中给出青岛胶州湾隧道左线海域基岩有四组断层,断层附近节理裂隙发育,所取的三个剖面分别位于 F_{3-1} 断层、F_{4-1} 断层和 F_{4-3} 断层附近,因此计算中给定四组节理,节理长度分别取为 0.4m、0.6m、0.5m 和 0.3m,节理间距取 0.3m、0.5m、0.3m 和 0.1m,结构面强度指标如表 4.9 所示。

表 4.9　结构面强度指标

抗剪强度		切向刚度 /(MPa/m)	法向刚度 /(MPa/m)
摩擦系数 f	黏聚力 C/MPa		
0.70	0.5	3000	7500

2. 计算参数

岩体和土层的计算参数、模型边界条件与前面弹塑性分析相同。

3. 结果与分析

1）应力结果

限于篇幅,仅给出剖面 ZK5+607 在自重和侧压力系数为 0.8 时开挖完成后的主应力分布,如图 4.31 和图 4.32 所示。由这两个图可知,隧道开挖后的应力分布规律基本与弹塑性计算结果相同,洞顶、底拱产生小范围的拉应力,在两侧角点有压应力集中。ZK5+607 剖面隧道位于流纹斑岩中,在考虑自重的情况下,开挖完成时最大拉应力达到 0.63MPa,侧压力系数为 0.8 时其值达到 0.669MPa。ZK6+297 剖面隧道位于流纹岩中,在考虑自重的情况下,开挖完成时最大拉应力达到 0.58MPa,侧压力系数为 0.8 时其值减小到 0.55MPa。ZK6+785 剖面隧道位于熔结凝灰岩中,岩石性质较差,破损区扩展较大,在考虑自重的情况下,开挖完成时最大拉应力达到 0.62MPa,侧压力系数为 0.8 时其值减小到 0.667MPa。三个剖面的最大拉应力均出现在隧道的拱肩和拱脚处,因此,这两个位置要重点支护。

计算结果与弹塑性有限元计算结果相比,破损区的范围只是发生在洞室周围,应力的改变也是发生在洞室围岩附近,对远场应力和位移的扰动与弹塑性计算结果一致。考虑材料的断裂损伤性质后,最大拉、压应力的量值均增大,且出现在洞室附近,进一步反映出了不利于隧道稳定的范围和位置,为隧道的设计与施工提供了更为可靠的理论依据。

2）位移结果

由于断裂损伤分析的应力分布规律与弹塑性有限元计算时基本相同,因此,开挖后所产生的位移分布规律也基本相同。洞周各关键点位置示意图如图 4.33 所示,洞周各关键点位移值如表 4.10 所示。

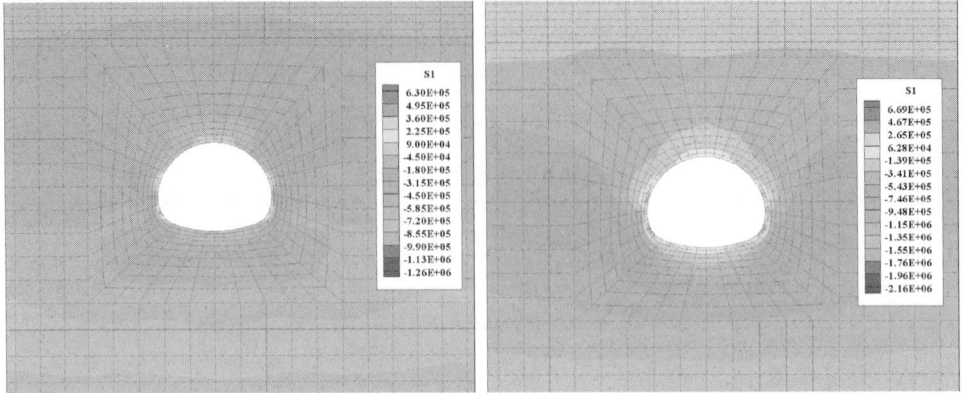

(a) 自重应力场　　　　　　　　　　　　　　(b) 侧压力系数0.8

图 4.31　ZK5+607 建议线位置的最大主应力云图

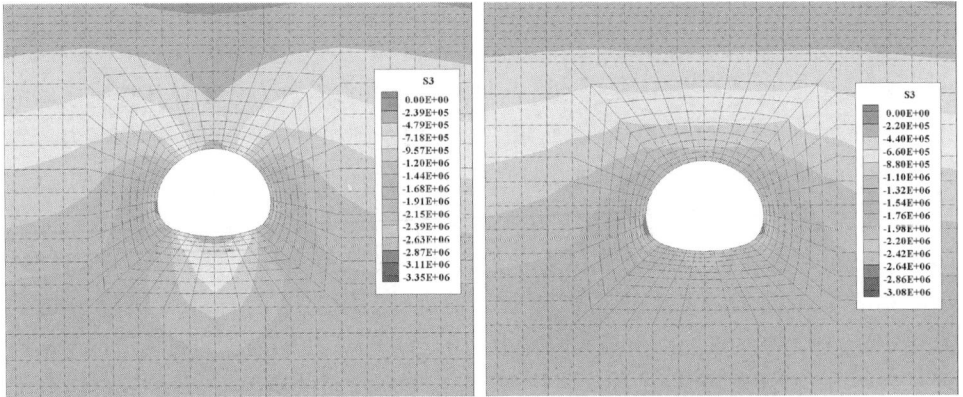

(a) 自重应力场　　　　　　　　　　　　　　(b) 侧压力系数0.8

图 4.32　ZK5+607 建议线位置的最小主应力云图

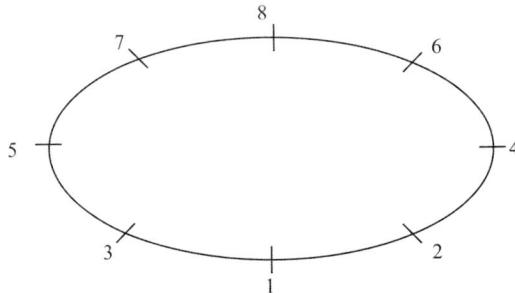

图 4.33　洞周各关键点位置示意图

表 4.10　断裂损伤分析关键点的变形量　　　　　　（单位:mm）

节点	断面 ZK5+607		断面 ZK6+297		断面 ZK6+785	
	自重应力场	侧压系数 0.8	自重应力场	侧压系数 0.8	自重应力场	侧压系数 0.8
1	1.16	1.09	1.37	1.15	1.58	1.49
2	0.76	0.75	0.89	0.71	1.01	1.00
3	0.75	0.75	0.87	0.72	1.00	0.97
4	0.40	0.64	0.69	0.64	0.84	1.01
5	0.51	0.75	0.83	0.73	0.94	1.03
6	0.88	0.83	1.29	1.02	1.64	1.58
7	0.92	0.87	1.42	1.09	1.57	1.48
8	1.12	0.98	1.65	1.28	1.90	1.72

由表 4.10 中位移量值可见,自重应力场时的位移值大于侧压系数 0.8 时的位移值,这与弹塑性计算时规律相同,但量值均有所增大;ZK5+607 剖面在两种工况下底拱上抬量都稍大于顶拱下沉量,ZK6+297 和 ZK6+785 剖面底拱上抬量小于顶拱下沉量。

3)塑性区

ZK5+607、ZK6+297 和 ZK6+785 剖面在各工况下均没有出现塑性区,说明隧道开挖后围岩具有较强的稳定性。

4)损伤演化区

剖面 ZK5+607、ZK6+297 和 ZK6+785 在各工况下的损伤演化区分布如图 4.34 ~图 4.36 所示。由以上各图可见,损伤演化区的范围也不大。剖面 ZK5+607、ZK6+297 的损伤演化区厚约 1.7m,剖面 ZK6+785 处的损伤演化区厚约 2.3m。剖面 ZK5+607、ZK6+297 在自重应力场情况下的损伤演化区要大于侧压系数 0.8 时的损伤演化区,这说明较高的侧压系数有利于隧道的稳定。但 ZK6+785 剖面在自重应力场情况下的损伤演化区和侧压系数 0.8 时的差别不大,这和此处隧道所处岩体的物理力学性质有关。

从损伤演化区来看,损伤的发展只是发生在开挖扰动后的洞室周边,所带来的效果只是开挖扰动的局部化行为,对海底隧道覆盖厚度的总体影响较小。

4.2.4　结论

通过对上述三个典型剖面、两种应力状态的准三维断裂损伤分析可知,考虑岩体的断裂损伤属性后,最大拉、压应力的量值较弹塑性有限元计算时有所增大,顶、底拱的变形量增大较显著,但隧洞位移值均没有超过 2.0mm。在流纹岩和流纹斑

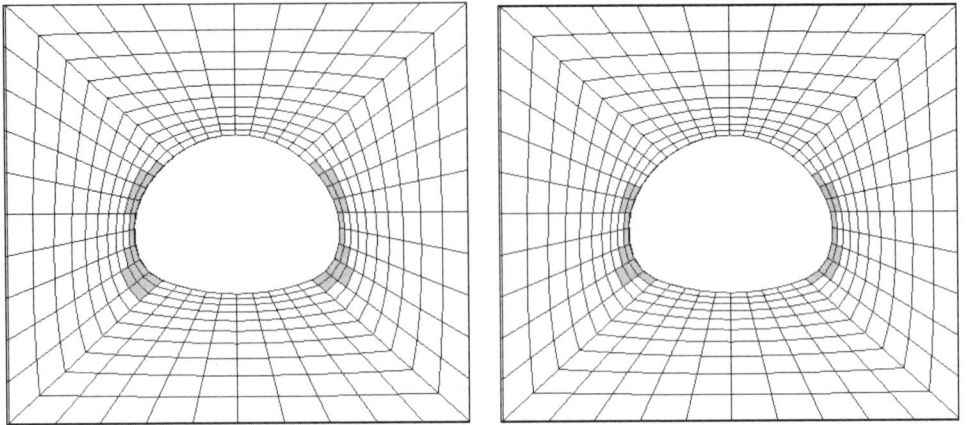

(a) 自重应力场   (b) 侧压力系数0.8

图 4.34　ZK5+607 剖面建议线的损伤区图

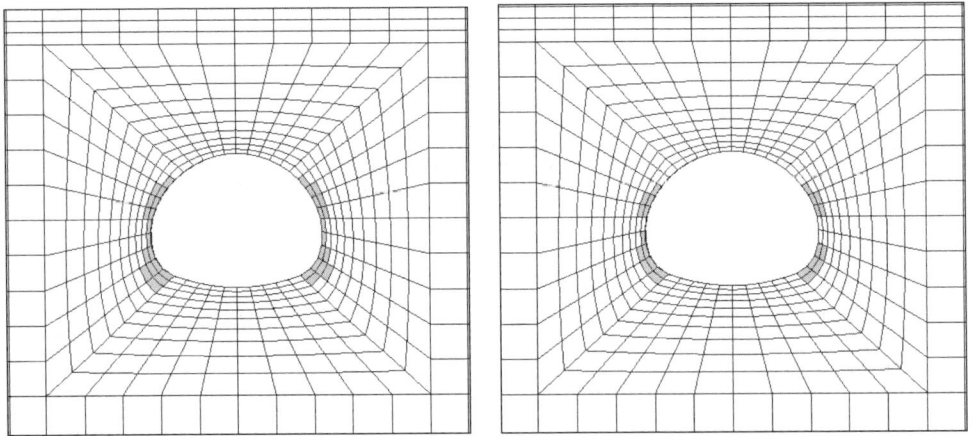

(a) 自重应力场   (b) 侧压力系数0.8

图 4.35　ZK6+297 剖面建议线的损伤区图

岩内的隧洞最大位移值仅为 1.6mm 和 1.2mm 左右,剖面 ZK5+607、ZK6+297 的损伤演化区厚约 1.7m,剖面 ZK6+785 的损伤演化区厚约 2.3m。损伤演化区分布在隧道拱肩和拱脚处,施工时应重点支护。

在隧道施工时,应注意及时采取喷射混凝土等措施,防止洞室表面裂隙进一步扩展,从而减小损伤演化区范围。

由断裂损伤的分析结果来看,开挖后隧道上方应力扰动范围不大;损伤演化区只发生在围岩的局部范围内,对整个海底隧道的埋置深度选择影响不大,但对于选

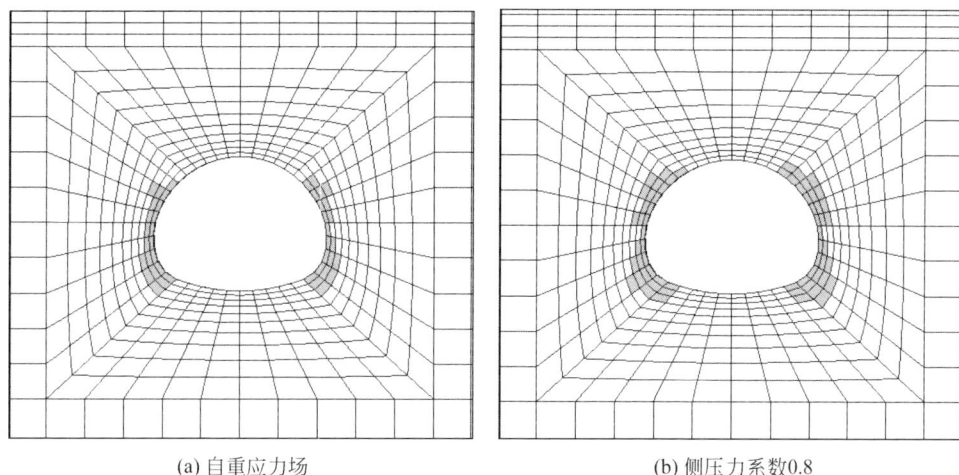

<table>
<tr><td>(a) 自重应力场</td><td>(b) 侧压力系数0.8</td></tr>
</table>

图 4.36　ZK6+785 剖面建议线的损伤区图

择合理的支护方式和范围有很大的影响。

4.3　爆破振动响应分析

在海底应用钻爆法开挖隧道时存在着爆破施工开挖岩石和保护围岩使爆破影响降到最低的矛盾。炸药在岩体内爆炸时,在将开挖范围内的岩石爆破下来的同时,必然要对保留的岩体造成损伤和破坏,从而影响围岩的稳定性和渗透性。

爆破对围岩的影响主要体现在以下方面:

(1) 使岩石的力学性能劣化,强度和弹性模量降低。

(2) 在围岩内产生裂纹或使原生裂纹扩展,从而影响围岩的稳定性和渗透率。

(3) 沿炮孔产生一些径向裂纹或在孔底周围生成多组随机裂纹。

(4) 隧道周边环向应力瞬间增大。

从爆破载荷角度分析岩石覆盖厚度,通常采用有限元法软件 ABAQUS 来分析爆破载荷造成的隧道上覆岩石的动力响应。通过隧道爆破震动模拟,了解隧道周边各监测点速度、加速度时程变化曲线与爆心距大小的变化规律;判断爆破震动对隧道岩石覆盖厚度的影响范围,从而达到优化爆破设计的目的。

4.3.1　钻爆法施工对隧道围岩的损伤分析

1. 围岩中破碎圈的计算

理论研究表明,炮眼装药爆破,在围岩中产生的破碎圈半径为

$$r_{\mathrm{f}} = r_{\mathrm{b}} \left(\frac{kP_{\mathrm{d}}}{T_{\mathrm{f}}} \right)^{1/m} D_{\mathrm{c}}^{-3r/m} \tag{4.46}$$

式中，r_{f} 为破碎圈半径；r_{b} 为炮眼半径；k 为比例常数；P_{d} 为炸药的爆轰压力；T_{f} 为破碎圈外缘的应力峰值；m 为破碎圈内岩体应力波衰减指数；r 为爆炸气体的定压比热容和定容比热容之比；D_{c} 为不耦合系数。

当装药直径一定，并使炮眼直径加大到某一数值时，即作用在炮眼壁上的爆轰压力 P_{d} 刚好等于周围岩体的应力值时，这种状态的不耦合系数称为临界不耦合系数 D_{L}，且有

$$D_{\mathrm{L}} = \left(\frac{kP_{\mathrm{d}}}{r_{\mathrm{f}}} \right)^{1/3r} \tag{4.47}$$

由以上分析可知，只要选用的炸药合适，同时使不耦合系数调整到适宜值，从理论上来说，炮眼装药爆炸后，在围岩不产生破碎圈是可能的。

这一点从利文斯顿爆破理论及根据这一理论所进行的现场实验都得到了证实。即一定数量的炸药，在某种岩体中总可以在实验中找到一个临界装药深度，这时地表刚好只出现裂缝，不产生漏斗。反过来，在某种岩体中，钻一定深度的炮眼，也可以在试验中找到一个临界装药量，使地表只出现裂缝，而不产生漏斗也是成立的。光面爆破和预裂爆破技术就是在此基础上发展起来的，与普通爆破相比，它们可以减少对周边岩石产生的破坏。青岛胶州湾海底隧道开工后，首先要经过现场爆破漏斗试验来确定炸药的临界深度。

青岛胶州湾海底隧道的围岩主要为侵入岩和变质岩，分为全风化带、强风化带、弱风化带和微风化带。根据大量隧道爆破的经验数据，通过类比法，得出不同爆破方法对不同围岩的破坏深如下：

（1）在全风化带、强风化带中，预裂爆破、光面爆破、普通爆破引起的围岩破坏深度大约分别为 0.87m、1.23m、1.45m。

（2）在弱风化带和微风化带中，预裂爆破、光面爆破和普通爆破引起的围岩破坏深度分别为 0.4~0.6m、0.8~1.0m 和 1.0~1.2m。

（3）爆破方法对围岩稳定性有很大的影响，研究结果表明，爆破影响总厚度与岩性和爆破方法有关。在坚硬完整的岩层中爆破与在软弱的破碎岩层中爆破相比，前者影响范围小得多。无论在坚硬完整的岩层中，还是在软弱破碎的岩层中，预裂爆破对围岩破坏最轻，光面爆破次之，而普通爆破法最为严重，有时其围岩破坏总厚度甚至达到预裂爆破的 2~3 倍。

2. 爆炸作用在岩体中形成的应力波和应力场

炸药在岩石中爆炸产生冲击波，冲击波由爆源向四周传播，形成球面波或柱面波。冲击波对岩石的破坏作用很大，但冲击波衰减很快，在岩体中作用范围非常有

限,一般仅为药包半径的 2~3 倍。冲击波在岩体中传播时,能量大量消耗,迅速衰减为应力波。应力波虽然没有冲击波强烈,但仍有很大的能量,将爆破区的岩石破坏,形成破裂区。通常破裂区的半径比粉碎区大得多,一般为药包半径的 8~150倍,所以破裂区是工程爆破中对岩体破坏的主要部分,应力波是造成岩体破坏的主要因素。在传播过程中,能量进一步消耗,在 150 倍药包半径以外的区域中,应力波衰减为地震波,其传播速度等于介质中的声速。地震波在传播过程中只能引起介质质点的弹性振动,不能使介质破坏。

控制爆破的目的是减少对被保护围岩的破坏和保证被保护围岩的工程稳定性,其质量标志是炮孔残留率较高和爆破壁面平整(如光面爆破和预裂爆破),因此它的首要条件是在爆炸冲击压力下炮孔孔壁岩石不被压坏。在不耦合连续装药条件下,作用在炮孔孔壁上的平均爆炸冲击压力为

$$P_0 = \rho_0 D^2 \left(\frac{d_c}{d_b}\right)^6 \frac{n}{8} \tag{4.48}$$

式中,n 为爆生气体与炮眼壁碰撞时的压力增大系数,$n = 8 \sim 11$;D 为炸药爆速;d_b 为炮孔直径;d_c 为药卷直径;ρ_0 为炸药密度。

不耦合间隔装药时,作用在炮孔孔壁上的平均爆炸冲击压力为

$$P_0 = \rho_0 D^2 \left(\frac{d_c}{d_b}\right)^6 \frac{n}{8} \frac{l_c}{l_c + l_a} \tag{4.49}$$

式中,l_c 为装药深度;l_a 为不包括孔口堵塞长度的间隔孔隙长度;当炸药为不耦合空气装药时,d_c 为体积等效下的装药直径。

爆炸压力衰减规律为

$$P(t) = P_0 e^{-\alpha t}, \qquad t \geqslant 0 \tag{4.50}$$
$$P(t) = 0, \qquad t \leqslant 0 \tag{4.51}$$

式中,α 为应力波传播的衰减系数。

3. 围岩的损伤与振动速度的关系

国内外不同学者经过理论研究,结合工程经验直接提出了不同的爆破振动安全标准值。经验证明,尽管岩石特性有很大差异,但临界振动速度峰值范围并不大。对于较完整坚硬的岩石,建议采用以下隧道破坏标准:

(1) Langefors 等(1978)提出以 25cm/s 的振动速度作为保守的壁墙破坏标准,把 30cm/s 的振动速度作为不衬砌隧道中岩石产生坠落的临界值,把 60cm/s 的振动速度作为岩石形成新裂缝的临界值。

(2) Persson 等(2005)建议完整、坚硬的岩石初始破裂的临界值为 70cm/s,比较破碎的节理岩体以 40cm/s 和 120cm/s 作为初始破坏和再破坏的标准;Singh 认为对致密岩石造成破坏的振动值应高于 63.5cm/s。

（3）日本获津隧道在间距25~32m的交叉隧道爆破开挖过程中,爆破振动速度控制标准为:速度小于60cm/s时为正常施工;速度大于60cm/s小于90cm/s时为一级警戒,加强振动监测;速度大于90cm/s小于120cm/s时为二级警戒,更改爆破设计,加固岩柱部分;速度大于120cm/s时为三级警戒,停止并做其他测量,改变施工方法,加固衬砌。

（4）我国水电部门在考虑地下洞室的爆破振动安全时,一般按下列标准考虑:与岩石结合为一体的钢筋混凝土衬砌隧道振动速度小于50cm/s;基岩或地下岩壁（中等岩石）振动速度小于25cm/s;不衬砌的地下洞室和离壁式衬套结构振动速度小于10cm/s。

（5）我国《爆破安全规程》（GB 6722—2011）规定交通隧道安全振动速度标准为15cm/s,水工隧道则为10cm/s。

（6）理论计算能够给出一个很宽的质点峰值振动速度（peak particle velocity,PPV）范围,Forsyth（1993）计算低质量岩石为127cm/s;而高质量的岩石为240cm/s;对距离轮廓线3.8m以内的振动速度测量表明,采用光面爆破时掘进爆破产生的损伤范围为0.2~0.5m。

（7）Yang（1993）对直径为100mm的大装药量炮孔周围2~4m内的质点峰值振动速度进行测量,2m处发现了损伤,质点峰值振动速度为6m/s,4m处的质点峰值振动速度为0.9m/s。

（8）Rustan等（1985）对周边眼的线装药密度为0.18kg/m的管状装药、0.14kg/m的导爆索和0.26kg/m的含塑料空心颗粒的铵油炸药的爆破振动进行了测量,距装药2m处的质点峰值振动速度为0.3~0.9m/s。采用导爆索时,最小的质点峰值振动速度为1~3m/s,这比通常认为的该范围内的质点峰值振动速度（0.7~1.0m/s）要高些。导爆索0.1m、直径17mm的Gurit炸药在质点峰值振动速度为0.7m/s时的损伤范围计算结果是0.35m,而直接测量方法观测到的损伤范围分别为0.4m和0.5m,因此产生损伤的质点峰值振动速度临界值要比1.0m/s高。

4. 以等效距离表示的损伤判据标准

岩石爆破损伤区实测结果的匮乏导致其计算过程无法验证,损伤程度划分极端困难。一般认为,岩石损伤的判据是可见的新裂纹和扩展的原有裂纹,在爆破近区以外,对损伤程度的直接测量结果和该数据是一致的。例如,Zhang等（1998）用十字地震层面X射线照相技术对弱花岗岩中几个铵油装药的单孔爆破进行了微裂隙区的测量,测量结果表明裂隙区的外限位于以等效距离为1.2~1.8m/kg$^{0.5}$的条件下,在近距离实验场地超过600mm/s的振动数值;在等效距离为0.4~1.3m/kg$^{0.5}$的条件下,Yang等在近距离场地测出了超过800mm/s的振动数值。大部分实测数据集中在该范围内,而且等效距离低于 1.3 m/kg$^{0.5}$时,发现了较大的体积膨胀,这反映了大面积的岩石损伤。

5. 周边控制爆破对围岩损伤破坏

周边控制爆破是指在岩体开挖周边所采用的特殊爆破方法,包括光面爆破、预裂爆破、定向断裂爆破等。进行光面爆破和预裂爆破参数设计的基本原则是:不在炮孔周围形成压碎性破坏,同时使炮孔压力尽可能大,以实现较大的周边炮孔间距。因此,光面爆破和预裂爆破在形成炮孔间贯通裂纹的同时,也必然在围岩中形成若干细小裂纹,对围岩造成破坏,而定向断裂爆破技术能使这种情况得到改善。

1) 光面(预裂)爆破炮孔周围岩石中的应变场

光面爆破与预裂爆破有明显的不同,前者存在第二自由面,形成应力波的反射,改善光爆层岩石的破碎,而后者却没有这样的自由面。由于只探讨周边爆破对围岩造成的损伤,可认为两者在围岩中形成的应力、应变场相同。

一方面,为了能够在爆破周边形成光滑壁面,有效地减少爆破超挖、欠挖,要求炸药爆炸作用在炮孔壁上的压力不能超过岩石的三向动态抗压强度;另一方面,为了尽量增大周边炮孔间距,减少爆破炮孔数量,又应当使炮孔内的爆炸压力尽可能大。因此,在当前的周边爆破参数设计中,都是使炮孔内的炸药爆炸压力等于岩石的三向抗压强度,即有

$$P = KS_c \tag{4.52}$$

式中,P 为周边炮孔内的炸药爆炸压力;S_c 为静载下岩石的单向抗压强度;K 为考虑岩石受三向荷载后的强度增大系数,通常取 $K = 8 \sim 10$。

炮孔内爆炸压力 P 的作用在炮孔周围岩石中形成非均匀应力场。对于柱状装药,假定问题为平面应变问题,得到炮孔周围岩石中的应力分布为

$$\sigma_r = -P\bar{r}^{-\alpha} \tag{4.53}$$

$$\sigma_\theta = -b\sigma_r \tag{4.54}$$

$$\sigma_z = \gamma(1-b)\sigma_r \tag{4.55}$$

式中,σ_r、σ_θ、σ_z 分别为岩石中任一点的径向应力、切向应力、轴向应力,规定拉应力为正,压应力为负;$\bar{r}$ 为比例距离,$\bar{r} = r/r_0$,r 为应力计算点到药包中心的距离,r_0 为炮孔半径;α 为爆炸荷载传播衰减指数,$\alpha = 2 - \gamma/(1-\gamma)$;$\gamma$ 为岩石的泊松比;b 为侧向应力系数,$b = \gamma/(1-\gamma)$。

利用弹性力学中的广义胡克定律,得到岩石中的应变场为

$$\varepsilon_r = \varepsilon_3 = \frac{\sigma_r}{E}(1+\gamma)[1-\gamma(1-b)] \tag{4.56}$$

$$\varepsilon_\theta = \varepsilon_1 = -\frac{2\sigma_r}{E}\gamma(1+\gamma) \tag{4.57}$$

$$\varepsilon_z = \varepsilon_2 = 0 \tag{4.58}$$

式中，ε_r、ε_θ、ε_z 分别为径向应变、切向应变、轴向应变；ε_1、ε_2、ε_3 为主应变；E 为岩石的弹性模量。

2）光面（预裂）爆破炮孔周边岩石的损伤场

根据 Mazars 多轴应力作用下的损伤模型，光面（预裂）爆破的炮孔装药爆炸荷载造成炮孔周围岩石损伤的损伤因子可表示为

$$D = a_T D_T + (1 + a_T) D_C \tag{4.59}$$

式中，α_T 为损伤耦合系数；D_T 为单轴拉应力造成的损伤；D_C 为单轴压应力造成的损伤。

将 i 方向上的应变 ε_i 分解成由正主应力和负主应力引起的应变 ε_{Ti} 和 ε_{Ci}，即

$$\varepsilon_i = \varepsilon_{Ti} + \varepsilon_{Ci} \tag{4.60}$$

且有效应变为

$$\bar{\varepsilon} = \sqrt{\sum_i \langle \varepsilon_{Ti} + \varepsilon_{Ci} \rangle^2} \tag{4.61}$$

式中，若 $x \geq 0$，则 $\langle x \rangle = x$；若 $x < 0$，则 $\langle x \rangle = 0$。

于是，有

$$\alpha_T = \sum_i \frac{\varepsilon_{Ti} \langle \varepsilon_{Ti} + \varepsilon_{Ci} \rangle}{\bar{\varepsilon}^2} \tag{4.62}$$

$$D_T = 1 - \frac{\varepsilon_f (1 - A_T)}{\varepsilon_f + \langle \varepsilon_0 - \varepsilon_f \rangle} - \frac{A_T}{\exp(B_T \langle \varepsilon_0 - \varepsilon_f \rangle)} \tag{4.63}$$

$$D_C = 1 - \frac{\varepsilon_f (1 - A_C)}{\varepsilon_f + \langle -\gamma\sqrt{2\varepsilon_r} - \varepsilon_f \rangle} - \frac{A_T}{\exp(B_C \langle -\gamma\sqrt{2\varepsilon_r} - \varepsilon_f \rangle)} \tag{4.64}$$

式中，ε_f 为岩石的损伤应变阈值；A_T、B_T 分别为受拉时的岩石材料系数；A_C、B_C 分别为受压时的岩石材料系数。

可以看出，围岩受到的损伤与岩石中的应变呈正比，进而与炮孔中的爆炸载荷呈正比。根据光面（预裂）爆破的爆炸载荷作用特点，可以认为炮孔周围岩石中的爆破损伤因子代表着周边爆破对围岩造成的最大程度损伤。围岩损伤后，其力学性质劣化，给围岩稳定、支护带来不利影响。为了降低围岩受到的损伤，如果降低炮孔内的爆炸载荷，那么将使炮孔间距减小，增加周边炮孔数量，进而增大爆破成本。为了克服这一缺点，做到既降低爆破对围岩的损伤，又能实现较大的周边炮孔间距，应当在周边爆破中采用岩石定向断裂爆破技术。

3）岩石定向断裂爆破技术在降低围岩损伤方面的作用

岩石定向断裂爆破技术的提出、研究和推广应用，是以提高开挖爆破的周边围岩质量和增大周边炮孔间距，减少周边炮孔数量为目的的。随着对周边爆破损伤围岩的重视，经过研究分析，认识到这一技术具有降低周边爆破对围岩造成损伤程

度的作用。

岩石定向断裂爆破中炮孔间贯通裂纹的形成由两个阶段构成。首先,借助一定手段形成初始导向裂纹;然后,炮孔内装药爆炸载荷使初始导向裂纹起裂、扩展,这时炮孔内的爆炸载荷在初始导向裂纹尖端产生的应力强度因子为

$$K_{\mathrm{I}} = P_x \sqrt{\pi a} f(a/r_0) \tag{4.65}$$

式中,K_{I}为Ⅰ型裂纹尖端的应力强度因子;P_x为定向断裂爆破时的炮孔内压力;a为炮孔初始导向裂纹长度;r_0为炮孔半径;$f(a/r_0)$为形状因子,由表4.11给出。

表4.11　形状因子随a/r_0的变化值

a/r_0	0	0.1	0.2	0.4	0.6	0.8	1.0	1.5	2.0	3.0	5.0	10	∞
$f(a/r_0)$	2.24	1.98	1.83	1.61	1.52	1.43	1.38	1.26	1.20	1.13	1.06	1.03	1.0

若$K_{\mathrm{I}} > K_{\mathrm{IC}}$($K_{\mathrm{IC}}$为岩石的断裂韧度),则炮孔壁上的初始裂纹起裂、扩展。于是,具有岩石定向裂纹时的炮孔内压力计算公式为

$$P_x = \frac{K_{\mathrm{IC}}}{\sqrt{\pi a} f(a/r_0)} \tag{4.66}$$

根据长江水利水电科学研究院的试验研究,进行量纲换算后,得到岩石断裂韧度与单轴抗压强度的关系为$K_{\mathrm{IC}} = 0.141 S_t^{1.15}$,其中,$S_t$为抗拉强度。

岩石定向断裂爆破在炮孔壁形成初始定向裂纹后,在炮孔内的炸药爆炸作用下,初始定向裂纹扩展,并由此向岩石内传播卸载,释放岩石中的应变能,使炮孔爆炸载荷在岩石中引起的应力波衰减加快,并且使岩石中的应变幅值和应变持续时间减小,进而对围岩中各种微小裂纹的起裂、扩展起抑制作用,降低周边爆破对围岩的损伤破坏。

6. 爆破对围岩损伤及渗透率的影响

(1)频繁爆破引发的岩体破裂深度大多达0.6~0.8m,有时高达3~4m;底板的扰动区深度为0.6~2.1m,隧道侧壁扰动区深度为0.3~0.6m。

(2)爆炸应力波造成岩石损伤主要在近区,与近区相比,中远区的损伤影响明显减弱;爆生气体造成岩石损伤和强度降低程度,与爆炸应力波作用相比,明显减弱;加大耦合装药系数或减弱炮孔堵塞都会减弱爆破对围岩的影响程度。

(3)岩石的爆破损伤主要以拉伸断裂破坏形式为主,爆破在围岩中产生的裂纹主要是以径向裂纹为主,爆破对围岩的损伤具有方向性。

(4)研究表明,爆破及应力变化在隧道围岩中将引起明显扰动,高压气体及切向应力的综合作用会在隧道壁形成径向裂纹和径向裂纹网,从而使0.5~1.0m范

围内的低透水率提高 2～3 个数量级。隧道走向与主裂隙的相对位置极其重要,假如两者相互平行,爆破后可能会在更大范围内产生连续裂纹。

(5)爆破产生的裂隙对岩石的透水率可能增加,也可能降低。开挖引起的应力变化将使岩块移动,原有裂隙进一步扩张。大多数情况下,特别是当隧道走向与主裂隙方向(断层方向)相差 150°以上时,应力扰动区和轴向渗透率增大的区域将位于隧道周边以外半径范围内。同时,轴向渗透率将高出原岩的 10 倍;另外,径向渗透率则低于原岩的 5/6,原因在于岩块的移动导致裂隙内填料的破碎及剪切,以至于产生石屑而部分堵塞了裂隙。

4.3.2　主隧道的施工爆破设计

根据工程地质勘察报告,青岛胶州湾海底隧道主洞 Ⅱ～Ⅲ 级围岩约占 55.7%,Ⅳ级围岩约占 38.1%,Ⅴ围岩约占 6.2%。青岛胶州湾海底隧道工程采用钻爆法施工,光面爆破。初步设计隧道施工陆域段采用浅埋暗挖法;海域段采用新奥法,信息化组织施工。隧道 Ⅱ、Ⅲ 级围岩采用下导洞超前减震全断面爆破开挖;Ⅵ级围岩采用台阶法开挖;Ⅴ级围岩采用 CD 工法或双侧壁导坑法开挖。考虑 Ⅱ、Ⅲ 级围岩完整性好、自稳能力强,Ⅴ级围岩采用一般机械方式开挖,所以只分析Ⅵ级围岩典型断面在爆破振动作用下覆盖岩石的损伤范围。

左线隧道海域部分里程桩号 ZK5+115~ZK6+075 段为Ⅵ级围岩,基岩以正长斑岩、英安玢岩、流纹斑岩和安山质火山角砾岩为主,岩质坚硬,局部较软,自稳能力差。Ⅵ级围岩属于次坚石,机械法开挖极为困难,因此按台阶法采用浅孔爆破施工。选择左线桩号 ZK5+915 为研究断面,其工程衬砌断面如图 4.37 所示,隧道断面地质描述如表 4.12 所示。

表 4.12　隧道断面地质描述

里程桩号	岩石种类	水深/m	弱风化层厚/m	建议岩体覆盖厚度/m
ZK5+915/m	微风化含火山角砾凝灰岩	44.6	2.8	19.8

这里参考厦门海底隧道,采用低爆速微差分段光面爆破技术,给出海域段 ZK5+115～ZK6+075 爆破设计:

1)隧道微振控制爆破设计

在弱风化和微风化岩层中需要进行钻眼爆破,由于是在海底进行施工,必须尽量减少对围岩的扰动,严格控制用药量,为此将采取微振控制爆破技术,并尽量采用台阶法、光面爆破开挖。

2)炸药选型

理论和实践证明,炸药爆速对爆破质点振动速度有直接影响,爆速越高,爆破

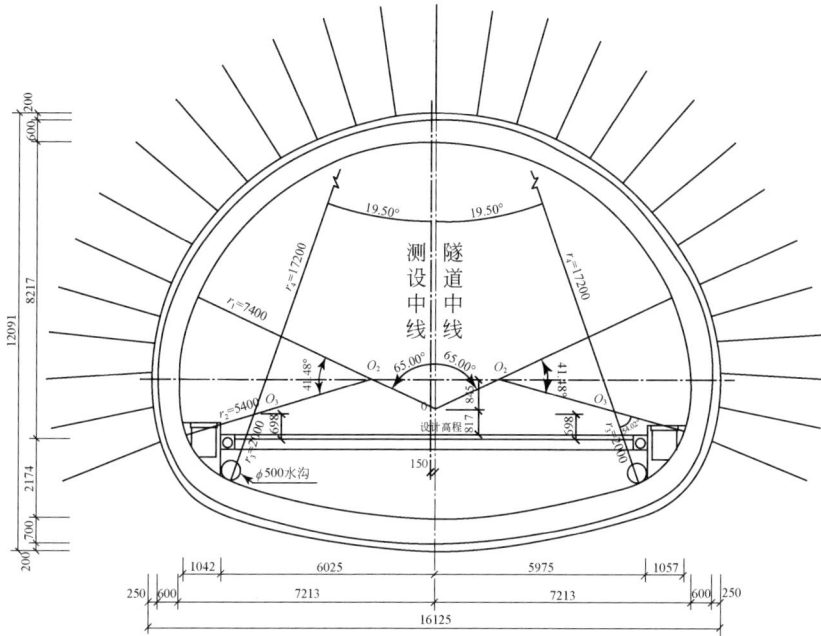

图 4.37　Ⅵ级围岩工程衬砌断面(单位:mm)

产生的振动越大,因此本工程选用爆速低(3000m/s)的 1# 抗水露天硝铵炸药,特殊地段的周边眼采用小直径低爆速的光爆炸药。

3)非电微差起爆网络设计

爆破振动与同段起爆的炸药量密切相关,采用非电微差起爆技术,不但能控制单段雷管的起爆药量,又能有效地控制每段雷管间的起爆时间,使爆破地震波形不叠加。这样既能保证岩体破碎达到理想爆破效果,又能消除爆破震动的有害效应。网络起爆采用孔内微差的方式,选用 1～20 段非电毫秒,雷管段差控制在 50～80ms。

4)掏槽形式

隧道爆破的掏槽眼是爆破成败的关键,也是产生最大振动速度的部位。大量实践和研究表明,采用楔形掏槽能有效减少爆破振动,为此隧道掏槽设计均采用楔形掏槽形式。

5)钻爆参数

本段隧道开挖采用光面爆破设计,Ⅳ级围岩光面爆破参数按表 4.13 设计。

表 4.13　光面爆破参数表

围岩级别	周边眼间距 E/cm	周边眼抵抗线 W/cm	相对距离 E/W	装药集中度 /(kg/m)
Ⅳ级围岩	45	60	0.75	0.15

6）钻爆施工要求

所有装药的炮眼均堵塞炮泥，周边眼的堵塞长度不小于20cm，确保连线无漏连现象。另外，为减少粉尘的扩散，在炮眼堵塞时，装入水袋。光面爆破孔采用φ32mm的药卷间隔装药，光爆孔装药结构示意图如图4.38所示。

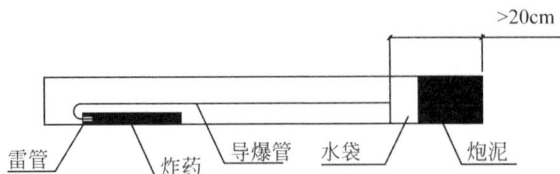

图4.38　光爆孔装药结构示意图

7）爆破方案设计

主隧道台阶法爆破设计如图4.39所示。主要研究上台阶周边眼和掏槽眼爆破对围岩的损伤范围，这里只给出上台阶爆破参数，如表4.14所示。

表4.14　上台阶法爆破药量分配表

序号	炮眼分类	炮眼数/个	雷管段数/段	炮眼长度/cm	炮眼装药量		
					每孔药卷数/卷	单孔装药量/kg	合计药量/kg
1	掏槽眼	6	1	240	10	1.5	9
2	掏槽眼	4	3	235	9	1.35	5.4
	掏槽眼	6	5	230	9	1.35	8.1
	掏槽眼	6	7	225	9	1.35	8.1
3	扩槽眼	16	9,11,12	220	8	1.2	13.2
4	掘进眼	22	13,14,15	220	6	0.9	19.8
5	周边眼	47	16	220	2	0.3	14.1
6	底板眼	22	17,18	230	9	1.35	29.7
7	合计	129					107.4

4.3.3　解析法计算爆破振动对覆盖岩石的损伤范围

爆破对岩体损伤和破坏作用机理是：在爆炸荷载作用下岩石内部大量微裂纹的形成、扩大和贯穿导致岩石宏观力学性能的劣化乃至最终失效或破坏的一个连续损伤演化过程。判别爆破引起的岩体损伤，常采用地震波测试法、声波探测法和层析成像法等，这些方法都是爆破后对损伤岩体进行检测。而在爆破前预测爆破

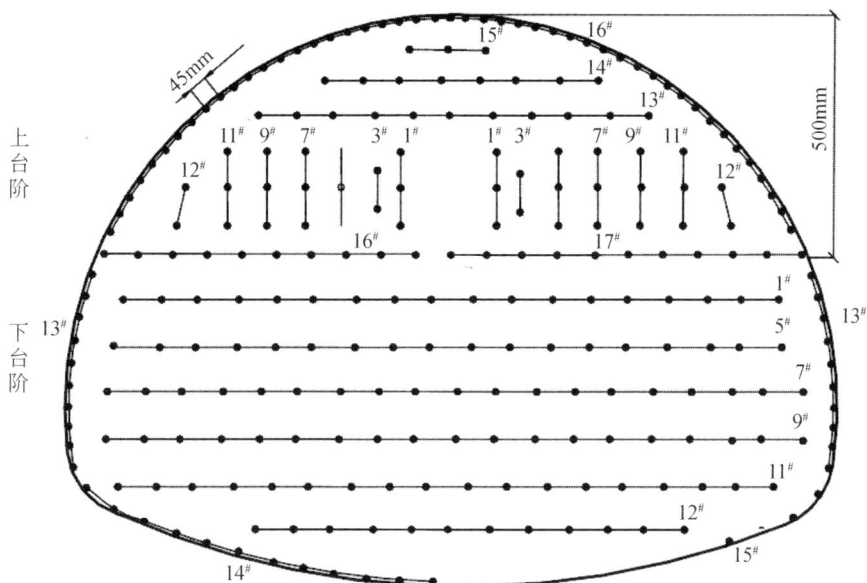

图 4.39　主洞台阶法爆破设计图

可能造成的岩体损伤范围,一般根据质点峰值振动速度衰减规律,以及引起岩体损伤的质点峰值振动速度临界值作为判据计算获得。可以通过数值方法或解析公式计算质点峰值振动速度。本节以 ZK5+915 为研究断面,采用解析方法计算爆破振动对覆盖岩石的损伤范围。

1. 确定爆破损伤范围的方法

目前,普遍采用质点峰值振动速度(PPV)作为岩体损伤的判据,质点峰值振动速度判据的理论依据是一维应力波理论:

$$PPV = C_p [\varepsilon] \tag{4.67}$$

式中,C_p 为岩体纵波速度;$[\varepsilon]$ 为岩体极限拉应变。

采用质点峰值振动速度判据可以事先通过理论计算预测爆破施工引起的海底隧道覆盖岩体的损伤范围,为确定合理埋置深度、调整爆破参数,控制对覆盖岩体的损伤具有指导作用。建议的爆破损伤质点峰值振动速度临界值如表 4.15 所示。

表 4.15　岩体爆破损伤的质点峰值振动速度临界值

质点峰值振动速度 /(cm/s)	<25	25~63.5	63.5~254	>254
岩体损伤效果	完整岩体 不会致裂	产生轻微的 拉伸层裂	产生严重的拉伸裂缝 及一些径向裂缝	岩体完全破碎

2. 长柱状装药质点振动速度计算公式

采用传统解析公式的萨道夫斯基公式是由苏联科学院地球物理研究所的萨道夫斯基等通过研究集中装药的爆破地震效应,按照大量实测数据和相似原理得到的经验公式,其表达式为

$$v = K \left(\frac{\sqrt[3]{Q}}{R} \right)^{\beta} \tag{4.68}$$

式中,v 为质点振动速度;K 为与爆破场地有关的参数;Q 为单段炸药量;R 为爆心距;β 为爆破振动衰减指数。

萨道夫斯基公式适合集中药包装药形式,而对钻孔长柱状装药计算精度较低。卢文波和 Hustrulid 基于对柱面波理论、长柱状装药中的子波理论及短柱状药包激发的应力波场 Heelan 解的分析,推导了如式(4.69)所示的岩体爆破中爆源近区的质点峰值振动速度衰减公式,并用室内外试验资料和数值模拟结果初步验证了该公式的有效性。

$$v = kv_0 \left(\frac{b}{R} \right)^{\beta} \tag{4.69}$$

式中,v 为质点峰值振动速度;k 为群孔爆破影响系数,在爆源近区 $k \approx 1$,在爆源远区 k 为同段起爆的炮孔数;R 为爆心距;b 为炮孔半径;β 为爆破振动衰减指数;v_0 为在炮孔壁上的质点峰值振动速度,其表达式为

$$v_0 = \frac{P_0}{\rho_{\mathrm{r}} C_{\mathrm{p}}} \tag{4.70}$$

式中,P_0 为炮孔内爆生气体的初始压力;ρ_{r} 为岩体密度;C_{p} 为岩体纵波速度。

在 Chapman 和 Jouguet(简称 C–J)爆轰条件下,炸药的平均爆轰压力为

$$P_{\mathrm{e}} = \frac{\rho_{\mathrm{e}} D^2}{2(\gamma + 1)} \tag{4.71}$$

式中,P_{e} 为炸药爆轰平均初始压力;ρ_{e} 为炸药密度;D 为炸药爆轰速度;γ 为炸药的等熵指数。假设爆生气体为多方气体,则其状态方程为

$$P = A\rho_{\mathrm{a}}^{v_0} \tag{4.72}$$

式中,P 为某状态下的爆生气体压力;ρ_{a} 为某状态下爆生气体的密度;A 为常数;v_0 为爆生气体的等熵指数。当 $P \geqslant P_k$ 时,取 $v_0 = \gamma = 3.0$;当 $P < P_k$ 时,取 $v_0 = \gamma = 1.4$;P_k 为炸药的临界压力。

对于耦合连续装药条件,有 $P_0 = P_{\mathrm{e}}$;对于不耦合装药条件,若装药时的不耦合系数 b/a 值较小(a 为药卷半径),则爆生气体的膨胀只经过 $P \geqslant P_k$ 一个状态,此时由式(4.54)得炮孔初始平均压力 P_0 为

$$P_0 = \frac{\rho_e D^2}{2(\gamma + 1)} \left(\frac{a}{b}\right)^{2\gamma} \tag{4.73}$$

若装药的不耦合系数值较大,此时爆生气体的膨胀需经历 $P \geqslant P_k$ 及 $P < P_k$ 两个阶段,则此时由式(4.72)可得

$$P_0 = \left[\frac{\rho_e D^2}{2(\gamma + 1)}\right]^{v_0/\gamma} P_k^{(\gamma - v_0)/\gamma} \left(\frac{a}{b}\right)^{2v_0} \tag{4.74}$$

对于不耦合间隔装药,按体积等效的连续装药直径进行计算。把式(4.73)或式(4.74)代入式(4.70),可得不耦合装药条件下炮孔壁上的 v_0。由上可见,式(4.69)所示的质点峰值振动速度公式反映炸药种类、炸药特性、钻孔半径、装药结构及岩性参数等因素对质点峰值振动速度的影响。

3. 计算及分析

上台阶分段微差间隔爆破,间隔时间为 $25 \sim 50 \mathrm{ms}$,因此可忽略各段爆破时地震波的叠加。第 1 段楔形掏槽眼单段起爆药量较大,周边眼紧临开挖轮廓面,因此这两段炸药爆破对围岩损伤相对较大。只计算第 1 段楔形掏槽和周边眼爆破对覆盖岩体的损伤。根据青岛胶州湾隧道地质勘察报告,ZK5+915 断面微风化含火山角砾凝灰岩密度 $\rho = 2590 \mathrm{kg/m^3}$,纵波速度 $C_p = 4558 \mathrm{m/s}$,爆破振动衰减指数 $\beta = 1.5$,炮孔半径 $b = 0.021 \mathrm{m}$,药卷半径 $a = 0.016 \mathrm{m}$,$1^\#$ 抗水露天硝铵炸药密度 $\rho_e = 1000 \mathrm{kg/m^3}$,爆速 $D = 3000 \mathrm{m/s}$,炸药的临界压力 $P_k = 100 \mathrm{MPa}$。根据表 4.15,岩体爆破损伤的质点峰值振动速度临界值 $[v] = 25 \mathrm{cm/s}$。

1) 掏槽眼爆破损伤

按式(4.72)计算可得炮孔初始平均压力 $P_0 = 220.06 \mathrm{MPa} > P_k$,掏槽眼相对集中,对爆源远区取 $k = 6$。因此,采用式(4.73)、式(4.69)计算得到掏槽眼爆破质点峰值振动速度衰减公式:

$$v_{掏} = \frac{0.3402}{R^{1.5}} \tag{4.75}$$

依据 $v_{掏} < [v]$ 求得掏槽爆破岩体损伤范围为 $1.227 \mathrm{m}$。

2) 周边眼爆破损伤

周边眼采用不耦合间隔装药,实际装药长度为 $0.4 \mathrm{m}$,假定按长度 $2.0 \mathrm{m}$ 不耦合连续装药,计算体积等效的药卷半径 $a' = 0.008 \mathrm{m}$。按式(4.73)计算得到炮孔初始平均压力 $P_0 = 14.27 \mathrm{MPa} < P_k$。因此,采用式(4.74)、式(4.69)计算到单个周边眼爆破质点峰值振动速度衰减公式:

$$v_1 = \frac{0.00368}{R^{1.5}} \tag{4.76}$$

依据 $v_1 < [v]$ 求得单个周边眼爆破岩体损伤范围为 $0.06 \mathrm{m}$。按式(4.76)计算

单个周边眼爆破,爆心距 2m 时,质点峰值振动速度仅为 0.13cm/s;爆心距 1m 时,质点峰值振动速度仅为 0.37cm/s,所以计算拱顶覆盖岩体爆破损伤范围时,远离拱顶的周边眼爆破对隧道覆盖岩体损伤影响很小。按拱顶 1.0~2.0m 范围覆盖的周边炮眼数,取群孔影响系数 $k=5\sim10$ 进行计算,周边眼爆破对覆盖岩体损伤范围为 0.175~0.278m。

4.3.4　数值方法计算周边眼爆破对海底隧道覆盖岩石的损伤范围

数值计算能够综合考虑炸药特性、岩体特性、装药结构和炮孔布置,能有效地模拟爆破地震波传播规律。本节采用 ABAQUS 软件分析了爆破地震波导致的海底隧道覆盖岩石的损伤范围。

1. 爆破荷载时程曲线

较为常见的爆破模拟分析方法是在洞周围岩上施加等效荷载(李云鹏等,2007;易长平等,2004;毕继红等,2004),但这种处理难以给出隧道爆破时炸药及装药特性、爆破参数、设计孔间距等与爆源有关的因素的影响。根据数值分析动态计算的特点,把动载荷以等效应力的方式加载于模拟炮孔的网格节点上。爆破荷载计算模型(Swoboda,et al.,1991;张欣等,2007)为

$$P(t)=P_\mathrm{b}f(t) \tag{4.77}$$

式中,P_b 为脉冲峰值,在不耦合连续装药条件下,初始应力峰值按照下式进行计算:

$$P_\mathrm{b}=\frac{1}{8}\rho_0D^2\left(\frac{R_\mathrm{c}}{R_\mathrm{b}}\right)^6\eta \tag{4.78}$$

式中,ρ_0 为装药密度;D 为炸药爆速;R_c、R_b 分别为药卷半径和炮孔半径;η 为爆轰产物与孔壁碰撞时压力增大的倍数,$\eta=8\sim11$。

$f(t)$ 为指数型时间滞后函数,按下式计算:

$$f(t)=P_0(\mathrm{e}^{-nwt\sqrt{2}}-\mathrm{e}^{-mwt\sqrt{2}}) \tag{4.79}$$

式中,n 和 m 是量纲为一、与距离有关的阻尼参数,其值决定爆炸脉冲的起始位置和脉冲波形;P_0 是当 $t=t_\mathrm{R}$ 时,使 $f(t_\mathrm{R})$ 成为最大值 1.0 的常数;w 是与介质的纵波波速 C_p 和炮孔直径 a 有关的函数,其表达式为

$$w=\frac{2\sqrt{2C_\mathrm{p}}}{3a} \tag{4.80}$$

t_R 通常称作爆炸脉冲的峰值时间,是 n、m 和 w 的函数,即

$$t_\mathrm{R}=\frac{\sqrt{2}\ln(n/m)}{2(n-m)w} \tag{4.81}$$

P_0 的表达式为

$$P_0 = 1/(\mathrm{e}^{-nwt_R\sqrt{2}} - \mathrm{e}^{-mwt_R\sqrt{2}}) \tag{4.82}$$

对于每个具体工程,先给出 m、n 的一个初值,应用现场量测结果与理论计算对比,逐步修正这两个参数,使得由上述模型计算得到的脉冲波形与实测结果足够接近。

2. 有限元建模

围岩对爆破振动的动力响应可简化为平面应变问题。以左线隧道 ZK5+915 断面为研究对象,计算范围水平方向取隧道中轴线左、右各 80m,上边界取至海水面位置,模型底面取至隧道底板向下 50m。周边眼布置在隧道开挖轮廓面上,轮廓面上有限元网格的尺寸为周边眼间距,这样周边眼和轮廓面上有限元网格节点重合,便于直接施加爆破动力荷载。水体部分采用 AC2D4R 型单元,该单元不考虑剪切作用但可以传递应力波,岩体部分则采用 AC3D8R 型单元。采用弹塑性本构关系和摩尔-库仑屈服准则,有限元网格、周边眼及振动监测点布置图如图 4.40 所示。采用低爆速的 1# 抗水露天硝铵炸药,炸药和爆破荷载参数如表 4.16 所示。底边界和左、右边界采用黏滞边界,上边界采用自由边界。原始应力场为自重场。对于岩土动力学非线性问题,阻尼参数的确定通常采用 Rayleigh 阻尼,Rayleigh 参数 α、β 与体系的固有频率和阻尼比有关,取 $\alpha = 0.043$,$\beta = 0.05$。

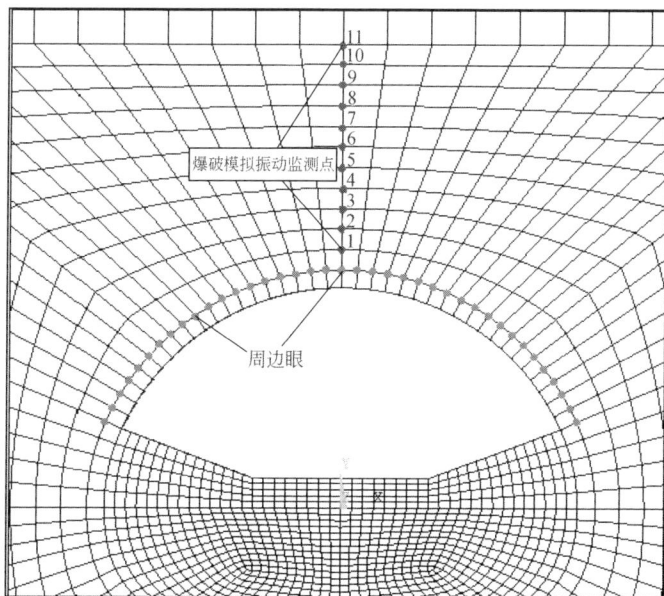

图 4.40　有限元网格、周边眼及振动监测点布置图

表 4.16　炸药和爆破荷载参数

炸药密度 /(kg/m³)	炸药爆速 /(m/s)	弱风化层纵波速度 /(m/s)	微风化层纵波速度 /(m/s)	m	n	η
1000	3000	3776	4558	1.0	1.5	10

3. 计算与分析

为减小爆破振动对围岩的损伤,采用预留光面层爆破,周边眼采用不耦合空气间隔装药。循环进尺为 2.0m,钻孔长度为 2.2m,装药长度 $l_c=0.4$m,空气柱长度 $l_a=1.6$m,体积等效下的装药半径 $R_c'=0.008$m。按式(4.77)计算作用在炮孔壁上的爆破荷载作用时程曲线如图 4.41 所示。按式(4.77)理论上计算的是连续荷载,数值模拟时爆破脉冲荷载按 0.05ms 时间间隔取值以梯度形式作用在开挖轮廓面的节点上。取拱顶垂直方向的节点为数值计算振动速度的监测点,监测点布置如图 4.40 所示。爆破地震模拟过程中,记录监测点的水平和垂直振动速度。以 2 号点为例,质点振动速度衰减曲线如图 4.42 所示。提取各点的峰值振动速度及爆心距,如表 4.17 所示。

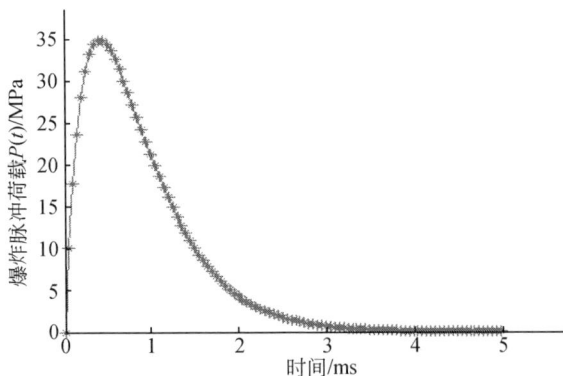

图 4.41　作用在炮孔壁上的爆破脉冲荷载时程曲线

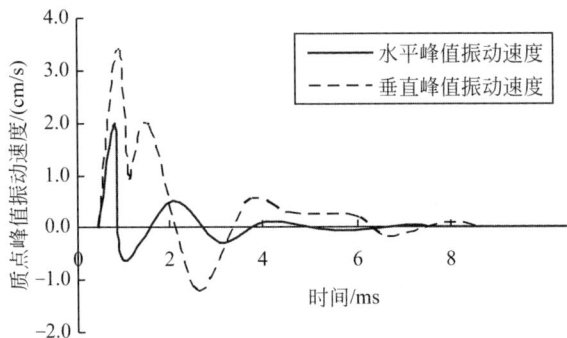

图 4.42　质点振动速度随时间衰减曲线

表 4.17　周边眼爆破监测点峰值振动速度

点号	距拱顶距离/m	水平峰值振动速度/(cm/s)	垂直峰值振动速度/(cm/s)
1	0.69	3.789	7.459
2	1.38	1.983	3.401
3	2.07	0.998	2.089
4	2.76	0.532	1.200
5	3.45	0.327	0.857
6	4.14	0.247	0.580
7	4.83	0.214	0.489
8	5.52	0.197	0.402
9	6.21	0.135	0.278
10	6.90	0.121	0.250
11	7.60	0.098	0.245

常用的爆破质点振动速度预测公式有前面所述的萨道夫斯基公式和卢文波公式。由式(4.68)、式(4.69)可见,无论是基于集中装药还是长柱状装药,爆破振动速度都是随爆心距呈指数衰减,所以可以采用式(4.83)简化形式对拱顶监测点振动速度与爆心距进行拟合。

$$PPV = \frac{K}{R^{\beta}} \qquad (4.83)$$

式中,R 为爆心距(m);K 为与单段炸药量、布孔方式、装药结构和爆破场地相关的常数;β 为爆破振动衰减指数。

对式(4.83)两边取对数

$$\ln PPV = \ln K - \beta \ln R \qquad (4.84)$$

令 $\ln PPV = y, \ln R = x, \ln K = a, -\beta = b$,按最小二乘法对 $y = a + bx$ 线性回归,求得水平峰值振动速度为

$$PPV = \frac{2.6265}{R^{1.5913}} \qquad (4.85)$$

垂直峰值振动速度为

$$PPV = \frac{5.1674}{R^{1.535}} \qquad (4.86)$$

按式(4.85)、式(4.86)和表 4.17 绘出隧道拱顶覆盖岩石监测点的水平和垂直振动速度衰减曲线,如图 4.43、图 4.44 所示。根据青岛胶州湾海底隧道工程地质报告和表 4.15,取 ZK5+915 断面岩石损伤的峰值振动速度临界值[PPV]=

25cm/s。由式(4.85)和式(4.86)可见,周边眼爆破引起的覆盖岩石垂直振动速度大于水平振动速度。所以按垂直振动速度衰减公式(4.86)计算损伤范围,周边眼爆破引起的隧道覆盖岩石的损伤范围为0.3581m。

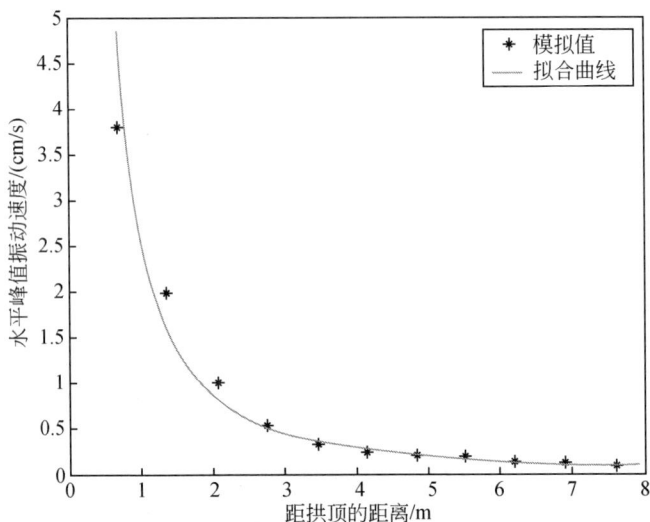

图 4.43　水平峰值振动速度随爆心距衰减曲线

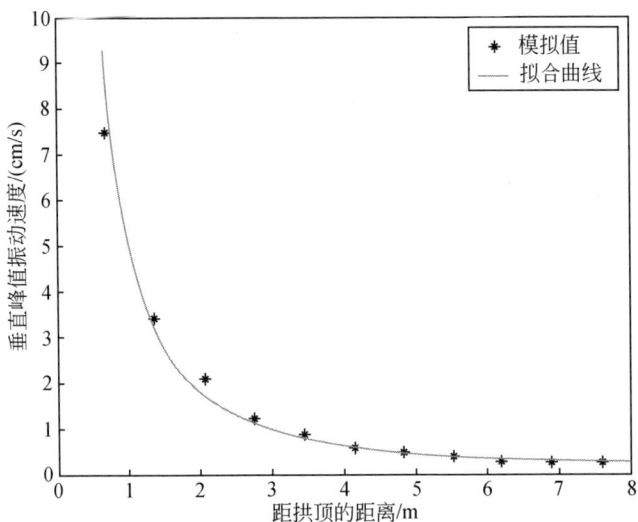

图 4.44　垂直峰值振动速度随爆心距衰减曲线

4.4　地震振动响应分析

　　首先,应根据海底隧道工程所处地区的地震构造条件,来确定是否需要考虑地震载荷对岩石覆盖厚度的影响。当隧道所处地区地震频繁、地震烈度较大时,需要考虑地震载荷的作用;当隧道所处地区稳定,不具备强地震发震构造条件时,则不需要考虑地震载荷的作用。从地震载荷角度分析岩石覆盖厚度,通常采用大型有限单元法软件 ABAQUS 来模拟地震载荷作用下隧道上覆岩石的动力学响应。通过分析不同岩石覆盖厚度下隧道周边水平振动速度峰值的大小,来判断地震载荷产生的动力响应是否破坏隧道的上覆围岩,从而为海底隧道选择最佳的岩石覆盖厚度。

4.4.1　概述

1. 隧址地震特征

　　青岛胶州湾海底隧道工程所在地区处于稳定、缓慢的整体上升运动之中,无强地震的发震构造条件,未来百年内地震活动的最大震级可能在Ⅳ～Ⅴ级。通过对地震危险性分析,认为场地的地震基本烈度均为Ⅵ度,工程场地不存在砂土液化、软土震陷和地震滑坡崩塌等地震地质灾害。据《建筑抗震设计规范》(GB 50011—2001)规定,青岛市抗震设防烈度为Ⅵ度,设计的震动加速度为 $0.05g$。青岛胶州湾海底隧道为城市快速路的组成部分,是重要的地下构筑物,为此地震烈度按Ⅶ级设防,设计的震动加速度为 $0.15g$。

　　根据青岛胶州湾海底隧道工程的设计推荐轴线,结合工程设计阶段地质物探、钻探资料,以及工程的地震特征和隧道设计资料,进行覆盖岩石的地震反应分析,为隧道最小岩石覆盖厚度的选择提供参考。

2. 计算方法概述

　　详细地研究地震对地下结构的震动作用,可采用两种方法:地震动力响应分析和动力模型试验。通过这些分析和试验可以弄清楚隧道横、纵断面应力的响应、动土压力和各种接头的抗震性。此时,必须详细掌握隧址处地层的动力特性参数,如地层的动弹性模量、阻尼系数、动强度等以及地震时地层运动信息,如地震加速度等。同时,还要求有容量足够的计算机和较长的计算时间。故只有重要的地下结构物才有必要和可能进行地震响应分析和动力模型试验。

　　由于对无限地基辐射阻尼模拟的困难,因此模型试验方法并未得到显著的发展。这样,地下结构动力分析方法就可以概括分为理论方法、原型测量和室内实验三类。理论方法主要有解析法、数值法以及数值–解析结合法等。由于解析法有一定的局限性,不适应工程实际,这样就使数值法和数值–解析结合法成为广泛应用的手段。原型测量包括激振试验和强震观测两个方面,近年来得到了一定的发展,但在验证地下结构动力分析问题的理论模型方面研究成果还不多。室内实验主要是通过测定地基土的物理力学性质来确定理论分析的参数。

对于一些具有简单介质条件、载荷条件和结构条件的问题,如均匀弹性半平面或半空间上受简谐荷载作用的圆形刚性基础板的振动,存在解析解,但是在大多数情况下,如复杂介质条件下的基础或地基振动,则往往需要借助于数值方法来求解。对于场地响应问题,则只对简单的地形和介质条件(半圆形或椭圆形山谷 SH 波入射) 才具有解析解,而绝大多数实际的工程问题都必须借助于数值解。

地下结构动力分析问题的另一重要特点是它们与无限域的辐射阻尼有关,而且无限域的地基动力刚度是激振频率的复杂函数。因此,地下结构动力分析问题的求解在频域内进行具有一定的优越性。但是,众所周知,频域方法只适用于线弹性或黏弹性系统而不适用于非线性或弹塑性系统。因此,对于具有非线性特性的土壤地基来说,解决地下结构动力分析问题只能借助于整体时域方法或采用等效线性方法。对于地基为线弹性、结构为非线弹性的问题,也可采用集中参数法。

可以用来进行结构动力分析问题的数值方法包括有限元法、边界元法、有限差分法、有限条分法、离散元法等。国际上大型有限单元法分析软件 ABAQUS 日益为大家所熟悉,其优点是数学过程简单、物理概念清楚、计算程序编制具有有序性和一致性以及具有很好的适用性和高度的灵活性,并由于计算机技术的发展而得到迅速发展和广泛应用。目前,ABAQUS 已在地震工程、地球物理、热力学、流体力学、空气动力学等众多领域中发挥着重要作用,而且是今后可能应用到更广泛范围内的比较有效的数值计算方法。因此,本节采用 ABAQUS 软件模拟地震荷载作用下隧道上覆岩石的动力学响应。

4.4.2 地震动力学计算

1. 计算模型

根据青岛胶州湾海底隧道地形变化和纵断面设计,这里选取了最小岩石覆盖建议线隧道位置,以左线隧道里程桩号 ZK5+915、右线隧道里程桩号 YK5+953 两个剖面为研究对象进行计算。隧道剖面地质描述如表 4.18 所示。假定隧道为无线长,计算简化为平面应变问题。模型上边界取至海底面,下边界则取在隧道底部向下 50m 处的位置,水平方向计算范围取 160m,ZK5+915 剖面的有限元计算网格如图 4.45 所示。YK5+953 剖面的有限元计算网格和图 4.45 类似,只是隧道岩石覆盖厚度较大。

表 4.18　隧道剖面地质描述

里程桩号/m	岩石种类	水深 /m	软土层厚 /m	弱风化层厚 /m	最小岩石覆盖厚度 /m
ZK5+915	⑦₂₄微风化含火山角砾凝灰岩	44.6	0	2.8	19.8
YK5+953	⑦₁断裂破碎岩;⑦₂微风化破碎岩; ⑦₁₇微风化流纹岩;⑦₁₇含火山角砾 凝灰岩	43.2	9.6	16	33.0

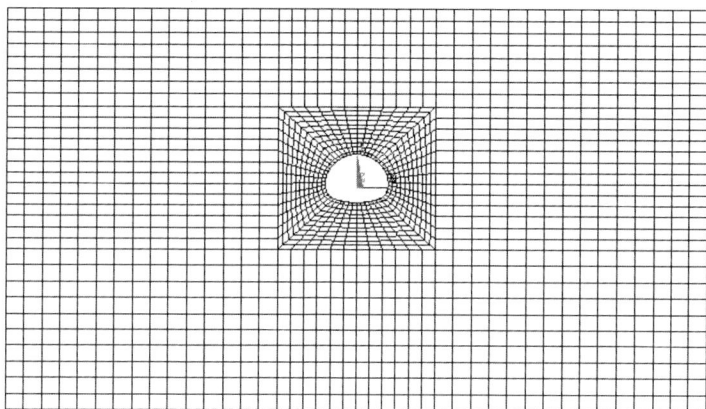

图 4.45　ZK5+915 剖面有限元计算网格

2. 初始条件和边界条件

根据朱镜清等的研究成果可得到如下结论:海水的黏性对海底土层地震反应的影响很小,即在海水与海床土耦合运动问题中,海水可以作为理想流体来处理。通过计算和理论分析可知,在海底地面运动的扰动下,海水在海底形成的一个附面层的厚度很小,从而可以附加到海底土层上去的质量很小,完全可以忽略不计。利用这一结论,本节分析中对海水的处理采用如下方法:在海底土层上表面的水平方向上不附加任何部分海水质量,竖直方向上则附加上覆海水的全部质量。初始应力按自重场计算。

《建筑抗震设计规范》(GB 50011—2001)规定对地震烈度Ⅶ度设防的地区,结构仅考虑横向振动的影响。假定地震波从地壳深处传来,模型底边界为地震波输入边界。由于地震荷载作用在有限元网格的外部节点上,因此模型左右边界的人工边界设置为自由场边界,吸收地震波在人工边界的反射能量。

3. 力学参数

根据隧道工程勘探的地质资料,剖面 ZK5+915 围岩力学参数如表 4.19 所示,剖面 YK5+953 围岩力学参数如表 4.20 所示。

表 4.19　剖面 ZK5+915l 围岩力学参数

分层	密度 /(kg/m³)	弹性模量 /GPa	泊松比	黏聚力 /MPa	内摩擦角 /(°)	厚度 /m
弱风化层	2220	7.2	0.33	1.44	24	2.8
基岩层	2590	12.9	0.28	2.9	27.4	300

表 4.20　剖面 YK5+953 围岩力学参数

分层	密度 /(kg/m³)	弹性模量 /GPa	泊松比	黏聚力 /MPa	内摩擦角 /(°)	厚度 /m
强风化层	2060	0.73	0.35	0.0184	24	9
断裂破碎带	2100	5.9	0.31	0.72	24	300

4. 地震动荷载

青岛胶州湾海底隧道地震设防烈度为Ⅶ度,地震周期 $T=0.4\text{s}$,地震加速度幅值 $h=0.15g$。由于青岛胶州湾海底隧道工程区域缺少地震波记录,因此按 Elcentro 横波加速度时程曲线波形输入,振动幅值按线性比例换算。地震加速度时程曲线如图 4.46 所示。

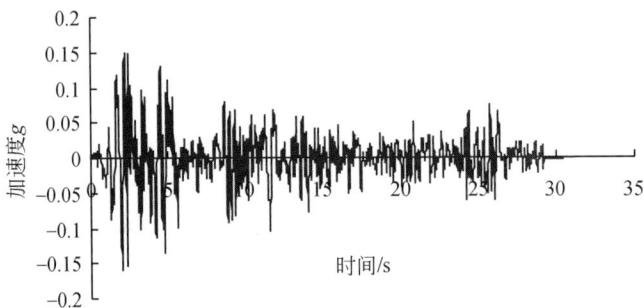

图 4.46　输入的地震水平加速度时程曲线

5. ZK5+915 剖面计算结果与分析

左线隧道 ZK5+915 剖面上覆岩石监测点布置如图 4.47 所示,取隧道拱顶以上节点 281、248、204 和 1546 为监测点,它们的爆心距依次递增。

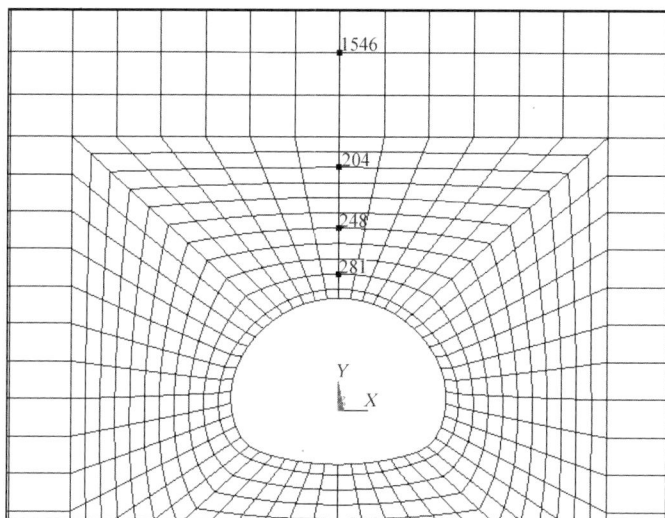

图 4.47　ZK5+915 剖面监测点布置图

经过数值计算分别给出它们的速度、加速度时程曲线如图 4.48 和图 4.49 所

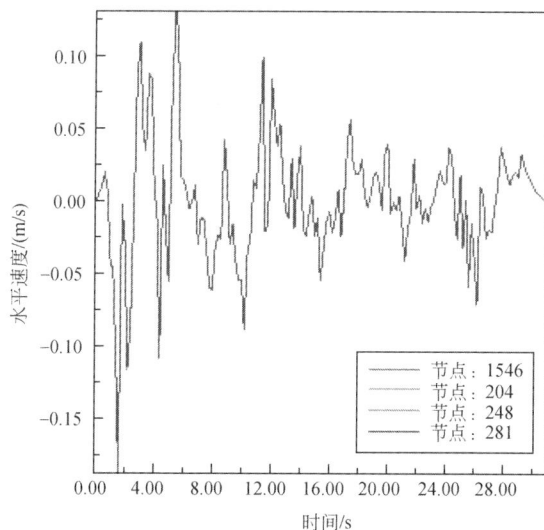

图 4.48　ZK5+915 剖面监测点水平速度时程曲线(见彩图)

示(采用国际单位,时间为 s;速度为 m/s;加速度为 m/s²)。其中,紫色代表节点281、橙色代表节点248、绿色代表节点204、红色代表节点1546。各监测点速度、加速度峰值如表4.21所示。

由速度、加速度时程曲线图可见,在 3~5s、10~12s、24~26s 三个时间段上,各时程曲线均出现了与水平地震加速度输入值相对应的峰值。另外,由于地震波在整个底边界同时输入,各监测点取在隧道拱顶之上,远离输入地震波的底边界,所以由于距离不同而导致的波形滞后很小,四个监测点波形、相位几乎一致,时程曲线近似重合。

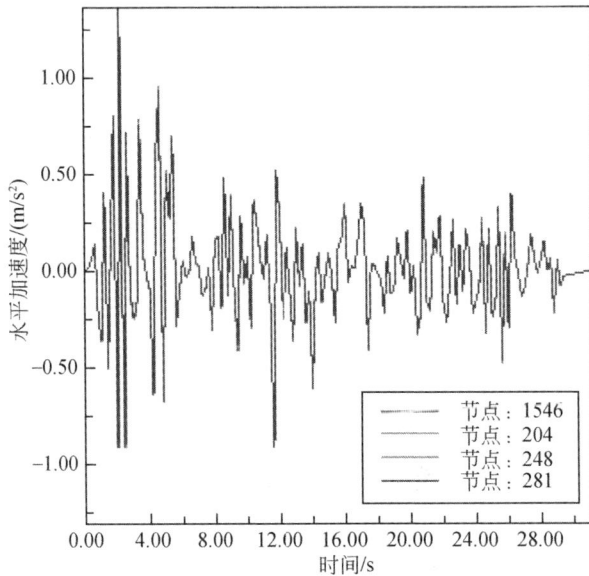

图4.49　ZK5+915 剖面监测点水平加速度时程曲线(见彩图)

表4.21　ZK5+915 剖面监测点速度、加速度峰值

监测点	距拱顶距离 /m	水平速度峰值 /(m/s)	水平加速度峰值 /(m/s²)
281	1.60	0.17	1.10
248	4.60	0.17	1.10
204	8.60	0.17	1.10
1546	15.30	0.17	1.10

根据 Langefors 提出的隧道围岩的破坏标准,将 25cm/s 的振动速度作为保守的壁墙破坏标准;30cm/s 的振动速度作为不衬砌隧道岩石产生坠落的临界值;

60cm/s 的振动速度作为岩石形成新裂缝的临界值。由表 4.21 可见,按地震烈度 Ⅶ级设防,水平振动速度峰值为 17cm/s,小于保守的围岩壁面破坏标准 25cm/s,地震不会引起隧道 ZK5+915 剖面上覆围岩的破坏。

6. YK5+953 剖面计算结果与分析

右线隧道剖面 YK5+953 剖面上覆岩石监测点布置如图 4.50 所示。取隧道拱顶以上节点 270、226、1669 和 1636 为监测点,它们的爆心距依次递增。

经过数值计算分别给出它们的速度、加速度时程曲线如图 4.51、图 4.52 所示(采用国际单位,时间为 s;速度为 m/s;加速度为 m/s^2)。其中,紫色代表节点 270、橙色代表节点 226、绿色代表节点 1669、红色代表节点 1636。各监测点速度、加速度峰值如表 4.22 所示。

由速度、加速度时程曲线图可见,在 3~5s、10~12s、24~26s 三个时间段上,各时程曲线均出现了与水平地震加速度输入值相对应的峰值。另外,由于地震波在整个底边界同时输入,各监测点取在隧道拱顶之上,远离输入地震波的底边界,所以由于距离不同而导致的波形滞后很小,四个监测点波形、相位几乎一致,时程曲线近似重合。

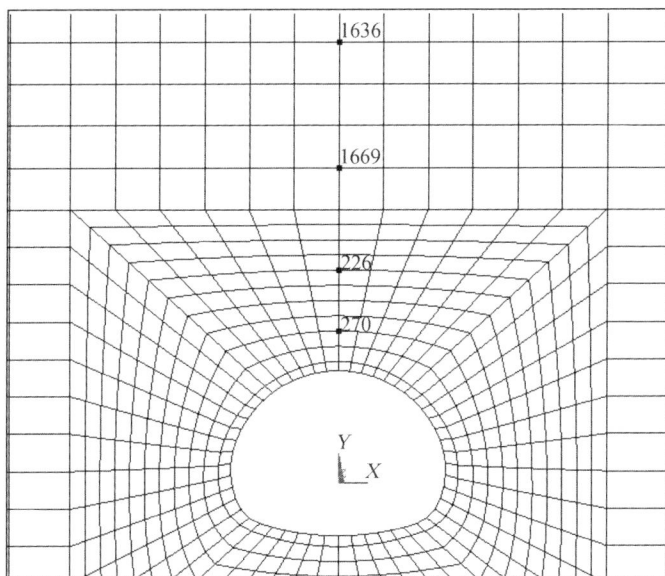

图 4.50　YK5+953 剖面监测点布置图

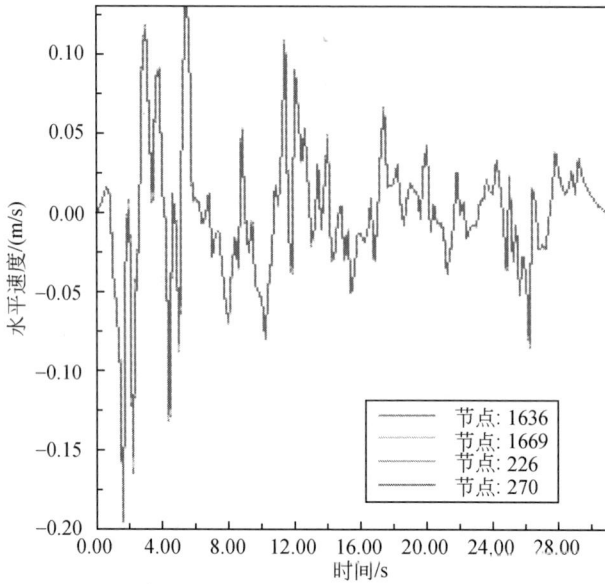

图 4.51 YK5+953 剖面监测点水平速度时程曲线(见彩图)

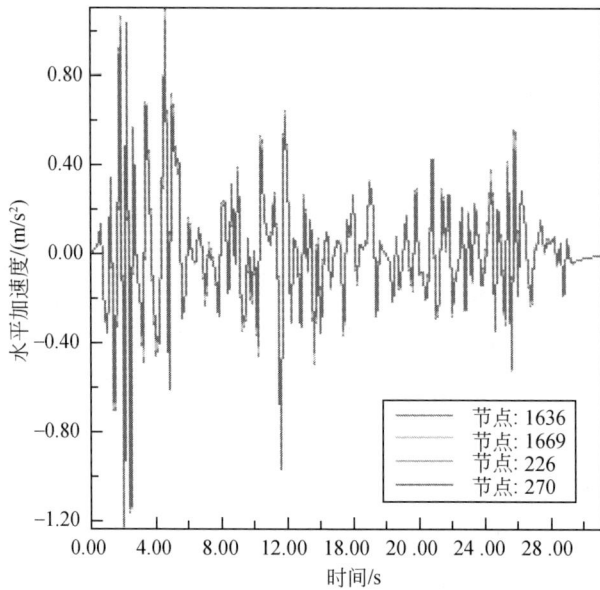

图 4.52 YK5+953 剖面监测点水平加速度时程曲线(见彩图)

表 4.22　YK5+953 剖面监测点速度、加速度峰值

监测点	距拱顶距离 /m	水平速度峰值 /(m/s)	水平加速度峰值 /(m/s²)
270	1.60	0.20	1.20
226	4.60	0.20	1.20
1669	8.60	0.20	1.20
1636	15.30	0.20	1.20

根据上述 Langefors 提出的隧道围岩的破坏标准,由表 4.22 可见,按地震烈度Ⅶ级设防,水平振动速度峰值为 20cm/s,小于保守的围岩壁面破坏标准 25cm/s,地震不会引起隧道 YK5+953 剖面上覆围岩的破坏。

4.4.3　小结

根据《建筑抗震设计规范》(GB 50011—2001)规定,青岛市抗震设防烈度为Ⅵ度,设计的震动加速度为 0.05g。青岛胶州湾海底隧道是城市快速路的组成部分,是重要的地下构筑物,为此按Ⅶ度地震烈度设防,设计的震动加速度为 0.15g。本节采用 ABAQUS 软件进行隧道上覆岩石地震动力响应分析,得出如下研究成果:

(1) 由 ZK5+915 剖面、YK5+953 剖面速度和加速度时程曲线可见,在 3～5s、10～12s、24～26s 三个时间段上,各时程曲线均出现了与水平地震加速度输入值相对应的峰值。另外,由于地震波在整个底边界同时输入,各监测点取在隧道拱顶之上,远离输入地震波的底边界,所以由距离不同而导致的波形滞后很小,四个监测点波形、相位几乎一致,时程曲线近似重合。

(2) 按Ⅶ级地震烈度设防,ZK5+915 剖面水平振动速度峰值为 17cm/s,YK5+953 剖面水平振动速度峰值为 20cm/s,均小于 Langefors 提出的保守围岩壁面破坏标准 25cm/s,地震不会引起青岛胶州湾海底隧道上覆围岩的破坏。

4.5　施工方法优化研究

4.5.1　概述

1. 研究意义

在复杂的工程地质环境中修建海底隧道,不仅施工工艺复杂、支护难度大,而且施工中可能产生一系列的岩石力学问题,如海水渗漏、围岩片冒、支护体变形破坏等,均对施工产生不良影响。在施工过程中,不但各工序配合与相互干扰错综复杂,而且受到各方面因素影响和限制,在安排各个洞室施工先后顺序及隧洞施工顺序时,需要顾及对工程的总工期、围岩稳定、施工强度、各个工作面的干扰以及交通运输等问题的影响。目前,大多数钻爆法施工海底隧道的开挖多采用分步进行,开挖顺序不同,对围岩的加载过程不同,导致开挖成形后围岩的应力及受损范围和程度差别很大。不同的开挖方案将引起不同的围岩塑性破坏、变形和支护结构受力。如何开挖才能保证围岩塑性区面积最小、变形最小、支护结构安全系数最大,需要进行方案优化。在这一方面国内很多学者针对水电站地下厂房建设做了很多工作,取得了很多研究成果,但关于海底隧道施工优化的研究则鲜有报道。开挖顺序影响着围岩的稳定程度,很大程度上决定了隧道修建质量及使用寿命,所以针对海底隧道开挖采用的不同施工方法,有必要进行动态数值模拟分析,以便寻求最佳施工方法,使隧道围岩的受损程度和范围降为最小,确保海底隧道的安全开挖,并为其支护设计提供合理依据。

2. 研究内容

根据青岛胶州湾海底隧道工程地质、水文地质及其他相关资料,拟筛选三种施工方法进行对比模拟分析,即上下台阶法、双侧壁导坑法和CRD工法。开展施工过程优化的数值计算工作,通过各施工方法隧道围岩位移、应力及塑性区等多项安全指标的对比分析,寻求最佳开挖方案,以及分析不同施工方法对隧道岩石覆盖厚度的影响。本项研究采用FLAC^{3D}对隧道开挖和支护进行数值模拟,采用围岩–结构设计模式,主要考虑上下台阶法、双侧壁导坑法和CRD工法三种工法开挖围岩时,围岩和工字钢等初期支护共同作用的力学效应,选择青岛胶州湾海底隧道较优的施工方法。

3. 施工方法设计

1) 上下台阶法

与CRD工法、双侧壁导坑法相比,上下台阶法具有足够的作业空间,有利于各工序平行作业,从而加大了机械化作业程度,减少成本,提高进度。对于海底隧道围岩较好的情况,该方法的采用显然具有极大的优越性,其计算施工工序如图4.53所示。

开挖拟以1∶1高度上下划分台阶,计算步骤如下:
① 计算自重应力场;② 上台阶部分开挖;③ 架立钢格栅,喷射混凝土;④ 下台阶部分开挖;⑤ 架立钢格栅,喷射混凝土。

2) 双侧壁导坑法

双侧壁导坑法工序较为复杂,隧道断面分成左右上下6个小断面进行施工,每

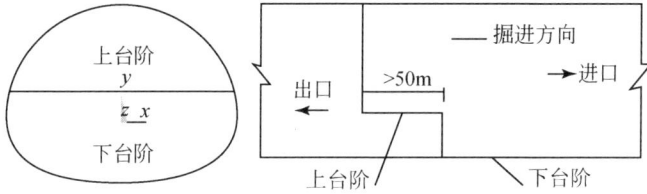

图 4.53 上下台阶法施工工序

一个小断面单独掘进,最后形成一个大的隧道,且利用岩层在开挖过程中短时间的自稳能力,采用网状支护形式,使围岩或者土层表面形成密贴薄壁支护结构,且用中隔墙及中隔板承担部分受力。该方法主要适用于黏性土层、砂层及砂卵层等地质。因此,对于海底隧道围岩相对较差的情况,该方法的研究具有重要的现实意义,施工工序如图 4.54 所示。

侧导洞分上下两个台阶,上台阶开挖完后直接翻入下台阶,初期支护紧随进行,两侧洞均设临时钢架横撑,做到步步封闭成环。两洞之间的中间部分开挖作业方式同侧洞,并及时架设拱部和临时横撑及仰拱的拱架,使之与两侧洞及时联结成环。计算步骤如下:①计算自重应力场;②两侧上部开挖,即开挖第一、三部分土体;③架立钢格栅,喷射混凝土;④中间上部开挖,即开挖第五部分土体;⑤架立钢格栅,喷射混凝土;⑥两侧下部开挖,即开挖第二、四部分土体;⑦架立钢格栅,喷射混凝土;⑧中间下部开挖,即开挖第六部分土体。

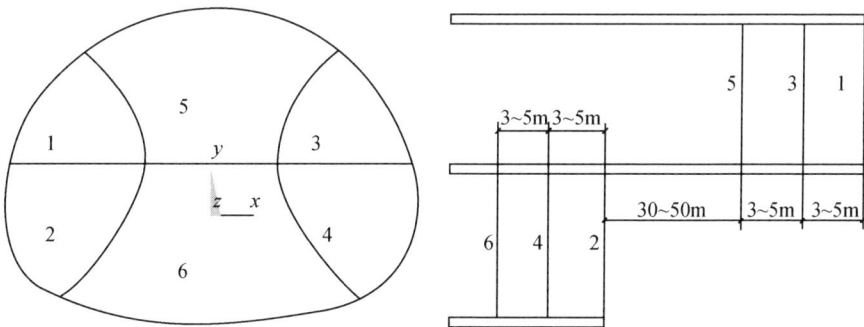

图 4.54 双侧壁导坑法施工工序

3)CRD 工法

CRD 工法是采用台阶法开挖超前的单侧壁导坑,另一侧的断面也用台阶法施工的新方法。它兼有正台阶和双侧壁导坑法的优点,且洞跨可随机械设备等施工条件而定。CRD 工法一般适用于围岩较差、跨度大、地表沉陷等难以控制的情况。该方法的特点是安全性高、技术要求高但施工难度小,因此对海底隧道的施工方法具有重要的研究意义。拟采用两种施工工序对该方法在海底隧道中的应用进行对比分析。

开挖过程主要考虑 CRD 工法中两种比较常见的开挖工序之一,如图 4.55 所示。工序一和工序二的差别主要体现在中隔墙(工字钢加喷混凝土)的施作上。计算步骤如下:①计算自重应力场;②开挖第一部分土体;③架立钢格栅,喷射混凝土;④开挖第二部分土体;⑤架立钢格栅,喷射混凝土;⑥开挖第三部分土体;⑦架立钢格栅,喷射混凝土;⑧开挖第四部分土体;⑨架立钢格栅,喷射混凝土。

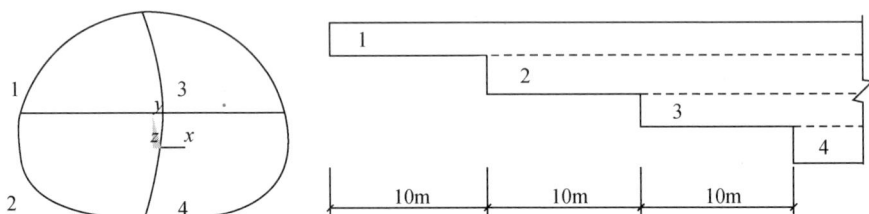

图 4.55　CRD 工法常见施工工序图

4.5.2　施工方法优化

1. 计算模型

选择右线隧道 YK5+823 剖面、YK5+953 剖面进行计算。根据初步设计所提供的地质资料,计算范围内的围岩按其力学性质分为三层,即强风化层、弱风化层和基岩层。适当简化计算,将海底淤泥、亚黏土、强风化基岩都作为软土层,均视为强风化基岩计算;弱风化、微新岩层作为基岩计算。初期支护主要考虑工字钢作用,初始地应力为自重场,海水压力和结构自重为计算中主要荷载。

在有限差分计算中,边界约束条件对计算结果影响较大。实践和理论分析表明,地下洞室开挖后的应力和应变仅在距洞室中心点 3~5 倍隧道开挖宽度(或高度)的范围内存在影响。在 3 倍宽度处的应力变化一般在 10% 以下,在 5 倍宽度处一般在 3% 以下。这样,计算时选择地层范围应注意:水平方向以及隧道下部大于 5 倍以上洞跨或洞高,隧道上部地层则取至海底。左右边界、底边界和前后边界均为法向位移约束边界。建模时,原点取在隧道的中心线上,距拱顶 8.25m,距底 3.95m,隧道高 12.2m;水平方向边左右距隧道中心线都是 80m,垂直方向从原点以下 50m 到地表。以 YK5+823 断面为例,各种工法的计算模型如图 4.56 所示。钢拱架采用 12 个自由度的梁单元模拟,如图 4.57 所示。20b 工字钢截面参数如图 4.58 所示,其几何尺寸为:高度 $h=22$cm,腿宽度 $b=11.2$cm,面积为 39.5cm^2;质量为 31.1kg/m。

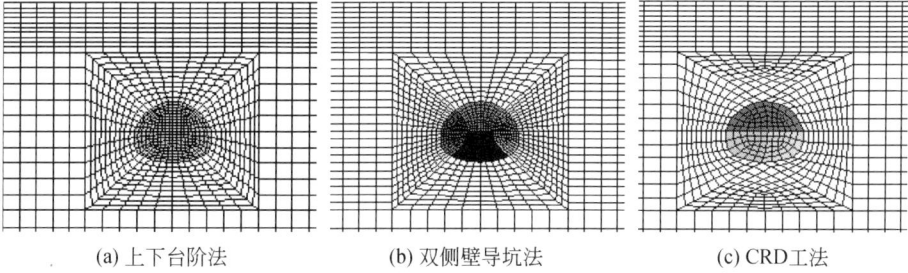

(a) 上下台阶法　　　　　　(b) 双侧壁导坑法　　　　　　(c) CRD工法

图 4.56　三种工法计算模型

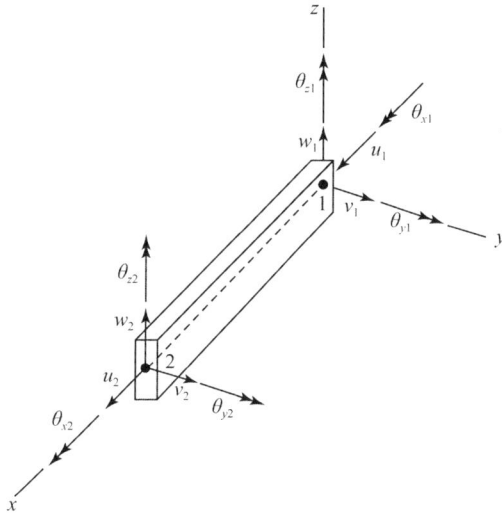

图 4.57　梁单元局部坐标及自由度

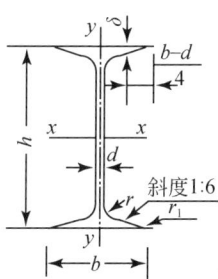

《热轧工字钢尺寸、外形、重量
及允许偏差》(GB/T 706—1988)

符号意义：

h —— 高度；

b —— 腿宽度；

d —— 腰厚度；

δ —— 平均腿厚度；

r —— 内圆弧半径；

r_1 —— 腿端圆弧半径

图 4.58　20b 工字钢截面几何尺寸

2. 力学参数

采用围岩-结构模式进行计算,假定隧道为无限长,其开挖变形为平面应变问题。围岩材料的本构模型采用摩尔-库仑模型,钢支撑采用梁单元模拟。YK5+823剖面围岩物理力学参数如表 4.23 所示,YK5+953 剖面围岩物理力学参数如表 4.24 所示,钢支撑力学参数如表 4.25 所示。隧道开挖其支护模拟主要考虑工字钢支撑,采用 20b 工字钢与格栅钢架交替设置,纵向间距为 0.6m。钢拱架和围岩共同变形,承担全部围岩释放荷载。

表 4.23　YK5+823 剖面物理力学参数

分层	密度 /(kg/m³)	弹性模量 /GPa	泊松比	黏聚力 /kPa	内摩擦角 /(°)	厚度 /m
强风化层	2060	0.73	0.35	18.4	24	2
弱风化层	2220	7.2	0.33	1.44e3	24	6
基岩层	2590	12.9	0.28	2.9e3	27.4	300

表 4.24　YK5+953 剖面物理力学参数

分层	密度 /(kg/m³)	弹性模量 /GPa	泊松比	黏聚力 /kPa	内摩擦角 /(°)	厚度 /m
强风化带	2060	0.73	0.35	18.4	24	9
断裂破碎带	2100	5.9	0.31	0.72E3	24	300

表 4.25　工字钢力学参数

弹性模量 /GPa	泊松比	抗拉强度 /MPa	惯性矩 I_x /cm⁴	惯性矩 I_y /cm⁴	惯性半径 i_x /cm	惯性半径 i_y /cm
210	0.3	2.3E2	2500	169	7.96	2.06

3. YK5+823 剖面结果与分析

对于不同施工方法,将原岩开挖与施加钢拱架的计算结果对比分析,着重研究隧道拱顶与底板相对位移变化及各关键点的位移变化。隧道洞周关键点示意图如图 4.59 所示。

YK5+823 剖面隧道洞周关键点相对收敛位移对比如表 4.26 所示,施加钢拱架

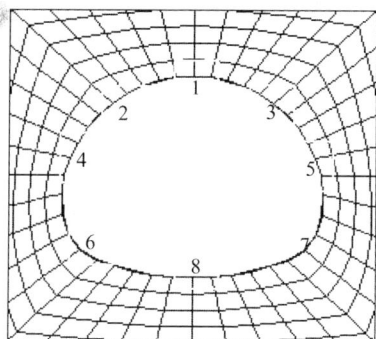

图 4.59　隧道洞周关键点示意图

洞周关键点位移对比如表 4.27 所示。在 YK5+823 剖面的计算中,从围岩关键点
位移和相对位移对比表中可以看出,由于岩石完整,强度较高,三种施工方法开挖
对围岩周边位移变化影响较小;钢拱架支撑对抑制隧道围岩变形作用不明显。在
不采取注浆加固、施加钢拱架等初期支护的前提下,隧道顶部围岩可以形成承载
圈,具有较好的自稳能力。YK5+823 剖面围岩完整,上下台阶法开挖能够自稳,采
用该方法开挖就能满足施工需要,因此不对此剖面做进一步的各种方案的比较
分析。

表 4.26　围岩关键点相对收敛位移对比　　　　　　（单位:mm）

施工方法	关键点	原岩开挖(不施加钢拱架)	施加钢拱架
上下台阶法	1~8	2.2421	2.237
	4~5	0.7733	0.444
双侧壁导坑法	1~8	2.2613	2.140
	4~5	0.7670	0.477
CRD 工法	1~8	2.1835	1.959
	4~5	0.7857	0.677

注:YK5+823 剖面,海水深度42.6m,最小岩石覆盖厚度20m。

表 4.27　施加钢拱架洞周关键点位移对比　　　　　　（单位:mm）

工法\关键点	上下台阶法			双侧壁导坑法			CRD 工法		
	x 位移	y 位移	合位移	x 位移	y 位移	合位移	x 位移	y 位移	合位移
1	0.000	-1.135	1.135	-0.010	-0.999	0.999	-0.034	-0.858	0.858
2	0.256	-0.815	0.854	0.112	-0.680	0.688	0.264	-0.716	0.763
3	-0.257	-0.984	1.001	-0.136	-0.683	0.696	-0.295	-0.792	0.845

工法 关键点	上下台阶法			双侧壁导坑法			CRD 工法		
	x 位移	y 位移	合位移	x 位移	y 位移	合位移	x 位移	y 位移	合位移
4	0.222	-0.276	0.354	0.219	-0.157	0.267	0.308	-0.209	0.372
5	-0.222	-0.277	0.355	-0.258	-0.156	0.301	-0.359	-0.215	0.418
6	0.218	0.515	0.559	0.109	0.704	0.713	0.196	0.641	0.670
7	-0.217	0.515	0.559	0.128	0.780	0.719	-0.225	0.723	0.757
8	0.000	1.102	1.102	-0.826	1.141	1.141	-0.023	1.101	1.101

注：YK5+823 剖面，海水深度 42.6m，最小岩石覆盖厚度 20m。

4. YK5+953 剖面结果与分析

1）关键点位移

YK5+953 剖面隧道洞周关键点相对收敛位移对比如表 4.28 所示，施加钢拱架洞周关键点位移如表 4.29 所示。在 YK5+953 剖面的计算中，由于受断层破碎带的影响，原岩毛洞开挖后围岩发生急剧变形而无法自稳。施加钢拱架支撑后隧道仍发生较大垂直变形，尤其是拱顶与底板的相对收敛位移比较大。总体来说，三种施工方法在破碎围岩施工中，施加初期支护，CRD 工法相对变形最小，相对易于在开挖过程中控制隧道的稳定性。

表 4.28　围岩关键点相对收敛位移对比

施工方法	方向	原岩开挖（不施加钢拱架）/mm	施加钢拱架/mm
上下台阶法	1～8	不能自稳	115.723
	4～5	不能自稳	0.073
双侧壁导坑法	1～8	不能自稳	108.542
	4～5	不能自稳	0.902
CRD 工法	1～8	不能自稳	63.348
	4～5	不能自稳	0.333

注：YK5+953 剖面，海水深度 43.2m，最小岩石覆盖厚度 33m。

表 4.29　施加钢拱架洞周关键点位移对比　（单位：mm）

工法 关键点	上下台阶法			双侧壁导坑法			CRD 工法		
	x 位移	y 位移	合位移	x 位移	y 位移	合位移	x 位移	y 位移	合位移
1	0.071	-23.736	23.736	-0.005	-22.040	22.040	-5.027	-13.148	14.077
2	7.910	-12.222	14.559	-1.083	-2.678	2.889	13.482	-16.968	21.672

关键点＼工法	上下台阶法			双侧壁导坑法			CRD 工法		
	x 位移	y 位移	合位移	x 位移	y 位移	合位移	x 位移	y 位移	合位移
3	−7.668	−11.818	14.088	1.067	−2.703	2.906	−14.519	−16.147	21.715
4	0.028	2.641	2.641	0.431	0.496	0.657	−0.024	−0.198	0.200
5	−0.046	2.721	2.721	−0.471	0.538	0.714	−0.309	−0.526	0.610
6	2.219	13.343	13.527	−3.632	6.688	7.610	7.169	15.978	17.512
7	−2.130	13.474	13.641	3.636	6.732	7.651	−10.752	27.860	29.863
8	−0.065	91.987	91.987	0.005	86.502	86.502	−8.102	50.200	50.849

注：YK5+953 剖面，海水深度 43.2m，最小岩石覆盖厚度 33m。

2）围岩应力

YK5+953 剖面隧道原岩开挖不能自稳定，所以仅给出了各施工方法施加钢拱架后围岩最大、最小主应力等值线图，如图 4.60、图 4.61 所示。

隧道的开挖对围岩造成的影响是一个非线性不可逆的加载过程，这使得处于初始地应力状态下的围岩进行应力重分布，最后达到新的平衡。隧道开挖引起径向应力释放，切向应力增加，表现为最大主应力与隧道周边相切的趋势。在上下台阶法和双侧壁导坑法施工中，前者产生的主应力要大于后者，隧道周边均出现压应力集中现象，主要体现在隧道拱顶、底板和两侧拱腰部位，近似对称分布。而 CRD 工法由于中隔墙作用（钢拱架），其应力集中分布不具有对称性，计算并未出现拉应力。

在最小主应力云图中，隧道开挖后围岩最小主应力变化范围为−3.1～−0.43 MPa，各施工方法在断层破碎带施工中，最小主应力产生应力集中带均为隧道两帮，尤其以 CRD 工法的范围最大。

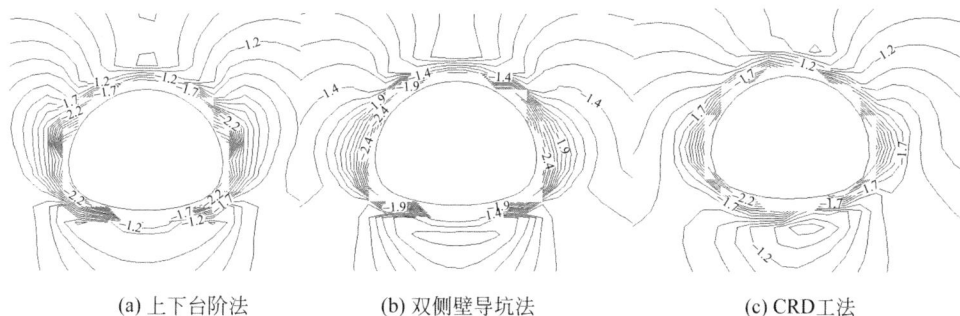

(a) 上下台阶法　　　　　(b) 双侧壁导坑法　　　　　(c) CRD工法

图 4.60　最大主应力等值线图（单位：MPa）

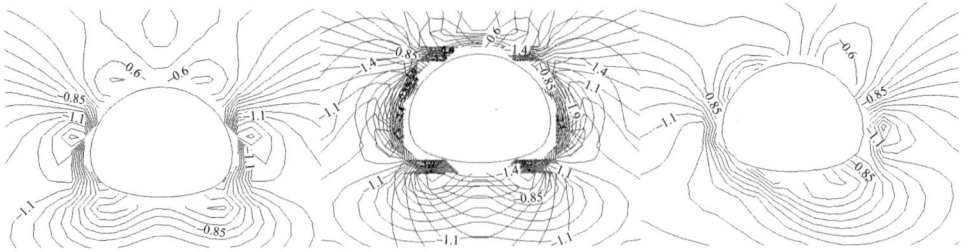

(a) 上下台阶法　　　　　(b) 双侧壁导坑法　　　　　(c) CRD工法

图 4.61　最小主应力等值线图(单位:MPa)

5. 围岩塑性区

由于海底隧道对防渗要求较高,因此原岩开挖引起隧道围岩塑性区范围越小越好,尤其是在断层附近,开挖的应力扰动会加剧裂隙张开,甚至多组裂隙贯通,从而为海水渗入提供通道,三种施工方法的塑性区分布如图 4.62 所示。

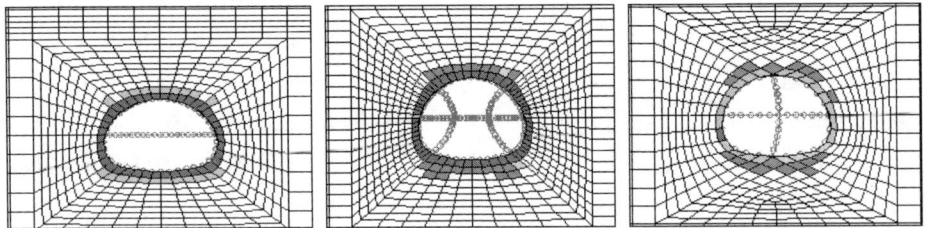

(a) 上下台阶法　　　　　(b) 双侧壁导坑法　　　　　(c) CRD工法

图 4.62　塑性区分布图

在断层破碎带计算中,由于埋置深度加剧、断层破碎等因素的影响,三种工法均出现了大面积的塑性区。由于原岩开挖隧道无法自稳,因此钢拱架在隧道支护中发挥了决定性的作用,隧道拱顶部位围岩与初期支护共同作用形成承载圈,共同承担围岩压力和孔隙水压力作用。

6. 钢拱架内力

为模拟钢拱架与围岩的共同作用,先施加梁单元,在梁单元的预支护下开挖。具体计算步骤同开挖方案一致。三种施工方法钢拱架有限元模型及梁单元编号如图 4.63 所示,圆圈表示梁单元的节点,两个节点连成一个梁单元,若干梁单元连接成一根梁。从钢拱架模拟中提取梁单元轴力、剪力和弯矩进行综合分析,如表 4.30 ~ 表 4.32(限于篇幅,这里仅列出了代表性的单元)所示。

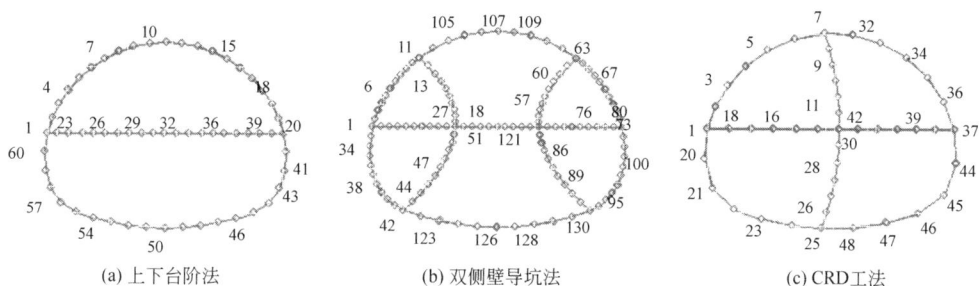

(a) 上下台阶法　　　　　　　(b) 双侧壁导坑法　　　　　　　(c) CRD工法

图 4.63　钢拱架有限元模型及梁单元编号

表 4.30　上下台阶法梁单元轴力、剪力和弯矩

梁单元编号	轴力 F /kN	剪力 Q /kN	弯矩 M /(kN·m)	梁单元编号	轴力 F /kN	剪力 Q /kN	弯矩 M /(kN·m)
1	2143.20	−241.02	128.42	20	2153.00	244.23	−130.14
7	1626.30	−79.46	42.36	43	2139.10	51.87	−31.19
10	1613.20	−19.80	10.56	50	2415.80	−110.66	66.78
15	1554.00	81.53	−43.47	57	2930.60	65.32	−39.18

表 4.31　双侧壁导坑法梁单元轴力、剪力和弯矩

梁单元编号	轴力 F /kN	剪力 Q /kN	弯矩 M /(kN·m)	梁单元编号	轴力 F /kN	剪力 Q /kN	弯矩 M /(kN·m)
1	891.37	−329.53	87.87	83	470.08	602.61	−160.54
11	1681.80	164.62	−61.05	107	907.10	−177.54	94.65
42	358.98	386.53	−146.15	121	2273.30	820.89	−494.99
51	913.98	330.63	−88.17	126	1651.00	−143.23	86.43
63	301.53	74.07	−22.92	130	2270.00	−820.96	495.40

表 4.32　CRD 法梁单元轴力、剪力和弯矩

梁单元编号	轴力 F /kN	剪力 Q /kN	弯矩 M /(kN·m)	梁单元编号	轴力 F /kN	剪力 Q /kN	弯矩 M /(kN·m)
1	1673.30	−170.30	124.36	32	1386.60	−70.79	65.95
7	1401.00	−353.26	179.75	37	578.72	−671.90	413.09
21	1912.00	84.75	−79.78	42	133.77	774.12	−475.94
25	1790.60	458.40	−241.63	46	1836.70	−176.17	185.96

由表 4.30~表 4.32 可知,梁单元轴力最大,剪力次之,弯矩较小。按最大轴力验算梁单元截面压力为 735MPa,大于工字钢的允许抗压强度 230MPa。而模拟中假定围岩与支护共同变形,围岩释放荷载大部分由工字钢支撑。如果考虑挂钢筋网、喷射混凝土等初期支护,假定工字钢只承担 40% 围岩释放荷载,那么基本能满足支护强度要求。因此,在断层破碎带施工中,应考虑注浆加固、挂网锚喷、钢拱架联合支护,确保隧道施工安全。

4.5.3　小结

(1) 在上下台阶法、双侧壁导坑法和 CRD 工法数值模拟中,从隧道开挖后围岩位移、应力、塑性区角度来看,钢拱架作用较为明显,CRD 工法较优。

(2) 对于岩石完整带,开挖变形较小,塑性区范围也较小,说明围岩具有较强的自稳能力,无须采取注浆加固、施做钢拱架等初支措施,可采取上下台阶法施工,提高施工效率,降低成本。

(3) 对于断层破碎带附近,由于受水荷载、断层等影响,其较岩石完整带变形加剧,变形值已超过设计规范允许值,塑性区范围也进一步扩大,钢拱架能有效抑制围岩变形。隧道开挖应采取注浆、挂网锚喷、钢拱架等联合支护。在断层破碎带较宽地段,可采取 CRD 工法以控制隧道稳定,对于断层破碎带较窄地段,可考虑注浆加固后采取上下台阶法施工,以加快施工进度。

4.6　开挖效应的施工相互影响分析

由于设置服务隧道(如厦门翔安海底隧道、青岛胶州湾海底隧道)或者和市区已有路网衔接(如武汉长江隧道、南京长江隧道)等方面的原因,水下隧道一般属于小净距隧道。所谓小净距隧道,是指中夹岩柱厚度小于独立双洞间最小净距的规范建议值(见表 4.33)的特殊隧道布置形式。小净距隧道能很好地满足特定地质和地形条件、桥隧衔接要求,有利于道路整体线型的规划和优化,因此已经成为山岭隧道、水下隧道和城市地铁等地下工程中较多采用的一种结构形式。

表 4.33　分离式独立双洞间的最小净距

围岩级别	Ⅰ	Ⅱ	Ⅲ	Ⅳ	Ⅴ	Ⅵ
最小净距	1.0B	1.5B	2.0B	2.5B	3.5B	4.0B

注:B 为隧道开挖宽度。

相互影响是小净距隧道区别于分离式独立隧道的本质所在,分离式隧道最小净距的要求正是基于将隧道置于相邻洞室的影响范围之外的原则制定。关于隧道之间相互影响的系统研究,日本走在世界前列。1996 年,在总结地铁实践的基础上,日本铁道综合技术研究所发表的"近接隧道施工指南"给出了近接隧道影响范围的分类、相应措施及具体影响范围划分(Brown,1991)。小净距隧道施工阶段的相互影响主要体现在开挖引起的围岩应力重分布和爆破地震效应两个方面。本节主要从开挖效应方面进行分析,而爆破地震效应方面的分析将在 4.8 节中论述。

隧道开挖时,紧邻洞室的围岩初始应力场会产生很大变化,随着与孔洞距离的增大,应力场的扰动将迅速衰减,在一定距离以外就可以忽略开挖引起的影响。对于分离式隧道,各个洞室开挖影响范围彼此不重叠,每个洞室可视为与相邻洞室独立的单洞,进行应力分析时可忽略洞室之间的相互影响。而对于小净距隧道,两个隧道的影响范围相互叠加,开挖支护引起中夹岩土体的移动方向不同,相互影响作用剧烈,应力重分布较之标准分离式隧道复杂很多,多次扰动使得围岩容易失稳,因此需要特别研究以找到合理的开挖支护方案。

本节以青岛胶州湾海底隧道为研究对象,由位于断层破碎带 F_{3-1} 中的典型断面 ZK5+607 的几何参数和地质资料构建三维数值计算模型,借助岩土界普遍应用的软件 FLAC^{3D},从洞室开挖效应方面研究水下小净距隧道的施工相互影响,得出了一些有益于设计施工和现场监测的结论。

4.6.1　概述

青岛胶州湾湾口海底隧道全长 6.17km,穿越海域段 3.3km。大部分海域基岩裸露,线路纵断面发育多条断层破碎带,断层破碎带上覆基岩全风化层、强风化层较厚。行车隧道为左右线设置,左右线隧道中线间距为 55m,在左右线隧道间平行设置服务隧道(接线隧道不设置服务隧道)。行车隧道毛洞洞高 12.2m,洞跨 16.1m;服务隧道毛洞洞高 7.35m,洞跨 7.1m。毛洞开挖后行车隧道与服务隧道之间的最小净距为 15.9m,小于 $1B$($B=16.1$m 为行车隧道的洞跨),根据相关规范(重庆交通科研设计院,2004)将其规定为小净距隧道。

在我国,小净距隧道的出现和研究较晚,目前还没有较明确的规范,仍处于边施工边探讨的总结阶段,理论研究滞后于工程建设需求的发展(铁道部基本建设总局,1988;孙钧,1993;铁道部第二勘测设计院,1995)。近年来,国内工程技术人员和相关学者对此做了大量有意义的研究工作,并取得了一些有应用价值的研究成果(肖正勤,2006;倪新兴,2002;张玉军等,1999;刘胜利等,2003;王明年等,2002;蔡小林等,2005;凌昌荣等,2007;吴波等,2005;李云鹏,2006)。尽管如此,小净距隧道的许多问题目前仍然处于探索研究阶段,尤其是海底小净距隧道方面的研究鲜有报道,而且海底隧道的地质荷载条件比山岭隧道复杂得多,因此青岛胶州湾海底隧道施工相互影响分析工作是非常有必要的。

　　本节根据地质条件、隧道尺寸及施工方案等资料,建立合适的模型,采用岩土工程界通用的大型有限元差分软件 FLAC^{3D},开展真三维数值模拟来分析小间距隧道施工的相互影响程度,对施工方案进行了优选。

4.6.2　计算方案和参数

　　1. 计算模型及边界条件

　　以隧道穿越断层破碎带 F_{3-1}(见图 4.4)的部分作为研究对象,选择位于其中的断面 ZK5+607 为典型断面。该断面围岩级别为Ⅳ级,海水深度为 43.6m(按最大高潮海水位+3.1m 计算),建议的覆盖层厚度为 27m。为建立数值模型而选取的该横断面的计算尺寸示意图如图 4.64 所示。为了进行真三维施工情况的模拟以及考虑隧道开挖掌子面的端部效应,选取以典型断面 ZK5+607 为中面的 100m 里程段 ZK5+557 ~ ZK5+657 为计算区域。根据设计阶段所提供的地质资料,在计算范围内的围岩,按其物理力学性质分为三层,即强风化层、弱风化层和微风化层。由于海底面和各地质分层界面比较平坦,隧道纵向坡度也很小(见图 4.4),因此可以把图 4.64 的图形沿垂直纸面的 Z 轴拖拉 100m 建立数值模型,如图 4.65 所示。隧道附近采用小尺寸单元进行了加密,模型共有 173961 个节点,166200 个单元。

　　海水黏性对海底面的影响可略去不计(朱镜清等,1991),故模型上表面为施加海水重量的应力边界,而四个侧面和底面设置法向约束。六个边界都是固定孔隙水压力条件,而在隧道已开挖条件下计算时,掌子面的孔隙水压力为零。

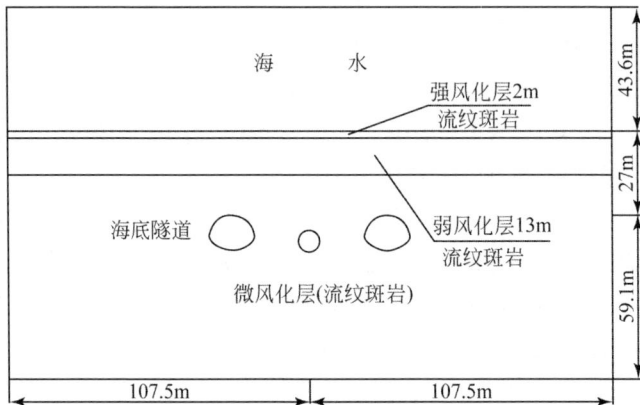

图 4.64　断面 ZK5+607 尺寸示意图

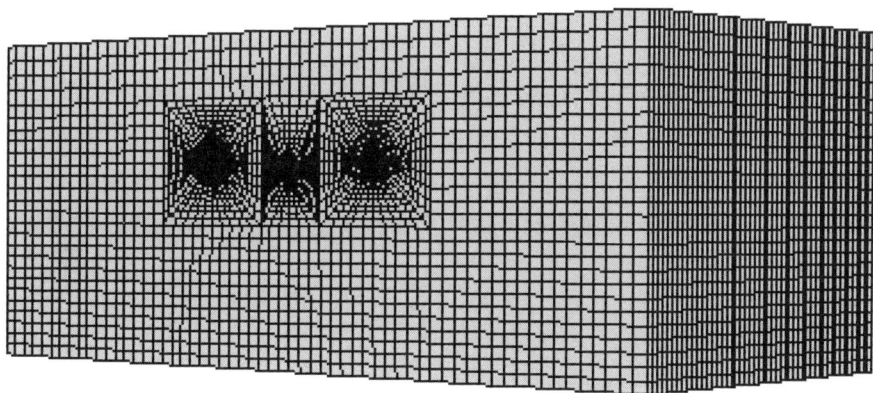

图 4.65　海底隧道计算模型

2. 计算参数

围岩物理力学参数沿隧道走向变化不大,故计算中可以采用断面 ZK5+607 的围岩参数,如表 4.34 所示。围岩材料采用实体单元模拟,力学模型为摩尔-库仑模型。服务隧道的衬砌采用标号为 C40 的钢筋混凝土,而主隧道的衬砌采用标号为 C50 的钢筋混凝土。钢筋混凝土衬砌属于壳体结构,但其 t/R 值(t 为壳体厚度,R 为壳体中面的最小曲率半径)分别为 0.15(服务隧道 $t = 0.65\mathrm{m}$,$R = 4.26\mathrm{m}$)和 0.11(主隧道 $t = 0.85\mathrm{m}$,$R = 7.83\mathrm{m}$),远大于薄壳理论的适用范围($t/R \leqslant 0.05$),故衬砌应当作一般空间问题(徐芝纶,1990),用实体单元来模拟,力学模型为各向同性弹性体模型。钢拱架的作用应该用等效方法予以考虑,即将钢拱架弹性模量折

表 4.34　围岩材料计算参数

地层	重度 /(kN/m³)	弹性模量 /GPa	泊松比	黏聚力 /MPa	内摩擦角 /(°)	厚度 /m	抗拉强度 /MPa	孔隙率	渗透系数 /(cm/s)
强风化层	19.2	1.50	0.35	0.02	15	2.0	0.20	0.38	20×10^{-5}
弱风化层	22.2	25.9	0.33	1.44	24	13.0	0.48	0.10	8×10^{-5}
微风化层	25.6	63.0	0.29	3.03	30	71.1	1.01	0.02	0.5×10^{-5}

表 4.35　海底隧道衬砌计算参数

混凝土	弹性模量 /GPa	泊松比	重度 /(kN/m³)	厚度 /m
C40	34.6	0.2	24.42	0.65
C50	36.5	0.2	24.38	0.85

算给混凝土,其计算方法为(吴波等,2005)

$$E = E_0 + S_g E_g / S_c \qquad (4.87)$$

式中,E 为折算后混凝土弹性模量;E_0 为原混凝土弹性模量;S_g 为钢拱架截面积;E_g 为钢材弹性模量;S_c 为混凝土截面积。混凝土的重度也进行相似的等效。折算后的衬砌计算参数如表 4.35 所示。锚杆和钢筋网没有进行模拟,其加固效果作为安全储备考虑。海水、围岩及衬砌自重为计算中主要荷载,侧压力系数按勘测设计资料取为 0.8。

3. 施工顺序模拟

在海底隧道施工中服务隧道总是先于主隧道开挖,由于服务隧道断面较小,因此可以采用全断面开挖法,而断面比较大的主隧道则可以根据地质条件采用全断面法或者上下台阶法开挖。为了模拟真实的施工情况,本次计算中首先建立隧道未开挖时的模型,通过程序计算围岩在自重作用下的初始位移 $\{u\}_0$、应力 $\{\delta\}_0$;然后将位移场设置为零,对三个隧道进行开挖支护,形成初始开挖条件,得到位移 $\{u\}_1$、应力 $\{\delta\}_1$;最后再把位移场设置为零,进行一个掘进进尺的开挖得到位移 $\{u\}_2$、应力 $\{\delta\}_2$,并进行重点分析。最终的位移场 $\{u\}_2$ 与 $\{u\}_0$、$\{u\}_1$ 没有任何关系,不是二次位移场,只是由开挖一个掘进进尺引起的;而应力场 $\{\delta\}_2$ 则是由 $\{\delta\}_0$、$\{\delta\}_1$ 发展而来,是二次应力场。

为了对多种施工情况进行分析优选,这里确定了多种初始开挖条件。为了便于说明,先介绍其中一种初始条件(见图 4.66):服务隧道开挖 70m,支护 50m;左线隧道上台阶开挖 60m,下台阶滞后 10m,支护 30m;右线隧道上台阶开挖 50m,下台阶滞后 10m,支护 20m。

4.6.3 计算结果分析及施工方案优选

1. 施工方案初选

图 4.66 所示的初始开挖条件由于左右线隧道开挖支护不同步,因此可以称为空间异步,相应的空间同步初始条件为:左右线隧道开挖支护相同,即上台阶开挖 60m,下台阶滞后 10m,支护 30m,而其他条件不变。

先把掘进进尺定为 2m,在进行一个掘进进尺开挖时,各断面同时开挖称为时间同步条件,相应的时间异步条件的施工步顺序为:服务隧道全断面→左线隧道上台阶→左线隧道下台阶→右线隧道上台阶→右线隧道下台阶,各施工步之间进行 100 个时间步的迭代计算。这样就有四种计算方案:空间异步时间同步;空间同步时间同步;空间异步时间异步;空间同步时间异步。

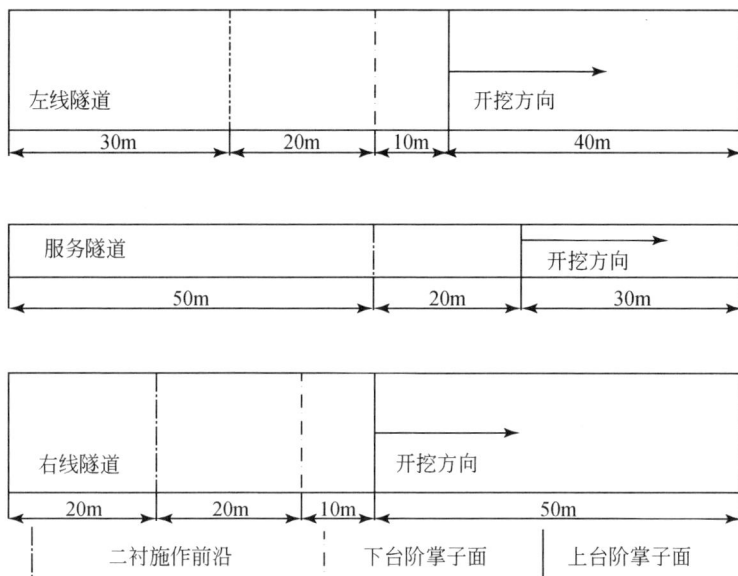

图4.66 空间异步初始开挖条件示意图

选取各隧道已开挖段的拱顶为关键点进行分析,从掌子面开始每2m一个。先分析方案1,图4.67为各拱顶下沉量随与相应掌子面距离逐渐增大的变化曲线。从该图中可以看出:

(1)各隧道拱顶下沉量随与掌子面距离的增大而迅速衰减,10m后的下沉量值已经很小,并且掌子面的下沉量非常大,因此监控量测工作必须紧跟掘进面,及时布置监测断面。

(2)左右线隧道的变化情况基本一致,且掌子面后10m范围内比服务隧道的下沉量大,前者约为后者的两倍。这是由于主隧道开挖面面积比服务隧道大引起的,从而说明各隧道的二次位移场主要是由于本隧道开挖引起的,邻近隧道开挖的影响并不大。

分析计算结果可以发现,小间距隧道施工的相互影响主要体现在服务隧道关键点下沉量在随与掌子面距离变大而衰减的过程中出现了明显的波动,发生在14~22m,是由左右线隧道的开挖引起的。各方案的扰动情况如图4.68所示。

把各方案扰动曲线上波峰位置的下沉量称为u^1,而波峰前的波谷下沉量称为u^2,则可以定义扰动率R为

$$R = \frac{u^1 - u^2}{u^2} \tag{4.88}$$

各计算方案的掌子面拱顶下沉量、衬砌最大压应力、扰动率,以及塑性区体积

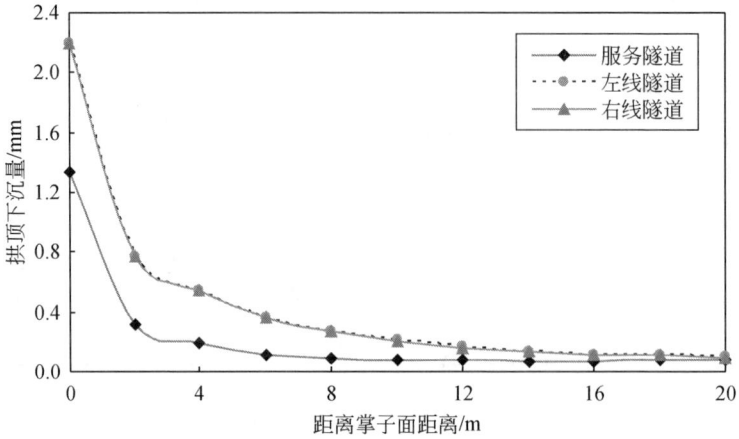

图 4.67　方案 1 各拱顶下沉量空间变化图

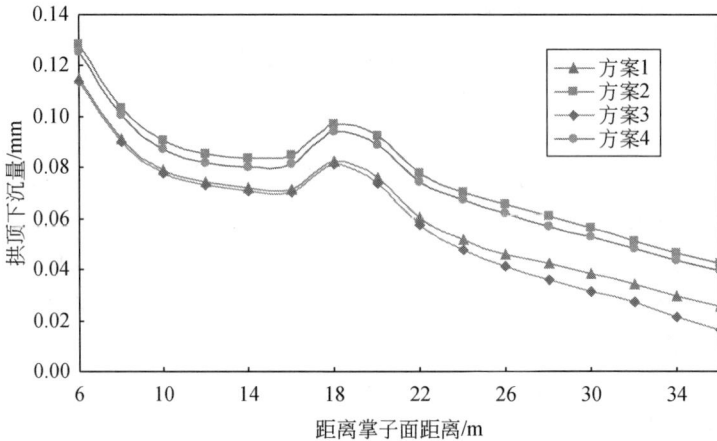

图 4.68　服务隧道拱顶下沉量扰动曲线

如表 4.36 所示(每条隧道栏里的两项依次为掌子面拱顶下沉量和衬砌最大压应力,表 4.37 和表 4.38 相同)。从该表可以看出,各方案的掌子面拱顶下沉量、衬砌最大压应力变化不大;并且最大压应力值很小,混凝土衬砌不会开裂破坏。方案 4 的扰动率相对较大,为 17.3%,其他方案小于 16%;方案 3 的塑性区体积比其他方案小很多。

表 4.36　方案 1 ～ 方案 4 各评价因素对比

计算方案	服务隧道		左线隧道		右线隧道		服务隧道扰动率 R/%	塑性区体积/m³
	s/mm	σ_1/MPa	s/mm	σ_1/MPa	s/mm	σ_1/MPa		
1	1.34	0.528	2.20	0.557	2.19	0.556	15.5	79.19
2	1.37	0.525	2.22	0.556	2.13	0.584	15.8	77.91
3	1.34	0.528	2.20	0.557	2.20	0.556	15.7	55.46
4	1.36	0.525	2.21	0.556	2.10	0.584	17.3	71.46

注:s 为掌子面拱顶下沉量;σ_1 为衬砌最大压应力。

再结合图 4.68,可以认为方案 3 即空间异步时间异步的开挖方案是比较合理的,因此实际施工时应该做好施工组织,使各掌子面有一定的空间间距,并且各施工步之间要有时间间隔。

2. 多种因素综合优选

实际施工时各种具体条件是复杂多变的,为了达到全面的、符合实际情况的施工方案优化选择,必须进行多因素的计算模拟,如断面开挖方法、掘进进尺和各掌子面空间间距等。在已确定的方案 3 的基础上分别调整各因素得到如下初始条件的方案:①主隧道进行全断面开挖,即左线隧道全断面开挖 60m,右线隧道全断面开挖 50m;②掘进进尺增大为 4m;③各掌子面的空间间距由 10m 增大到 14m;服务隧道开挖 80m,衬砌 52m,左线隧道上台阶开挖 66m,下台阶开挖 52m,衬砌 24m,右线隧道上台阶开挖 52m,下台阶开挖 38m,衬砌 10m;④各掌子面空间间距为 6m;服务隧道开挖 60m,衬砌 48m,左线隧道上台阶开挖 54m,下台阶开挖 48m,衬砌 36m,右线隧道上台阶开挖 48m,下台阶开挖 42m,衬砌 30m。

对计算结果进行分析后得到表 4.37,经过分析可以发现:

(1) 各隧道全断面开挖的方案 5 要比主隧道上下台阶法开挖好,这是因为上下台阶法开挖对围岩的扰动次数多,所以在围岩自稳能力允许时要尽量采用全断面开挖,充分利用围岩承载。

(2) 掘进进尺对各掌子面拱顶下沉量的影响非常大,而且塑性区增加很多,是施工中应该重点控制的参数,尽量采用小进尺开挖,这与相关文献(王明年等,2002)的结论一致。

(3) 随着工作面空间间距的减小,塑性区体积增大很多,而各掌子面拱顶下沉量、衬砌最大压应力变化不大。间距为 14m 时的扰动率很大,这是由于服务隧道掌子面的开挖对本隧道工作面后间距很大的断面的影响比较小,而主隧道开挖已成为服务隧道该段拱顶下沉的主要因素。综合比较各因素,实际施工中应注意增大各隧道掘进面的空间间距。

表 4.37 方案 3、方案 5 ~ 方案 8 各评价因素对比

计算方案	服务隧道		左线隧道		右线隧道		服务隧道扰动率 R/%	塑性区体积/m³
	s/mm	σ_1/MPa	s/mm	σ_1/MPa	s/mm	σ_1/MPa		
3	1.34	0.528	2.20	0.557	2.20	0.556	15.7	55.46
5	1.33	0.528	2.11	0.557	2.11	0.556	18.8	40.59
6	1.65	0.525	2.95	0.553	2.95	0.554	11.4	120.40
7	1.35	0.520	2.18	0.554	2.18	0.553	38.8	51.30
8	1.32	0.525	2.19	0.577	2.21	0.584	18.2	131.3

注:s 为掌子面拱顶下沉量;σ_1 为衬砌最大压应力。

3. 覆盖层厚度优选

海底隧道的垂直线路主要取决于隧道的限制坡度和合理埋置深度,如果限制坡度给定,那么决定隧道长度的主要参数就是合理埋置深度。覆盖厚度的确定存在一个优选的问题,如何确定海底隧道的最小覆盖厚度,既能确保施工期与运营期的安全与稳定,又能保证隧道的经济性,是一个亟待解决的问题。

在方案 3 的基础上,只变化覆盖层厚度形成方案 9 ~ 方案 12,对应的覆盖层厚度分别为 21m、24m、30m 和 33m。对各方案进行对比可得到表 4.38。

表 4.38 方案 9 ~ 方案 12 各评价因素对比

计算方案	服务隧道		左线隧道		右线隧道		服务隧道扰动率 R/%	塑性区体积/m³
	s/mm	σ_1/MPa	s/mm	σ_1/MPa	s/mm	σ_1/MPa		
9	1.99	0.655	3.71	0.765	3.72	0.765	7.2	92.86
10	1.82	0.596	3.91	0.10	3.90	0.710	7.9	44.68
3	1.34	0.528	2.20	0.557	2.20	0.556	15.7	55.46
11	2.39	0.765	4.11	0.884	4.12	0.884	4.8	268.2
12	2.59	0.820	4.42	0.947	4.43	0.947	4.2	382.4

注:s 为掌子面拱顶下沉量;σ_1 为衬砌最大压应力。

由表 4.38 可以看出,拱顶位移、衬砌最大压应力随着覆盖厚度的增加,基本上是先减小,后增加,存在最小值。下沉量最小值对应的方案 3 的覆盖层厚度为 27m,此时的塑性区体积也比较小,从而验证了 ZK5+557 ~ ZK5+657 里程段覆盖层厚度建议值的合理性。此时服务隧道的扰动率比较大,应当注意加强支护。

4. 扰动波峰断面的分析

为了确定小间距隧道相互影响情况下施工中应注意的要点,对方案 3 服务隧道扰动波峰对应的断面 ZK5+609(掌子面后 18m)进行详细分析。服务隧道洞周关键点的位移情况如图 4.69 所示,图 4.70 为该断面隧道周围的最大主应力等值线图(负值表示压应力)。

该断面服务隧道的位移情况是:拱部位移比较大,尤其是拱顶下沉量最大,左半部的位移较右半部大,即先开挖的左线隧道比右线隧道对服务洞的影响要大。服务隧道的拱部、仰拱和左线隧道靠近服务隧道的右边墙出现了压应力集中现象,并且最大主应力值也相对较大。在实际施工中应对这些部位加强支护,现场量测也要进行重点监控。

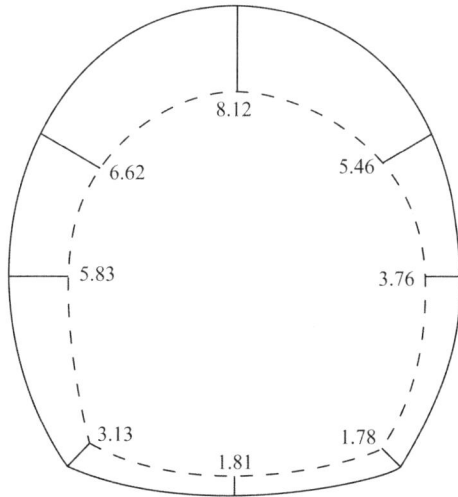

图 4.69　服务隧道洞周关键点位移示意图(单位:10^{-1}mm)

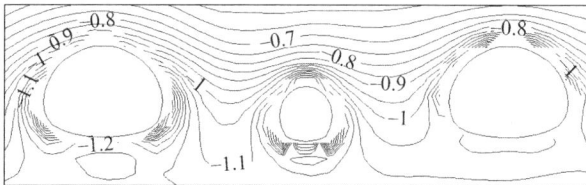

图 4.70　ZK5+609 断面最大主应力等值线图(单位:MPa)

4.6.4　结论与建议

通过数值模拟可以看出,海底小净距隧道施工时,各隧道的变形、应力和塑性区的变化主要是由本隧道开挖引起的,邻近隧道开挖的影响并不大。经过分析得出以下结论,希望对施工、监测有一定的帮助:

(1) 监控量测工作必须紧跟掘进面,及时布置监测断面。

(2) 空间异步时间异步的开挖方案比较合理,实际施工时应该使各掌子面有一定的空间间距,并且各施工步之间要有时间间隔。

(3) 上下台阶法开挖对围岩的扰动大,在围岩自稳能力允许时要尽量采用全断面开挖;掘进进尺对围岩稳定性影响非常大,开挖时应尽量采用小进尺;实际施工中应注意增大各隧道掘进面的空间间距。

(4) ZK5+557 ~ ZK5+657 里程段采用27m 的覆盖层厚度时,关键点下沉量和塑性区相对较小,覆盖层厚度的建议值是比较合理的。

(5) 在相互影响较大的断面,服务隧道的拱部、仰拱和先行开挖主隧道的内边墙是现场施工和监测工作中应注意的部位。

4.7　爆破振动的施工相互影响研究

本节主要从爆破地震效应方面分析小净距海底隧道的施工相互影响。

目前,我国普遍采用钻爆法进行隧道开挖,炸药在岩土体中爆炸会引起附近地层的振动,即爆破地震效应。已有研究成果表明,爆破地震效应随爆心距的增大而逐渐衰减。由于中隔岩柱较薄和先行隧道开挖形成临空面等原因,小净距隧道的后行洞开挖时,爆破施工对已开挖洞室的影响非常明显,严重时可能造成围岩、衬砌的开裂和剥落。在已有的小净距隧道爆破施工中,主要通过控制在相邻洞室中产生的最大振动速度来组织爆破方案,微差控制爆破、低振动控制等技术手段可有效减小后行洞对先行洞的影响。

4.7.1　研究现状

近年来,工程技术人员和相关学者在小净距隧道爆破控制和安全评估方面做了大量的研究工作:有的学者从施工现场爆破监测的角度进行研究(龚建伍等,2007;阳生权等,2005;傅洪贤,2006);很多研究人员从数值模拟的角度进行分析(谭忠盛等,2003;李飞等,2004;李云鹏等,2007;易长平等,2004;毕继红等,2004);结合现场实测和数值模拟两种方法的研究工作也有很多(王明年等,2004;姚勇等,2007;崔积弘等,2008;杨年华等,2000)。尽管如此,由于海底隧道的地质荷载条件比山岭隧道复杂,并且我国海底隧道的建设还处于起步状态,相关研究很少,因此青岛胶州湾海底隧道钻爆法施工的稳定分析工作非常必要。

从前人的研究中可以得出以下结论:

(1)为了控制小净距隧道爆破的不利影响,后行洞爆破开挖宜采用上下台阶法(姚勇等,2007),并且既有隧道产生的最大振速主要是由上台阶爆破引起的(傅洪贤,2006)。

(2)只要每段爆破时差在100ms以上,振动波就不会出现重叠增大的现象,一次爆破与一段一段分开进行爆破同样安全(龚建伍等,2007)。

(3)掏槽爆破时只有一个临空面(掌子面),是在较大夹制作用下的强抛掷爆破,将导致更多爆炸波向岩体内部传播,造成临近隧道最强的振动(龚建伍等,2007;阳生权等,2005;杨年华等,2000)。

由上所述,本节将只对后行隧道采用上下台阶法施工时上台阶掏槽眼的爆破进行分析。

4.7.2　计算方案和参数

1. 计算模型及方案

本节典型断面的选取和计算模型的建立过程与4.7节相似,唯一不同的是这里模拟的计算区域是以典型断面ZK5+607为中面的60m的里程段ZK5+577 ~ ZK5+637,数值计算模型共有158224个节点,150060个单元。

这里同样是用全断面开挖法先开挖断面较小的服务隧道。先对三维模型进行静态开挖计算以形成初始开挖条件;在此基础上再对左线隧道上台阶掏槽眼的爆破进行动态模拟。采用五梅花小直径中空直眼掏槽,钻眼直径42mm,掏槽中空眼直径100mm,并且中空眼布置在左线隧道衬砌中线上。炮眼布置及网格划分图如图4.71所示。

2. 边界条件及阻尼

在隧道开挖的静态计算阶段,模型上表面为施加海水重量的应力边界,而四个侧面和底面设置法向约束,六个边界都是固定孔隙水压力条件。在爆破模拟的动态计算阶段,这样的边界条件导致向外传播的波反射回模型中,不允许必要的能量发散,必须采用在模型边界法向和切向上使用独立阻尼器,其黏性边界(Itasca Consulting Group,2005)为

$$t_n = -\rho C_p v_n, \qquad t_s = -\rho C_s v_s \qquad (4.89)$$

式中,v_n、v_s分别为边界上速度的法向和切向分量;ρ为材料密度;C_p、C_s分别为纵波

和横波波速。此时,掌子面的孔隙水压力为零。

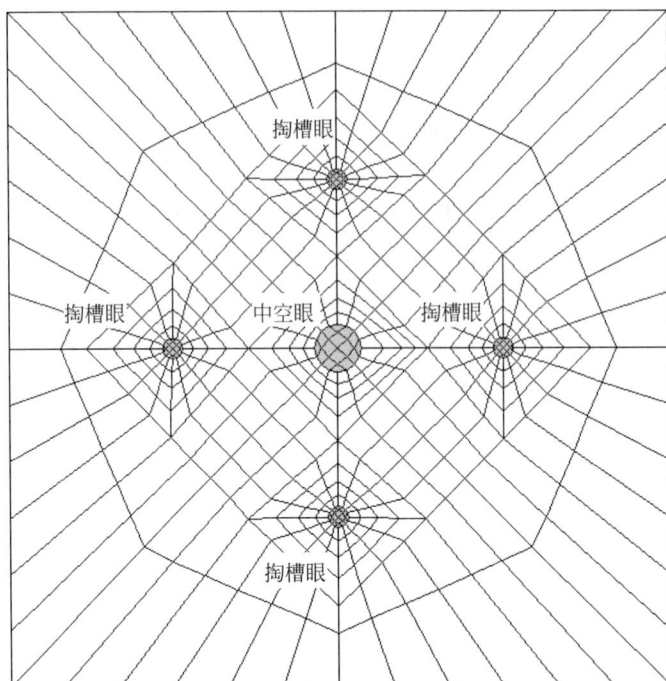

图 4.71　炮眼布置及网格划分图

选择 FLAC^{3D} 中可同时应用于静态、动态计算的局部阻尼,具体如下(Itasca Consulting Group,2005):

$$\dot{u}_i^{(t+\Delta t/2)} = \dot{u}_i^{(t-\Delta t/2)} + \left[\sum F_i^{(t)} - (F_d)_i \right] \Delta t / m \tag{4.90}$$

$$(F_d)_i = \alpha \left| \sum F_i^{(t)} \right| \mathrm{sgn}(\dot{u}_i^{(t-\Delta t/2)}) \tag{4.91}$$

式中,$\sum F_i$ 为节点的力矢量之和;$\dot{u}_i$ 为节点速度;$(F_d)_i$ 为节点阻尼力;Δt 为计算时步;m 为节点集中质量;α 为阻尼常数,在静态计算中取 0.8,在动态计算中取 0.16。

3. 计算参数

在冲击荷载作用下,岩石的力学特性与静荷载作用下是有所不同的,相应力学参数的测定方法有两种:通过对岩样进行静态加载、记录变形,可得到其静态参数;测定弹性波在岩样中的传播速度,经过转换可得到其动态参数,转换公式如式(4.92)、式(4.93)所示(林英松等,1998):

$$E_d = \frac{\rho C_s^2 (3C_p^2 - 4C_s^2)}{C_p^2 - C_s^2} \tag{4.92}$$

$$\mu_d = \frac{C_p^2 - 2C_s^2}{2(C_p^2 - C_s^2)} \qquad (4.93)$$

式中，ρ 为围岩密度；C_p、C_s 分别为围岩中纵波和横波波速。另外，动态计算围岩的抗拉强度增大为静态时的 5 倍(毕继红等，2004)。

围岩物理力学参数沿隧道走向变化不大，故整个模型都可采用断面 ZK5+607 的围岩参数，静态开挖计算时如表 4.34 所示，动态爆破模拟中与静态计算不同的参数如表 4.39 所示。采用实体单元模拟围岩材料，力学模型为摩尔-库仑模型。侧压力系数按勘测资料取为 0.8。

表 4.39　围岩材料动态计算参数

地层	重度 /(kN/m³)	纵波波速 /(m/s)	横波波速 /(m/s)	弹性模量/GPa	泊松比	抗拉强度 /MPa
强风化层	19.2	2359	680	2.59	0.455	1.00
弱风化层	22.2	3770	1911	21.52	0.327	2.40
微风化层	25.6	4512	2454	39.78	0.290	5.05

4. 爆破动力荷载计算

采用与 4.4.4 节完全相同的爆破荷载形式，调整 m，n 使得升压时间为 10ms，降压时间为 90ms。根据爆破荷载计算原理以及表 4.40 中提供的爆破参数，可得单炮孔炸药爆炸时，爆炸脉冲荷载作用时程曲线如图 4.72 所示。

表 4.40　爆破计算参数

爆速 /(km/s)	药卷半径 /m	炮孔半径 /m	m	n	装药密度 /(g/cm³)
4.0	0.016	0.021	0.039	0.052	1.0

对爆炸荷载函数进行快速傅里叶分析，得出的功率谱密度如图 4.73 所示，可见能量主要集中在 0 ~ 50Hz。在数值模拟时要注意的是单元尺寸必须满足式 (4.94)，不然高频成分会引起数值振荡和失真(Itasca Consulting Group，2005)。

$$\Delta l \leqslant \lambda/10 = C/10f \qquad (4.94)$$

式中，Δl 为单元最大尺寸；λ 为波长。经检验，本节模型符合式(4.94)的要求。

4.7.3　施工方案优选

在海底隧道的实际施工中，涉及很多可以变化的参数，如各隧道工作面纵向间距、装药长度(即掘进进尺长度)、装药不耦合系数和是否施作中空孔等。在不同

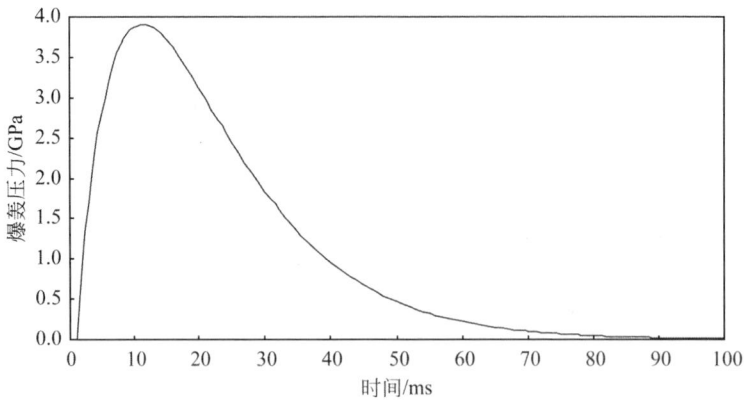

图 4.72　爆炸脉冲荷载作用时程曲线

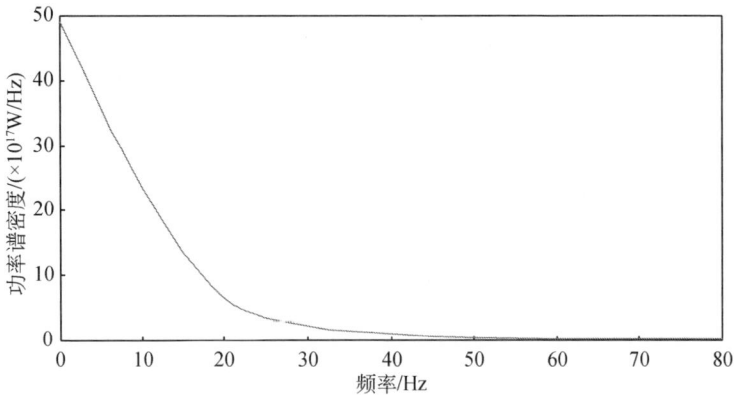

图 4.73　爆炸脉冲荷载功率谱密度

的参数组合情况下施工时,围岩爆破振动强度以及塑性区都不相同,为了得到既能保证围岩稳定又经济合理的方案,必须对各参数进行优选。优选标准为振速较大点的速度峰值和塑性区体积,具体如下:

(1) 进行爆破的隧道即左洞工作面拱顶的振速峰值,记为 A 点峰值。

(2) 服务隧道与左洞开挖工作面相应断面拱顶的振速峰值,记为 B 点峰值。

(3) 围岩塑性区体积。

1. 工作面间距的选择

为了便于说明,先介绍方案 1。工作面间距为 6m(具体为:服务隧道全断面开挖 42m,右线隧道上台阶开挖 36m、下台阶开挖 30m,左线隧道上台阶开挖 24m、下台阶开挖 18m);装药半径为 0.016m;装药长度为 2.0m;施作中空孔。

方案 2 是在方案 1 的基础上只把工作面间距改为 8m,其他条件不变。具体为:服务隧道全断面开挖46m;右线隧道上台阶开挖38m,下台阶开挖30m;左线隧道上台阶开挖22m,下台阶开挖14m。

方案3是把工作面间距改为10m,其他条件不变。具体为:服务隧道全断面开挖50m;右线隧道上台阶开挖40m,下台阶开挖30m;左线隧道上台阶开挖20m,下台阶开挖10m。

计算结果如表4.41所示。随着间距的增大,左洞和服务洞控制点的振速峰值和围岩塑性区体积都在变大,但是变化幅度不大。这是因为工作面间距增大使得各隧道的临空面增加,夹制作用减小,从而增大了振动强度。各工作面同步施工时的爆破振动相互影响最小,但是实际施工中不可能如此。因此,施工中应在满足实际生产要求的情况下尽量减小各掌子面纵向间距。

表4.41 各计算方案评价因素对比

计算方案	1	2	3	4	5	6	7	8
A点峰值/(cm/s)	14.9	15.0	15.1	22.4	29.6	6.94	45.6	15.0
B点峰值/(cm/s)	1.11	1.12	1.12	1.84	2.46	0.32	2.60	1.12
塑性区体积/($\times 10^4 \text{m}^3$)	1.33	1.43	1.55	1.48	1.66	0.98	1.71	1.36

2. 掘进进尺的选定

方案4和方案5是在方案1的基础上只把装药长度分别改为3.0m、4.0m,其他条件不变。

由表4.41可以看出,随着装药长度变大,控制点振速峰值和围岩塑性区体积也在增大,并且振速峰值增大幅度比工作面间距增大时大很多。装药长度增加时,装药量增大,爆破时产生的能量就更高,从而引起振速峰值大幅增加。这也符合萨道夫斯基经验衰减公式(4.68)的规律。

方案4和方案5的左洞工作面拱顶振速峰值分别达到了22.4cm/s、29.6cm/s。我国《爆破安全规程》(GB 6722—2003)规定交通隧道安全振速标准值为10~20cm/s(国家质检总局,2003),而Langefors将25cm/s作为保守的壁墙破坏标准,30cm/s作为不衬砌隧道中岩石产生坠落的临界值(Langefors et al.,1978)。按照上述稳定性评判标准,装药长度为3.0m时已经比较危险;装药长度为4.0m时,围岩振速峰值已经超出了安全标准。所以当围岩条件较差时,循环进尺应适当缩短,禁止超过3.0m。

3. 装药不耦合系数的确定

方案6和方案7是在方案1的基础上只把装药半径分别改为0.014m、0.018m,其他条件不变。

装药半径的变化对爆破振动效应的影响有两方面:一是作用在炮孔壁上的等

效压力峰值,这从式(4.78)可以看出,并且这和装药密度、爆速对等效压力峰值的影响相似,故这里未对它们进行专门分析;二是半径变化引起装药量的变化,这可从式(4.68)得到。因此,随着装药半径的增大,控制点振速峰值和塑性区体积增大,而且幅度比掘进进尺变化时更大,这可由表4.41的数据得到验证。故实际施工时对装药不耦合系数一定要严格控制。

4. 中空孔的影响

方案8是在方案1的基础上没有施作中空孔,而其他条件不变。

由于施作了中空孔,方案1的相应结果比方案8要小。中空眼的存在增大了掏槽眼爆破时的临空面,减小了夹制作用,从而降低了爆破振动强度。

4.7.4 爆破振动效应分析

通过前面的比较,可选择相对合理的方案1进行进一步的爆破振动分析。

1. 岩石覆盖层分析

海底隧道的纵向线路主要取决于隧道的限制坡度和合理埋置深度,若限制坡度给定,则决定隧道长度的主要参数就是合理埋置深度。海底隧道最小岩石覆盖厚度必须既能保证经济性,又能确保施工、运营期的安全稳定。

本节模型的覆盖层厚度为设计建议的27m,为了分析在爆破荷载作用下覆盖层的稳定,记录了进行爆破的隧道(左洞)工作面拱顶以上覆盖层中节点的振速峰值(见图4.74)。由此可知,关键点振速峰值如式(4.68)描述的那样,随着爆心距的增大而迅速衰减,在距拱顶15m以后稳定在2cm/s左右,从而验证了该断面上最小岩石覆盖层建议厚度的合理性。

代表性关键点的振动速度曲线如图4.75所示。可见,各关键点随着爆心距的增大,不仅振速峰值衰减,而且还有时间上的滞后。这符合爆破地震波的传播规律,从而验证了本次模拟的正确性。

2. 纵向分析

为了分析爆炸能量沿隧道走向的传播情况,特别是了解后行洞掌子面爆破施工对先行洞的纵向影响范围,把三条隧道纵向每隔2m的断面拱顶点峰值振动速度进行了对比,如图4.76和图4.77所示。图中横轴零点对应左洞爆破开挖面,正方向表示隧道掘进方向。

可见,三条隧道都是爆破工作面前方的爆破振动强度大于后方,并且衰减也相对较慢,这与现场监测数据的规律相同(龚建伍等,2007;姚勇等,2007)。造成这种

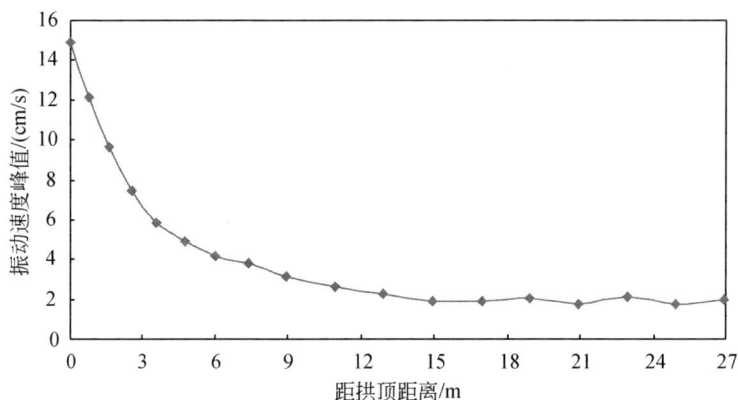

图 4.74　覆盖层关键点振动速度峰值

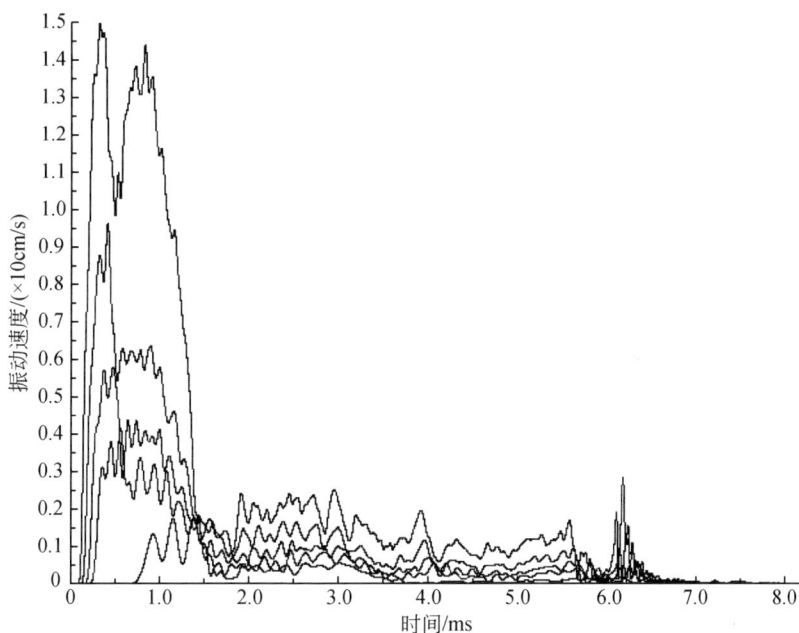

图 4.75　代表性关键点振动速度

现象的原因是:后行洞掏槽爆破是在较大夹制作用下的强抛掷爆破,导致大部分的爆炸波能量向岩体内部传播。由于爆心距不同,服务洞的相关数据比左洞小一个量级,而右洞更小,左洞爆破对右洞的影响很小。

服务隧道对应位置前方 15m、后方 6m 范围内围岩振动影响较大,故在施工中应注意对其加强监控量测。并且在爆破振动影响范围内,应推迟二次衬砌的施作,以避开爆炸冲击波的作用,确保二次衬砌的完整性和稳定性。

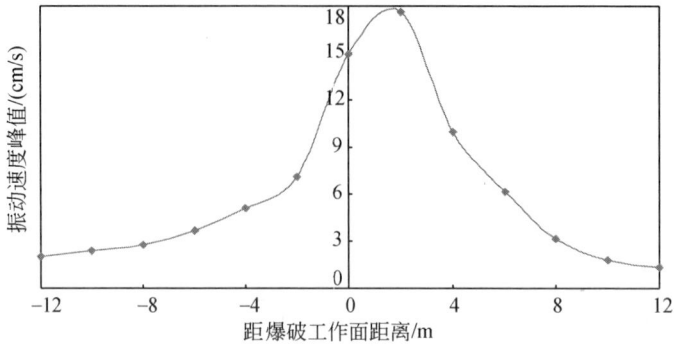

图 4.76　左洞纵向拱顶振动速度峰值

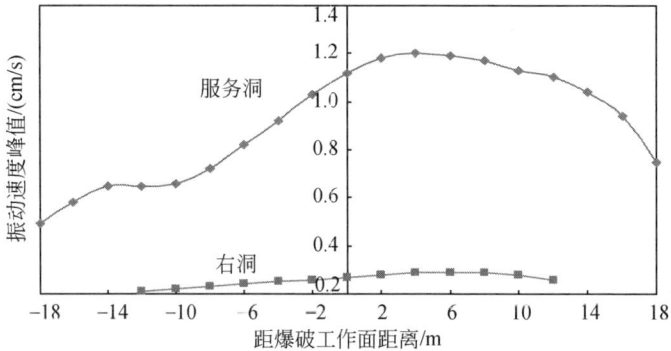

图 4.77　服务洞、右洞纵向拱顶振动速度峰值

3. 横断面振速峰值分析

三条隧道相应于爆破工作面的断面洞周关键点振速峰值如图 4.78 和图 4.79 所示。各隧道洞周点振速峰值的最大值、最小值分别在图中进行了标示。

对于进行爆破施工的左洞来说,由于下台阶还没有开挖,相应关键点振动受到限制,且其爆心距也比上半断面洞周关键点大,所以上部的振动速度峰值比下部大。拱顶点爆心距较小,而且它所在的垂直向上的传播方向对应的边界是没有位移限制的海底面,所以其振动速度峰值最大。最小值出现在左边墙底部而不是右边墙底部的原因是已经开挖的服务洞和右洞为隧道右半部提供了临空面,增大了振动强度。

分析服务洞和右洞的情况,可见迎爆面边墙是爆破振动效应最强的部分,虽然右洞距爆破源比服务洞远很多,但是其迎爆侧的振动速度峰值还是比服务洞背爆侧大,这符合很多现场实测数据的规律(毕继红等,2004;姚勇等,2007)。

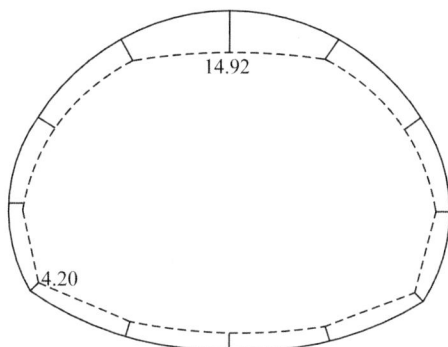

图 4.78　左洞洞周关键点振速峰值(单位:cm/s)

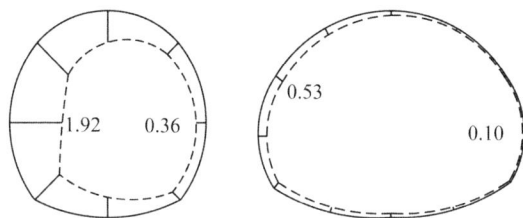

图 4.79　服务洞、右洞洞周关键点振速峰值(单位:cm/s)

4. 横断面应力分析

图 4.80 和图 4.81 给出了左洞爆破开挖断面的最小、最大主应力随时间变化的等值线图,图中负值表示压应力。由图 4.80 可见,$t=0$ 时,左洞由于只开挖了上台阶而在拱部出现了压应力集中,最大值在 2.2MPa 左右;爆破荷载施加以后,洞周压应力值开始逐步增大并向外传播,并且应力集中更加严重,$t=4$ms 时最大值约为 6.0MPa,$t=14$ms 时到达峰值,约为 14.3MPa;然后压应力逐步减小,到 $t=100$ms 时基本稳定,最大值在 9.4MPa 左右。图 4.81 显示,大主应力随时间的变化规律和小主应力相似,爆破荷载也在拱部形成了应力集中区;值得注意的是,$t=14$ms 时拱顶上部出现了拉应力区,最大值约为 0.8MPa;$t=100$ms 稳定时拉应力区仍然存在,最大拉应力下降为 0.2MPa 左右。爆破动态响应趋于稳定后的大、小主应力值都比静态开挖分析得到的值大很多,这说明进行动态效应分析非常必要。

图 4.82、图 4.83 分别给出了服务洞和右洞对应断面在 $t=0,14$ms 时的主应力等值线图。从图中可以看出:爆破荷载造成的应力波向右传播;中隔岩柱的应力分布变化较大,且边墙底部的压应力有小幅增加。但总体来说,爆破施工对两个先行洞影响较小。

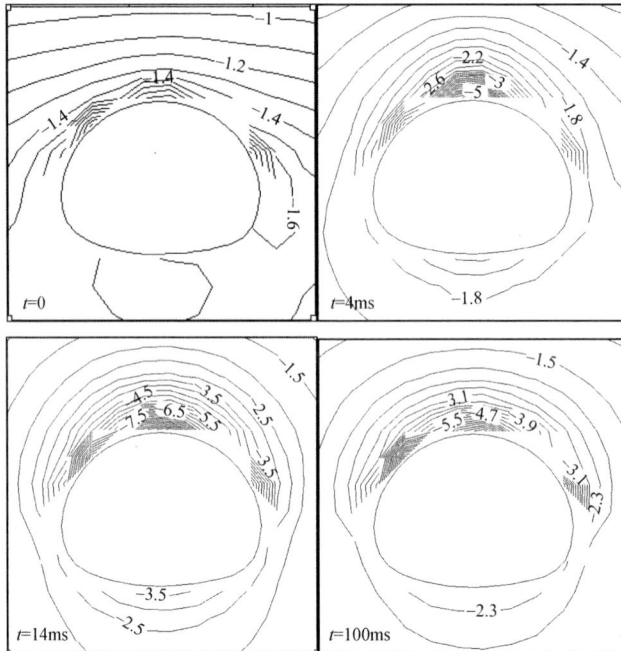

图 4.80　左洞最小主应力等值线图(单位:MPa)

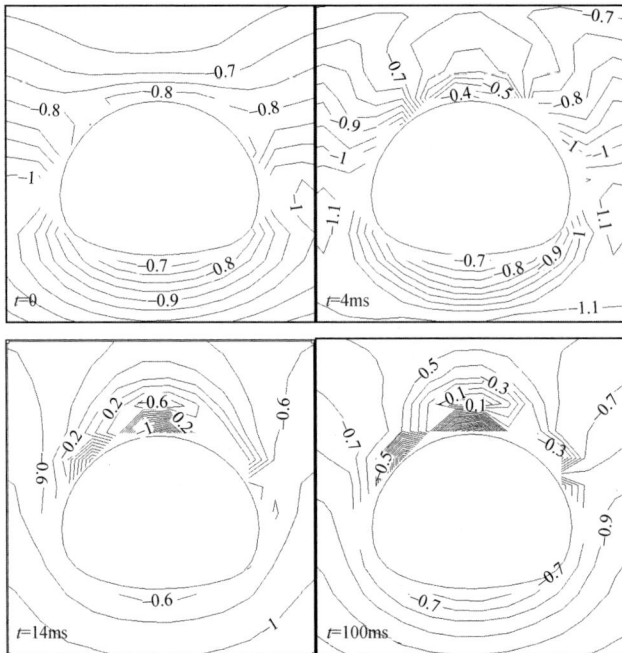

图 4.81　左洞最大主应力等值线图(单位:MPa)

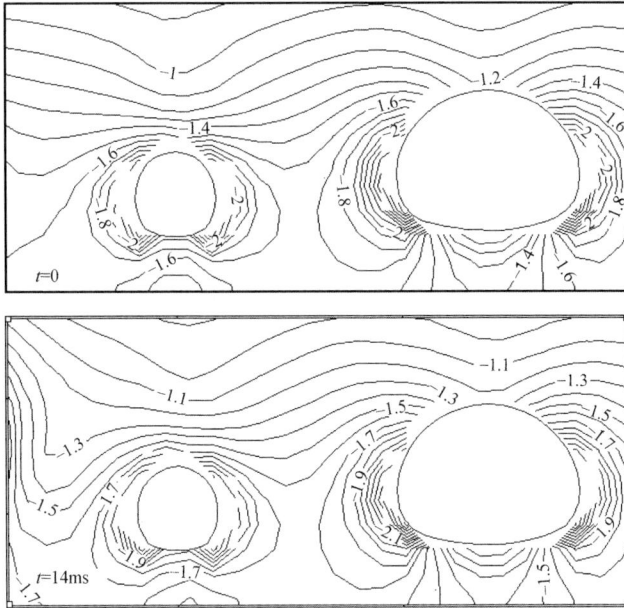

图 4.82 服务洞、右洞最小主应力等值线图(单位:MPa)

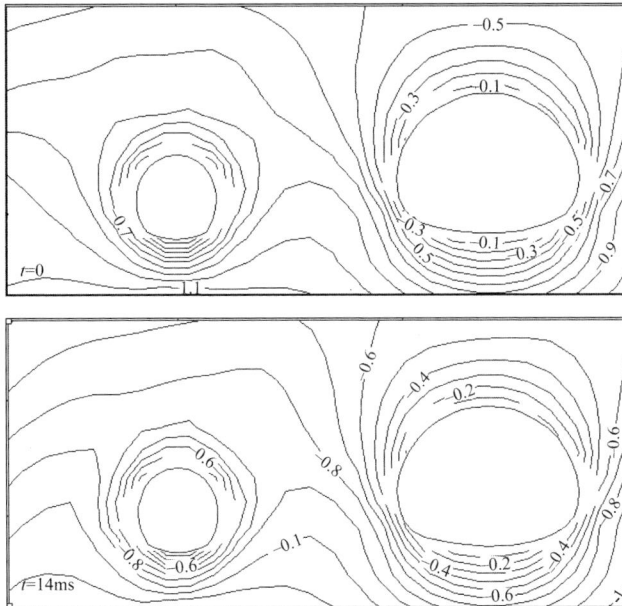

图 4.83 服务洞、右洞最大主应力等值线图(单位:MPa)

4.7.5　结论与建议

通过分析得出以下结论,希望对施工、监测有一定的帮助。

(1)在满足实际生产要求的情况下,应尽量减小各掌子面纵向间距;当围岩条件较差时,循环进尺应适当缩短,禁止超过 3.0m。

(2)装药不耦合系数一定要严格控制,必要时可以通过现场试验来确定;采用直眼掏槽时,可以施作中空眼以降低爆破振动强度。

(3)爆破施工对海底隧道岩石覆盖层的影响范围在 15m 之内,ZK5+577 ~ ZK5+637 里程段采用 27m 的覆盖层厚度可以保证安全。

(4)爆破工作面前方的振动强度大于后方,服务隧道对应位置前方 15m、后方 6m 范围内围岩振动影响较大,在施工中应注意加强监控量测并推迟二次衬砌的施作。

(5)施工洞的拱部、先行洞的迎爆面边墙是爆破振动速度峰值最大的部位,对这些位置要加强监测;施工洞的拱部出现了严重的应力集中现象和拉应力区,施工中可用超前小导管进行预加固。

4.8　本章小结

本章通过大量数值计算和理论分析,提出确定最小岩石覆盖厚度的拱顶最小位移和安全储备系数法判别准则,两种方法能够相互印证。利用 RFPA 数值离心机方法、FLAC^{3D}静力学计算方法对 10 个剖面(148 种计算工况)进行计算分析,最终对青岛胶州湾隧道控制剖面的最小岩石覆盖厚度给出建议值。数值计算以拱顶位移增量和基元破坏数作为隧道结构失稳的联合判据。计算结果显示:对于海底隧道任一剖面,拱顶位移随着岩石覆盖厚度的增加,先减小,后增大,存在最小值。除此之外,计算得到的海底隧道的安全储备系数也具有明显的规律性:对于海底隧道任一剖面,安全系数随着岩石覆盖厚度的增加,先增大,后减小,存在最大值。安全储备系数的分布趋势与拱顶位移分布趋势表现出了良好的对应特性。因此可以认为:以最大安全系数与最小拱顶位移所对应的岩石覆盖厚度来确定技术可行、经济合理的最小岩石覆盖厚度是合理、有效的,该数值方法所确定的最小岩石覆盖厚度在隧道垂直线路规划时具有较大的参考价值。

第5章 考虑渗流影响的海底隧道围岩稳定性研究

5.1 引 言

本章首先阐述了海底隧道模型试验的必要性和流固耦合模型试验的理论基础,然后以青岛胶州湾海底隧道为工程背景进行了相关试验。试验中,制作了由高强 PVC 板和型钢组成的试验架、钢化玻璃加水装置和 PVC 分部开挖定位器,开发了光纤监测系统和渗流量计量器,并研制了新型固流耦合相似材料。试验过程中记录了渗流量和关键点的位移、应力及渗透压力等多元信息,并与 FLAC^{3D} 软件的计算结果进行了对比分析。

一般而言,解决工程问题的方法不是唯一的,常用的方法有直接(现场)试验法、解析法、数值分析法和模型试验法等。各种方法并不是互相割裂、互不相干的,在处理一些复杂问题时,通常将各种方法结合使用,用其所长,避其所短,最大限度地发挥其效能。

模型是一个使用频率很高的概念,但又很难给其一个通用的定义。在科学上,以下三个关于模型的概念是比较明确的,即数学模型(如微分方程)、计算模型(数学模型转换而来的用于数值计算的代数方程组)和物理模型。模型试验是按一定的几何、物理关系,用模型代替原型进行测试研究,并将研究结果用于原型的试验方法。

近年来,虽然计算力学在岩土工程分析中起到了越来越重要的作用,但实验力学分析仍是研究各类问题的极其重要而有效的途径之一,而模型试验作为实验力学分析的一个重要组成部分,依然发挥着独特的作用。尤其对于一些复杂的、各相关物理量之间的数学模型尚未建立的结构,通过模型试验往往可以取得较好的结果。模型试验的主要优点如下:

(1)可以严格控制试验对象的主要参数而不受外界环境的影响。

(2)可以突出主要因素而略去次要因素,便于改变因素和进行重复试验。

(3)与现场试验相比,节省人力、物力和时间。

(4)对正在设计的结构,可用模型试验来比较设计方案并校核方案的合理性。

5.2　模型试验的必要性和理论基础

5.2.1　地质力学模型试验及其研究历史

　　地质力学模型试验是一种发展较早、应用广泛、形象直观的岩体介质物理力学特性的研究方法,具体就是在室内用某种相似材料(单一的或多种材料混合的),根据相似原理做成相似模型,通过对模型上应力、位移及渗透压力等参数的观测来认识与判断原型上所发生的各种力学现象及其本质规律,以便为岩土工程设计和施工方案的选择提供依据(朱维申等,1995;李晓红等,2007)。地质力学模型试验能较好地模拟复杂工程的施工工艺和荷载的作用方式,不仅可以研究工程的正常受力状态,还可以研究工程的极限荷载及破坏形态。与数值计算相比,模型试验所给出的结果直观形象,同时,试验结果还可和数值模拟结果作对比分析和相互验证(Zhu,et al.,2004;Emanuele,1973)。这些特点决定了开展一定模型试验的必要性。

　　从 20 世纪初,西欧一些国家就开始进行结构模型试验,并逐渐建立了相似理论。20 世纪 60 年代,以 Fumagalli 为首的专家在意大利结构模型试验所开创了工程地质力学模型试验技术(Emanuele,1973),试验研究范围从弹性到塑性直至最终破坏阶段。随后,葡萄牙、苏联、法国、德国、英国和日本等也开展了这方面的研究。在国内,从 70 年代开始,清华大学、武汉大学、总参工程兵科研三所设计院、中国矿业大学、西南交通大学、长江水利水电科学研究院、山东大学等单位,先后对国内许多大型水电、交通和矿山工程进行了地质力学模型试验研究,并取得了一大批研究成果。目前国内外模型试验总的发展趋势是:实验技术现代化,试验对象大型化,复杂化。

5.2.2　海底隧道流固耦合模型试验的研究现状和必要性

　　海底隧道上覆无限的水体,在其修建过程中所面临的主要问题是水害,最大的施工风险是突水。一旦发生突水事件,对整个工程是灾难性的破坏,小则损失物资、机具,影响工期,大至造成人员伤亡,机械设备被淹埋,甚至整个工程报废。最典型的是日本的青函隧道,在施工期间,其发生了 4 次严重突水事故,给工程进展造成了严重的影响(张明聚等,2007)。

　　海底隧道的开挖将打破围岩原来的平衡状态,引起围岩应力场与渗流场的变化。一方面地下水在岩土体中渗流将产生渗流体积力,改变岩土体中原始存在的应力状态;另一方面,应力状态的改变,又将影响岩土体结构的改变,进而改变岩土体渗透性能,从而改变水在岩土体中的渗流状态。由此可见,应力场和渗流场是相互作用、相互影响的。同时地下水的存在还会改变岩土体的物理力学性质,即造成强度和弹性模量的降低。水与岩土体间的相互复杂作用最终将影响海底隧道衬砌结构的受力特征以及围岩中应力场与渗流场的分布规律。

　　由于海底隧道的上述复杂性,应该借助具有独特优越性能的地质力学模型试验进行相关研究。事实上,国外大型海底隧道,如青函隧道、英法海峡隧道等,无一例外均做了大量的模型试验研究。虽然从 20 世纪 60 年代开始,国内外专家学者就致力于地质力学模型试验的研究,但就目前而言,大多数模型试验未涉及水的渗流突变问题,基本属于脆性相似材料的静力学模型试验,没有考虑应力场、渗流场的共同作用,这就很难反映围岩及衬砌结构的实际受力、变形特点。由于流固耦合相似理论尚不完善、相似材料遇水易崩解以及模型架的密封困难、测试手段复杂等方面的原因,流固耦合相似模拟非常困难。

　　对于流固耦合相似模拟问题,试验的难点在于相似材料的研制,常规以石膏为黏结剂的相似材料遇水易崩解,所以总体来言,国内外考虑应力场、渗流场共同作用的模型试验还比较少,多数是单独考虑的,这就很难反映围岩及衬砌结构的实际受力变形特点。

　　Jacoby 等(1981)采用甘油、熔融石蜡等模拟地幔对流和板块的驱动作用。Wiens(1986)和 Kincaid 等(1987)分别用熔融石蜡、糖浆等作为岩石圈,模拟板块碰撞过程中通过重力作用使板块俯冲下插的过程。Shemenda(1992)也采用石蜡、矿物油、石膏等半塑性混合材料和水分别作为岩石圈和软流圈来模拟板块俯冲碰撞这一动力学过程。

　　国内较早进行非亲水性相似材料研制的是长江水利水电科学研究院(龚召熊等,1984),他们也以液状石蜡作胶凝剂,模拟强度较低、变形较大的塑性破坏型岩体和泥化夹层。黎良杰等(1995)通过无断层构造条件下底板突水的相似材料模拟试验,证明了底板的 OX 型破坏特征,解释了底板突水点的分布规律。王经明(1999)采用相似模型试验研究了承压水沿煤层底板递进导升的突水机理。唐东旗等(2005)开展了断层带留设防水煤柱开采的相似模拟试验研究。胡耀青等(2007)从固流耦合的理论出发,运用相似理论推导了三维固流耦合作用下的相似模拟准则,配制了典型的隔水层与含水层的相似材料,并研制出大型三维固流耦合相似模拟实验设备及其测试系统,研究了承压水上采煤底板各含水层水压分布随采动的变化规律。张杰等(2004)以砂和滑石粉为骨料,以石蜡为胶结剂研制出流固耦合相似材料,并模拟了水下煤矿开采中的渗流问题。王克忠等(2009)结合锦屏二级水电站引水隧洞工程,对高渗透压下深埋引水隧洞进行了施工过程中围岩内部的渗流及演化规律的物理模拟。刘爱华等(2009)研制了可模拟深部开采突水机理的模型试验系统。

由上述介绍可以看出,为数不多的流固耦合相似试验主要是煤矿开采和山岭隧道领域的研究成果,而海底隧道领域至今还没有公开的模型试验研究报道。这与我国水下隧道蓬勃发展的现状极不相符,为了揭示水下隧道围岩稳定性和渗透规律,促进相关设计施工技术的发展,进行流固耦合模型试验势在必行。

5.2.3 相似理论的基本定理

要研究相似理论,必须先明确相似理论的一些基本概念,下面对相似理论的几个基本概念简单归纳概括一下。

相似常数:两相似体系间某一物理量的比值为同一常数,如相似多边形对应的边长度的比例数为一常数,这一常数称为相似常数。

相似定数:在同一个多边形内,不同的两个边的长度相比有一比值,这个比值在一切相似多边形内都相等,这一比值称为相似定数。

相似指标:若两体系相似,则各相似常数之间必须保持一定关系,不能每个相似常数都任意指定,该关系式称为相似指标。相似指标等于1是两体系相似的必要条件。

相似准数(相似准则):相似体系中相似指标对应的物理量按同一相似指标结构形式组合起来的乘积为一不变量,该不变量称为相似准数。相似指标和相似准数所表示的意义是一致的。以各种物理量的相似常数组合起来的乘积——相似指标等于1,就是这些物理量按同一结构形式组合的乘积——相似准数等于一个不变量。

要保持两体系相似,必须使某个或者某几个特定的相似准数相等(或者相似指标等于1)。确定了相似准数,各物理量的相似常数之间就建立了一定的关系,选择模型试验中各物理量的相似比尺也就有了可以遵循的规则。

相似理论是研究自然界和工程中各种相似现象原理的学说。物理现象相似的必要和充分条件可以归纳为以下三个定理。

(1) 相似第一定理(相似正定理):此定理由牛顿于1686年首先提出,此后由法国科学家贝尔特兰于1848年给出严格证明。相似第一定理可表述为:过程相似则相似准数不变,相似指标为1。

(2) 相似第二定理(π定理):此定理于1911年由俄国学者费捷尔曼导出,1914年美国学者白金汉也得到同样的结果。相似第二定理可表述为:描述相似现象的物理方程均可以变成相似准数组成的综合方程,现象相似,其综合方程必须相同。

(3) 相似第三定理(相似逆定理):该定理是由基尔皮契夫及古赫尔曼于1930年提出的。相似第三定理可表述为:对于同一类物理现象,即由文字结构相同的方程(组)所描述的物理现象,若单值条件相似,而且由单值条件组成的相似准数在数值上相等,则两系统是相似的。

相似准数的导出方法主要有定律分析法、方程分析法和量纲分析法。其中,方程分析法和量纲分析法应用较广,两者相比,凡是能用方程分析法的地方,必定能用量纲分析法,而能用量纲分析法的地方,未必都能用方程分析法。

5.2.4　应力场与渗流场共同作用下的相似理论

1. 耦合作用的理论分析

考虑均匀连续介质中的应力场与渗流场的耦合作用,在平面解析空间内,可以得到如下的理论分析。

1) 应力场影响下的稳定渗流场数学模型

考虑应力对岩土体孔隙率的影响,可得到应力场影响下稳定渗流场的数学模型为

$$\begin{cases} \dfrac{\partial}{\partial x}\Big[k(\sigma_{ij})\dfrac{\partial h}{\partial x}\Big] + \dfrac{\partial}{\partial z}\Big[k(\sigma_{ij})\dfrac{\partial h}{\partial z}\Big] = 0; & (x,z) \in \Omega \\[2mm] h(x,z) = h_1(x,z); & (x,z) \in \Gamma_1 \\[2mm] k(\sigma_{ij})\dfrac{\partial h}{\partial n_2} = q(x,z); & (x,z) \in \Gamma_2 \\[2mm] h(x,z) = z, k(\sigma_{ij})\dfrac{\partial h}{\partial n_3} = 0; & (x,z) \in \Gamma_3 \end{cases} \tag{5.1}$$

式中,$k(\sigma_{ij})$ 为渗透系数,是应力场的函数,见式(3.2);Ω 为渗流区域;Γ_1 为已知水头边界;$h_1(x,z)$ 为 Γ_1 上的水头分布;Γ_2 为已知流量边界;n_2 为法线方向;$q(x,z)$ 为 Γ_2 上的流量分布[不透水基面上 $q(x,z)=0$];Γ_3 为渗流自由面边界;n_3 为 Γ_3 的法线方向。

$$k(\sigma_{ij}) = \frac{\gamma}{\mu}k_0(\sigma_{ij}) = \frac{\gamma}{\mu}k_0\exp(-\alpha\sigma_{ij} + \beta p) \tag{5.2}$$

利用该模型求解渗流场时,将应力场计算结果 σ_{ij} 引入渗透系数计算式,经反复迭代运算即可得到耦合作用下渗流场的水头分布等渗流要素。

2) 渗流场影响下的应力场数学模型

将渗流产生的渗透体积力引入应力场荷载体系中,可得到渗流场影响下的应力场数学模型,即

$$\begin{cases} \sigma_{ij,j} + f_i(h) = 0; & (x,z) \in \Omega \\[2mm] \varepsilon_{ij} = \dfrac{1}{2}(u_{ij} + u_{ji}); & (x,z) \in \Omega \\[2mm] \sigma_{ij} = \lambda\varepsilon_v\delta_{ij} + 2G\varepsilon_{ij}; & (x,z) \in \Omega \\[2mm] \sigma_{ji}n_j = \tau_i(h); & (x,z) \in S_\sigma \\[2mm] u_i = \bar{u}_i; & (x,z) \in S_u \end{cases} \tag{5.3}$$

式中，$f_i(h)$ 为渗透体积力，与渗流场水头分布有关；$\sigma_{ij} = \sigma_{ij}(x,z)$ 为应力张量场；Ω 为应力场域，与渗流场域一致；$\varepsilon_{ij} = \varepsilon_{ij}(x,z)$ 为应变张量场；$u_{ij} = u_{ij}(x,z)$ 为位移场；λ、G 分别为岩土体的拉梅常数和剪切模量；$\varepsilon_v = \varepsilon_{ii}$ 为体积应变；δ_{ij} 为 Delta 置换坐标；S_σ 为已知面力边界；$\tau_i(h)$ 为 S_σ 上已知面力分布，也是渗流场水头分布 $h(x,z)$ 的函数；n_j 为法线方向余弦；S_u 为已知位移边界；$\bar{u}_i$ 为 S_u 上的已知位移分布。

2. 相似准数的推导

本次模型试验主要是研究在不同上覆水体压力和不同覆盖层厚度条件下隧道围岩应力场、渗流场的分布规律。由于要考虑岩土体和水的耦合作用，理论分析复杂，因此在相似准数推导中采用量纲分析法，模型试验中考虑的物理量如表 5.1 所示。

表 5.1　物理量相似常数计算表

物理量	符号	量纲	相似常数计算公式	备注
几何尺寸	l	L	α_l	
重度	γ	$ML^{-2}T^{-2}$	α_γ	
渗透系数	k	LT^{-1}	α_k	
时间	t	T	$\alpha_t = \alpha_l / \alpha_k$	
渗流量	Q	L^3T^{-1}	$\alpha_Q = \alpha_l{}^2 \alpha_k$	
应力	σ	$ML^{-1}T^{-2}$	$\alpha_\sigma = \alpha_\gamma \alpha_l$	
弹性模量	E	$ML^{-1}T^{-2}$	$\alpha_E = \alpha_\gamma \alpha_l$	
应变	ε	—	1	无量纲量
内摩擦角	φ	度	1	无量纲量
泊松比	μ	—	1	无量纲量

根据量纲分析法，先取三个独立的物理量：几何尺寸 l、重度 γ、渗透系数 k，这三个物理量的因次系数矩阵为

$$
\begin{array}{c}
\quad\ \begin{matrix} M & L & T \end{matrix} \\
\begin{matrix} l \\ \gamma \\ k \end{matrix}
\left|
\begin{matrix}
0 & 1 & 0 \\
1 & -2 & -2 \\
0 & 1 & -1
\end{matrix}
\right| \neq 0
\end{array}
\tag{5.4}
$$

故可取这三个物理量为基本物理量，根据 π 定理可得各个物理量相似常数计算公式如表 5.1 所示。

由表 5.1 可得，流固耦合模型试验中，若确定了几何尺寸、重度与渗透系数的

相似常数,则根据 π 定理,其他物理量的相似常数也可以确定,故这三个物理量是模型试验中最基本的物理量。

5.3　试验设计

5.3.1　选择原型

海底隧道工程中最常遇到的围岩级别是 Ⅱ ~ Ⅴ 级,以青岛胶州湾海底隧道主洞为例,Ⅱ ~ Ⅲ 级围岩约占 55.7%,Ⅳ 级围岩约占 38.1%,Ⅴ 级围岩约占 6.2%。Ⅱ、Ⅲ 级围岩地段由于岩石强度高、自稳能力较强、渗透性较弱,一般不构成工程设计、施工的难点。而赋存在 Ⅳ、Ⅴ 级围岩中的不良地质体和地层结构界面是海底隧道建设的控制性地段,不良地质体和结构界面的不稳定性及其与海水的连通不仅增大了施工难度和工程风险,而且也是影响隧道埋置深度的控制性因素。海底隧道 Ⅳ、Ⅴ 级围岩中不良地质段的工程特点主要表现在以下方面:

(1) 风险性大,易于出现突水等灾难性事故。

(2) 施工进度慢,施工方法复杂,通常还要带水施工。

(3) 需要特殊的支护措施和超前预支护手段。

(4) 需采取特殊的防排水方案和技术措施。

因此,在海底隧道的规划、设计、施工和运营等各个阶段,不良地质段都是重点考虑的内容,有时甚至会影响方案的可行性,这已被世界多项越江跨海隧道工程的实践所证实。在实际施工过程中,为了规避风险、确保安全,对于 Ⅴ 级围岩一般不会直接进行开挖,而是先采用超前锚杆、超前导管和超前帷幕注浆、甚至冻结法等预加固堵水措施来提高围岩自稳防渗能力,然后再进行开挖。经过超前支护的 Ⅴ 级围岩,其物理力学参数基本可以达到 Ⅳ 级水平。

由以上分析可以看出,在海底隧道设计、施工过程中,一个突出的问题就是在 Ⅳ 级围岩条件下如何安全经济地进行工程建设。因此,模型试验的原型初步选在青岛胶州湾海底隧道的 Ⅳ 级围岩地段。

由于围岩中的断层破碎带是多种多样的,不可能在一次试验中全面研究断层的走向、倾向、倾角等几何参数,以及充填物物理力学参数对海底隧道的影响,而需要投入大量人力、物力的模型试验又不可能重复多次,因此采用在基础问题研究中经常用到的理想化方法简化模型试验,即研究准三维均匀介质中海底隧道的围岩稳定性和渗透规律。

根据以上原则,在青岛胶州湾海底隧道右线选取模型试验的原型,如图 5.1 所示,试验以 Ⅳ 级围岩中的断面 YK6+905 为原型。该断面无第四系覆盖层,基岩裸露,为 ⑦$_{19}$ 含晶屑火山角砾凝灰岩,海水深约 32.0m,岩石覆盖层厚度为 26.2m。含晶屑火山角砾凝灰岩性质如下:灰色—紫灰色,火山角砾结构或火山凝灰结构,块状构造,岩体较完整—完整,岩质坚硬,属于喷发相火山岩,以弹性变形为主,承载力很高,渗透性中等—极微弱,岩体强度主要受结构面控制。根据勘察设计阶段提供的资料,该断面围岩的物理力学参数如表5.2所示。

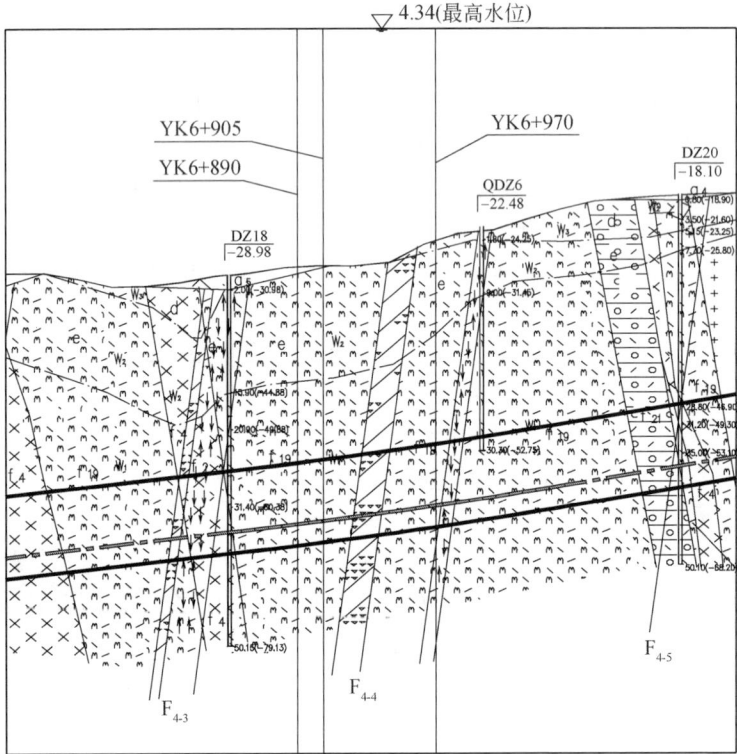

图 5.1　青岛胶州湾海底隧道右线地质断面图(局部,单位:m)

表 5.2　围岩物理力学参数

重度 γ/ (kN/m^3)	弹性模量 E/GPa	泊松比 μ	黏聚力 C/MPa	内摩擦角 φ/(°)	抗压强度 σ_c/MPa	渗透系数 k/(cm/s)
26.7	3.64	0.28	5.52	39	43.5	2.35×10^{-4}

　　海底隧道处于半无限空间内,模型试验必须选择合适的模拟范围才能得到比较精确的结果。图5.2显示了这次模型试验在隧道横断面上的模拟范围(两侧边界和底边界与隧道洞周的距离都大于3倍洞跨)以及三维示意图,轴线方向长度定为40m。

　　综合考虑多种因素,如模型试验架的尺寸、模型隧道的尺寸、相似材料的配制及以往试验的经验等,本次模型试验的几何相似比拟定为1/80。

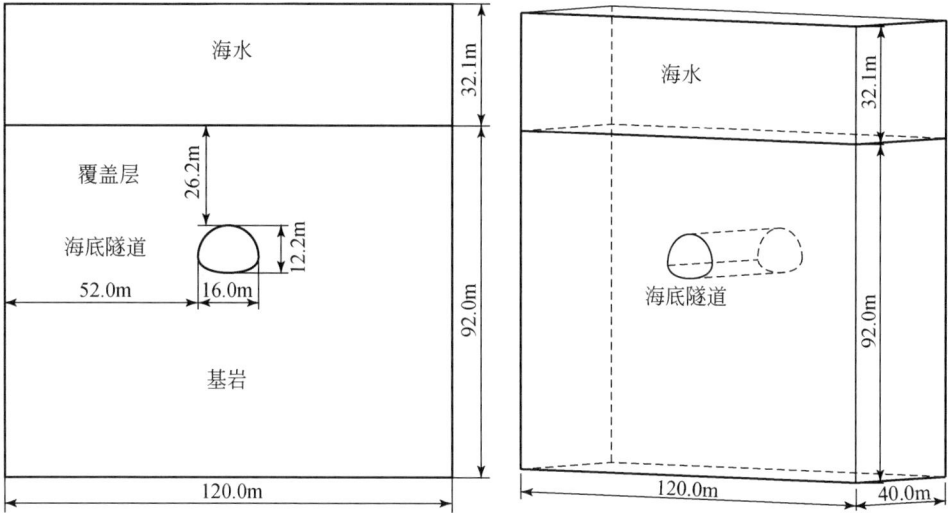

图 5.2　模型试验原型示意图

5.3.2　不同覆盖层厚度的模拟

为了在一次试验中得到不同岩石覆盖层厚度情况下海底隧道围岩的受力、变形、渗透压力分布和涌水量等多元信息,拟采用由内向外逐步开挖、分步成洞的方法进行试验。具体如下:在试验过程中,先开挖一个断面较小的隧道,进行相关试验,并记录相应的数据;然后逐次扩挖,形成稍大断面的隧道,进行相同的操作;最后扩挖到实际隧道的模型尺寸,完成实验。拟进行四次开挖,相应隧道分别记为 TA、TB、TC、TD,它们之间的几何相似比 TA∶TB∶TC∶TD＝1∶$\sqrt{2}$∶$\sqrt{3}$∶2;面积相似比 TA∶TB∶TC∶TD＝1∶2∶3∶4(见图5.3)。另外,为了研究注浆加固堵水措施的有效性,模型制作时在 TD 范围内可以使用渗透系数较小、强度较大的相似材料压实,这样 TA、TB、TC 开挖时就相当于有一定厚度的注浆加固圈。

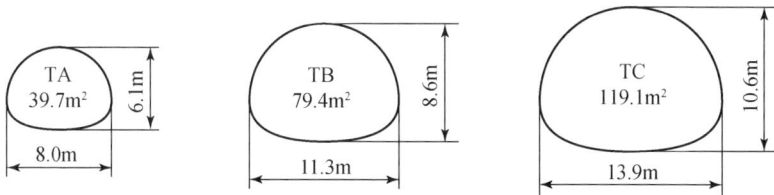

图 5.3　三次开挖的隧道断面图

现在用如下两种思路来考虑试验过程(以后称之为方案 1 和方案 2)。

(1) 固定几何相似比(1/80)。这时,四次开挖对应于青岛胶州湾海底隧道原型的地质条件下分别开挖断面面积为 39.7m²、79.4m²、119.1m² 和 158.8m² 的隧道,岩石覆盖层厚度依次为 30.3m、28.6m、27.3m 和 26.2m,TA、TB、TC 的注浆加固圈厚度依次为 4.1m、2.4m、1.1m。

(2)变换几何相似比。最终开挖完成的隧道 TD 对应于青岛胶州湾海底隧道断面 YK6+905 处的原型,即其几何相似比为已经确定的 1/80,而模型隧道 TA、TB、TC 则作为对比工况考虑,它们对应于虚拟原型。为了让四次开挖时的信息具有可比性,可令 TA、TB、TC、TD 对应的原型几何尺寸相同,这样几何相似比分别为 1/160、1/138.6、1/113.1 和 1/80。这样,通过计算可知它们对应的岩石覆盖层厚度依次为 60.6m、49.5m、38.6m 和 26.2m,TA、TB、TC 的注浆加固圈厚度依次为 8.2m、4.2m、1.6m。

5.3.3　不同海水深度的模拟

不同海水深度下,海底隧道所承受的荷载不同,为了达到经济、安全的目的,必须采取不同的支护措施和手段。这就需要掌握不同水压力情况下围岩信息的变化规律。

模型试验通过在不同水压力情况下分别记录应力、位移、渗压以及涌水量等信息,就可以模拟海水深度不同的多种工况,这就要求模型试验架必须能够逐步增加水压。拟对 TA、TB、TC、TD 分别进行 40cm、55cm、70cm、85cm、100cm 五种工况的实验。对于方案 1 来说,各种开挖条件对应的海水高度相同,即 32m、44m、56m、68m 和 80m;对于方案 2,由于不同开挖条件下的几何相似比不同,因此对应的海水深度也不相同,具体如表 5.3 所示。

表 5.3　不同开挖条件下的原型海水深度

模型 海水深度/cm	TA 对应原型 海水深度/m	TB 对应原型 海水深度/m	TC 对应原型 海水深度/m	TD 对应原型 海水深度/m
40	64	55.4	45.3	32
55	88	76.2	62.2	44
70	112	97.0	79.2	56
85	136	117.8	96.2	68
100	160	138.6	113.1	80

5.4　海底隧道流固耦合模型试验

5.4.1　试验架装置

要进行地质力学模型试验,就必须有相应的模型试验装置和加载系统。但由于埋置深度较浅,水下隧道一般不用考虑水平构造应力,试验中只涉及自重应力分布,模型制作完毕,自重应力场即自动形成,无需在模型外部另外加载。

根据几何相似比及所选择的工程原型,可以得到试验台架的尺寸(150cm×50cm×115cm)。为了既能充分模拟水下隧道围岩的饱和状态,让相似材料能充分被水浸润,又能方便简捷地控制上覆水体的高度,达到模拟不同海水深度的试验目标,作者设计了如图5.4所示的试验装置。由该图可见,试验架比换算得出的模型高5cm,试验中多出的空间(150cm×50cm×5cm)里将充满海水,以便充分浸润相似材料。在试验架盖板上开了一个直径2cm的孔,通过蛇皮管外接加水装置。

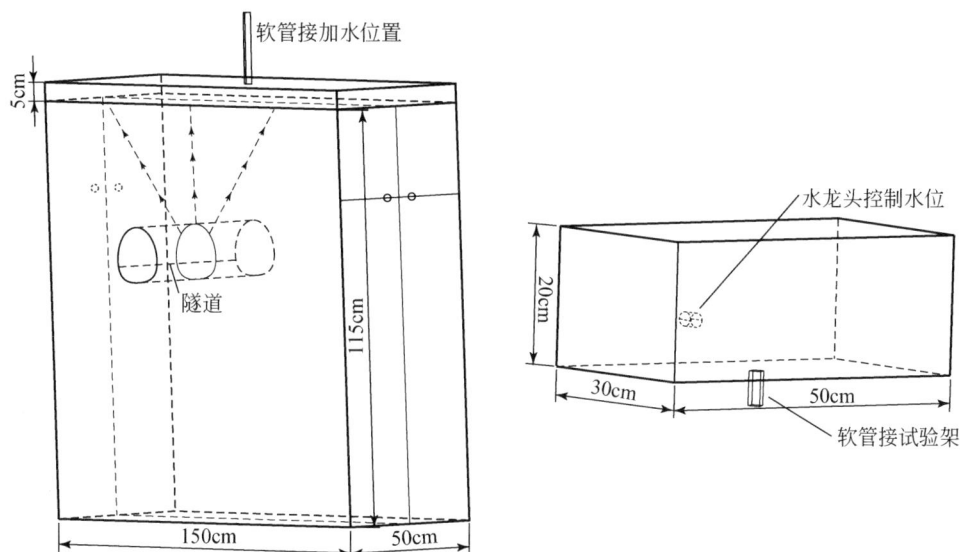

图5.4　模型试验架和加水装置设计图(▲:监测点)

加水装置是由钢化玻璃制作的敞口水池,尺寸为50cm×30cm×20cm。试验时,外水源直接注入加水装置,通过底面板中央的小孔与试验架连通;为了保持固定水位,侧面板距底面5cm的位置安装了一个水龙头。通过改变加水装置与试验架上面板的垂直距离,就能方便地控制上覆水体的高度。

为避免传统钢结构台架对信息采集的干扰,模型结构台架主体由高强PVC材料构成,立柱采用钢结构,以保持模型架整体的稳定性(见图5.5)。试验架主要用于准三维平面应力和平面应变模型试验,模型厚度可在一定范围内调整,并预留扩展为真三维模型架的延伸结构。为了达到方便填料、引出测试元件数据线以及调整台架尺寸等目的,模型台架前视面由四块移动板(150cm×30cm)组成,后视面安装一透明有机玻璃板(150cm×60cm),以便于观察试验过程中围岩破坏特征和海水渗流情况,其余部分仍由两块可移动板组成。

图 5.5　固流耦合模型试验系统实物图

　　为便于位移传感器的安装,上盖板在相应位置开了七个小孔,并且在钢架顶部固定了七根方钢标准件用以固定位移校准钢丝。七个小孔中,两侧的六个孔径为1.5mm,中间孔为2cm,并在该孔上安装了内径为1cm的有刻度的有机玻璃管。有机玻璃管能起到两个作用:一是模型注水时便于内部气体的排出;二是便于观测水头高度。

　　为了实现由内向外逐步开挖、分步成洞,精确地开挖隧道 TA、TB、TC、TD,采用高强 PVC 板制作了开挖控制定位器,如图 5.6 所示。

图 5.6　开挖控制定位器

5.4.2　新型流固耦合相似材料的研制

1. 材料选择

　　模型试验成功与否关键在于相似材料与真实岩石之间的相似性,相似材料在模型试验中起着决定性作用。相似材料研制时,选择合理的成分材料及配比具有重要意义,成分材料的合理选择是精确模拟原型的前提(朱维申等,1995)。

　　为配制合适的新型流固耦合相似材料,对国内外相关试验的材料进行了调研,发现单一的天然材料难以模拟复杂的岩土体。通常是用若干天然材料(如铁晶粉、重晶石粉、石膏粉、石灰粉、石英砂、河砂、黏土、木屑等)和人工材料(如水泥、氧化锌、石蜡、松香、酒精、白乳胶、树脂等)按照一定的比例配制而成。因此,相似材料一般是多种材料的混合物,其成分和配比要经过大量的配比试验才能得到。

目前研制成功的相似材料大多以石膏、碳酸钙和沙子等为骨料,辅以其他胶结物配置而成(袁文忠,1998),一般用于不接触水的单一固相模型试验。这些材料未考虑渗透性方面的相似,遇水极易崩解,而流固耦合相似试验必须解决这个难题,其相似材料必须选择非亲水性有机胶凝材料作为胶结剂。

本试验基于流固耦合相似条件开展了大量的对比试验,最终研制出以石蜡为胶结剂、液压油为调节剂、砂子和滑石粉为骨料的新型流固耦合相似材料,解决了材料遇水易崩解的难题(见图 5.7)。

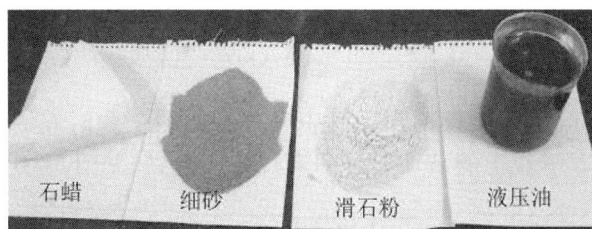

图 5.7　流固耦合模型试验相似材料

2. 物理力学参数测试

材料物理力学参数的测试是配比试验的关键,为压制试件以便于试验,设计加工了部分钢模具,如图 5.8 所示。

图 5.8　试件模具照片

相似材料物理力学参数包括重度 γ、弹性模量 E、泊松比 μ、抗压强度 σ_c、抗拉强度 σ_t、内摩擦角 φ、黏聚力 C 及渗透系数 k。采用 3000kN 全数字控制刚性岩石压力机(见图 5.9)和 ZJ-4A 型应变控制式直剪仪系统测试不同配比条件下材料的力学参数。同时,对试件进行材料渗透性和非亲水性测试,采用变水头法测试材料的渗透系数(见图 5.9),并取相同配比的试块置于水中浸泡 24h,然后测试其抗压强度。

图 5.9　试验装置

由于配比众多,表 5.4 仅列出了其中一种配比的 3 个试件的参数测试结果。相似材料试件在试验机上的破坏形态和岩石非常相似(见图 5.10),其应力–应变曲线如图 5.11 所示。

根据测试结果,材料浸泡 24h 后强度约降低 20%,在模型试验实施时间内完全能满足材料的相似要求。

表 5.4　试件参数测试结果

试件编号	弹性模量 E /MPa	泊松比 μ	抗压强度 σ_c/MPa	抗拉强度 σ_t/MPa	重度 γ /(kN/m³)	黏聚力 C/kPa	内摩擦角 φ/(°)	渗透系数 k/(cm/s)
1	34.19	0.26	0.429	0.040	20.2	36.8	43.0	$1.087×10^{-4}$
2	30.16	0.29	0.399	0.044	20.4	32.7	40.5	$1.092×10^{-4}$
3	36.67	0.28	0.403	0.037	20.2	39.4	44.3	$1.084×10^{-4}$
平均值	33.67	0.28	0.410	0.040	20.3	36.3	42.6	$1.088×10^{-4}$

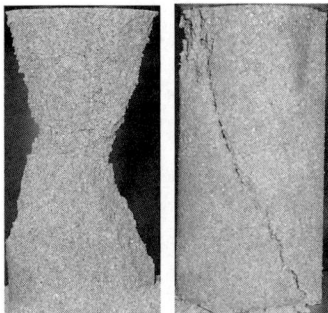

图 5.10　试件破坏形态

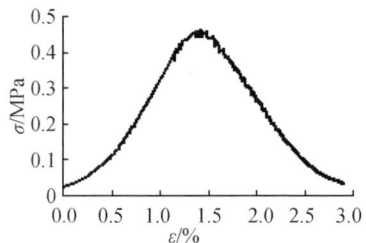

图 5.11　相似材料的应力–应变曲线

3. 配比试验结果分析

为了解不同配比材料的性能,进行了大量的配比试验。对试验结果加以分析可给出各种材料含量对相似材料性能的影响。

(1) 调节石蜡含量可以改变相似材料的弹性模量和抗压强度。随石蜡含量增加,弹性模量和抗压强度逐渐提高,但当石蜡含量达到 7%(质量比)以后,弹性模量和抗压强度的升高就不再明显,如图 5.12 所示。

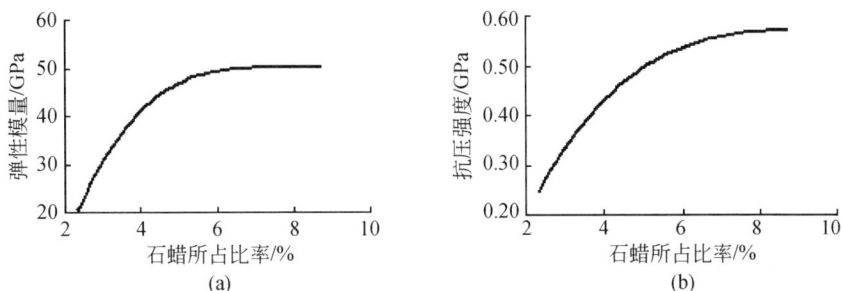

图 5.12　胶结剂与弹性模量和抗压强度的关系曲线

(2) 改变砂子在骨料中的比重也能调节材料弹性模量和抗压强度(见图 5.13)。弹性模量随砂子比重的增加而提高,这是由于砂子可以增强材料的摩擦力;同时,砂子含量的增加意味着滑石粉的减少,试件的密实度降低,抗压强度因而降低。

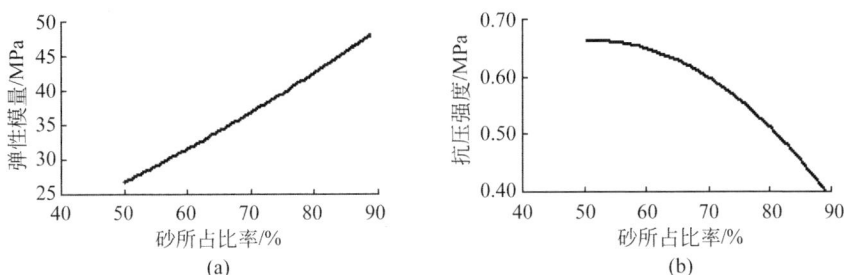

图 5.13　砂与弹性模量和抗压强度的关系曲线

(3) 成型温度对材料的弹性模量和抗压强度也有影响(见图 5.14)。一般情况下,试件成型温度越高,其弹性模量和抗压强度越高。

(4) 调节石蜡含量可以改变材料的渗透系数(见图 5.15)。石蜡含量越高,试件的渗透系数越小,当石蜡占总质量的 8.7%、砂和滑石粉配比为 6∶1 时,渗透系数减小至 1.3×10^{-7} cm/s。

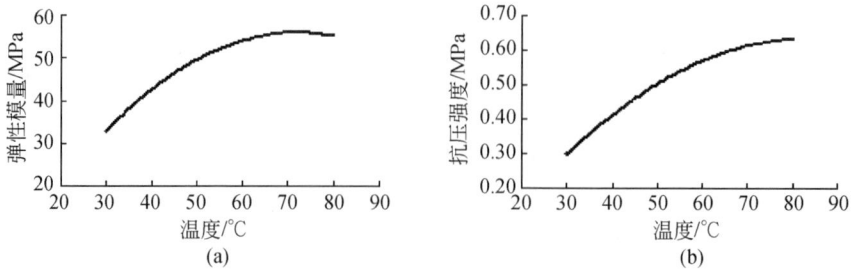

图 5.14　温度与弹性模量和抗压强度的关系曲线

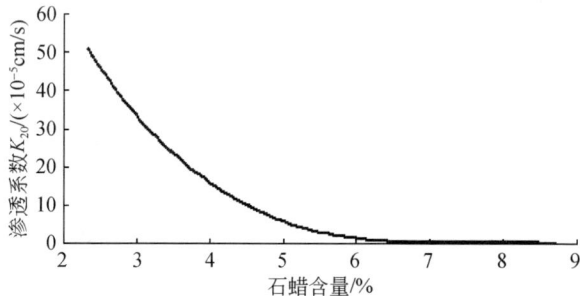

图 5.15　胶结剂对材料渗透系数影响曲线

4. 相似材料的特性

经过大量的配比试验,我们发现新材料的模拟范围比较大,可覆盖不同渗透性的中低强度岩土体材料。其中,弹性模量和抗压强度变化范围分别为 $20\sim60\text{MPa}$、$0.30\sim0.66\text{MPa}$,而渗透系数变化范围为 $1.2\times10^{-7}\sim5.0\times10^{-4}\text{cm/s}$。材料重度的变化范围为 $19.5\sim21.5\text{kN/m}^3$,属于可调整的中低容重材料,黏聚力变化范围为 $20\sim110\text{kPa}$,内摩擦角变化范围为 $30°\sim55°$,泊松比的变化范围为 $0.25\sim0.30$,变化不大。因此,该材料是一种比较理想的流固耦合相似材料,可以应用于大部分岩土工程的流固耦合试验研究,而且这种材料还具有如下优点:

(1) 具有低强度和低弹性模量的特点。

(2) 渗透率变化范围较大,可模拟不同渗透性质的岩体。

(3) 物理力学参数易于调节。

(4) 性能稳定,不受环境湿度影响,不生锈,具有很高的绝缘性。

(5) 石蜡冷却后性能稳定,且干燥时间短,能缩短试验周期。

(6) 各成分材料易于运输,容易购置,且价格较便宜。

(7) 没有任何毒副作用,不会对人体造成伤害。

（8）在高温作用下,材料可由高强度状态自行松散瓦解,便于后期处理。

（9）配料拌和后材料不发生化学反应,试验材料可重复使用,大大提高了材料的利用率和使用寿命。

5. 相似常数的确定

对于方案 1,试验的几何相似比已经确定,即 $\alpha_l = 1/80$,经过诸多考虑后,我们确定重度相似比 $\alpha_\gamma = 1/1.33$,渗透系数相似比 $\alpha_k = 1$。这样,由表 5.1 的计算公式就可以得到其他的相似常数,时间相似比 $\alpha_t = \alpha_l/\alpha_k = 1/80$,渗流量相似比 $\alpha_Q = \alpha_l^2 \alpha_k = 1/6400$,应力及弹性模量的相似比 $\alpha_\sigma = \alpha_E = \alpha_\gamma \alpha_l = 1/106.7$。借助这些相似常数,就可以根据原型围岩的物理力学参数(见表 5.2)求出模型的相关参数(见表 5.5 材料号1);由试验可知,当材料配比为砂子:滑石粉:石蜡:液压油=857:143:37.5:50时,相似材料的参数(见表 5.5 材料号2)非常好地满足了相似准则。TD 范围内的注浆材料则以其渗透系数($k = 6.040 \times 10^{-5}\,\mathrm{cm/s}$)为控制参数得到配比(857:143:55:50),其参数见表 5.5 中的材料号 3。

表 5.5　模型相似材料物理力学参数

材料号	重度 γ /(kN/m³)	弹性模量 E/MPa	泊松比 μ	黏聚力 C/kPa	内摩擦角 φ/(°)	抗压强度 σ_c/MPa	渗透系数 k/(cm/s)
1	20.07	34.11	0.280	51.73	39	0.407	2.35×10^{-4}
2	20.1	33.82	0.287	53.14	40.8	0.40	2.416×10^{-4}
3	19.9	46.91	0.273	75.46	42.5	0.46	6.040×10^{-5}

对于方案 2,重度相似比 $\alpha_\gamma = 1/1.33$,渗透系数相似比 $\alpha_k = 1$,同样可由表 5.1 的计算公式得到不同开挖条件下的其他相似常数,如表 5.6 所示。

表 5.6　不同开挖条件下的相似比

物理量	TA	TB	TC	TD
时间	1/160	1/138.6	1/113.1	1/80
渗流量	1/25600	1/19200	1/12800	1/6400
应力	1/212.8	1/184.3	1/150.5	1/106.7
弹性模量	1/212.8	1/184.3	1/150.5	1/106.7

这里以模型隧道 TD 来模拟青岛胶州湾海底隧道 YK6+905 处的原型,而模型隧道 TA、TB 和 TC 则作为对比工况考虑。这样,模型相似材料的物理力学参数与方案 1 相同,如表 5.5 所示。进一步,可利用表 5.5 中的材料号 1 和其他开挖条件下的相似常数得到模型隧道 TA、TB 和 TC 条件下对应的虚拟原型参数,如表 5.7 所示。

表 5.7　不同开挖条件下的虚拟原型参数

模型隧道	重度 γ /（kN/m³）	弹性模量 E/GPa	泊松比 μ	黏聚力 C/MPa	内摩擦角 φ/（°）	抗压强度 σ_c/MPa	渗透系数 k/（cm/s）
TA	26.7	7.26	0.28	11.01	39	86.61	2.35×10^{-4}
TB	26.7	6.29	0.28	9.53	39	75.01	2.35×10^{-4}
TC	26.7	5.13	0.28	7.79	39	61.3	2.35×10^{-4}

另外,试验中海水的相似材料若按重度相似比 $\alpha_\gamma = 1/1.33$ 的要求,其重度约为 7.5kN/m³,但在自然液体中即使是重度最轻的汽油,也有 8kN/m³。目前还没有找到适合作海水模拟材料的液体,因此只能采用不同介质材料相似比的耦合来处理该问题,即模型采用溶解氯化钠的水。为了达到相似的目的,把以几何尺度比例计算出的模型海水水头高度按比例减小,来纠正材料容重比例不协调所引起的误差。

5.4.3　量测技术与方案

1. 光纤监测系统

模型试验最为关键的一环就是采集模型在开挖过程中的应力场、位移场和渗透压力场的分布情况及其变化趋势,所以试验的量测方法和技术就显得尤为重要。模型试验测量方法大体可归纳为三类:机械法、电测法和光测法。机械法主要通过百分表、千分表量测模型的变形;电测法主要通过应变片、应变仪测量各测点应变值,还包括用电阻式或电感式位移传感器测位移,以及用电阻应变式压力传感器测量土压力及接触压力等;光测法即目前常用的自动网格法和基于图像搜索的方法。但是在流固耦合模型试验中,除了位移、应变外,还必须测量渗透压力这个更为关键的信息,所以上述测量方法都不能胜任。为了实现多元信息的并行实时采集,基于光纤技术开发了新型信息监测系统,能够实现应力、位移、渗流、温度等多种信息的实时采集,并且采集元件具有尺寸小、精度高且不易破损的特点。

基于光纤光栅技术的传感器是一种波长调制型光无源测试元件,其传感过程是通过外界参量对光栅中心波长的调制来获取传感信息。试验中采用美国 MOI 公司生产的四通道光栅解调仪,将微型应力、位移、温度和渗压传感器耦合连接,实现了多元信息的并行实时采集。光纤光栅监测元件及监测系统如图 5.16 和图 5.17 所示。

在流固耦合模型试验中,光纤光栅传感器与传统传感器相比,具有如下优点:

(1) 抗干扰能力强,光纤光栅传感器可用于强电磁干扰、易燃易爆等特殊环境中,更为重要的是可用于水下测量。

(2) 传感探头结构简单、尺寸小,能削弱由于传感器埋设导致材料的不均匀性。

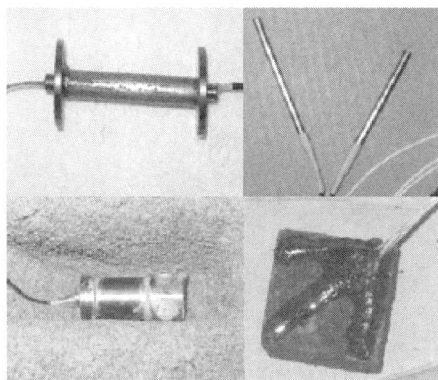

图 5.16　光纤光栅监测元件

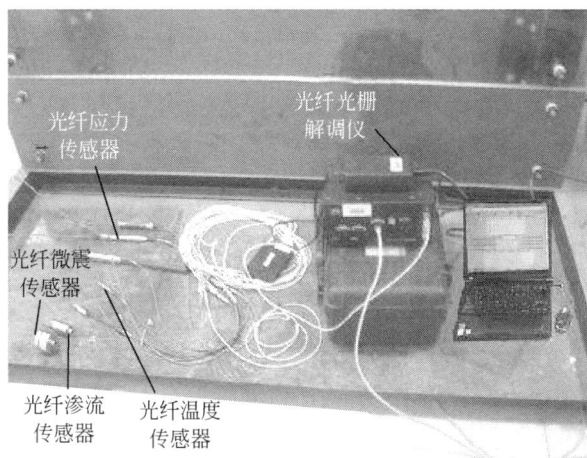

图 5.17　光纤光栅监测系统

（3）性能稳定,不存在蠕变和漂移问题,测试数据具有良好的重复性。

（4）多点测量,单线传输,避免布置过多传输线造成人为的渗流通道。

（5）相对值和绝对值可同步采集。

为了弱化模型边界的影响,将监测断面设在模型轴向中间处。拱顶岩石覆盖层是海底隧道的重点研究对象,为了监测覆盖层中各种物理量的变化情况,在其中布置了 9 个监测点(见图 5.4)。

2. 涌水量测量

渗流量也是水下隧道的一个重点关注对象,为了准确计算涌水量,采用白铁皮制作了四套渗水收集装置(分别对应于开挖过程),如图 5.18 所示。试验过程中,先用该装置收集渗水,然后用量筒进行测量。考虑模型边界的影响,渗水收集器分成了三格,中间一格长 30cm,两侧的长 10cm。

另外,还将采用内窥摄像系统和摄像机等设备记录试验过程中的各种直观、形象的信息。

图 5.18　渗水收集装置

5.4.4　试验实施过程

1. 模型制作

海底隧道模型采用夯实填筑法制作,其基本流程如下:①按既定配比大规模称量材料,其中砂子要用满足试验要求的筛子筛选,然后放入烘箱调温,石蜡要加热熔化;②用搅拌机搅拌均匀;③在试验架内自下向上分层摊铺材料;④用小型振动夯机逐层碾压材料,并检测碾压后的密实度,然后进行层面凿毛以减小材料的不均匀性;⑤填筑到适当高度时在隧道位置拉槽填筑低渗透性的注浆材料;⑥在模型关键点部位埋设测试元件;⑦逐层填筑直至模型顶部;⑧安装上盖板并密封、加水。模型制作过程的照片如图 5.19 所示。

制作工艺具体包括材料称重、配料拌和、摊铺碾压、振动夯实、放线定位及埋设测试元件等。模型共埋设应变砖 9 块(3mm×5mm 胶基型应变花 27 片),位移传感器 9 个,温度传感器 2 个,渗压传感器 9 个。测试元件的引线集中从试验架侧壁上的预制孔引出。

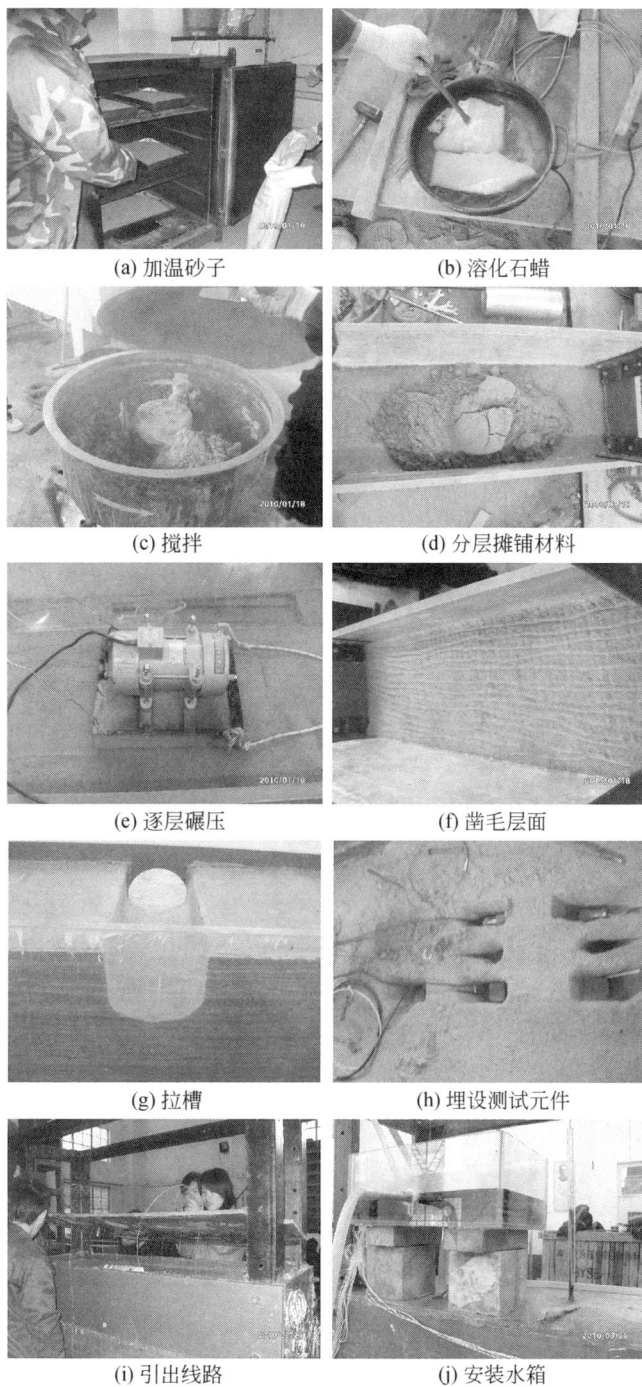

(a) 加温砂子

(b) 溶化石蜡

(c) 搅拌

(d) 分层摊铺材料

(e) 逐层碾压

(f) 凿毛层面

(g) 拉槽

(h) 埋设测试元件

(i) 引出线路

(j) 安装水箱

图 5.19　模型的制作流程

2. 开挖与测试

模型制作完成后,即可采用人工钻凿的方式进行水下隧道的开挖,整个过程分为 TA、TB、TC 和 TD 四大步,同时配备内窥可视摄像系统实时监控内部围岩状态。每个大步都在 40cm 的水头高度下采用全断面方式推进,以 5cm(对应原型 4m)为一个循环进尺,每当开挖完一个进尺后即停止掘进;等数据稳定后再进行下一进尺的开挖、记录,直至隧道开挖完毕;这时安装配套的渗水收集装置,测量固定时段内隧道的涌水体积。每进行完一个大步后,要提高水头,测量多个水头高度下的覆盖层多元信息。开挖过程中在模型可视板及开挖面固定高清摄像头,全程记录围岩变形及内部渗(突)水情况。在开挖过程中,隧道拱顶和拱腰不断有水渗出,底板短时间内即汇集大量水,但并未形成较大的破裂通道,没有形成突水。具体过程如图 5.20 和图 5.21 所示。

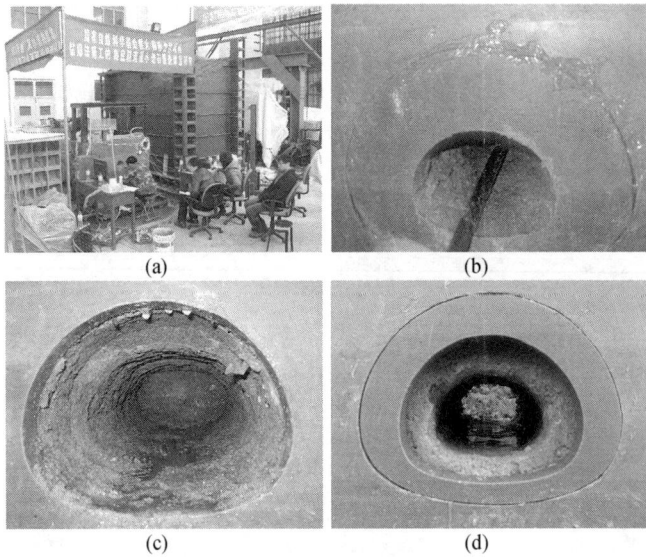

(a)　　　　　　　(b)

(c)　　　　　　　(d)

图 5.20　模型开挖测试场景

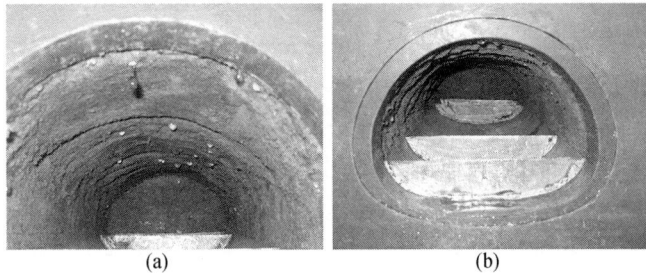

(a)　　　　　　　(b)

图 5.21　隧道涌水图

5.5 基于 FLAC³ᴰ的海底隧道流固耦合数值模拟

为了验证模型试验结果的可靠性,对实际开挖过程应用 FLAC³ᴰ对海底隧道模型进行了与物理试验在几何范围、材料物理力学参数、边界条件以及开挖顺序等方面相同的数值模拟,并且在计算过程中记录了相同位置关键点的应力、位移和渗透压力等多元信息以及隧道涌水量,以便两者相互比较验证。

5.5.1 FLAC³ᴰ流固耦合分析概述

1. FLAC³ᴰ渗流计算特点

FLAC³ᴰ模拟多孔介质(如土体)中的流体流动时,既可以单独进行流体计算,只考虑渗流的作用,也可以将流体计算与力学计算进行耦合,即常说的流固耦合计算。流固耦合计算考虑孔隙水压力消散引起的岩土体位移变化,这一过程包含两种力学效果:①孔隙水压力的变化引起体积应变的变化,进而影响有效应力;②应变的改变也会影响孔隙水压力。该软件具有强大的渗流计算功能,可以解决完全饱和及有地下水位变化的渗流问题。FLAC³ᴰ中的渗流计算具有以下特点:

(1) 针对不同材料的渗流特点,提供了三种渗流模型,即各向同性模型、各向异性模型及不透水模型。

(2) 不同的单元可以赋予不同的渗流模型和渗流参数。

(3) 提供了丰富而又实用的流体边界条件,包括流体压力、涌入量、渗漏量、不可渗透边界、抽水井、点源或体积源等。

(4) 计算完全饱和岩土体中的渗流问题,可以采用显式差分法或隐式差分法。

(5) 渗流问题可以和固体(力学)问题、热问题进行耦合。

(6) 流体和固体的耦合程度依赖于固体颗粒骨架的压缩程度,用 Biot 系数表示颗粒的可压缩程度。

2. 控制微分方程

渗流计算的控制微分方程主要有输运方程、质量守恒方程和本构方程。

流体的运动用达西定律来描述,对于均质、各向同性固体和流体密度是常数的情况,该方程具有如下形式:

$$q_i = -k_{il}\bar{k}(s)(p - \rho_f x_j g_j), \qquad l,i = 1,2,3 \qquad (5.5)$$

式中,q_i 为渗透流量;p 为孔隙压力;$\bar{k}(s)$ 为介质关于饱和度 s 的相对机动系数;ρ_f 为流体密度;g_i 为重力的三个分量。

对于小变形,流体质量守恒方程为

$$- q_{i,i} + q_v = \frac{\partial \zeta}{\partial t} \tag{5.6}$$

式中,q_v 为流体单位体积源强度(1/s);ζ 为单位体积孔隙介质的流体体积变化量。

流体含量的变化与孔隙压力 p、饱和度 s、体积应变 e 和温度 T 的改变有关,孔隙流体的本构方程为

$$\frac{1}{M} \frac{\partial p}{\partial t} + \frac{n}{s} \frac{\partial s}{\partial t} = \frac{1}{s} \frac{\partial \zeta}{\partial t} - \alpha \frac{\partial e}{\partial t} + \beta \frac{\partial T}{\partial t} \tag{5.7}$$

式中,M 为比奥模量(N/m^2);n 为孔隙率;α 为比奥系数;β 为不排水导热系数(1/℃),用该系数来考虑流体和颗粒的热膨胀。

3. 计算方案选择

FLAC^{3D}在分析含有孔隙水压力的问题时,根据是否设置流体计算,有渗流模式和无渗流模式两种计算模式。在无渗流模式下,可以在节点上设置孔隙水压力,但其值保持不变,固体单元的屈服判断由有效应力决定。在渗流模式中,可以进行瞬态渗流计算,孔隙水压力随着浸润线的改变而改变;还可以进行有效应力计算、不排水计算以及完全流固耦合计算。在完全流固耦合情况下,孔隙水压力的改变会产生力学变形,同时体积应变又会导致孔隙水压力的改变。

流体模型设置好以后就可以进行参数的赋值,FLAC^{3D}渗流计算中涉及的参数包括单元参数(如渗透系数、孔隙率、流体密度和比奥系数)和节点参数(如流体体积模量、饱和度、抗拉强度和比奥模量)。考虑颗粒压缩的情况下,选择比奥模量和比奥系数;而对于颗粒不可压缩的岩土体,则选用流体体积模量和孔隙率。对于理想多孔介质,比奥模量 M 与流体体积模量 K_f 的关系为

$$M = \frac{K_f}{n + (\alpha - n)(1 - \alpha) K_f / K} \tag{5.8}$$

式中,K 为固体体积模量,对于室温下的纯水而言,$K_f = 2 \times 10^9 Pa$。这样,对于不可压缩的情况($\alpha = 1$),有

$$M = K_f / n \tag{5.9}$$

FLAC^{3D}默认情况下的模型边界都是不透水边界,即边界上节点与外界没有流体交换,其孔压值可以自由变化。设置孔隙压力固定时表示透水边界条件,流体可以流入(流出)模型边界。

对于特定的流体问题,在计算之前首先要进行分析,考察该问题的一些指标,如时标、施加扰动的属性及流固刚度比等,以便采用合理的分析方法。下面分别进行介绍。

时标的概念类似于时间,在流固耦合分析过程中需要考虑流体计算和力学计

算两个时标。如果流体进程的时标与问题需要分析的时标的差别很大,则有可能使用简化的不耦合分析方法。力学过程和流体扩散过程的特征时间分别定义为

$$t_c^m = \sqrt{\frac{\rho}{K_u + 4/3G}} L_c \tag{5.10}$$

$$t_c^f = L_c^2/c \tag{5.11}$$

式中,L_c 为特征长度(模型体积与表面积之比);K_u 为不排水体积模量;G 为剪切模量;ρ 为密度;c 为扩散率。扩散率定义为渗透系数与储水系数的比值,即

$$c = \begin{cases} kM, & \text{饱和渗流模式} \\ \dfrac{k}{1/M + n/(\rho_w g L_p)}, & \text{非饱和渗流模式} \\ \dfrac{k}{1/M + \alpha^2/(K + 4G/3)}, & \text{流固耦合模式} \end{cases} \tag{5.12}$$

扰动是指流固耦合问题中引起系统平衡状态改变的外界条件,包括流体边界条件(如孔隙水压力的改变)和力学边界条件(如荷载的变化)。如果问题中的扰动仅仅是由于孔隙水压力的改变引起的,那么流体进程和力学进程可以不耦合;若是由于力学扰动引起的,则两者耦合程度要考虑流固刚度比的影响。

流固刚度比是指流体模量和固体模量之间的比值,定义为

$$R_k = \frac{\alpha^2 M}{K + 4G/3} \tag{5.13}$$

如果固体的刚度很大,或流体具有高压缩性,那么得出 R_k 较小,称之为相对刚性骨架,可以不进行耦合计算;如果固体模量较小,流体不可压缩,那么 R_k 较大,称之为相对柔性骨架,这时需要进行耦合分析。

5.5.2　基本条件与计算方案

青岛胶州岛海底隧道的数值模型如图 5.22 所示,共划分 23460 个单元,有26642 个节点。隧道附近网格划分较密集,远离隧道处网格划分较稀疏,呈放射状展开,这样能较好地满足计算精度要求。

模型主要考虑岩体自重应力,其自重应力按 γh 进行计算、水平向应力按 $[\mu/(1-\mu)]\gamma h$ 计算,其中 μ 为材料泊松比,γ 为重度。围岩材料采用实体单元模拟,本构关系为理想弹塑性模型,屈服条件采用摩尔-库仑准则,而流体计算时围岩采用各向同性渗流模型,物理力学参数如表 5.5 所示。另外,围岩颗粒不可压缩($\alpha=1$),且孔隙率 $n=0.25$。

对于力学计算而言,模型上表面为施加海水重量的应力边界,四个侧面和底面设置法向约束,开挖过程中的隧道洞壁和掌子面为自由边界。渗流模式下,模型上表面是透水边界(固定孔隙压力),四个侧面和底面为不透水边界条件,开挖过程

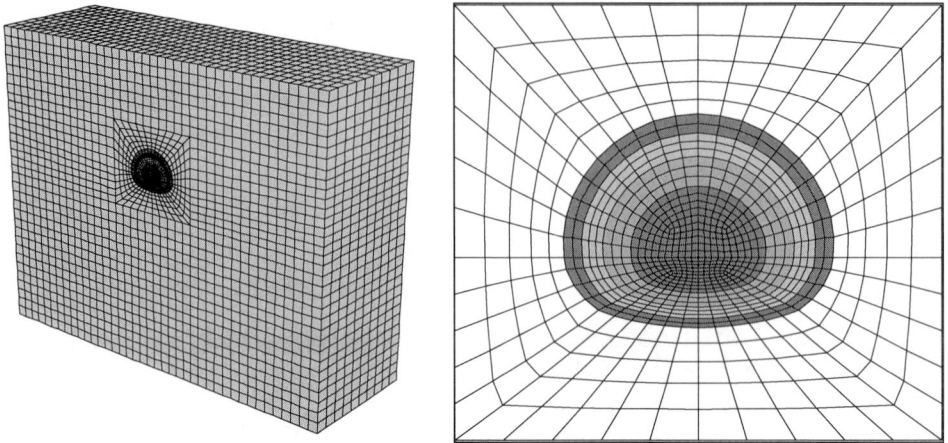

图 5.22 海底隧道准三维数值模型

中的隧道洞壁和掌子面的孔隙水压力固定为零。

显而易见,水下隧道的开挖是饱和渗流问题,为了合理地选择计算模式,将本问题的一些指标列入表5.8,以便分析。

表 5.8 数值计算相关指标

比奥模量 M/Pa	渗透系数 k /(m²/s)	特征长度 L_c/m	扩散率 c/(m²/s)	特征时间/s		流固刚度比 R_k	扰动类型
				t_c^m	t_c^f		
8.0×10^9	2.464×10^{-10}	0.1414	1.971	5.6×10^{-5}	0.01	2.165	流体扰动

问题需要分析的时间即计算时间 t_s 远远大于渗流扩散的时间 t_c^f,属于稳定渗流分析,并且问题中的扰动主要是由于孔隙水压力的改变引起的,这时孔压场可以不与应力场耦合。可以首先通过单渗流计算得到稳态的孔压场,然后再将流体模量 K_f 设置为 0 达到力学平衡状态。在单渗流分析中,为了保持真实的扩散率以及系统的特征时标,流体模量需要利用式(5.14)进行调整,调整后 $K_f^a = 0.74$ GPa。

$$K_f^a = \cfrac{n}{\cfrac{n}{K_f} + \cfrac{1}{K + 4G/3}}$$ (5.14)

另外,由于有固定的水面条件,开挖前的初始平衡状态需要利用无渗流模式计算得到,这是固定孔压力条件下的有效应力分析,在这种情况下孔压不受力学作用的影响。在无渗流模式中,需要对水下的单元设置饱和密度。

5.6　结　果　分　析

在隧道开挖过程中,覆盖层岩体的力学、渗流状态在不断地发生变化,通过设置传感器实时记录应力、位移及渗透压力等多元信息,分析随开挖进程覆盖层的力学、渗流演化过程。模型试验中传感器即数值计算中的关键点的分布示意图如图 5.23 所示。

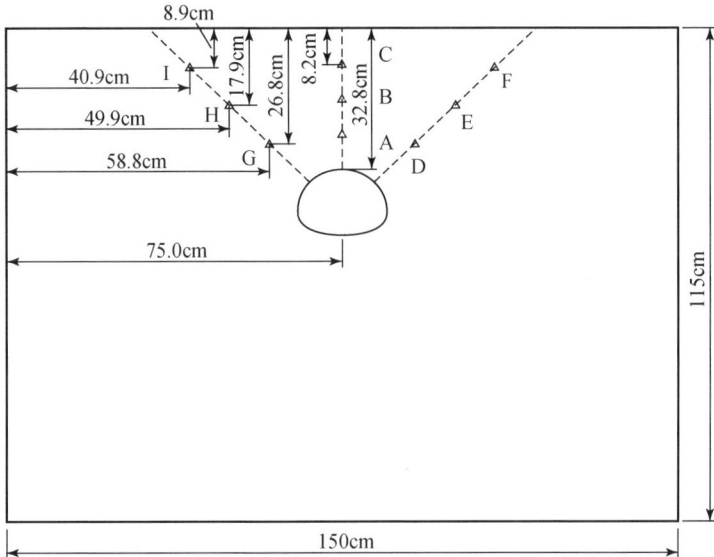

图 5.23　应力、位移等关键点分布示意图

试验结果分析分为如下三个部分:

(1) 试验结果与数值模拟结果对比验证:实际试验时,在 40cm 水深条件下分四个大步(TA/TB/TC/TD)、40 个小步进行了模型隧道的开挖;应用 FLAC^{3D}对开挖过程进行了数值模拟,通过对比两种结果,可对模型试验方案的可行性和结果的可靠性进行评价。

(2) 方案 1 分析:即用固定几何相似比(1/80)的思路对多种工况下应力、位移、渗透压力及涌水量等试验结果进行分析。

(3) 方案 2 分析:即用变换几何相似比的思路对各种工况下的位移和涌水量结果进行分析。

另外,由于监测点有九个,信息量很大,因此在分析过程中限于篇幅并未全部列出,只给出了代表性关键点的结果。

5.6.1 试验结果与数值模拟结果对比验证

随着隧道开挖的进行,关键点 B 的竖向位移变化情况如图 5.24 所示。分析可知:

(1)受开挖扰动、周围环境振动、数据采集易被干扰等因素影响,试验结果与数值计算结果相比明显变化不规则、波动大,并且最终位移值比计算结果大约 40%,但是两者的变化规律基本一致。

(2)TA 开挖过程中,由于工作面的端部效应,覆盖层的竖向位移一直较小且变化不大,但贯通时端部效应消失,竖向位移突然由约 1mm 急剧增加到约 5mm,在这之后基本呈线性增加,当 TD 开挖完成时约为 14.0mm。

(3)出于保护传感器的原因,其附近的相似材料压实程度降低,造成覆盖层不够坚硬;另外水的长时间浸泡和渗透也能使材料发生损伤,强度和弹性模量降低。这两个原因可能导致实测位移值大于计算值。

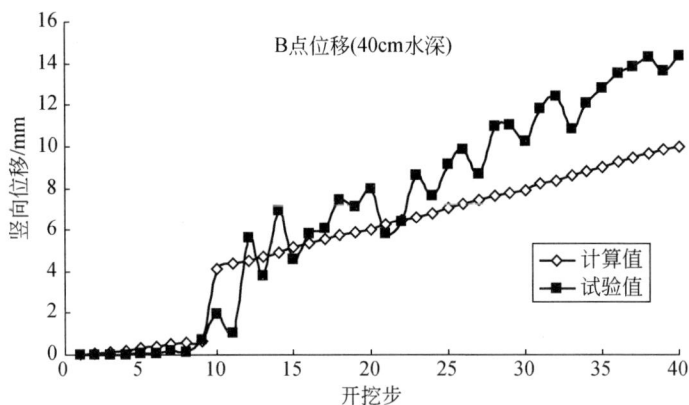

图 5.24　关键点竖向位移随开挖步变化曲线

随着隧道开挖推进,关键点应力变化情况如图 5.25 所示(压应力为正值,拉应力为负值),图中分别给出点 A 的竖向应力、点 D 的水平应力。分析可知:

(1)与位移结果类似,试验值比计算值明显变化不规则、波动大,并且试验值总体比计算值小,但是两者的变化规律也基本一致。

(2)覆盖层围岩二次应力场调整非常明显,拱顶上方围岩的竖向应力和 D 点水平应力都在迅速减小,开挖卸荷效应明显。

(3)导致位移实测值大于其计算值的原因造成应力实测值小于其计算值。

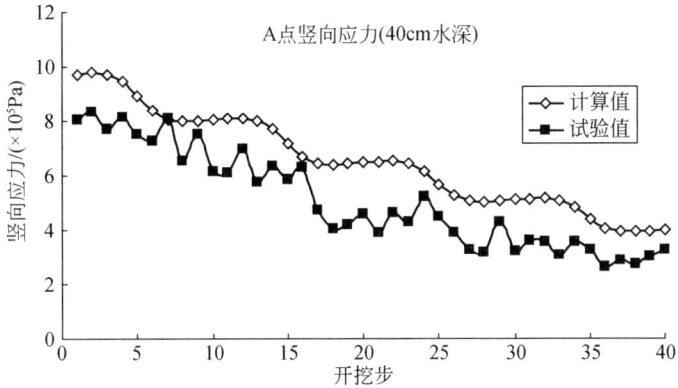

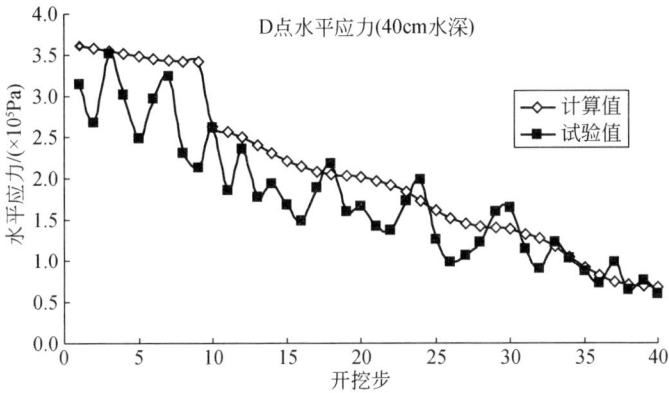

图 5.25　关键点应力随开挖步变化曲线

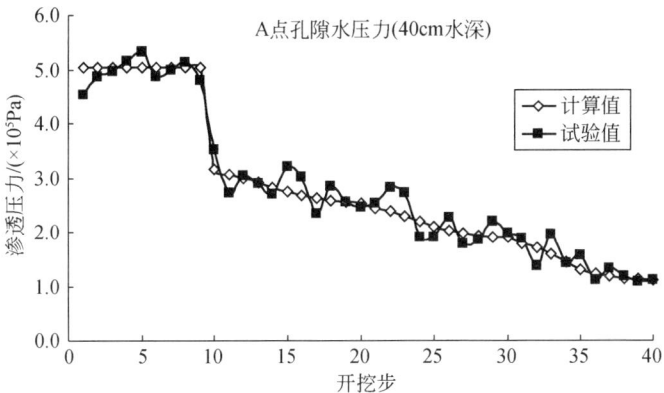

图 5.26　关键点渗透压力随开挖步变化曲线

A 点渗透压力随开挖进程的变化曲线如图 5.26 所示。分析可知：

（1）与位移结果类似,试验值比计算值明显变化不规则、波动大,但是试验值总体与计算值相差不大,且两者的变化规律也基本一致。

（2）渗透压力的变化趋势和位移相似，即 TA 开挖时 A 点渗透压力（约 0.5MPa）变化不大，但在 TA 贯通时覆盖层中的超孔隙水压力迅速消散，急剧下降到约 0.3MPa，在这之后基本呈线性减小，当 TD 开挖完成时超孔隙水压力基本全部消散，A 点渗压约为大气压。

（3）由超孔隙水压力的消散过程可见，在实际海底隧道的开挖过程中，覆盖岩层中的渗透压力将保持在较大的水平而不消散。

各开挖大步完成后，应用收集装置测量了渗入隧道内的涌水量，具体结果如图 5.27 所示。分析可知：

（1）随开挖断面的扩大，渗入隧道内的涌水量迅速增加。

（2）由于渗水收集装置不能收集全部渗水，有所遗漏，所以在 TA/TB 开挖条件下，试验值比计算值略小。

（3）相似材料在水的长期浸泡，特别是渗透作用下，材料发生损伤并且积累，进而形成渗流通道，而数值模拟未考虑这个问题，所以实际渗入量会比计算值有所增加。当开挖到 TC/TD 时，尽管渗水收集仍有所遗漏，但由于材料渗流损伤占主导作用，因此此时涌水量的试验值稍大于计算值。

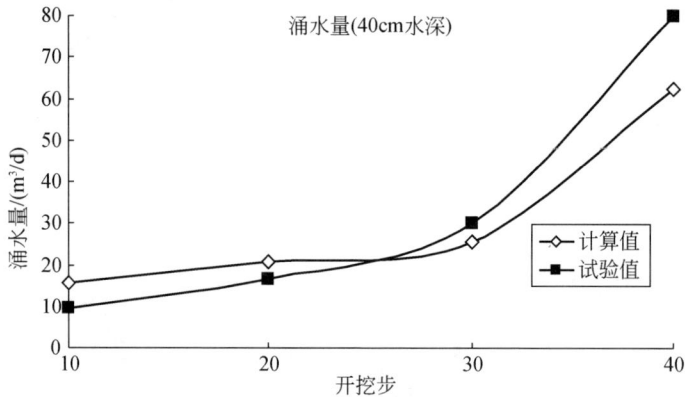

图 5.27　涌水量随开挖步变化曲线

综合上述分析可知，覆盖层多元信息以及涌水量的实测值符合一般规律，且与数值计算结果基本吻合，变化趋势一致。另外，模型试验考虑了开挖扰动、水位波动（试验过程中周围环境的震动能够造成）以及海水浸泡、渗流造成的围岩损伤等因素，因此，与数值计算相比，其结果更接近于工程实际。

5.6.2　方案 1

如前所述，固定几何相似比时的四次开挖（TA/TB/TC/TD）是在相同围岩物理力学参数条件下开挖不同断面面积（39.7m² /79.4m² /119.1m² /158.8m²）、覆盖层厚度(30.3m/28.6m/27.3m/26.2m)和注浆加固圈厚度(4.1m/2.4m/1.1m/0)的水下隧道,本节中将这些因素统称为开挖条件。可见,对于海底隧道的稳定而言,从 TA 到 TD,开挖条件是逐渐劣化的。每种开挖条件下,又分为五种海水深度(32m/44m/56m/68m/80m),这样,共有 20 种工况。关键点的多元信息和涌水量既可以用固定海水深度条件下随开挖条件的变化曲线呈现,也可以用确定开挖条件下随海水深度的变化曲线呈现,这里采用了后者。

另外,考虑信息采集过程中存在各种扰动和误差,所以后面的结论是从大多数工况的一般规律中得出的。

1. 位移结果分析

关键点的竖向位移结果如图 5.28 所示。

由图 5.28,并结合图 5.23 进行分析,可知:

(1) 从水平方向看,拱顶正上方围岩竖向位移较两侧大,即存在沉降槽;从深度

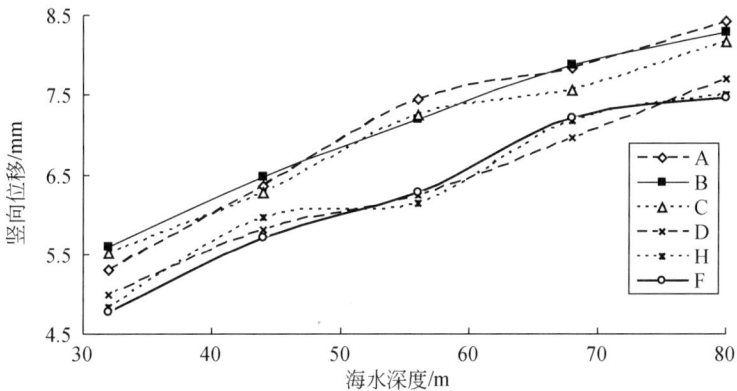

(a)方案1-TA-位移

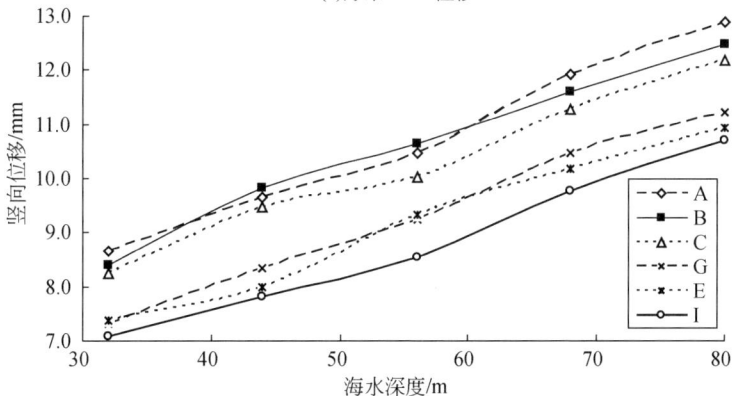

(b)方案1-TB-位移

图 5.28　关键点竖向位移随水头高度的变化曲线

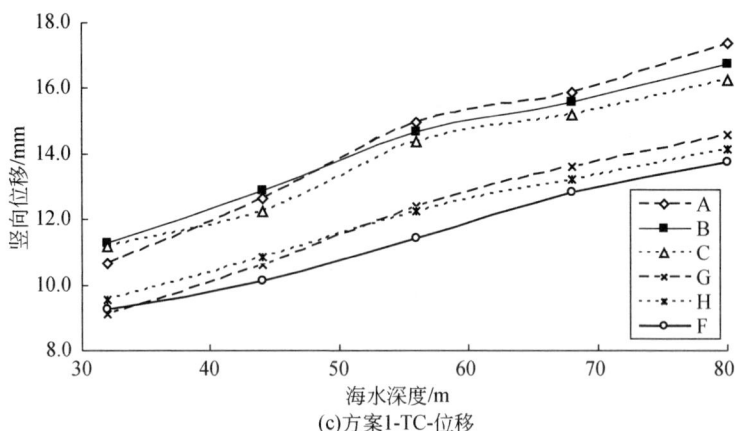

(c)方案1-TC-位移

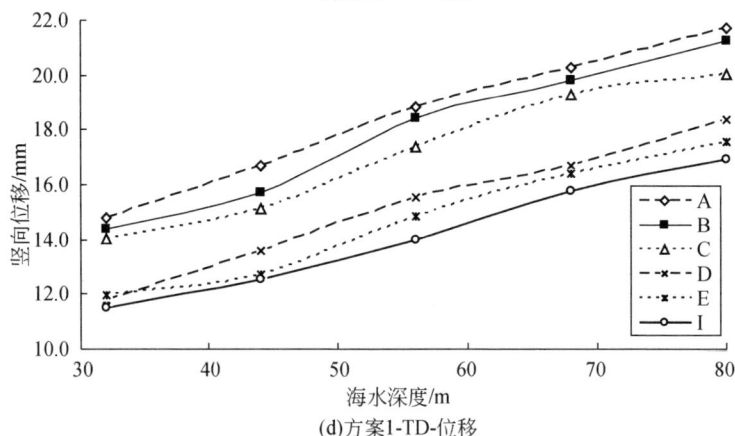

(d)方案1-TD-位移

图 5.28　关键点竖向位移随水头高度的变化曲线(续)

方向看,随深度增加围岩的竖向位移逐渐增大,并且沉降槽越来越陡峭。覆盖层围岩竖向位移的空间分布规律符合基本规律,这说明试验采集的位移信息是可靠的。

（2）在确定的开挖条件下,随海水深度增加,覆盖层竖向位移基本呈线性增加,80m 水深时的位移值大约是 32m 时的 1.5 倍,且中线附近比两侧增加的幅度大,即沉降槽变得更加陡峭。

（3）在某一海水深度下,随开挖条件的劣化(主要是开挖面积的增大):覆盖层竖向位移增加,TD 时的位移值大约是 TA 时的 2.5 倍;沉降槽变得更加陡峭;关键点 A 和 B 的位移差值明显变大,说明拱顶正上方围岩发生松动,施工中应注意加强支护。

2. 应力结果分析

在本节中,约定压应力为正值,拉应力为负值。图 5.29、图 5.30 分别是各开挖条件下,关键点大、小主应力随海水深度的变化曲线,剪应力可以很方便地得出。
结合图 5.23 进行分析可知:

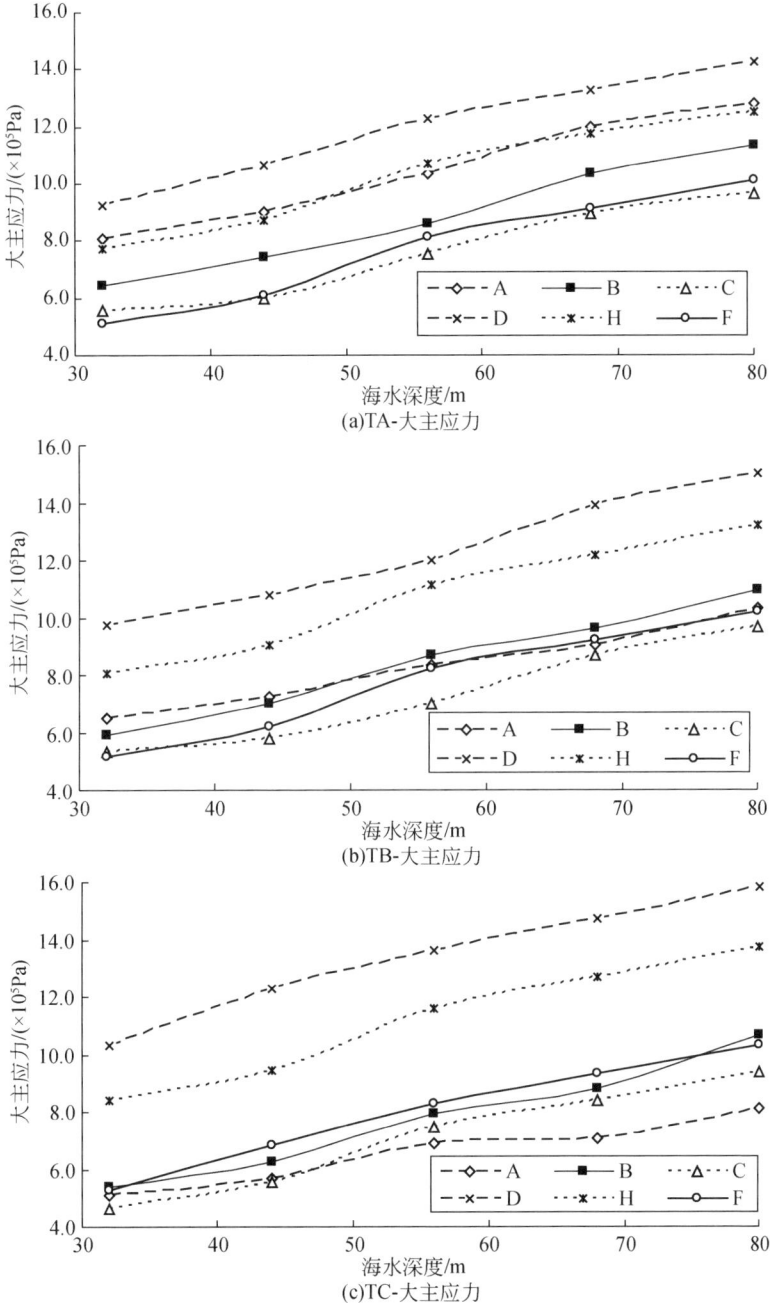

(a)TA-大主应力

(b)TB-大主应力

(c)TC-大主应力

图 5.29　关键点大主应力随海水深度的变化曲线

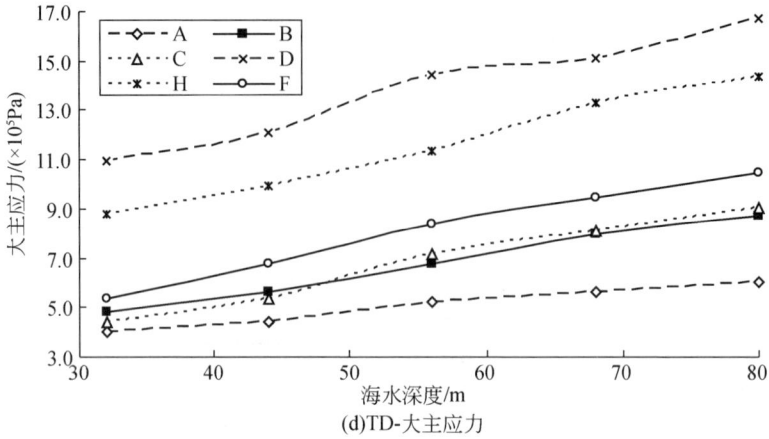

(d)TD-大主应力

图 5.29　关键点大主应力随海水深度的变化曲线(续)

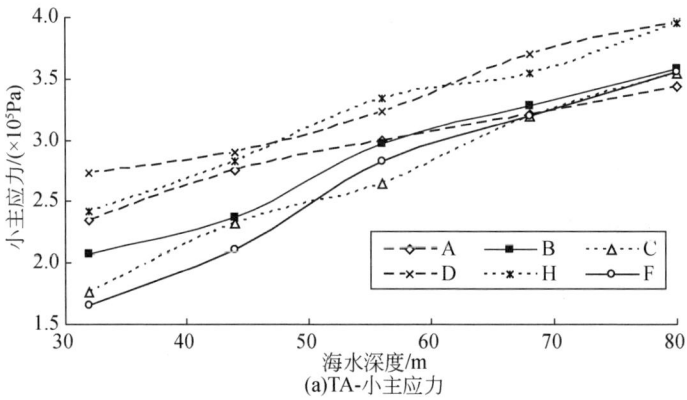

(a)TA-小主应力

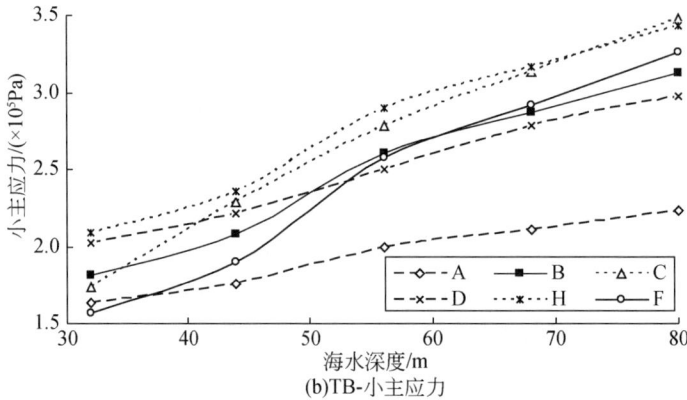

(b)TB-小主应力

图 5.30　关键点小主应力随海水深度的变化曲线

(c)TC-小主应力

(d)TD-小主应力

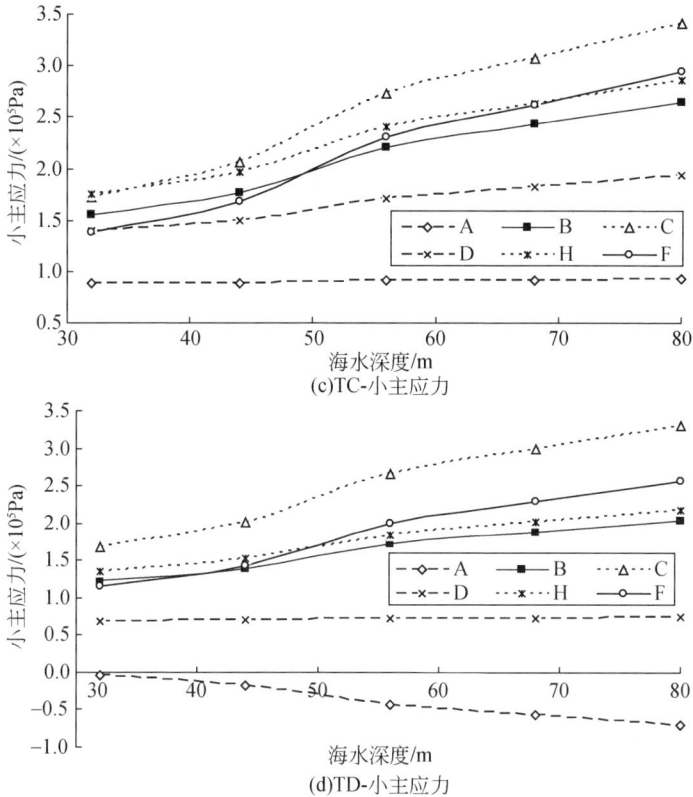

图 5.30　关键点小主应力随海水深度的变化曲线(续)

（1）由于工况较多,应力的空间分布受围岩埋置深度、隧道开挖和海水深度等多方面因素的影响,规律并不一致。当开挖条件(TA)较好且海水深度较小时,随着深度的增加,由于围岩自重荷载作用,覆盖层的大、小主应力都在变大。当开挖条件较差且海水深度较大时,由于开挖卸载效应,覆盖层围岩应力随与拱顶距离增大而逐渐减小。覆盖层围岩应力的空间分布规律符合基本规律,这说明试验采集的应变信息是可靠的。

（2）确定开挖条件下,海水深度的增大使得整个覆盖层范围内围岩的剪应变大,受力条件恶化;拱顶正上方的岩体受水深增加的影响更为严重。例如,在 TB 条件下,水头提升到56m,中线上 B 点的大主应力就开始超过 A 点,但即使在 80m 水头条件下,两条斜线上测点的大主应力仍是随着埋置深度的增加而变大,在 TD 条件下海水深度的增加甚至使 C 点的大主应力超越 B 点;开挖条件(TD)极差时,海水深度的增加将使拱顶部位围岩的拉应力数值增大,区域扩大。

（3）在某一海水深度下,开挖条件的劣化(主要是开挖面积的增大)对覆盖层应力二次调整的影响非常显著:隧道断面面积的增大使得开挖卸荷效应逐渐明显,拱顶以上约 15m(关键点 B、H、E 附近)范围内围岩应力剧烈变小,隧道稳定性变差;在开挖条件(TD)极差时,拱顶位置出现了拉应力区。

(4) 虽然海水深度的增加使得整个覆盖层围岩的受力条件都恶化,且开挖条件劣化的影响范围仅在拱顶以上约 15m 范围内,但开挖条件的影响程度要比海水深度大很多,开挖卸载效应使得覆盖层应力剧烈调整,设计阶段应尽量减小隧道开挖面积。拱顶位置可能出现拉应力区,施工中应注意加强支护。

3. 渗透压力结果分析

各开挖条件下,关键点渗透压力随海水深度的变化曲线如图 5.31 所示,结合图 5.23 进行分析可知:

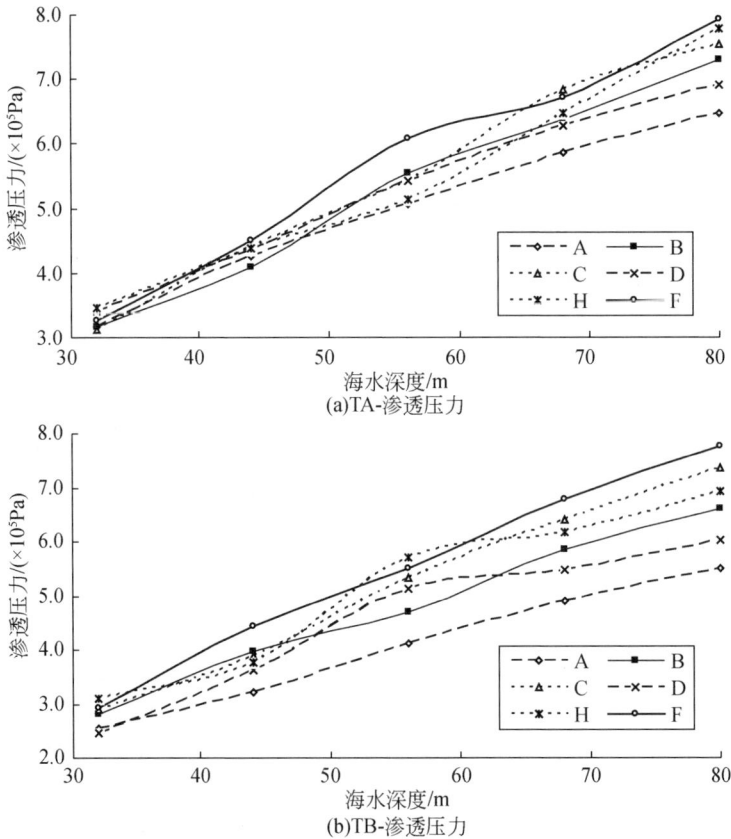

(a)TA-渗透压力

(b)TB-渗透压力

图 5.31　关键点渗透压力随海水深度的变化曲线

(c)TC-渗透压力

(d)TD-渗透压力

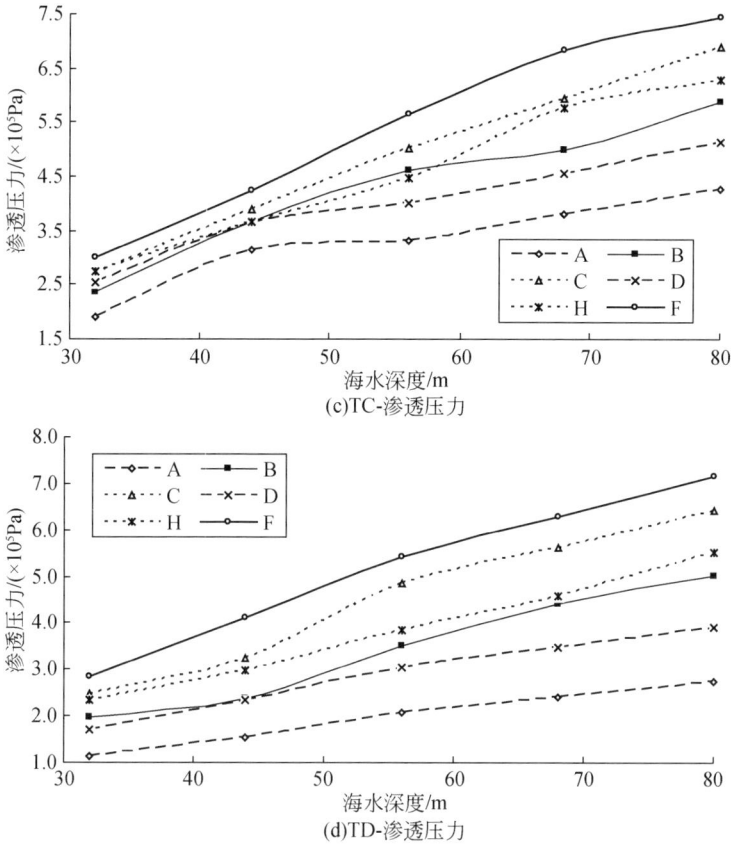

图 5.31　关键点渗透压力随海水深度的变化曲线(续)

(1) 随着埋置深度的增加,覆盖层中的渗透压力逐渐减小,而在水平方向上, 越靠近隧道中线,渗透压力越小。这是由于开挖暴露,隧道洞周的孔隙水压力消散 为零(即大气压)造成的,说明赋存在覆盖层孔隙中的海水向隧道中渗透、涌出,渗 透压力空间分布非常合理,表明试验中采集的渗压信息比较准确。

(2) 确定开挖条件下,海水深度的增大使得整个覆盖层范围内渗透压力增大, 有效应力减小,稳定性变差。但是,水位提升后渗透压力的空间分布更不均匀,渗 压场的梯度(即水力梯度)更大,尤其是在深度方向上,越靠近隧道的地方,渗压场 梯度越大,说明随海水深度的增加,覆盖层围岩内的渗透体积力迅速变大。覆盖层 中渗透力的增大将使岩土体发生渗透变形,渗流通道形成并进一步扩展贯通,严重 时将引起管涌等局部破坏。

(3) 在某一海水深度下,开挖条件的劣化(主要是开挖面积的增大和注浆圈厚 度变薄)对渗透压力的影响非常显著:①随开挖条件劣化,覆盖层中的渗透压力逐渐变小;②渗透压力场的梯度随开挖条件劣化而增大,渗流体积力(尤其是拱顶以上 15m 范围内)明显变大;③注浆圈是否存在的影响较大,以最具有代表性的 A、B 点为例(海水深度 80m),在注浆圈厚度 4.4m→2.4m→1.1m→0 的三次变化过程中,该两点间的渗透压差值变化为 $0.82\times10^5Pa→1.1\times10^5Pa→1.63\times10^5Pa→2.28\times10^5Pa$。

(4) 海水深度对隧道渗透稳定性影响很大,设计选线时要尽量选择海水深度较小的线路;注浆加固措施的作用明显,海底段施工时必须采取注浆加固措施,并且应特别注意保证注浆质量。

4. 涌水量结果分析

隧道涌水的危害巨大;施工阶段,大量涌水将影响围岩和支护结构的稳定,并且使得作业条件变差,减慢施工进度;运营期间,腐蚀性的海水将侵蚀钢筋混凝土衬砌,影响隧道的长期稳定,并且涌水量过大将使得排水困难,大大增加运营费用。

隧道涌水量随水位提升的变化情况如图 5.32 所示。分析可知:

(1) 确定开挖条件下,海水深度的增大使得隧道涌水量基本呈线性增加,如 TB 条件下,涌水量由 32m 水深时的 18.9m³/d 增加到 80m 水深时的 47.8m³/d。但 TD 开挖条件时涌水量的增加幅度明显比其他条件下大,这可能是因为此时隧道没有注浆加固圈。

(2) 在某一海水深度下,随开挖条件的劣化(主要是开挖面积的增大和注浆圈厚度变薄),涌水量显著增大,特别是在海水深度较大时,如 32m 时 TC、TD 两种条件的涌水量差值是 10.7m³/d,而 80m 时其值迅速增大为 48.8m³/d。

(3) 为了减少涌入隧道内的海水,断面面积较大的公路海底隧道在纵断面设计时应尽量选择海水深度小的线路,并且在施工中注意加强注浆堵渗。

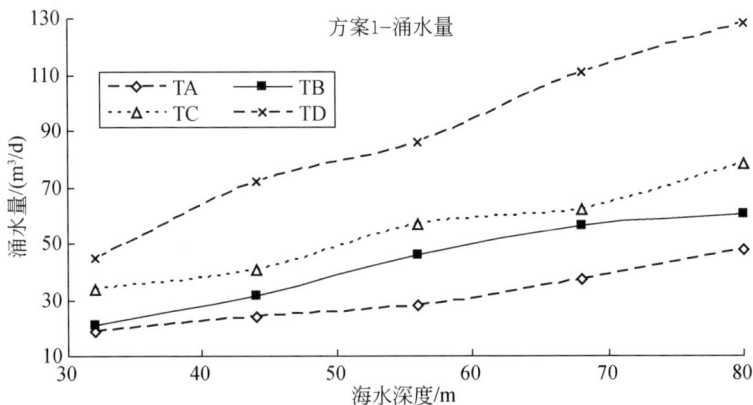

图 5.32 涌水量随水头高度的变化曲线

5.6.3　方案 2

如前所述,变换几何相似比时的四次开挖(TA/TB/TC/TD)是在不同围岩物理力学参数条件(见表 5.2 和表 5.7)下开挖断面面积相同(158.8m²)、覆盖层厚度(60.6m/49.5m/38.6m/26.2m)和注浆加固圈厚度(8.2m/4.2m/1.6m/0)不同的水下隧道,本节中将这些因素统称为开挖条件。可见,对于海底隧道的稳定而言,从 TA 到 TD,开挖条件也是逐渐劣化的。每种开挖条件下,又分为五种海水深度(见表 3.3),这样,共有 20 种工况。对于方案 2,主要分析了关键点的位移信息和涌水量。位移数据既可以用固定海水深度条件下随开挖条件的变化曲线呈现,也可以用确定开挖条件下随海水深度的变化曲线呈现,作者采用了后者。

同样的,考虑信息采集过程中存在各种扰动和误差,所以后面的结论是从大多数工况的一般规律中得出的。

1. 位移结果分析

关键点的竖向位移结果如图 5.33 所示,分析可见:

(1) 从水平方向上看,拱顶正上方围岩竖向位移较两侧大,即存在沉降槽;但从深度方向看,随深度增加围岩的竖向位移变化不大。这是由于此时覆盖层厚度较大,而关键点距离隧道都较远,附近岩体基本未松动,测得的数据应该是覆盖层的整体位移。

(2) 在确定的开挖条件下,随海水深度的增加,覆盖层竖向位移逐渐增加,但水深超过 100m 后,位移的增加已不再明显,说明此时海水深度的增加对覆盖层变形的影响减弱。

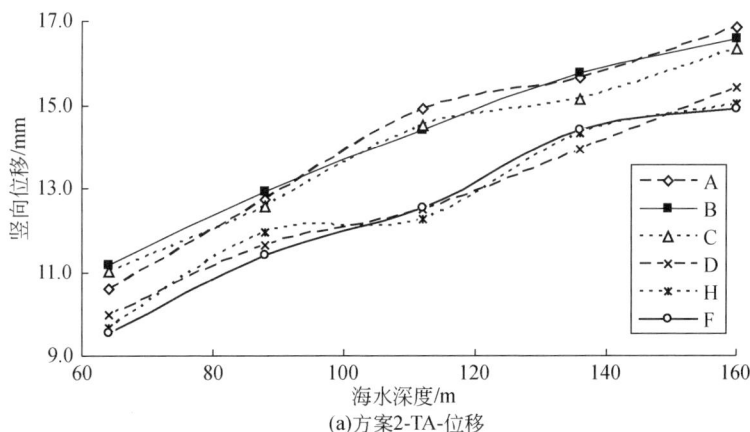

(a)方案2-TA-位移

图 5.33　关键点竖向位移随海水深度的变化曲线

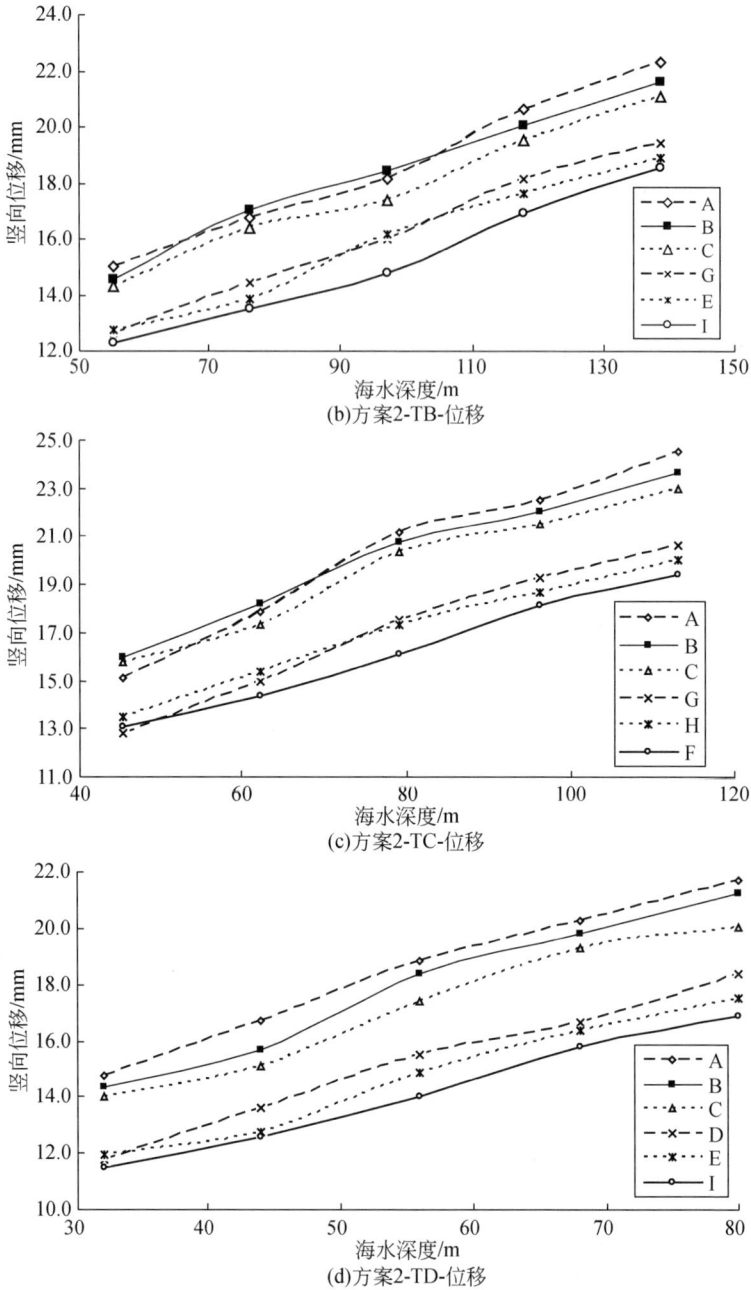

图 5.33 关键点竖向位移随海水深度的变化曲线(续)

（3）虽然开挖条件从 TA 到 TD（主要是覆盖层厚度和围岩性质）逐渐弱化，但是由于海水深度也在同时减小，所以覆盖层竖向位移量值差别并不大。当然在海水深度基本相同时,开挖条件的劣化会导致位移的增大,如 A 点位移由 TA-64m 时的 10.6mm 增大为 TC-62.2m 时的 17.9mm。

2. 涌水量结果分析

各种条件下的隧道涌水量如图 5.34 所示,分析可知:

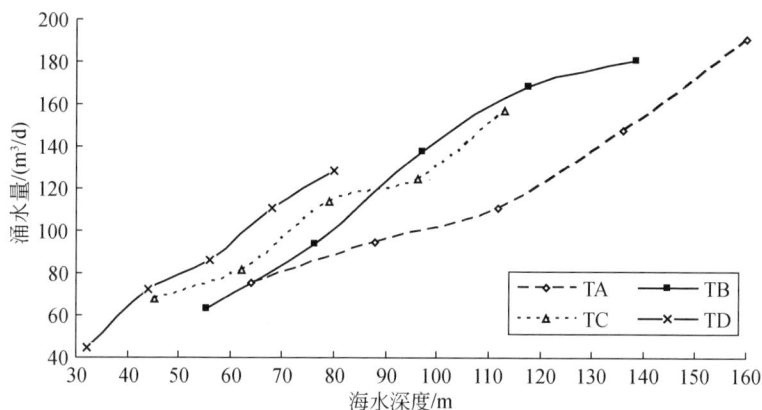

图 5.34　涌水量随海水深度的变化曲线

(1) 在某一海水深度下,渗入隧道的海水随着开挖条件(主要是覆盖层厚度和注浆圈厚度)的劣化而增大。注浆加固能够提高围岩的整体性和强度,封堵其中的渗流通道,而覆盖层厚度的增加则将增大渗径和水头损失,这两个措施都能减小涌水量。但覆盖层厚度决定隧道的稳定性和经济效益,不能随便改动,所以注浆加固才是减小涌水量的可行途径。

(2) 如果海水深度过大,即使在 TA 这么好的开挖条件下,涌入隧道的涌水量仍然随水头提升而迅速变大,如 112m 水深时涌水量为 110.9m³/d,而 160m 时其值已增加到 191.1m³/d。这说明海水深度是涌水量的决定因素,因此在设计选线时,应尽量选择海水深度小的线路。

5.7　本章小结

海底隧道上覆无限的水体,开挖扰动下围岩渗流场和应力场的耦合作用非常明显,而其耦合机理相当复杂,难以描述。模型试验具有能突出主要矛盾、形象直观的特点,因此借助流固耦合模型试验研究海底隧道覆盖层的力学、渗流过程是个有效的途径。以青岛胶州湾海底隧道为工程背景,研制了新型固流耦合相似材料,制作了由高强 PVC 板和型钢组成的试验架、钢化玻璃加水装置和 PVC 分步开挖定位器,开发了光纤监测系统和渗流量计量器,在此基础上进行了水下隧道流固耦合模型试验。试验过程中记录了渗流量和关键点的位移、应力及渗透压力等多元信息。另外,为了验证模型试验方案的可行性和结果的可靠性,采用 FLAC^{3D} 进行了相应的数值模拟。对结果分析之后,得出了以下主要结论:

(1) 覆盖层多元信息的空间分布情况及其涌水量随海水深度、开挖条件的变化规律符合一般规律,这说明试验可行,且采集的信息是可靠的。

(2) 除了变化不是很规则、波动大之外,实测结果与数值计算结果基本吻合,且变化趋势一致。另外,模型试验考虑了开挖扰动、水位波动(试验过程中周围环境的振动能够造成)以及海水浸泡、渗流造成的围岩损伤等因素,因此,与数值计算相比,其结果更接近于工程实际。

(3) 随海水深度的增加,覆盖层沉降槽将变得更加陡峭,但水深超过100m后,海水深度的增加对覆盖层变形的影响减弱。

(4) 在某一海水深度下,随开挖面积的增大,沉降槽变得更加陡峭,并且拱顶正上方围岩可能发生松动,施工中应注意加强支护。

(5) 虽然海水深度的增加使得整个覆盖层围岩的受力条件都恶化,开挖条件劣化的影响范围仅在拱顶以上约15m范围内,但开挖条件的影响程度要比海水深度大很多,开挖卸载效应使得覆盖层应力剧烈调整,设计阶段应尽量减小隧道开挖面积,如将双向六车道设置为三条两车道隧道而非两条三车道隧道。拱顶位置可能出现拉应力区,施工中应注意加强支护。

(6) 确定开挖条件下,海水深度的增大不仅使得整个覆盖层范围内渗透压力增大,有效应力减小,稳定性能变差,而且使围岩的渗透体积力迅速变大,发生渗透变形,形成新的或扩展贯通已有渗流通道,因此设计选线时要尽量选择海水深度较小的线路。

(7) 海水深度是涌水量的决定因素,因此在纵断面设计选线时,应尽量选择海水深度小的线路,尤其是断面面积较大的公路海底隧道更应如此。

(8) 注浆加固能够提高围岩的整体性和强度,封堵其中的渗流通道,是减小涌水量的可行途径,因此实际施工中应特别注意加强注浆堵渗,减小涌水造成的各种不利。

第6章 应用案例

作者先后承担了厦门翔安海底隧道、青岛胶州湾海底隧道、宁波象山港海底隧道和舟山灌门水道海底隧道共四条隧道的最小岩石覆盖厚度课题的研究。现将相关研究成果摘录如下。

6.1 青岛胶州湾海底隧道

青岛胶州湾海底隧道工程是连接青岛市主城与辅城的重要通道,南接薛家岛,北连团岛,下穿胶州湾湾口海岸。胶州湾隧道线路全长7120m,主隧道长度约6170m,跨越海域总长度约3950m,设两条三车道主隧道和一条服务隧道,主隧道中轴线间距为55m。隧道断面为椭圆形,主隧道开挖断面高为11.2～12.0m、宽为15.23～16.03m。隧道纵断面呈V形,其最大纵坡为3.9%,右线路面最低点高程为-74.14m,左线路面最低点高程为-73.69m,海域段主隧道埋置深度一般为20～30m,采用矿山法施工。

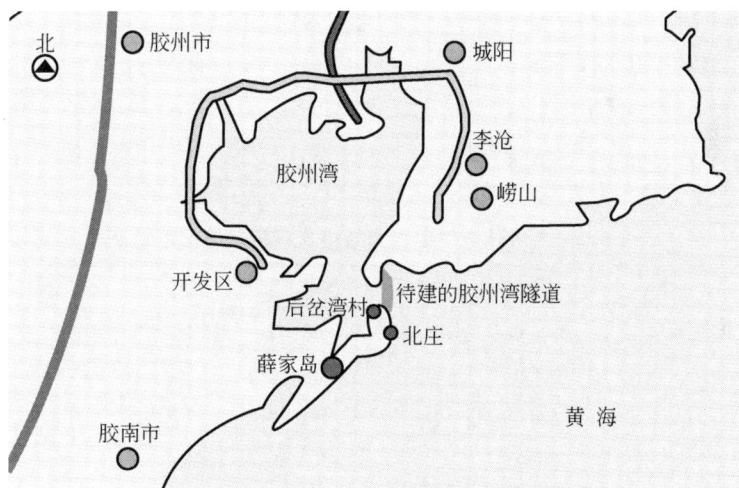

图6.1 青岛胶州湾海底隧道地理位置

隧址区海底基岩主要为岩浆岩及火山岩,场区地质构造主要表现为断裂构造。根据区域地质资料及场区工程物探成果,隧道场区海域主要断裂有6条,其中北东向 3 条,分别为 F1、F2 和 F6;北西向有 3 条,分别为 F3、F4、F5。除 F6 断裂之外,其他 5 条断裂均穿过隧道轴线。在穿过隧道轴线 5 条断裂中又以 F3 断裂规模最大(薛翊国等,2009)。青岛胶州湾海底隧道地理位置如图 6.1 所示。

6.1.1　各种方法确定的覆盖厚度

采用第 3 章和第 4 章的研究成果,通过工程类比和数值模拟等方法确定的左线、右线隧道关键剖面最小岩石覆盖厚度如表 6.1 和表 6.2 所示。

表 6.1　左线隧道关键剖面最小岩石覆盖厚度汇总表

编号	里程桩号/m	水深/m	最小岩石覆盖厚度/m					
			日本最小涌水量法	挪威破碎岩石	挪威完整岩石	国内顶水采煤法	侧压力系数0.8	自重应力场
1	ZK4+177	12.9	20.4	31.6	21.5	13.5	18	18
2	ZK4+740	26.5	28.0	34.7	24.3	12.6	12	12
3	ZK4+919	32.6	31.1	36.1	25.5	24	23	23
4	ZK5+271	38.1	33.7	37.3	26.4	18.5	16	15
5	ZK5+607	43.6	36.2	38.5	27.4	26.6	23	23
6	ZK5+915	44.6	36.7	38.7	27.5	16.5	15	15
7	ZK6+297	37.7	33.5	37.2	26.4	25.8	21	21
8	ZK6+527	31.2	30.4	35.8	25.2	14.7	16	16
9	ZK6+785	33.8	31.4	36.3	25.7	29.1	32	29
10	ZK7+142	20.5	24.8	33.3	23.1	13.3	18	15

表 6.2　右线隧道关键剖面最小岩石覆盖厚度汇总表

编号	里程桩号/m	水深/m	最小岩石覆盖厚度/m					
			日本最小涌水量法	挪威破碎岩石	挪威完整岩石	国内顶水采煤法	侧压力系数0.8	自重应力场
1	YK4+315	14.4	21.3	31.9	21.9	12.4	16	16
2	YK4+843	27.2	28.4	34.9	24.4	22.5	30	32
3	YK5+218	36.2	32.8	36.9	26.1	18.2	12	12
4	YK5+823	42.6	35.8	38.3	27.2	16.2	17	17
5	YK5+953	43.2	36.0	38.4	27.3	31.1	33	33

续表

编号	里程桩号/m	水深/m	最小岩石覆盖厚度/m					
			日本最小涌水量法	挪威破碎岩石	挪威完整岩石	国内顶水采煤法	侧压力系数0.8	自重应力场
6	YK6+249	40.8	34.9	37.9	26.9	30.6	25	25
7	YK6+386	36.4	32.9	36.9	26.1	14.8	13	13
8	YK6+833	32.1	30.8	36.0	25.4	32.0	29	29
9	YK7+043	24.8	27.1	34.3	24.0	13.9	17	17

6.1.2　垂直线路比较

　　隧道垂直线路一般用隧道路面中心线位置的高程表示,称为隧道底板线。隧道底板的埋置深度=海水深度+岩石覆盖厚度+底板至拱顶的高度,在此海水深度指海平面到海底面的深度。隧道开挖的净断面如图 6.2 所示,隧道底板到拱顶高程 8.6m。为能够直观地对比隧道岩石覆盖厚度,在此用隧道拱顶线表示垂直线路。隧道拱顶埋置深度=海水深度+岩石覆盖厚度。这里分别给出各种方法确定的左线、右线隧道拱顶线高程,如图 6.3 ～图6.6 所示。

　　由图 6.3 ～图6.6 可见,挪威经验法、日本最小涌水量法只考虑覆岩厚度与海水深度的关系,确定的最小岩石覆盖厚度趋势一致,与海底走势也是一致的。国内顶水采煤、数值计算综合考虑相应剖面的工程地质、水文地质条件,变化趋势较为接近;由于受断层位置控制,其与海底走势差异较大,也就是说海水深的地方最小岩石覆盖厚度未必大。

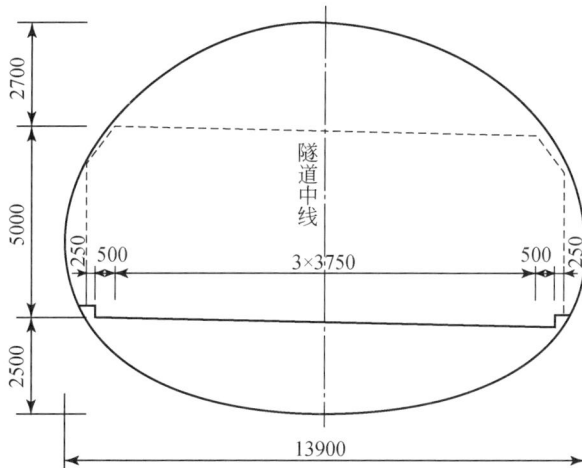

图 6.2　隧道开挖的净断面(单位:mm)

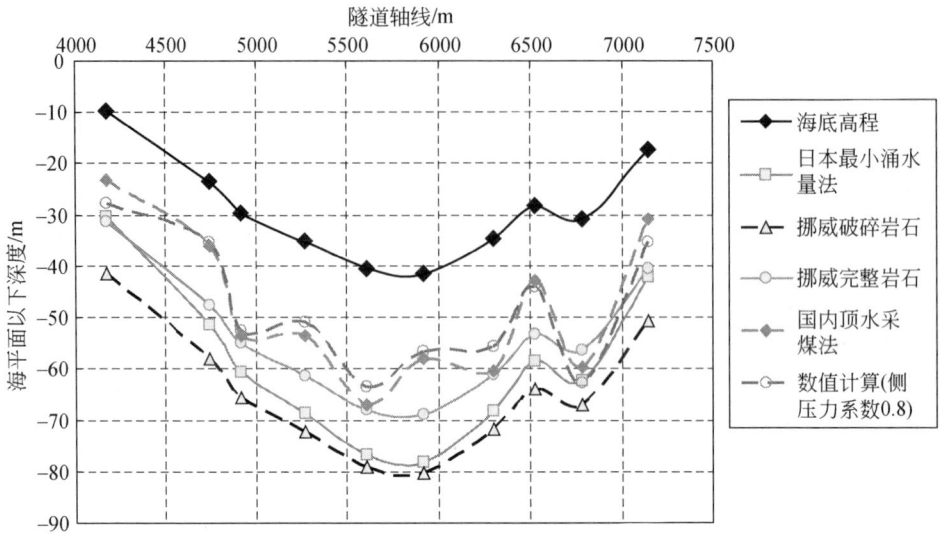

图 6.3　左线隧道,侧压力系数 0.8 数值计算与工程类比确定的拱顶线高程

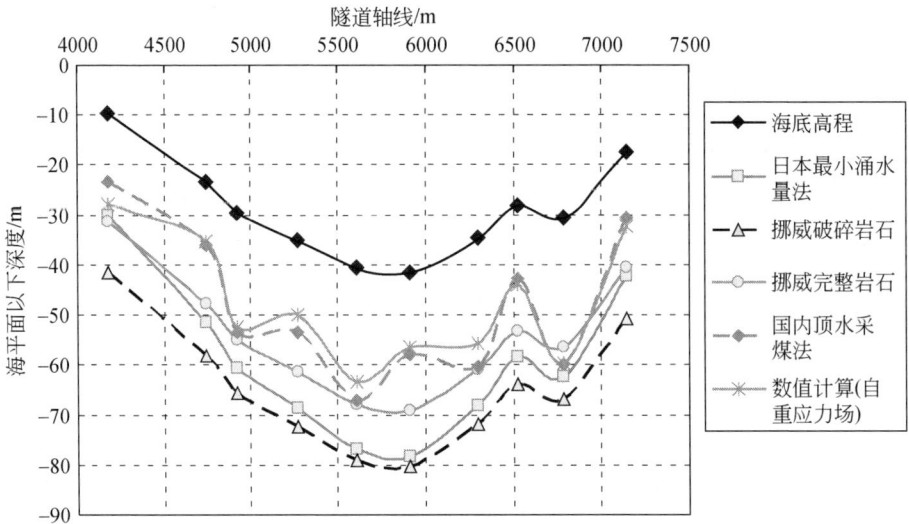

图 6.4　左线隧道,自重应力场数值计算与工程类比确定的拱顶线高程

6.1.3　建议的岩石覆盖厚度

　　根据胶州湾隧道地质条件,初步分析各种方法的适用性:日本最小涌水量法较适合这种基岩裸露的地质条件;断层是局部现象,可采取注浆堵渗加固,按挪威破碎岩石取值偏保守,挪威完整岩石取值又偏于危险;国内顶水采煤法仅考虑防突水,取值较小;数值计算综合考虑了分析位置地质构造情况和地层变化,有较大的

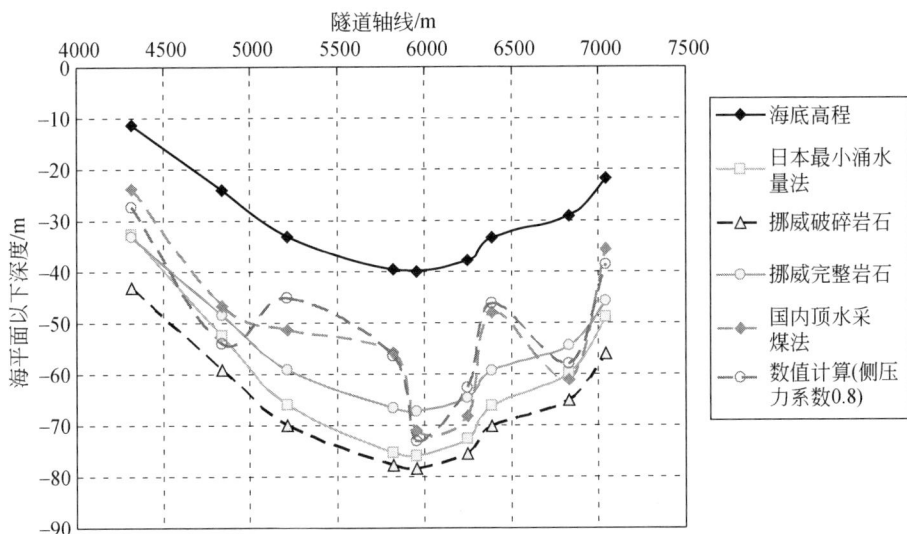

图 6.5　右线隧道,侧压力系数 0.8 数值计算与工程类比确定的拱顶线高程

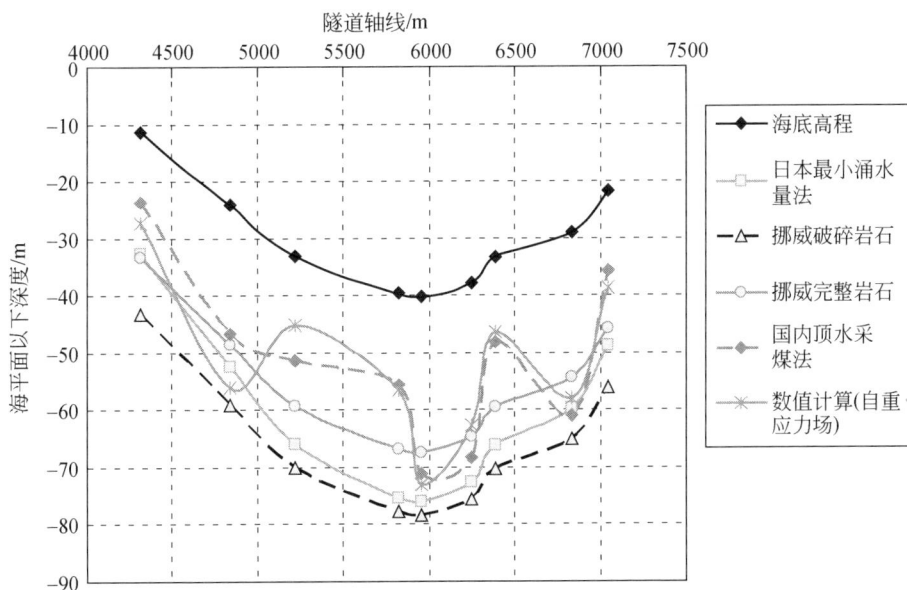

图 6.6　右线隧道,自重应力场数值计算与工程类比确定的拱顶线高程

参考价值。左线、右线隧道地质条件变化大,数值计算值相差较大,取大值。

　　根据挪威已建海底隧道最小岩石覆盖厚度统计分析,得出最小岩石覆盖厚度与对应的海水深度、基岩埋置深度的经验曲线。虽然挪威经验法缺少理论依据,但挪威成功的建设经验对拟建的海底隧道还是具有相当大的参考价值。针对胶州湾隧道工程地质、水文地质和设计方案,与挪威已建海底隧道基岩岩性、基岩纵波波速等比较分析确定的最小岩石覆盖厚度建议值,对拟建的青岛胶州湾海底隧道最小岩石覆盖厚度的确定具有一定的参考价值。

依据上述分析,制定青岛胶州湾海底隧道最小岩石覆盖厚度的确定原则:首先,由于海底隧道的特殊性,围岩稳定性至关重要;其次,针对海底隧道施工安全来说,防突水也十分重要;最后,隧道涌水量影响排水设计和成本。数值计算根据围岩稳定性确定;顶水采煤根据预留安全煤岩柱,防止施工突水确定;最小涌水量依据排水成本较小确定。因此,依据重要性和经验分别给出数值计算 0.5 权重、顶水采煤 0.3 权重和最小涌水量 0.2 权重,最终确定最小岩石覆盖厚度,即

综合分析建议值=数值计算值×0.5+顶水采煤值×0.3+最小涌水量值×0.2

根据上式计算出各个剖面的最小岩石覆盖厚度,然后和挪威经验值进行比较。按上式确定的最小岩石覆盖厚度如表 6.3、表 6.4 所示。左线、右线隧道综合分析建议值确定的拱顶线高程、挪威经验值确定的拱顶线高程如图 6.7、图 6.8 所示。

表 6.3　左线隧道,挪威经验和综合分析确定的最小岩石覆盖厚度

编号	里程桩号/m	地层性质	围岩级别	水深/m	软土层厚/m	挪威经验值/m	综合分析建议值/m
1	ZK4+177	完整岩石	Ⅱ	12.9	6.4	24.1	17.1
2	ZK4+740	完整岩石	Ⅲ	26.5	0	27.3	15.4
3	ZK4+919	$F_{2\,3}$	Ⅴ	32.6	0	30.6	24.9
4	ZK5+271	完整岩石	Ⅲ	38.1	4.4	30.2	20.3
5	ZK5+607	F_{3-1}	Ⅳ	43.6	2.0	32.7	26.7
6	ZK5+915	完整岩石	Ⅳ	44.6	0	31.3	19.8
7	ZK6+297	F_{4-1}	Ⅴ	37.7	5.6	31.6	24.9
8	ZK6+527	完整岩石	Ⅲ	31.2	2.8	28.6	18.5
9	ZK6+785	F_{4-3}	Ⅴ	33.8	9.8	30.8	31.1
10	ZK7+142	完整岩石	Ⅳ	20.5	1.2	26.0	18.0

表 6.4　右线隧道,挪威经验和综合分析确定的最小岩石覆盖厚度

编号	里程桩号/m	地层性质	围岩级别	水深/m	软土层厚/m	挪威经验值/m	综合分析建议值/m
1	YK4+315	完整岩石	Ⅲ	14.4	1.6	24.8	16.0
2	YK4+843	F_{2-3}	Ⅴ	27.2	0	29.5	28.4
3	YK5+218	完整岩石	Ⅲ	36.2	0	29.9	18.0
4	YK5+823	完整岩石	Ⅳ	42.6	2.4	31.0	20.5
5	YK5+953	F_{3-2}	Ⅴ	43.2	9.6	32.6	33.0

续表

编号	里程桩号/m	地层性质	围岩级别	水深/m	软土层厚/m	挪威经验值/m	综合分析建议值/m
6	YK6+249	F_{4-1}	V	40.8	9.6	32.2	28.7
7	YK6+386	完整岩石	Ⅲ	36.4	0	30.1	17.5
8	YK6+833	F_{4-3}	V	32.1	13.2	30.5	30.3
9	YK7+043	完整岩石	Ⅳ	24.8	3.4	26.9	18.1

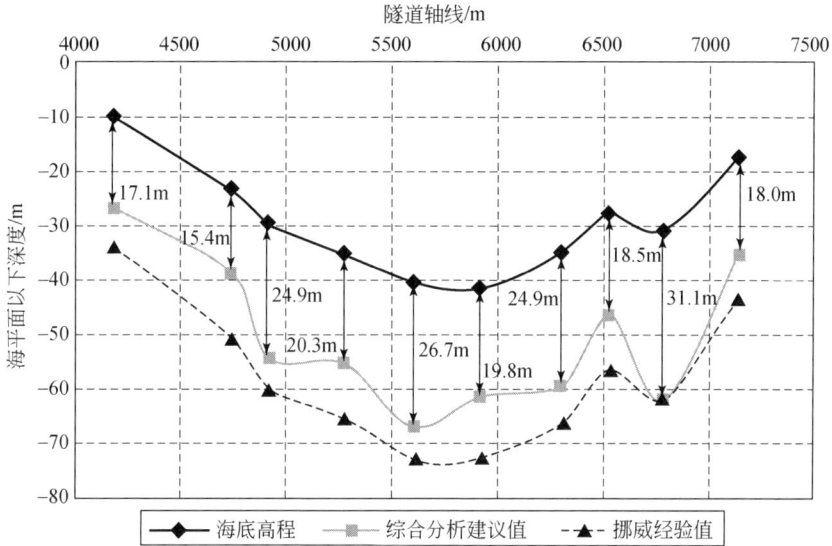

图 6.7 左线隧道,综合分析建议值,挪威经验值确定的拱顶线高程

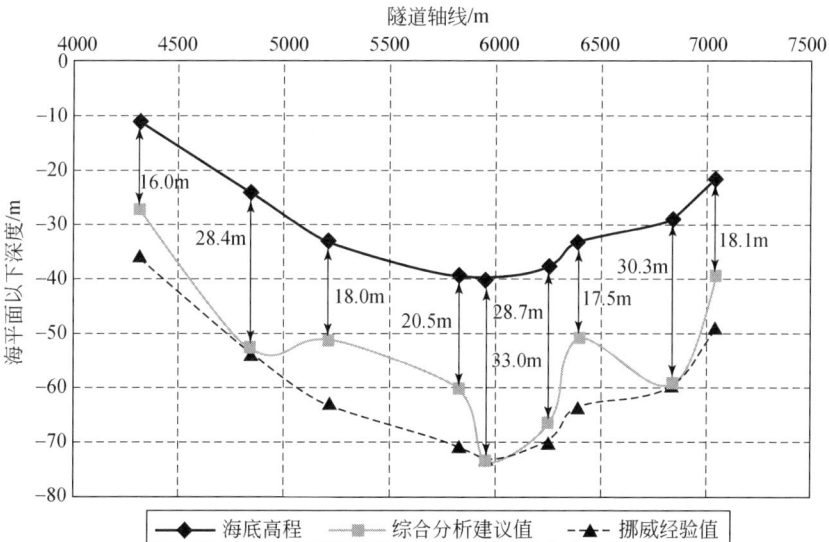

图 6.8 右线隧道,综合分析建议值,挪威经验值确定的拱顶线高程

由图6.7、图6.8可见,综合分析建议值普遍小于挪威经验值,说明挪威经验法确定的最小岩石覆盖厚度偏于保守,随着海底隧道施工技术的发展,隧道合理埋置深度可以减小。综合分析确定的最小岩石覆盖厚度建议值考虑了相应剖面的工程地质、水文地质、断面形状等,具有较高的参考价值。在青岛胶州湾海底隧道垂直线路设计中,建议参考表6.3、表6.4中给出的最小岩石覆盖厚度综合分析建议值。

6.1.4　按围岩级别分类给出的建议值

对表6.3、表6.4中青岛胶州湾海底隧道海域部分,海水深超过30m范围进行统计分析,得出按围岩分类给出的最小岩石覆盖厚度建议值,如表6.5所示。由于海底隧道最小岩石覆盖厚度受到多种因素影响,而围岩级别是重要的影响因素之一,因此按围岩级别给出最小岩石覆盖厚度值的范围,对设计具有一定的参考意义。

表6.5　按围岩分类给出的最小岩石覆盖厚度建议值

围岩级别	里程桩号/m	水深/m	软土层厚/m	综合分析建议值/m	建议值范围/m
III	ZK5+271	38.1	4.4	20.3	17.5～20.3
	ZK6+527	31.2	2.8	18.5	
	YK5+218	36.2	0	18.0	
	YK6+386	36.4	0	17.5	
IV	ZK5+607	43.6	2.0	26.7	19.8～26.7
	ZK5+915	44.6	0	19.8	
	YK5+823	42.6	2.4	20.5	
V	ZK4+919	32.6	0	24.9	24.9～33.0
	ZK6+297	37.7	5.6	24.9	
	ZK6+785	33.8	9.8	31.1	
	YK5+953	43.2	9.6	33.0	
	YK6+249	40.8	9.6	28.7	
	YK6+833	32.1	13.2	30.3	

6.1.5　建议拱顶高程与设计拱顶高程对比

设计拱顶高程指海底隧道净轮廓拱顶高程值;综合分析建议的最小岩石覆盖确定的拱顶高程简称为建议拱顶高程。从理论上说,设计拱顶高程应低于建议拱顶高程,这样海底隧道的覆盖层厚度才能满足最小岩石覆盖厚度值。个别剖面可以采用注浆加固等措施减小最小岩石覆盖厚度。因此,从经济、技术角度综合考虑,个别剖面设计拱顶高程高于建议拱顶高程也是允许的。图 6.9、图 6.10 给出了设计拱顶高程与建议拱顶高程比较。

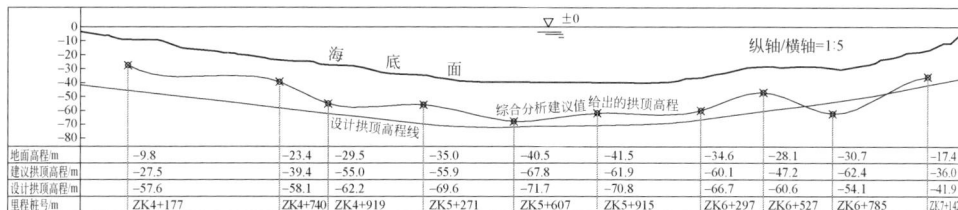

地面高程/m	−9.8		−23.4	−29.5		−35.0		−40.5	−41.5		−34.6	−28.1	−30.7		−17.4
建议拱顶高程/m	−27.5		−39.4	−55.0		−55.9		−67.8	−61.9		−60.1	−47.2	−62.4		−36.0
设计拱顶高程/m	−57.6		−58.1	−62.2		−69.6		−71.7	−70.8		−66.7	−65.4	−54.1		−41.9
里程桩号	ZK4+177		ZK4+740	ZK4+919		ZK5+271		ZK5+607	ZK5+915		ZK6+297	ZK6+527	ZK6+785		ZK7+142

图 6.9　左线隧道建议拱顶高程与设计拱顶高程对比

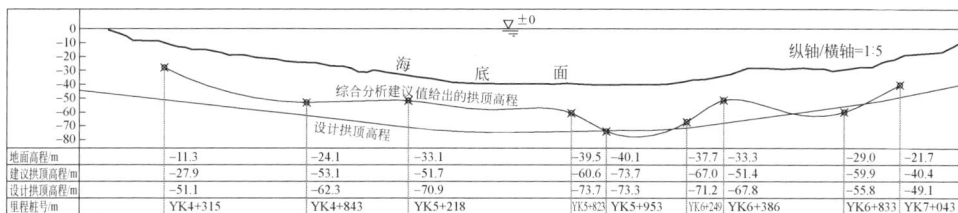

地面高程/m	−11.3		−24.1		−33.1		−39.5	−40.1		−37.7	−33.3		−29.0		−21.7
建议拱顶高程/m	−27.9		−53.1		−51.7		−60.6	−73.7		−67.0	−51.4		−59.9		−40.4
设计拱顶高程/m	−51.1		−62.3		−70.9		−73.7	−73.3		−71.2	−67.8		−55.8		−49.1
里程桩号	YK4+315		YK4+843		YK5+218		YK5+823	YK5+953		YK6+249	YK6+386		YK6+833		YK7+043

图 6.10　右线隧道建议拱顶高程与设计拱顶高程对比

青岛胶州湾海底隧道轴线处海面宽约 3.5km,最大水深约 42m。岩石覆盖层厚度如下:水深在 20~40m 为 30m,水深小于 20m 为 25m。纵断面采用 V 形坡设计,控制最大纵坡不大于 4%,设计最大纵坡采用 4% 的坡度(坡长 797m),中间设 2.5% 的缓坡段(坡长>300m),设计纵断面如图 6.11 所示。

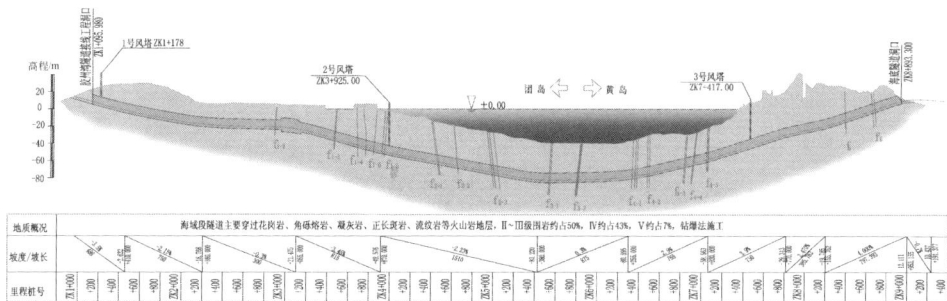

图 6.11　青岛胶州湾海底隧道纵断面图

6.2　厦门翔安海底隧道

6.2.1　工程概况

已经通车的厦门翔安海底隧道是厦门岛东部进出岛公路通道工程,工程全长

8.695km,其中海底隧道段长约5.95km,是我国内地第一座海底隧道。翔安工程是厦门市公路骨干网规划中的重要组成部分,是厦门岛连接内地的第三条通道。翔安工程的建成对厦门市经济的发展、尤其是厦门市东部地区的经济发展将起到重要作用。厦门翔安海底隧道地理位置如图6.12所示。

图 6.12　厦门翔安海底隧道地理位置

1. 地形地貌

工程场址位于厦门岛东北侧,地貌单元于属于闽东南沿海低山丘陵—滨海平原区。隧址区海域约4.2km,五通侧水下岸坡稍陡,一般水深20m,最深处25m,海底起伏,多有礁石分布;西滨侧水下岸坡平缓,一般水深15m,海底平坦,渐升至出露。

2. 地层与岩性

隧道区域地层主要为第四系覆盖层和燕山期侵入岩两大类。表层厚度普遍分布不均的第四系松散层根据形成时代由新到老描述如下:

1）第四系地层

第四系地层以侵入岩残积土为主,其次为上更新统冲洪积、以白色基调为主的黏性土和黏土质砂,少量全新世冲坡积或海积砂土、黏性土、淤泥等。

侵入岩残积土水平方向较为均一,垂直方向则显出不甚明显的分带现象,本区残积土一般可分为上、中、下三个带,即棕红色黏土带、棕红杂灰白花斑色亚黏土带,灰白色砂质或砾质黏性土带。

各类土体特征以及分布情况如下。

（1）填筑土:多为杂填土,局部为素填土,结构疏密不均,厚度一般不超过3m。

（2）全新世海积淤泥:灰色—灰黑色,含有贝壳碎片,土质均匀,黏性较强,流动—流塑状,局部少量混砂;主要分布在港湾和沿海潮间带。钻孔揭示最厚处6m左右。

（3）全新世海积砂类土:多呈灰色,局部呈浅黄色,多为中、粗砂,结构松散,成分以石英为主,分选性差,厚度一般不超过7m。

（4）全新世亚黏土、淤泥质黏土以及泥炭质土:全新世冲积洪积亚黏土颜色以黄褐色居多,洼地边缘过渡为棕红色,以软塑状为主,局部流塑或硬塑状,层厚一般小于2m;灰色淤泥质黏土以及黑色泥炭质土呈流塑—软塑状,此类地层分布高程为0～7.0m,泥炭层厚度一般小于1m,淤泥质黏土厚度小于3m。

（5）上更新世冲洪积黏性土以及黏质砂:此类土以白色基调为主,残积边缘过渡为棕黄杂灰白色,以砂质黏性土为主,某些深度可以出现细腻的黏土夹层,硬塑—半干硬状。下部往往夹密实的粗砂透镜体,其最大厚度近15m。

（6）第四系风化残积层:表部均为棕红色,往下过渡为棕红杂黄色,灰白色花斑状,以砂质黏土、亚黏土居多,硬塑—半干硬状,厚度多为5～10m。

2）基岩

场区基岩以燕山早期第二次侵入的花岗闪长岩及中粗粒黑云母花岗岩为主,海域及五通岸为花岗闪长岩分布区,同安侧潮滩及其以北地带为黑云母花岗岩分布区。其内穿插二长岩、闪长玢岩、辉绿岩（玢岩）等岩脉,脉岩以辉绿岩最为多见,多沿本场区最为发育的近南北向及北北东向高角度裂隙侵入,脉宽一般不足1m,个别部位宽达10～20m;二长岩脉多分布于 F_1、F_4 深槽,ZTK17、EXK33、EXK48 钻孔也有揭示,在五通侧潮滩后缘（初勘 CZK4 孔附近）有所出露,总体呈北东东向展布,延伸不远,最宽处约10m,其内原生节理及密闭裂隙很发育;五通岸 XZK9 孔揭示了微风化的闪长岩,同安岸钻孔多处揭示了已风化为土状的细粒闪长岩,连接线（初勘 ZSK11 及 YSK12 孔）还揭示了闪长玢岩脉体。基岩按风化程度可分为全、强、弱、微四个风化带,各带特征如下。

全风化带（W_4）:全风化花岗闪长岩（⑦$_1$）及黑云母花岗岩（⑧$_1$）一般呈棕黄

色—灰黄色,含灰白色及褐色斑点,岩体已呈砂质黏土或砂质亚黏土状;全风化辉绿岩为灰黄含黑褐色细纹,呈硬塑—半干硬黏土状;全风化闪长岩为灰强风化层(W_3),岩土上部风化成砂砾状,下部多为碎块石状,其性质差异较大;原岩结构大部分已破坏。标贯击数为 50 ~ 200 击。据地震测线提示并经钻孔验证,厚度为 0.15 ~ 22.0m(ZK3 孔),层顶高程为 -41.78 ~ -1.79m(GZK3 孔),黄色—浅黄色,岩体呈硬塑黏土状;全风化闪长玢岩多为紫红含灰白斑点,呈硬塑—半干硬黏土状;全风化二长岩多白色,含较多高岭土,呈硬塑黏土状。全风化带的厚度主要取决于其顶部受剥蚀程度,两岸普遍较厚,一般为 10 ~ 30m,海域变化很大,浅海区及五通岸潮滩区该风化带几乎被冲刷剥蚀殆尽,但构造破碎带内仍可达 30m 左右。

强风化带(W_3):花岗闪长岩(⑦$_2$)及黑云母花岗岩(⑧$_2$)强风化带呈棕黄色—灰黄色,从上至下一般由砾质黏性土→泥质砂砾石土→酥脆岩体过渡,中下部常有大小不等的弱—微风化球状残余体,辉绿岩、闪长岩、闪长玢岩等脉岩强风化带为棕黄色,呈坚硬土—极软岩状,风化差异不及前两者明显。强风化带顶界高程一般低于-10m,厚度一般小于 15m,构造破碎带内可达 30m 以上;在个别风化深槽内,其底界可深至-100m 以下。(注:以标准贯入击数是否达到 50 击/30cm 作为划分全、强风化带的标准)

弱风化带(W_2):该风化带的主要特征是岩体被较多风化裂隙切割,风化裂隙一般追踪构造裂隙或原生节理发育,部分追踪低倾角裂隙,裂隙两侧数毫米至数厘米范围内的矿物风化成黄色,部分裂隙内充填物或胶结物已风化为泥,岩块大部分仍保持原岩特征,仅边缘带变软。该风化带为强风化与微风化的过渡带,弱风化花岗闪长岩(⑦$_3$)厚度一般不超过 5m,局部追踪构造破碎带可达很深部位;弱风化黑云母花岗岩(⑧$_3$)最厚处达 30m。

微风化带(W_1):花岗闪长岩(⑦$_4$)及中粗粒黑云母花岗岩(⑧$_4$)为灰白色,后者常见暗色包体;辉绿岩脉呈灰绿色,石英岩脉呈白色,二长岩脉呈淡黄色,闪长玢岩呈灰黑色,钻孔未揭示其他脉岩新鲜岩体,上述微风化岩石均属于硬质岩类,岩脉多沿高角度构造裂隙侵入,两者界面多数很规则,熔融现象不明显。微风化带顶界形态主要受构造控制,岩体完整地带其顶界较平缓,构造破碎或裂隙发育带则顶界变化很大。场区基岩微风化顶面多处于-55 ~ 0m,少数风化深槽处低于-70m。

微风化岩破碎带:颜色与原岩基本相同。多分布于风化槽轴线附近,岩体被三组以上构造裂隙切割,裂隙间距小于 20cm,岩体被割成碎石状,岩质仍较硬,少数裂隙内存在碎屑物,一般呈高角度带状产出。

3. 地质构造

工程区域位于由多条断裂组成的北东向的长乐—诏安断裂带内(包含长乐—

南澳深断裂带中的北东向新华夏系构造效尾—新圩—嵩屿断裂带、惠安—晋江—港尾断裂带,北北东向新华夏系构造中马甲—磁灶—莲河断裂带),该断裂带走向为北东向,倾向为南东向,倾角60°~80°。测区东南侧4km外平行发育长乐—诏安断裂的主干断裂——厦门东侧水道断裂,走向为北向东40°,倾向为南东向,倾角65°~70°;西北侧8km外平行发育长约40km,走向为北向东30°的厦门西港断裂。拟建隧道区域内构造相对比较简单,基岩岩体基本完整,未见任何较大规模的断层或破碎带。受四周断裂构造的影响,该区域可能发育少量较小规模的断层构造。例如:ZK3号钻孔揭露,高程在-71.76~-69.36m、-74.76~-74.04m处为断层破碎带,破碎带宽度为0.5~1.5m;GZK5号钻揭露,高程在-62.72~-62.42m、-63.82~-63.42m处为断层破碎带。该区域内岩层受四周断裂构造的影响,不均匀地分布着多个方向的节理。多数钻孔均揭露部分段落裂隙较发育。振探资料仅在两岸陆地11处位置显示了可能有裂隙或岩脉的存在。

4. 水文地质条件

根据地下水含水层所处的平面位置及性质,场区地下水可分为陆域地下水和海域地下水两段。

1)陆域地下水

陆域地下水主要指分布于陆域范围内地层中的地下水,据其赋存形式分为松散岩类孔隙水、风化基岩孔隙裂隙水和基岩裂隙水三种,均为潜水。其中,松散岩类孔隙水赋存于第四系残积层中,风化基岩孔隙裂隙水赋存于基岩全—强风化层中,基岩裂隙水赋存于弱微风化基岩的风化裂隙及构造裂隙中。陆域地层中除可能存在的富水性好的基岩破碎带外,均为弱富水,渗透性较差,属于弱或微含水层。陆域地下水主要受大气降水的补给,就近向低洼地段排泄,总体上属于潜水,仅局部洼地(如西滨隧道出口处)上覆土层中含大量高岭土的黏土相对隔水层,地下水具有承压性,但承压水头是变化的,干旱季节承压转为无压。

2)海域地下水

海域地下水主要指海域范围内地层中的地下水,据其赋存形式分为松散岩类孔隙水、风化基岩孔隙裂隙水和基岩裂隙水三种,其中松散岩类孔隙水赋存于第四系全新统海积层中,风化基岩孔隙裂隙水赋存于基岩全—强风化层中,基岩裂隙水赋存于弱微风化基岩的风化裂隙及构造裂隙中;海域地层中除海积的砂层(主要赋积在K10+900以东西滨滩涂地段)及可能存在的富水性好的基岩破碎带外,总体上富水性弱,渗透性较差,为弱或微含水层;海域地下水主要受海水的垂直入渗补给。

5. 工程设计简介

厦门翔安隧道工程路线起点为五通,在厦门岛侧与城市快速主干道仙岳路相

接,并连通环岛路,以暗挖隧道方式穿越西海域;终点为翔安侧西滨,接翔安大道,
连通 324 国道和福厦高速公路。隧道最大纵坡采用 3%,隧道纵断面设计参见图
6.13。隧道最深点高程约 −70m(该处海底高程约 −22m),服务隧道和左、右线隧道穿
越海域强风化花岗岩深槽(囊)的宽度分别为 115.8m、109.8m 和 135.2m。隧道设计
为设置服务隧道的三孔隧道方案。主洞隧道侧设线间距为 52m,中间设置服务隧道,
三隧道内轮廓净间距为 22m。本隧道工程陆域及浅滩段基本处于全、强风化花岗岩
地带,地质条件相对较差;海底段则基本位于微风化花岗岩地段,局部穿越几处风化
深槽。地勘揭示,Ⅰ、Ⅱ级围岩占全隧道比例近 60%,而在海域段Ⅰ、Ⅱ级围岩占海域段长
度近 90%,因此,本项目地质总体上比较适合采用暗挖钻爆法修建。

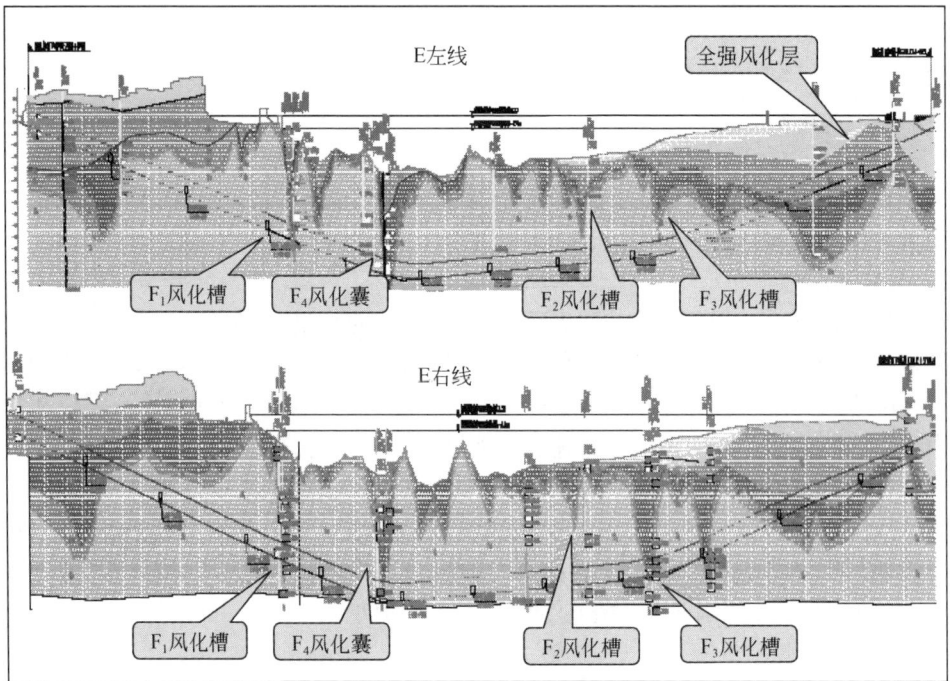

图 6.13　隧道纵断面图

6.2.2　确定最小岩石覆盖厚度

　　根据厦门翔安海底隧道地质纵断面图选取 10 个控制横断面,采用第 2 ~ 4 章
确定海底隧道最小岩石覆盖厚度的方法给出各个断面建设的最小岩石覆盖厚度,
如表 6.6 所示。各个隧道横断面控制埋置深度与隧道设计纵断面对比如图 6.14
所示。设计时考虑隧道纵断面地质构造、线路圆顺和合理减少埋置深度的原则,
Ⅰ ~ Ⅲ级围岩地段设计覆盖厚度大于建议覆盖厚度。在风化槽、风化囊位置,为减

小覆盖厚度,可以考虑采取全断面帷幕注浆等辅助措施,适当降低隧道埋置深度,隧道埋置深度可以小于理论确定的最小岩石覆盖厚度对应的埋置深度。

表 6.6　厦门翔安海底隧道建议覆盖厚度

里程/m	地质构造	海水深度/m	设计隧道拱顶高程/m	建议隧道拱顶高程/m	建议覆盖厚度/m	设计覆盖厚度/m
K8+292	完整岩体	8.00	−44.8	−33	25	36.80
K8+380	F_1 风化槽	13.52	−47.04	−53.52	40	33.52
K8+639	完整岩体	22.12	−54.24	−47.12	25	32.12
K8+998	F_4 风化囊	24.19	−61.156	−66.188	42	36.97
K9+225	完整岩体	25.90	−61.448	−53.904	28	35.54
K9+461	完整岩体	12.22	−60.048	−42.224	30	47.82
K9+816	完整岩体	22.30	−58.072	−48.304	26	35.77
K10+463	完整岩体	16.90	−54.948	−45.904	29	38.04
K10+730	F_3 风化槽	11.06	−53.364	−56.056	45	42.31
K11+040	完整岩体	7.46	−47.016	−28.456	21	39.56

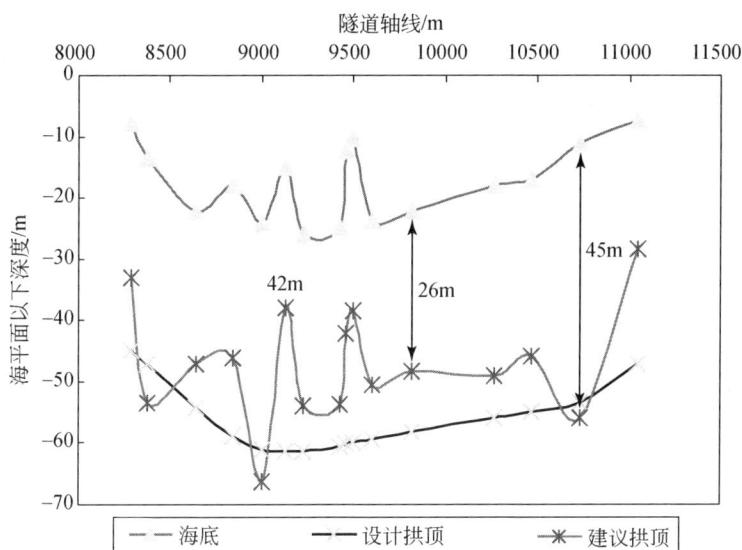

图 6.14　隧道横断面控制埋置深度与设计纵断面的对比

6.3　舟山灌门水道海底隧道

6.3.1　工程概况

岱山跨海大桥工程全线长 20.070163km,穿越灌门水道拟采用海底隧道方案,跨越龟山水道、高亭港水道拟采用大跨径桥梁方案。根据江苏省水文地质工程地质勘察院提供的《岱山跨海大桥工程可行性研究专题之东线方案——工程地质勘察报告(补充报告)》和中交公路规划设计院有限公司提供的设计文件,摘录与本课题研究相关的灌门水道隧道方案的工程概况、设计断面、工程地质和地质构造等资料。

1. 概述

浙江省舟山市市委、市政府为了发展海洋经济、沟通海岛与大陆的交通,决定兴建舟山大陆连岛工程,该工程是舟山市实施的重要基础设施建设项目,被载入舟山市国民经济和社会发展的第十个五年计划纲要,2005 年被列入浙江省重点建设项目。

舟山大陆连岛工程由岑港大桥、响礁门大桥、桃夭门大桥、西堠门大桥、金塘大桥和岱山大桥等大桥以及接线公路组成,按高速公路标准建设,总投资逾百亿元,共分为一期、二期和三期三个阶段实施。一期工程包括岑港大桥、响礁门大桥、桃夭门大桥和其间的接线公路,于 2006 年 1 月 1 日全部建成通车;二期工程包括西堠门大桥、金塘大桥和其间的接线公路,于 2004 年 5 月开工建设,至今尚在建设中;三期工程即岱山跨海大桥。

舟山大陆连岛工程(三期)——岱山跨海大桥工程位于浙江省舟山市,南起舟山本岛北部,跨海后与岱山岛连接。中交公路规划设计院有限公司(下文简称设计方)在本项目可行性研究阶段初步拟定了两个桥位,即西线方案(马目桥位)和东线方案(秀山桥位),详见图 6.15。东线方案最初南起于舟山本岛龙王跳嘴,跨灌门水道后

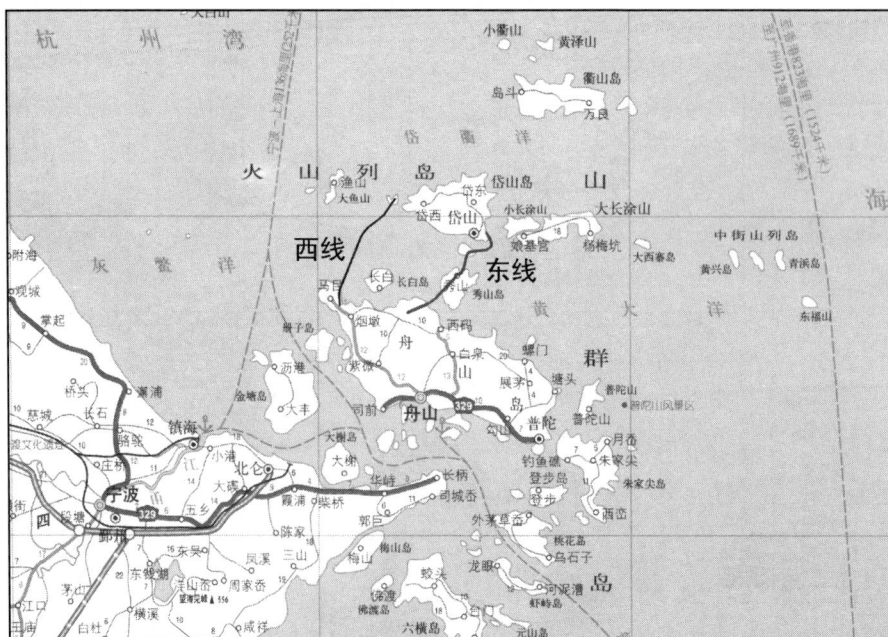

图 6.15　拟建大桥地理位置图

连秀山岛,跨龟山航门后连官山岛,跨高亭港水道后于磨盘山东侧到达岱山本岛,浙
江省工程勘察院已于 2006 年 9 月~11 月间连同西线方案一道进行了工程地质勘察
工作;后来东线方案作了调整,南起舟山本岛庙山嘴,跨灌门水道后连秀山岛,跨龟山
水道后连官山岛,最后到达岱山本岛,工程全长 20.070163km,穿越灌门水道拟采用
海底隧道方案,跨越龟山水道、高亭港水道拟采用大跨径桥梁方案。

2. 地理位置

拟建的岱山跨海大桥位于我国浙江省北部沿海,地处舟山市,工程可行性研究
阶段的东线方案位于东经 122°4′~122°15′,北纬 30°7′~30°16′。起点位于舟山本
岛三江码头附近的庙山嘴,穿过秀山岛、官山岛、牛轭岛、横勒山、江南山等岛屿及
小山,在岱山岛磨盘山附近登陆,全长 20.070163km。

桥隧区交通较为便利,舟山港北距青岛 433n mile(1n mile=1.825km)、秦皇岛
683n mile,南距厦门 476n mile、广州 824n mile,距台中、长崎、釜山约 500n mile,距
高雄、汉城约 600n mile,距香港、神户、大阪约 700n mile。短程航运更加发达,每日
有大量轮渡穿行于舟山群岛之间。舟山本岛和岱山岛上乡镇公路四通八达,在建
的舟山大陆连岛工程二期竣工后,经由宁波可到达全国各地。空中航线四通八达,
从舟山、宁波机场起飞的航班可达全国各地。

3. 隧道设计方案

灌门水道隧道拟采用钻爆法施工,设计为双线四车道。隧道有仰拱段内轮廓
如图 6.16 所示。隧道复合式衬砌断面如图 6.17 所示。

4. 隧址区工程地质条件评价

1) 地形地貌
自起点至 K2+250 为冲海积平原,现为农田、盐田和工厂等,地面标高一般
2.00~3.00m,地形较平坦。K2+250~K2+835 为庙山嘴,属侵蚀剥蚀丘陵,最高处
标高 96m,沿桥轴线最高处标高约 43m,庙山嘴东北侧现为宇锦水泥厂码头,北侧
山体已被开挖,形成约 70°的陡坡;K2+835~K5+860 为灌门水道海域,沿桥轴线地
形呈倒“M”形,在 K3+075 和 K4+625 处有两个深槽,标高分别为−51.70m 和
−53.10m,两处深槽中间 K3+525 处即为赖头礁;K5+860 向后为秀山岛,K6+020~
K6+420 为侵蚀剥蚀丘陵,沿桥轴线最高处标高达 60m,其余部位为冲海积平原,地
面标高一般 2.00~3.00m,现为农田、盐田和修造船厂。

2) 岩土层工程地质评价
本次勘察划分的地层灌门水道均有揭露,第四系松散沉积物分布不连续,主要

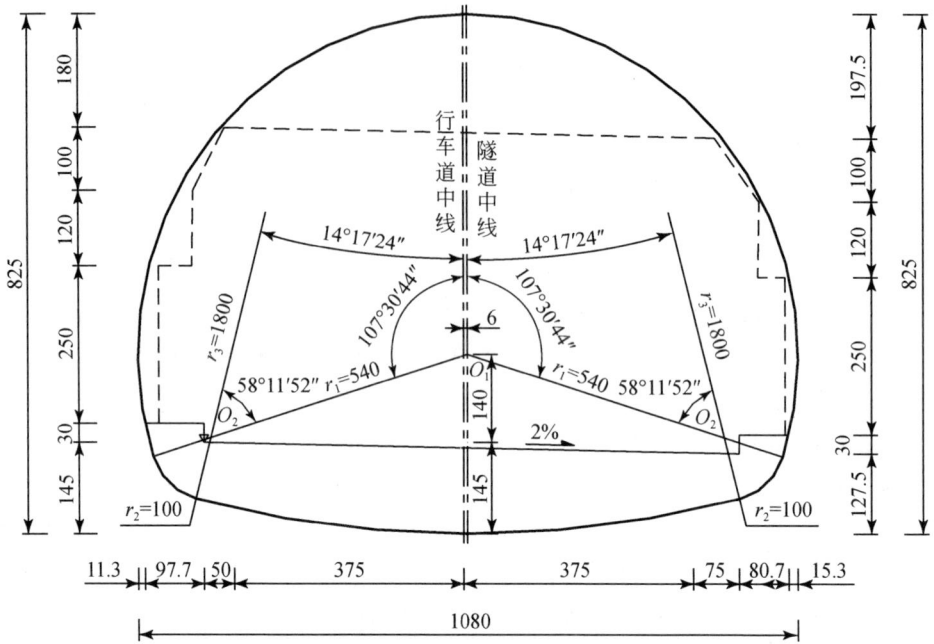

图 6.16　隧道有仰拱段内轮廓(单位:cm)

注:隧道建筑限界以外的空间安装通风、照明、消防等设施,海底段采用
封闭式结构,山岭段根据围岩条件采用封闭式或敞开式结构

分布于两处深槽中。①、②和③层为第四系全新统松散堆积物,岩性为软塑—流塑状黏土、亚黏土、淤泥质亚黏土,承载力低,结构、均匀性较差,工程地质条件较差。④～⑥层为第四系上更新统冲洪积物,⑦层为第四系上更新统坡洪积物,岩性以硬塑状黏土、亚黏土为主,局部夹砾砂层,层厚 1.60～5.20m,底部为黏土质碎石,局部为碎石质亚黏土,这几层土承载力较高,$[\sigma_0] = 270 \sim 450\text{kPa}$,但其分布不稳定,工程地质条件一般。

根据 ZK1 和 ZK2 孔的钻探资料,⑧$_3$ 层弱风化流纹质熔结凝灰岩岩芯较破碎,以碎石状为主,少量短块状,岩石质量极差(RQD = 20～24),岩块锤击声脆,受力易沿裂隙面开裂。⑧$_4$ 层微风化流纹质熔结凝灰岩较完整,岩石质量较好(RQD = 80～89.4),岩芯以柱状为主,单块长 15～30cm,少数大者达 50～80cm;局部较破碎,如 ZK1 孔 42.40～46.90m、66.15～76.50m 和 ZK2 孔 65.50～67.30m、71.60～74.50m、102.80～108.00m 岩芯一般呈碎石状间少量短柱状,在钻孔施工过程中易掉块、塌孔,导致卡钻的事故发生,在 ZK2 孔 65.50～67.30m 还发生漏浆现象。

但总的来说,⑧$_3$ 层弱风化流纹质熔结凝灰岩和⑧$_4$ 层微风化流纹质熔结凝灰岩承载力较高,$[\sigma_0] = 1800 \sim 4200\text{kPa}$;层厚较大,揭露厚度大于 8.05m;分布稳定,灌门水道沿桥轴线均有分布,工程地质条件较好。

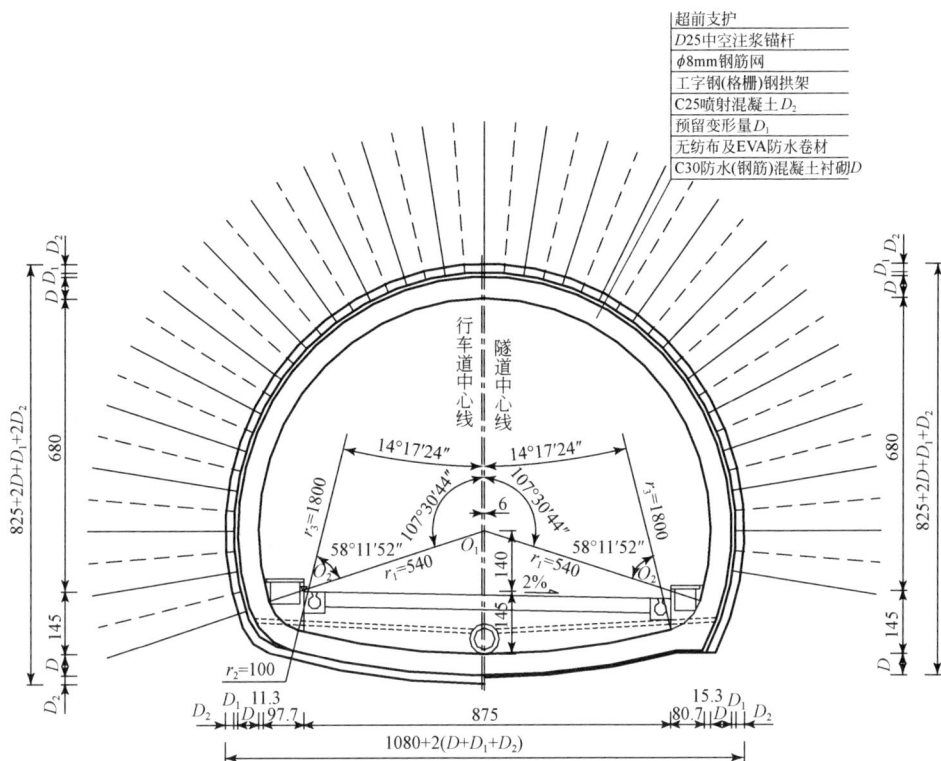

超前支护
D25中空注浆锚杆
φ8mm钢筋网
工字钢(格栅)钢拱架
C25喷射混凝土 D_2
预留变形量 D_1
无纺布及EVA防水卷材
C30防水(钢筋)混凝土衬砌 D

图 6.17　隧道复合式衬砌断面(单位:cm)

3) 围岩类别

灌门水道①~⑦层以黏性土为主,夹少量砾砂,下部为黏土质碎石。基岩为⑧层流纹质熔结凝灰岩,灰紫色—紫灰色,凝灰结构,块状构造,局部具有流纹状构造。弱风化层岩芯呈碎石状,少数短块状,裂隙发育,锤击易碎。微风化层岩芯较完整,呈柱状、少数碎块状,ZK1、ZK2 号的柱状岩芯一般长 15~30cm,少数长达 40~80cm。据前期资料及本次勘察对两侧岩体的简单调查,节理走向则以 305°~315°和 45°~65°两组节理最发育,其次为 355°~5°和 80°~90°两组节理,节理延伸大多在 2~5m,个别小于 1m,少数延伸长度达 10~20m,间距以 20~50cm 居多,较密集处仅 2~5cm,较宽处可达 1m 之多。大多数节理的节理面平直、闭合,未见充填物,少数波状弯曲、尖灭、侧现,多呈"X"形产出,显示为剪性节理。

综上所述,认为隧道经过区基岩受构造作用影响较重,微风化层 R_b = 201.24kPa,属于硬质岩石,根据《公路隧道设计规范》(JTG D70—2004)第 3.6 节判别,灌门水道弱风化基岩的围岩分类为Ⅳ类,微风化基岩的围岩分类为Ⅲ类,其他岩土层分类为Ⅴ~Ⅵ类不等,详见表 6.7。

表 6.7　灌门水道岩土层围岩类别划分表

层号	主要工程地质特征	围岩类别
①	淤泥质亚黏土:灰色,流塑,土质均匀性变化较大,局部含较多角砾及粗砂颗粒	VI
②	黏土:青灰色,软塑,土质不均匀,粉质含量较高,夹薄层亚砂土	VI
③	亚黏土:青灰色,流塑,上部粉质含量较高,中部具有水平层理,层间夹亚砂土	VI
④₁	砾砂:黄灰色,饱和,密实,分选性较差,含圆砾,直径 2~10mm,含量约 10%	VI
④₂	亚黏土:灰色杂青灰色,硬塑,含少量钙核,局部夹薄层细砂	V
⑤	黏土:灰黄色,硬塑,土质不均匀,含少量铁锰质浸染斑点及钙质结核	V
⑥	砾砂:灰色,饱和,中密,分选性较差,含大量贝壳碎片	VI
⑦	黏土质碎石:灰黄色,中密,厚层状,碎石含量约 45%,以直径 2~3cm 为主,大者达 7~10cm,次棱角状—棱角状,少数孔为碎石质亚黏土,碎石含量向下渐高	V
⑧₃	弱风化流纹质熔结凝灰岩:紫灰色,凝灰结构,块状构造,岩芯呈碎石状,少数短块状,裂隙发育,锤击易碎	IV
⑧₄	微风化流纹质熔结凝灰岩:紫灰色,凝灰结构,块状构造,岩芯较完整,呈柱状,少数碎块状,锤击震手,不易断	III

5. 隧址区稳定性评价

1）场地稳定性

依据相关文献,桥隧区周围有 17 条区域性断裂,其中 14 条为早、中更新世活动断裂,3 条为晚更新世活动断裂,所有断裂均未见全新世活动迹象。近场区内共有 28 条断裂出露,其中 17 条为前第四纪断裂,9 条为早、中更新世断裂,2 条为晚更新世活动断裂,均未见全新世活动迹象。

近场区内地震活动较弱,历史上没有强烈破坏性地震发生,小地震活动也较稀少。综合全区内新构造运动、断裂活动性和地震活动特征资料进行分析,近场区内十字路—瓦窑湾断裂、花厅里—紫薇断裂西南段为晚更新世活动断裂,应为发震断裂。根据断裂规模较小和活动强度较弱的特点进行分析,其可能发生的地震震级为 6 级左右。在桥隧区无晚更新世活动断裂分布,即不存在发震断裂,但应考虑到嵊泗—镇海地貌差异带靠近本区,该断裂具有发生 6~6.5 级中强震的构造条件。

拟建桥梁横跨侵蚀剥蚀丘陵、冲海积平原、海滩和水下坡地等地貌单元,地势起伏变化剧烈,坡度较陡。桥隧区最高处为秀山岛上的梅山岗,标高 207.6m,最低处为龟山航门的深槽,标高-94.30m,高差近 300m。依据相关文献及本次物探资料,桥隧区基岩面起伏较大,不少地段基岩面视倾角约 20°以上。

根据以上分析可知,桥隧区场地稳定性一般。

2）地基稳定性

拟建桥梁经过区,第四纪地层厚度较小,除灌门水道揭露厚度 26.40~52.05m 之外,其他部位揭露厚度均小于 5.00m,除灌门水道小范围分布层厚 1.30~2.90m

的软土之外,未见液化土层、采空区等其他不良地质。

下伏基岩为流纹质熔结凝灰岩,强风化层和弱风化层较薄,微风化流纹质熔结凝灰岩较完整,承载力较高。水下第四系地层以硬塑状黏性土为主,仅灌门水道分布小范围较薄的淤泥质亚黏土,大部分地区基岩直接出露,所以认为尽管海底坡度较大,但发生水下滑坡的可能性较小。因此,认为桥隧区地基稳定性较好。

6. 岩土层物理力学指标建议值

由于本次为工程可行性研究阶段补充勘察,施工的工作量有限,所取得岩土试验样本数不多,因此本报告仅对整个桥隧区所有土层进行统计,按灌门水道隧道方案、龟山航门和高亭港水道桥梁三个方案分别进行统计因指标样本数较少,统计意义不大而未进行。

统计时首先按三倍标准差去除粗差值,再给出统计指标特征值(样本数、最大值、最小值、平均值、标准差、变异系数),对于含水量、密度、孔隙比、饱和度、压缩系数、压缩模量、直剪快剪(C_q、φ_q)、固结快剪(C_{cq}、φ_{cq})、标准贯入试验击数等项目,当样本数≥5时提供标准值为建议值,其提供方法采用保证率法($\alpha=0.05$);当样本数<5时,提供最大值、最小值及平均值,以最大(最小)平均值作为建议值。各岩土层的物理力学指标建议值详见表6.8和表6.9。

6.3.2 分析断面

海底隧道工程地质和水文地质、断面形状、施工方法、道路网络规划等因素影响隧道选线。海底隧道平面线路确定后,隧道选线主要指的是垂直线路。最小岩石覆盖厚度是海底隧道最重要的参数之一,影响垂直线路的规划。

最关心的岩石覆盖厚度主要是受隧道纵断面软弱地质条件控制的岩石覆盖厚度,如断层破碎带、风化深囊、风化深槽。根据岱山跨海大桥工程可行性研究专题之东线方案——工程地质勘察报告(补充报告)分析,工可阶段没有探明灌门水道隧道纵断面存在断层破碎带,基岩较为完整,地质纵断面如图6.18所示。

灌门水道隧址区域水下地形受众多岛屿、岛礁杂乱分布的影响,海床在潮流的冲刷下形成众多的深槽,海底地形起伏频繁,水深悬殊较大。灌门水道在K3+075和K4+625处有两个深槽,标高分别为-51.70m和-53.10m,两处深槽中间K3+525处即为赖头礁。海底地形起伏变化剧烈,坡度较陡。根据地质报告分析,选择五个控制性分析断面,里程桩号分别为K3+075、K3+323、K4+625、K5+370和K5+551,如图6.18所示。五个分析断面的地层分布情况如表6.10所示。对海水深度、土层、基岩埋置深度进行分类统计,地质描述如表6.11所示。总体来说,灌门水道大部分区域海水较深,基岩埋置深度较大。基岩上覆厚度2.4～11.95/5.24m的黏土质碎石,透水性较强。ZK2钻孔揭露厚5.2m砾砂层,砾砂层具有强透水性。

表 6.8 土层主要物理力学指标建议值

层号	岩性名称	含水量 W/%	天然密度 ρ/(g/cm³)	孔隙比 e	塑性指数 I_p	液性指数 I_L	压缩系数 $a_{0.1-0.2}$/MPa^{-1}	压缩模量 $E_{s0.1-0.2}$/MPa	直剪快剪 黏聚力 C_q/kPa	直剪快剪 内摩擦角 φ_q/(°)	标准贯入试验 N/击	重型圆锥动力触探试验 N'/击
①	淤泥质亚黏土	38.8	1.84	1.052	11.8	1.98	0.44	4.31	—	—	1	—
②	黏土	34.7	1.88	0.959	20.4	0.56	0.36	5.52	42	16.7	—	—
③	亚黏土	40.2	1.85	1.075	13.4	1.17	0.51	3.76	23	8.9	11	—
④₁	砾砂	—	—	—	—	—	—	—	—	—	46	—
④₂	亚黏土	23.4	2.03	0.654	15.1	0.36	0.19	9.05	73	18.2	27	—
⑤	亚黏土	30.3	1.90	0.870	16.7	0.43	0.13	14.3	53	16.6	17	—
⑥	砾砂	—	—	—	—	—	—	—	—	—	32	—
⑦	黏土质碎石	20.8	2.00	0.590	10.7	0.50	0.30	5.65	32	20.6	—	31.5

注:"—"表示不详。

表 6.9 岩层主要物理力学指标建议值

层号	岩性名称	吸水率 W_a/%	饱和吸水率 W_{sa}/%	天然密度 ρ/(g/cm³)	天然弹性模量 静态 E_0/(×10⁴ MPa)	天然弹性模量 动态 E_0/(×10⁴ MPa)	天然泊松比 静态 μ	天然泊松比 动态 μ	声波速度 纵波 V_P/(m/s)	声波速度 横波 V_s/(m/s)	天然抗剪断强度 内摩擦角 φ/(°)	天然抗剪断强度 黏聚力 C/MPa	单轴抗压强度 天然 R_c/MPa	单轴抗压强度 饱和 R_{cc}/MPa	单轴抗压强度 干燥 R_{cd}/MPa	软化系数 K_p	重型圆锥动力触探试验 N'/击
⑧₂	强风化流纹质熔结凝灰岩	—	—	—	—	—	—	—	—	—	—	—	—	—	—	—	94.7
⑧₃	弱风化流纹质熔结凝灰岩	—	1.2	2.56	—	—	—	—	—	—	—	—	15.7	15.1	26.9	0.56	—
⑧₄	微风化流纹质熔结凝灰岩	0.25	0.40	2.59	9.23	4.58	0.144	0.326	4970	2630	49.3	25.5	220.6	201.2	221.9	0.95	—

注:"—"表示不详。

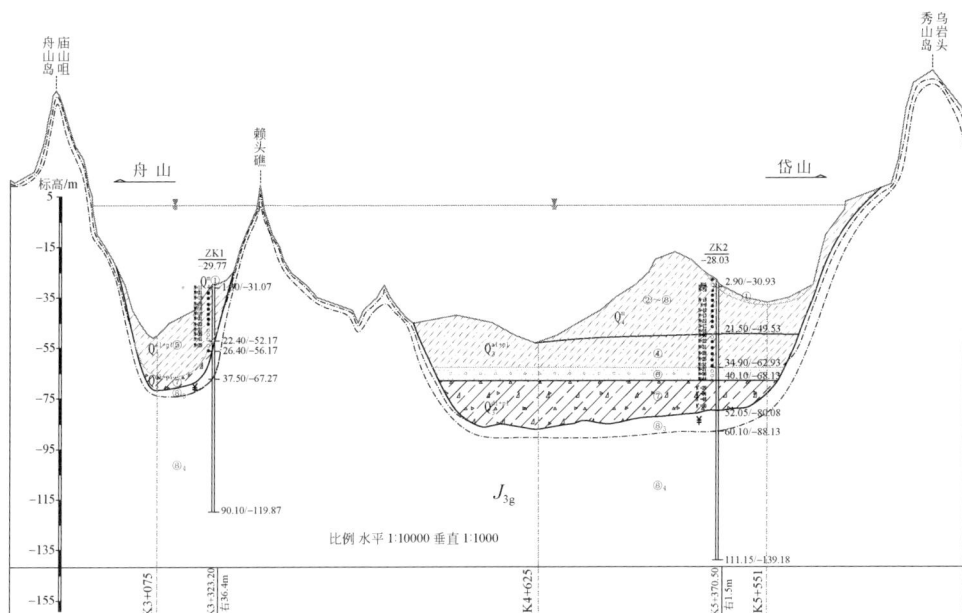

图 6.18　灌门水道隧道地质纵断面图

表 6.10　分析断面地层分布情况

断面里程/m	垂直分类	地层名称	底面高程/m	（深度/厚度）/m
K3+075	海水	海水	−51.70	51.70
	软土层	亚黏土⑤	−65.43	13.73
		黏土质碎石⑦	−71.37	5.94
	基岩层	弱化风流纹质熔结凝灰岩⑧₃	−73.18	1.81
		微化风流纹质熔结凝灰岩⑧₄	—	—
K3+323	海水	海水	−29.77	29.77
	软土层	淤泥质亚黏土①	−31.07	1.30
		亚黏土⑤	−52.17	21.10
		黏土质碎石⑦	−56.17	4.00
	基岩层	弱化风流纹质熔结凝灰岩⑧₃	−67.27	11.10
		微化风流纹质熔结凝灰岩⑧₄	—	—
K4+625	海水	海底面	−53.10	53.10
	软土层	亚黏土④	−62.79	9.69
		砾砂⑥	−67.99	5.20
		黏土质碎石⑦	−87.26	19.27
	基岩层	弱化风流纹质熔结凝灰岩⑧₃	−91.18	3.92
		微化风流纹质熔结凝灰岩⑧₄	—	—

续表

断面里程/m	垂直分类	地层名称	底面高程/m	（深度/厚度）/m
K5+370	海水	海底面	−28.03	28.03
	软土层	淤泥质亚黏土①	−30.93	2.90
		黏土②、亚黏土③	−49.53	18.60
		亚黏土④	−62.93	13.40
		砾砂⑥	−68.13	5.20
		黏土质碎石⑦	−80.08	11.95
	基岩层	弱化风流纹质熔结凝灰岩⑧₃	−88.13	8.05
		微化风流纹质熔结凝灰岩⑧₄	—	—
K5+551	海水	海底面	−37.00	37.00
	软土层	黏土②、亚黏土③	−49.52	12.52
		亚黏土④	−62.79	13.27
		砾砂⑥	−67.99	5.20
		黏土质碎石⑦	−73.00	5.01
	基岩层	弱化风流纹质熔结凝灰岩⑧₃	−80.70	7.70
		微化风流纹质熔结凝灰岩⑧₄	—	—

注:"—"表示不祥。

表 6.11 分析断面地质描述

编号	里程桩号/m	水深/m	基岩埋置深度/m	地质描述
1	K3+075	51.70	71.37	位于庙山嘴与赖头礁之间的深槽,海水较深,基岩埋置深度较大,土层厚20.0m,弱风层较薄。基岩上分布厚6.0m的碎石层,碎石层透水性较强
2	K3+323	29.77	56.17	ZK1钻孔位置,海水较浅,基岩埋置深度较小,土层厚26.4m,弱风层较厚。基岩上分布厚4.0m的碎石层,碎石层透水性较强
2	K4+625	53.10	87.26	位于赖头礁与秀山岛之间的深槽,海水最深,基岩埋置深度大,土层厚34.16m,弱风层较薄。基岩上分布5.2m厚的砾砂层,透水性强。分布厚19.27m的碎石层、黏土质碎石层,透水性较强
4	K5+370	28.03	80.08	ZK2钻孔位置,海水较浅,基岩埋置深度较大,土层厚50.05m,弱风层较厚。基岩上分布5.2m厚的砾砂层,透水性强。分布厚11.95m的碎石层、黏土质碎石层,透水性较强
3	K5+551	37.00	73.00	位于秀山岛海域岸坡,海水较浅,基岩埋置深度较大,海床、基岩表面地形起伏较大,弱风化层较厚,约8.0m。基岩上分布5.2m厚的砾砂层,透水性强。分布厚5.01m的碎石层、黏土质碎石层,透水性较强

6.3.3 研究成果

1. 最小岩石覆盖厚度汇总

通过三种工程类比方法,即挪威经验法、日本最小涌水量法和国内顶水采煤法,以及数值计算法得到灌门水道隧道的最小岩石覆盖厚度汇总如表6.12所示。

表6.12 分析断面最小岩石覆盖厚度汇总表

编号	里程桩号 /m	水深 /m	基岩埋置深度/m	最小岩石覆盖厚度/m			
				挪威经验法	日本最小涌水量法	国内顶水采煤法	数值计算法
1	K3+075	51.70	71.37	32.59	36.08	26.58	18
2	K3+323	29.77	56.17	30.01	26.73	24.32	23
3	K4+625	53.10	87.26	34.73	36.91	26.76	22
4	K5+370	28.03	80.08	33.83	25.91	24.10	24
5	K5+551	37.00	73.00	32.84	30.06	25.16	24

2. 垂直线路比较

隧道垂直线路一般用隧道路面中心线位置的高程表示,称为隧道底板线。隧道底板的埋置深度=海水深度+软土层厚度+岩石覆盖厚度+底板至拱顶的高度。为能够直观地对比隧道岩石覆盖厚度,在此用隧道拱顶曲线表示垂直线路。隧道拱顶埋置深度=海水深度+软土层厚度+岩石覆盖厚度。给出各种方法确定的隧道拱顶曲线,如图6.19所示。

3. 建议的岩石覆盖厚度

由图6.19可见,挪威经验法和日本最小涌水量法确定的岩石覆盖厚度值较大,顶水采煤法次之,数值计算方法最小。

对于灌门水道隧道区域地质条件,初步分析各种方法的适用性:

(1)挪威经验法确定岩石覆盖厚度一般考虑断层、破碎带的影响。工程可行性研究阶段没有探明断层破碎带存在,基岩较完整,强度较高。因此,通过挪威经验法确定的岩石覆盖厚度偏于保守。

(2)日本最小涌水量法确定最小岩石覆盖层厚度时,假定海水渗漏到隧道的过程中,穿过的岩层透水性是均匀的。严格来说,这种理想化地质条件是不存在的,因此在确定岩石覆盖厚度时,会产生一定的误差。另外,本项目海水渗流到隧道的路径包括海底淤泥层、亚黏土层、砂层、全风化和强风化基岩层等。基岩上覆

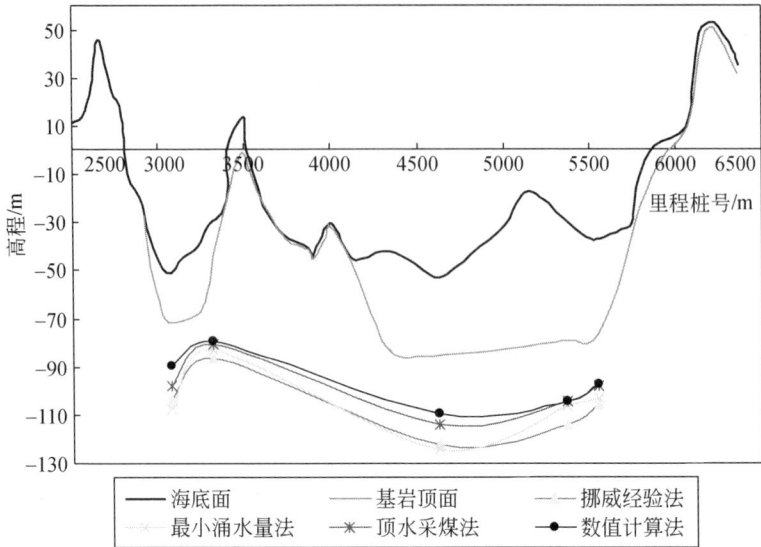

图 6.19　各种方法确定的隧道拱顶曲线图

土层、风化层具有天然隔水作用。当上覆土层、风化层较厚时,最小涌水量方法适用性受到影响。因此,在本项目中仅起参考作用。

（3）国内顶水采煤法从防突水角度考虑,对海底隧道安全施工与运营产生影响的有海水、松散层水体或基岩含水层水体。灌门水道隧道区域分析断面上覆较厚黏土层、亚黏土层,是天然的隔水层,如果仅从防海水层面考虑,给出的岩石覆盖厚度就很小,难以保证隧道稳定性。本项目假定基岩上覆黏土质碎石层透水性较强,从防基岩含水层层面考虑,给出最小岩石覆盖厚度值,在本项目中应仅起参考作用。

（4）数值计算综合考虑了分析断面工程地质、水文地质条件、海水深度、隧道断面、围岩强度等多种因素,有较大的参考价值。

根据上述分析,建议采用数值计算确定的最小岩石覆盖厚度,分析断面的海水深度、岩石覆盖厚度、覆盖层厚度,如表 6.13 所示。数值计算确定的最小岩石覆盖厚度拱顶曲线如图 6.20 所示。

表 6.13　建议的分析断面岩石覆盖厚度值

编号	里程桩号/m	水深/m	基岩埋置深度/m	岩石覆盖厚度/m	覆盖层厚度/m	拱顶高程/m
1	K3+075	51.70	71.37	18	37.67	−89.37
2	K3+323	29.77	56.17	23	49.40	−79.17

续表

编号	里程桩号/m	水深/m	基岩埋置深度/m	岩石覆盖厚度/m	覆盖层厚度/m	拱顶高程/m
3	K4+625	53.10	87.26	22	56.16	−109.26
4	K5+370	28.03	80.08	24	76.05	−104.08
5	K5+551	37.00	73.00	24	60.00	−97.00

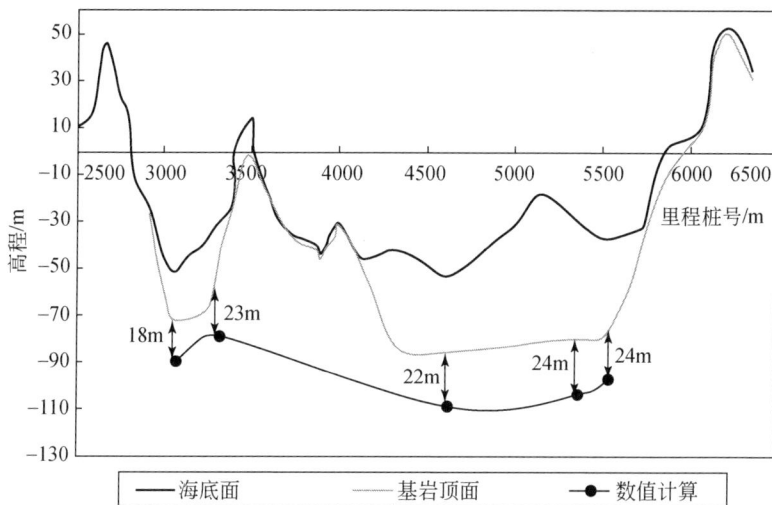

图6.20 建议的隧道拱顶曲线图

6.3.4 建议岩石覆盖厚度范围

通过多种工程类比方法和数值计算方法,综合分析给出了5个分析断面的最小岩石覆盖厚度建议值。对最小岩石覆盖厚度建议值确定的隧道位置,分别考虑断裂损伤、爆破、地震、渗流、施工过程对隧道围岩的影响进行数值模拟分析。根据上述计算与分析,建议灌门水道钻爆法隧道在不同地段的最小岩石覆盖厚度为20~25m。

6.4 宁波象山港海底隧道

6.4.1 工程概况

拟建的象山港海底隧道穿越象山港海域,是浙江省规划的沿海高速公路宁波段的重要组成部分:它连接海湾两侧,是四大海湾(杭州、象山、三门、温州),八大港口(舟山、北仓、象山、石浦、建跳、海门、大麦岛、温州)的中心交通纽带;是温州、台州地区到长江三角洲地区新的捷径;它将使象山至宁波的陆路里程缩短60多千米,为象山县经济腾飞起到极大的推动作用。

隧道设计考虑后华山线位和小蔚庄线位,并根据两岸接线要求对小蔚庄线位设计东吴方案和云龙方案。象山港海底隧道预计长度为12.5~15km,海底埋置深度在-180~-150m,国内如此大规模的长大隧道的施工难度和风险性不言而喻,现阶段也没有已建成的先例,正在施工的厦门东通道的公路隧道与本工程也有一定的差异。因此,有必要针对本工程条件下的,以钻爆法施工的海底隧道最小顶板厚度进行研究,确定合理的隧道埋置深度,为隧道的设计、施工提供一定的参考价值。

1. 水文、地质条件

隧道穿越海域水面宽度约4300~6100m,设计高潮位4.64m(黄海高程),设计低潮水位-1.79m,隧址区海域深度10~30m,局部发育深槽,深槽段最大水深37.14m;两岸基岩出露,海域大部发育第四纪地层,自上而下依次为淤泥、淤泥质黏土、亚黏土、砂层、亚黏土、卵石夹中粗砂、含砾黏性土、全—强风化凝灰岩、弱—微风化凝灰岩等,基岩埋置深度较大。

根据后华山隧位预可钻孔资料,基岩埋置深度分别为-93.31m、-114.05m、-107.37m,全—强风化基岩层厚度8~14m,弱风化凝灰岩层顶最大埋置深度-124.65m。根据小蔚庄预可及工可钻孔资料,基岩埋置深度分别为-115.75m、-76.69m、-81.17m、-99.25m、-105.12m、-114.96m、-47.75m,全风化基岩层厚为0.8~15m,弱风化凝灰岩层顶最大埋置深度-117.75m。

拟建工程区域地下水按含水介质、水力性质及埋藏条件等可分为松散岩类孔隙水和基岩裂隙水两大类、五个含水岩组,其水文地质条件分别描述如下:

1)松散岩类孔隙水

(1)潜水。

① 全新统海积黏土、淤泥质黏土夹细砂、砾砂含水岩组(Q_4^m)。广泛分布于测区滨海海相沉积平原咸祥、贤痒一带的上部,主要由黏性土夹细砂、砾砂组成。由于土层黏粒含量高,透水性差,水交替微弱,水位埋置深度小于1m,故单井出水量小,一般均小于5m³/d。地下水以大气降水垂直补给为主,水动态随季节变化明显。

② 上更新统坡积冲积含黏性土碎石含水岩组(Q_3^{dl-pl})。主要分布在山前坡洪积斜地边缘地带,富水性受碎石中含黏性土多少而制约,依据对西泽村一带民井的调查发现,井水冬暖夏凉,单井涌水量8~20m³/d,通过大气降水或基岩裂隙水补给,因此水位变化幅度大,为3~5m。水质好,矿化度小于0.5g/L,为HCO_3-Ca·Mg型水。

（2）承压水。

① 上更新统下段冲积含砾粗砂含水岩组（Q_3^{1al}）。分布在象山港海域下部及咸祥平原下部，含水层顶板有一层厚 23～35m 的亚黏土、淤泥质土隔水层相隔，含水层由海域两侧向中心倾斜，厚度为 2.3～11.5m，压力水头为 0.6m 左右，单井涌水量由漫滩相至河床相从 100～1000m³/d。本测区绝大部分为淡水，矿化度为 0.61～0.72g/L，氯离子含量为 206～338g/L，为 Cl·HCO₃-Na 型水。② 中更新统冲积含黏性土砾砂含水岩组（Q_2^{al}）。分布与 ① 相同，含水岩组有两个含黏性土砾砂含水层组成，⑦₄ 层顶板埋置深度为 63～64.5m，以 ZK4 孔为界，向南缺失，厚 0～5.5m；⑧₄ 层顶板埋置深度为 68～79m，在海域中心增厚，向两岸变薄至尖灭，厚 0～13.5m。压力水头为 0.5 左右，最大单井涌水量为 100m³/d，为一贫乏含水岩组。水质为淡水，矿化度为 0.7g/L，为 HCO₃·Cl-Na·Ca 型水，氯离子含量为 105g/L。

2）基岩裂隙水

上株罗统火山岩为主的含水岩组（J₃x）分布在象山港两侧及海域深部，常呈下降泉或承压水形式产出，常见泉流量为 0.08～0.1L/s，在构造断裂带有利部位，泉流量增大，为 0.5L/s 左右。水质好，矿化度 0.25～0.9g/L，为 HCO₃-NaCa 型水。

根据预可物探资料，后华山隧位发现海底断点 2 处，小蔚庄隧位发现断点 3 处。根据区域地质构造发育规律及断点的位置和性质，推测后华山隧位存在 F_{1-1}、F_{1-2} 断层，其中 F_{1-1} 断层位置靠北，走向为北东东向，F_{1-2} 断层位于海域中部靠北，走向也是北东东向；推测小蔚庄隧位 F_{2-1}、F_{2-2}、F_{2-3} 三条断层，其中 F_{2-1} 断层位于海域北部，走向近南北向，推测 F_{2-2} 与后华山隧位 F_{1-2} 断层为同一断层，F_{2-3} 断层穿越小蔚庄隧位海域南侧，走向为北东东向。上述各断点均无第四纪地层的错动。历史地震对场址区影响烈度最大为 V 度。

2. 地层岩性

根据工可阶段的地质报告，小蔚庄地层岩性主要是第四纪基岩地层在象山港两岸及岛屿上均有出露，整套基岩形成年代较为单一，均为上侏罗系西山头组（J₃x），但岩性较为复杂，为一套紫红色、灰白色、灰黑色晶屑凝灰岩、凝灰岩砂岩、粉砂岩、含砾晶屑凝灰岩、破裂状晶屑熔结凝灰岩、安山岩、安山玢岩等。在象山港小蔚庄桥位内，据物探、钻探揭露，基岩面起伏大，呈北浅南深、中间下凹的趋势，桥位中部偏北处最深，标高达 –115m，桥位线北端最浅，标高达 –55～–50m，桥位线上全为上侏罗系地层。

拟建隧道区域基岩形成年代较为单一，均为上侏罗系西山头组，但岩性较为复杂，为一套紫红色、灰白色、灰黑色晶屑凝灰岩、凝灰质砂岩、粉砂岩、含砾晶屑凝灰岩、碎裂状晶屑熔结凝灰岩、安山岩、安山玢岩等。地层随基岩面的起伏而变化，总

体呈北薄南厚趋势,自上而下主要为:

(1) 全新统上段(Q_4^m),本层在海域中未见,仅出露于象山港两侧路域,以滨海相沉积为主,夹有泻湖、河流相等沉积为次,为一套灰黄色、褐黄色亚黏土层(硬壳层),下为灰色—深灰色,软—流塑状亚黏土,淤泥质亚黏土。

(2) 全新统中段海相堆积物(Q_4^{2m}),仅在象山港中揭露,主要由黄灰、灰色淤泥、淤泥质黏土组成,厚10.5~14.5m。

(3) 全新统下段海相堆积物(Q_4^{1m}),主要由灰色、薄层状淤泥质黏土组成,厚8.15~14.8m。

(4) 上更新统上段成因比较复杂,以冲湖相沉积(Q_3^{2al-1})为主,其间有二次海侵,沉积了海相地层(Q_3^{2m}),岩性以蓝灰、黄绿色亚黏土为主,间夹二层灰、青灰色亚黏土层,上部为灰黄色、中密细砂层,厚2.35~25.8m。

(5) 上更新统下段,为一套冲积相地层(Q_3^{1al-1}),上部为灰黄色含砾粗砂,下部为灰黄色亚黏土混砂层,厚8.3~21.5m。

(6) 中更新统上段冲积相堆积物(Q_2^{2al}),由上、下部为蓝灰、浅灰色亚黏土和中部为灰黄、灰绿色、含黏性土砂砾组成,厚7.3~17.2m。

(7) 中更新统下段冲积相堆积物(Q_2^{1al}),由上部为灰黄色、硬塑亚黏土,下部为灰黄色含黏性土圆砾组成,厚4.7~21.9m。

(8) 下更新统坡积洪积相堆积物(Q_1^{dl-pl}),由一层灰黄色、中密含黏性土角砾组成,厚3.6~14.5m。沉积物充分证明,下更新统时期,象山港处在一个比较低洼的山麓沟谷地形,还没有形成河流,从中更新统开始才发育河流,并逐步发展成目前的象山港。

工程区域位于华南加里东褶皱系的浙东南褶皱带上,处浙闽粤沿海燕山期火山活动带北段。象山港是处在两个三级构造单元,即丽水—宁波隆起和温州—临海坳陷的相交处,其南北两岸分别处于黄岩—象山断坳和新昌—定海断隆两个四级构造单元上。奉化—丽水逆冲断裂(F_6)呈40°~50°走向,在隧位区北侧通过。镇海—宁海走滑断裂(F_7)呈20°~30°走向,在隧位区西侧通过。孝丰—三门湾正断断裂(F_{13})呈300°~310°走向,在隧位区南侧通道。岱山—黄岩逆冲断裂(F_8)呈20°~30°走向。长兴—奉化断裂(F_{12})呈315°走向,横贯象山港隧道区。上述断裂构造在工程区域内组成了菱形断块式的基本断裂构架,由于它们规模大,下切深,持续活动时间长,对工程区域的火山构造布局、盆地形成与发展、现代地貌景观具有明显的控制作用。根据勘察物探成果,象山港大断层其中的一条位于 ZK6 孔北侧215m,为一条高角度正断层。将 ZK6 孔一侧的岩石(即断层上盘)上下错动,致使 ZK6 孔处基岩面埋置深度最深(106.70m),断层的动力作用使该处岩石变得很复杂,ZK6 孔基岩进尺13m范围内揭露三种地层,依次为含砾熔结凝灰岩、凝灰质长石砂岩、安山玢岩。

后华山的工程地质条件如下:主要海底地形崎岖不平,水下岸坡上有冲刷槽,局部有基岩隆起带,水下槽沟局部具深潭、深沟形态,总体呈不对称"W"字形。南深陡北浅缓;在后华山南岸往北 160～200m 有暗礁,总体呈北东向,暗礁附近海底坡度大,坡角达 20°左右,该暗礁的北侧有一大于 40m 的深水区,宽约 600m,距后华山南岸 1.7km 处为海底相对隆起区段,该区段水深最浅达 22.0m,海底地形坡度较缓。两岸为波状起伏的基岩丘陵区,海拔一般为 30～139m,南端为基岩海岸地貌,相对高差 4～20m,有暗礁及海蚀沟槽发育,最深处约 47m,局部地段为砾质潮间地带。后华山南岸基岩山地东侧发育一压性断裂,可见糜棱石、高岭土—绿泥石化、压碎石、褶曲、断层面等,是雁行排列的北东向小型断裂,未见晚近期活动迹象。

工程物探表明,象山港后华山区域发现断点异常六处,推测为断层两条,分别为 F_{1-1}、F_{1-2} 断层,F_{1-1} 断层位于中部基岩隆起的北侧深凹处,后华山桥位线的三条测线均有显示,该断层距离各测线北端分别为 500m、400m、300m,属于正断层,落差约 3～5m,倾向南,倾角较陡,走向为北东向。推测该断层与西泽桥位线 F_{2-2} 以及青来桥位线 F_{3-1} 断层相连,构成穿越三个桥位的北东向断层(即象山港海底断层),与各桥位轴线成大角度斜交,影响范围相对较小。该桥位线的所有测线中,均未发现第四系地层中反射波同相轴错断突变。因此,推断上述 F_{1-1}、F_{2-2} 断层不是活动断层。

整个隧道区域内节理发育,以次生节理为主,原生节理偶见,均呈共轭节理形态产出,小蔚庄桥位南侧实测一共轭节理,共由三个方向节理组成:①走向 300°、倾向为北东向、倾角 68°;②走向 275°、倾向为南东向、倾角 80°;③走向 340°、倾向为北西向、倾角 60°。其中以②方向节理较发育,其节理密度为 10 条/m。

3. 岩土体的物理力学参数

在进行数值模拟计算时,由于海底部分地质调查资料有限,不同风化层分界线难以区分,仅根据地质剖面图将岩土力学参数按全风化、强风化和弱风化—微新凝灰岩三种给定,综合参考原岩测试结果及其他地区相同岩性的岩石测试结果,确定计算中采用的岩体物理力学参数,如表 6.14 所示。在计算分析中,根据实测岩土体的物理力学参数,进行流固耦合分析,将得到的计算结果用于进一步论证最小安全顶板厚度。

表 6.14　岩体物理力学参数

名称	密度/ (kg/m^3)	弹性模量(压缩)/Pa	泊松比	黏聚力/kPa	内摩擦角/(°)	抗拉强度/kPa	孔隙率	渗透系数/(cm/s)	
								垂直	水平
淤泥$_{2-1}$	1670	$1.67×10^6$	0.40	8.50	13.2	8.50	0.608	$2.0×10^{-6}$	$3.2×10^{-6}$

续表

名称	密度/(kg/m³)	弹性模量(压缩)/Pa	泊松比	黏聚力/kPa	内摩擦角/(°)	抗拉强度/kPa	孔隙率	渗透系数/(cm/s)	
								垂直	水平
淤泥质黏土$_{2-2}$	1720	$1.98×10^6$	0.35	12.1	11.2	12.1	0.578	$1.1×10^{-6}$	$2.69×10^{-6}$
淤泥质亚黏土$_3$	1740	$2.43×10^6$	0.35	18.5	11.8	18.5	0.561	$3.22×10^{-6}$	$1.27×10^{-6}$
亚黏土$_{4-1}$	1950	$6.64×10^6$	0.35	40	18	38.0	0.440	$1.5×10^{-6}$	$1.0×10^{-6}$
亚黏土$_{4-2}$	1900	$5.88×10^6$	0.35	21.5	8.1	21.5	0.462	$0.1×10^{-6}$	$0.12×10^{-6}$
细砂$_{4-1夹}$	1900	$7.3×10^6$	0.35	18.0	28.0	18.0	0.413	$1.0×10^{-3}$	$1.2×10^{-3}$
细砂$_{4-3}$	2010	$8.0×10^6$	0.25	18.0	28.0	18.0	0.402	$1.0×10^{-3}$	$1.2×10^{-3}$
亚黏土$_{5-1}$	2060	$8×10^6$	0.35	50	21	50.0	0.38	$1.0×10^{-7}$	$1.0×10^{-7}$
亚黏土$_{5-2}$	1910	$5.08×10^6$	0.35	27.0	19.1	27.0	0.466	$3.96×10^{-6}$	$6.3×10^{-6}$
亚黏土$_{6-1}$	1930	$7.97×10^6$	0.35	30.0	29.8	30.0	0.433	$4.2×10^{-6}$	$3.8×10^{-6}$
含砾粗砂$_{6-2}$	1960	$8.8×10^6$	0.35	15.5	33.3	15.5	0.412	$5.0×10^{-3}$	$5.0×10^{-3}$
亚黏土混砂$_{6-4}$	1970	$7.41×10^6$	0.35	20.0	33.2	20.0	0.404	$5.0×10^{-3}$	$5.0×10^{-3}$
亚黏土$_{7-1}$	1990	$7.2×10^6$	0.35	40.0	23.5	40.0	0.424	$4.8×10^{-6}$	$4.2×10^{-6}$
亚黏土$_{7-3}$	1940	$7.17×10^6$	0.35	22.6	23.4	22.6	0.450	$4.8×10^{-6}$	$4.2×10^{-6}$
细砂$_{7-4}$	2010	$8.0×10^6$	0.35	18.0	28.0	18.0	0.402	$2.0×10^{-3}$	$3.0×10^{-3}$
亚黏土$_{8-1}$	1940	$8.33×10^6$	0.35	18.0	28.0	18.0	0.453	$4.8×10^{-6}$	$4.2×10^{-6}$
细砂$_{8-3}$	2010	$8×10^6$	0.35	18.0	28.0	18.0	0.402	$2.0×10^{-3}$	$3.0×10^{-3}$
含黏性土圆砾$_{8-4}$	1940	$10.2×10^6$	0.35	23.4	22.6	23.4	0.561	$2.0×10^{-3}$	$3.0×10^{-3}$
含角砾亚黏土$_{9-1}$	1980	$7.23×10^6$	0.35	20.2	15.3	20.2	0.404	$1.0×10^{-6}$	$0.8×10^{-6}$
卵石$_{9-4}$	2500	$10×10^9$	0.26	200	20	200	0.412	$5.0×10^{-3}$	$5.0×10^{-3}$
微风化晶屑熔结凝灰岩	2520	$15×10^9$	0.25	$1.5×10^6$	40	$1.0×10^6$	0.021	$0.7×10^{-6}$	$0.7×10^{-6}$
安山岩	2460	$6×10^9$	0.28	$0.5×10^6$	35	$0.5×10^6$	0.02	$6.9×10^{-6}$	$6.9×10^{-6}$
弱风化凝灰质砂岩	2560	$6×10^9$	0.28	$0.6×10^6$	30	$0.4×10^6$	0.02	$2.3×10^{-6}$	$2.3×10^{-6}$
微风化凝灰质砂岩	2620	$10×10^9$	0.26	$1.0×10^6$	35	$0.8×10^6$	0.02	$2.3×10^{-6}$	$2.3×10^{-6}$

4. 工程设计简介

钻爆法施工海底隧道初步拟定两个隧址方案,其中后华山方案全长 13600m,包括北侧山岭隧道及引道段长 4985m、海底段 5275m、南侧山岭及引道段 3340m,隧道设计高程最低为 -148.1m;小蔚庄云龙方案全长 13020m,包括北侧山岭隧道及引道段 3315m、海底段 6640m、南侧山岭及引道段 3065m,隧道设计高程最低为-147.10m;小蔚庄东吴方案全长 12570m,包括北岸山岭隧道及引道段 2620m、海底段 6875m、南侧山岭隧道及引道段 3075m,隧道设计高程最低为-141.65m。

6.4.2 工程类比确定小蔚庄线位的最小岩石覆盖厚度

根据象山港小蔚庄段地质剖面图,选取象山港小蔚庄海底隧道地质条件较差的九个剖面 K26+100、K27+100、K27+600、K27+900、K29+253、K29+644、K30+100、K30+760 和 K31+340 进行工程类比分析。按照挪威经验法、日本最小涌水量法及国内顶水采煤法,分别得到象山港小蔚庄海底隧道九个地质剖面的最小岩石安全覆盖层厚度(见表 6.15 和图 6.21),并结合隧道的选线坡度及线形合理形状,对三种方法得到的最小岩石覆盖层厚度进行一定的调整,得到海底隧道的选线图 6.22(具体数值见表 6.16)。结合图 6.21 和图 6.22 对象山港小蔚庄暗挖海底隧道最小岩石覆盖厚度进行优化(其中包括数值模拟分析的建议值)。

由图 6.21 可知,设计初值中 K26+100、K27+100 和 K27+600 剖面与工程类比所得的经验值相比明显偏小,说明设计初值需要调整。比较日本最小涌水量法预测值和国内顶水采煤法经验值发现,国内顶水采煤法确定的最小岩石覆盖厚度与日本最小涌水量法的预测值基本一致,说明隧道岩石覆盖层厚度如果大于顶水采煤法经验值,那么隧道可以基本满足防水的要求,也就是说出现突水的可能性将会变小。同时隧道的岩石覆盖层厚度要满足安全的要求,也就是要满足挪威经验法均值,比较计算建议值发现,计算建议值除 K26+100 选择的值偏小之外,其余剖面的值都满足安全要求。结合图 6.22 的隧道底板连线所形成的隧道线形,发现计算建议厚度所选隧道底板轴线更加合理,因此认为取计算建议值进行隧道的施工比较合理。

注:考虑经济因素,并结合剖面 K26+100 地质条件进行分析可知,其计算最小岩石覆盖厚度值保持不变。

表 6.15 象山港小蔚庄海底隧道九个地质剖面的海水深度与最小岩石覆盖层厚度值

地质剖面/m	水深/m	最小覆盖层厚度/m			
		设计初值	计算建议值	挪威经验法均值	日本最小涌水量法预测值	国内顶水采煤法经验值
K26+100	13	17.95	25.95	24.945	21.12	22.9
K27+100	13	25.75	29.75	31.445	23.37	22.9
K27+600	13	18.57	22.57	24.945	21.5	22.9
K27+900	14	24.95	26.95	29.16	19.48	22.9
K29+253	19	27.45	29.45	30.24	23.65	22.9
K29+644	20	28.95	28.95	29.955	23.65	22.9

地质剖面/m	水深/m	最小覆盖层厚度/m				
		设计初值	计算建议值	挪威经验法均值	日本最小涌水量法预测值	国内顶水采煤法经验值
K30+100	19	29.1	31.1	30.74	24.62	22.9
K30+760	17.5	24.1	26.1	27.415	23.36	22.9
K31+340	12.5	11.1	15.1	24.945	20.28	22.9

注：挪威经验法均值是利用挪威两种不同岩性所得的均值；日本最小涌水量法预测值考虑海底淤泥层厚度；国内顶水采煤法经验值根据隧道穿越地层条件取 $3R+R_0$（ R 为隧道开挖半径， R_0 为爆破扰动半径，取 4m）。

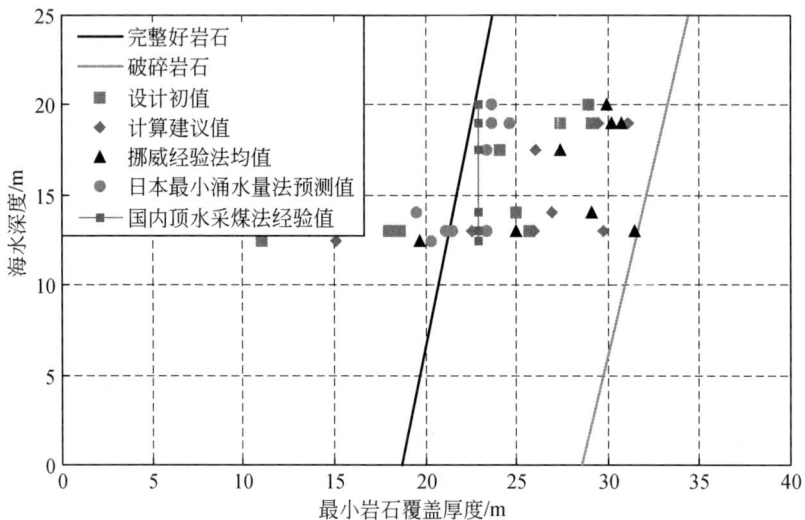

图 6.21　象山港小蔚庄海底隧道不同经验的最小岩石覆盖厚度比较曲线

表 6.16　不同海底里程的象山港小蔚庄海底隧道底板建议高程

海底里程/m	设计底板高程/m	自重建议高程/m	侧压0.8建议高程/m	破碎岩石建议高程/m	完整岩石建议高程/m	日本最小涌水量法建议高程/m	国内顶水采煤法建议高程/m
K25+000	−99	−99	−99	−99	−99	−99	−99
K26+100	−143.2	−151.2	−149.2	−153.84	−146.55	−146.37	−148.15
K27+100	−150	−156	−154	−159.84	−151.55	−151.62	−152.75
K27+600	−149.95	−153.95	−153.95	−159.97	−152.68	−152.88	−153.28
K27+900	−150	−152	−152	−157.87	−150.55	−151.53	−150.95
K29+253	−140	−142	−142	−146.53	−139.05	−141.2	−137.45
K29+644	−138	−138	−138	−142.26	−135.75	−137.7	−133.95
K30+100	−133.3	−135.3	−135.3	−137.18	−132.7	−132.82	−129.1
K30+760	−124.53	−126.53	−126.53	−133.06	−122.63	−127.18	−125.33
K31+340	−116	−120	−120	−130.38	−118.74	−125.18	−122.8

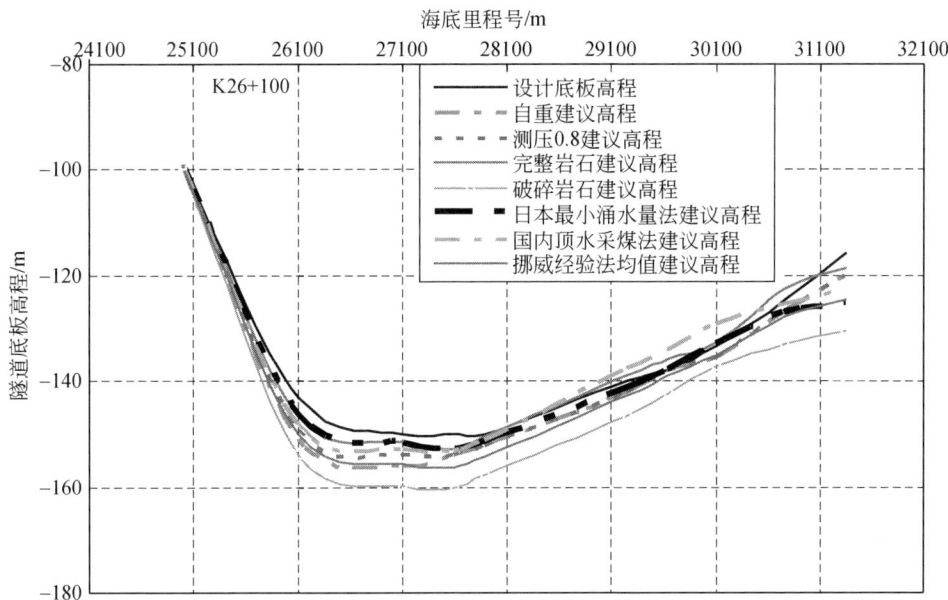

图 6.22　不同方法得到的象山港小蔚庄隧道底板轴线比较曲线

6.4.3　工程类比法确定后华山线位海底隧道最小岩石覆盖厚度

根据象山港后华山段地质剖面图,选取象山港后华山海底隧道地质条件较差的三个剖面 K26+420、K27+920 和 K28+920 进行工程类比分析。按照挪威经验法、日本最小涌水量法及国内顶水采煤法,分别得到象山港后华山海底隧道九个地质剖面的最小岩石安全覆盖层厚度(见表 6.17 和图 6.23),并结合隧道的选线坡度及线形合理形状,对三种方法得到的最小岩石覆盖层厚度进行一定的调整,得到海底隧道的选线(见图 6.24)。结合图 6.22 和图 6.24 对象山港后华山暗挖海底隧道最小岩石覆盖厚度进行优化(其中包括数值模拟分析的建议值)。优化后的隧道各剖面的底板建议高程如表 6.18 所示。

由图 6.23 可知,比较设计初值和挪威经验中完整好岩石和破碎岩石所得的最小岩石覆盖厚度,剖面 K26+420 的设计初值比完整好岩石的值都小,说明该剖面岩石厚度取值偏小,需要增加其厚度;剖面 K27+920 的设计初值落在完整好岩石和破碎岩石所取值之间,且接近于完整好岩石,分析该剖面的地质条件可知,该剖面的值应该进行适当的调整,以保证安全;剖面 K28+920 的设计初值比破碎岩石的取值都大,同时分析该剖面的地质条件可知,剖面 K28+920 的岩石覆盖厚度可以适当地减小。比较国内顶水采煤法的曲线可知,为保证隧道施工过程中尽量避免出现突水的现象,需要上述三个薄弱剖面的岩石覆盖厚度大于国内顶水采煤经验值;同时比较日本最小涌水量法所示结果,剖面 K26+420、K27+920 和 K28+920 的岩石覆盖厚度因尽量接近最小涌水量预测值,以保证隧道在修建过程中,海水渗漏量最小,从而能够减少由于海水渗漏而带来的麻烦。综合考虑以上三种方法,并对挪威经验法的完整好岩石和破碎岩石的取值进行平均,并比较挪威经验均值是否满足以上的要求,发现挪威经验均值可很好地满足上述要求,因此建议取挪威经验均值进行隧道的稳定性分析,通过稳定性分析进一步确定隧道的最小岩石覆盖厚度。

表 6.17　象山港后华山海底隧道三个地质剖面的海水深度与最小岩石覆盖层厚度值

地质剖面 /m	水深/m	最小覆盖层厚度/m			
		设计初值	挪威经验法均值	日本最小涌水量法预测值	国内顶水采煤法经验值
K26+420	14	36.89	26.66	24.62	22.9
K27+920	22	24.95	28.38	27.92	22.9
K28+920	24	18.83	28.81	27.46	22.9

注:挪威经验法均值是利用挪威两种不同岩性所得均值;日本最小涌水量法预测值考虑海底淤泥层厚度;国内顶水采煤法经验值根据隧道穿越地层条件取 $3R+R_0$(R 隧道开挖半径,R_0 为爆破扰动半径,取 4m)。

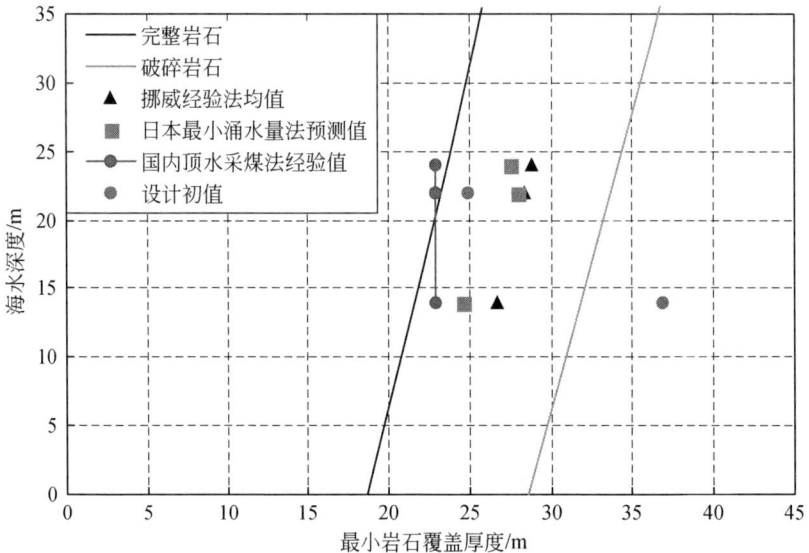

图 6.23　象山港后华山海底隧道不同经验的最小岩石覆盖厚度比较曲线

表 6.18 不同海底里程的象山港后华山海底隧道底板建议高程

海底里程 /m	设计底 板线高程/m	完整岩石 建议高程/m	破碎岩石 建议高程/m	日本最小涌水量法 建议高程/m	国内顶水采煤法 建议高程/m	挪威经验法均值 建议高程/m
K25+120	0	0	0	0	0	0
K26+420	−140.2	−124.81	−135.13	−127.93	−126.21	−129.97
K27+920	−149	−147.15	−157.72	−151.97	−146.95	−152.43
K28+920	−136.2	−140.87	−151.50	−144.83	−140.27	−146.18
k29+820	0	0	0	0	0	0

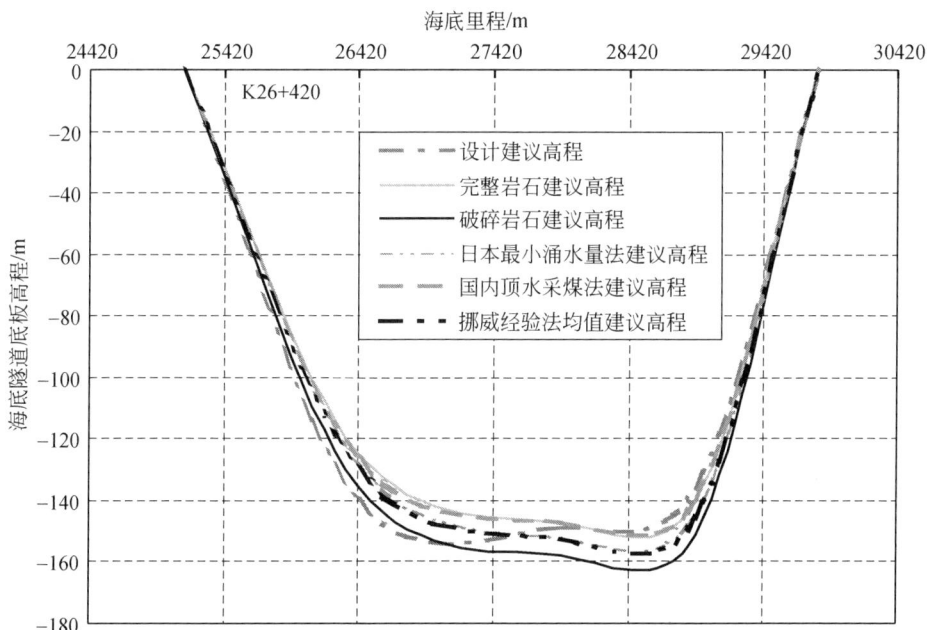

图 6.24 不同方法得到的象山港后华山隧道底板轴线比较曲线

6.5 本章小结

(1) 通过重要性加权方法给出青岛胶州湾海底隧道最小岩石覆盖厚度建议值。对于Ⅲ级围岩,建议取值范围为 17.5~20.3m;对于Ⅳ级围岩,建议取值范围为 19.8~26.7m;对于Ⅴ级围岩,建议取值范围为 24.9~33.0m。

(2) 拟建的灌门水道隧道海底基岩上覆较厚的淤泥层、亚黏土层等,是天然隔水层。数值计算综合分析了断面工程地质、水文地质条件、海水深度、隧道断面、围岩强度等多种因素,有较大的参考价值。建议采用数值计算确定的最小岩石覆盖厚度,取值范围为 20 ~ 25m。

（3）由以上海底隧道研究经验可知,每条海底隧道工程地质、水文地质、构造地质、岩体特性、设计断面形状等存在较大差异,应该具体分析以确定合理的覆盖层厚度。

第7章 现场反馈分析

通过数值计算验算围岩–支护稳定性,如何正确选取围岩力学参数和确定合理支护时机是分析问题的关键。本项目对不同围岩级别的海底隧道全过程位移变化规律开展研究,获得了位移释放率变化曲线,得到了不同围岩级别的初期支护施作时的位移释放率建议值,采用数值方法计算出了能保证海底隧道围岩稳定的合理支护时机。通过现场监控量测位移,提出了动态增量反演力学参数的理论和计算方法,获得了接近真实的岩体物理力学参数。基于施工全过程位移释放率、位移增量反演理论和现场监测数据,建立了最小岩石覆盖厚度支护结构稳定性的分析方法,验证了最小岩石覆盖厚度取值的合理性。动态位移增量反演力学参数如图7.1 所示,隧道围岩–支护稳定性分析过程如图7.2 所示。

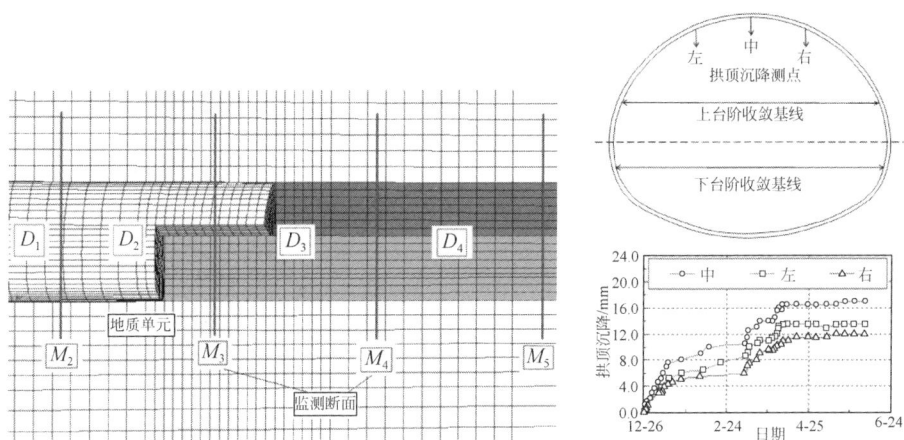

图 7.1 动态位移增量反演力学参数

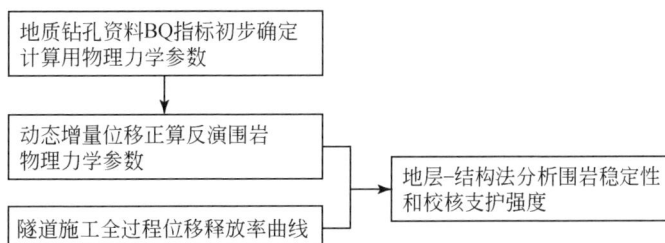

图 7.2 隧道围岩–支护稳定性分析过程

以青岛胶州湾海底隧道为工程实例,开展钻孔地质资料确定围岩物理力学参数、海底隧道围岩参数反演分析、隧道施工全过程变形曲线和位移释放率、初期支护强度验算方法研究,进一步对所提出的纵断面线路设计合理性进行论证。

以青岛胶州湾海底隧道 F_{4-3} 断层附近为研究段。计算时海水深度简化为 30m,覆盖厚度约为 25m。本段基岩以含晶屑火山角砾凝灰岩为主,穿插多条辉绿岩、石英正长岩等岩脉。强风化带主要发育在辉绿岩及破碎岩顶部,最厚处近 10m。弱风化带一般小于 5m,辉绿岩脉及破碎带内可超过 15m;微风化基岩顶面埋置深度一般小于 15m,局部超过 25m。本隧道段埋置深度多为 20~25m,顶板微风化岩层厚度大部分超过 10m,局部洞顶以上无微风化岩体。破碎带岩体多为碎裂结构,岩质软硬不均,局部为松散结构,并夹碎粒和碎粉状错碎物,透水性可达中级,围岩级别为Ⅳ~Ⅴ级;断裂破碎带以外的微风化岩体为块状构造或块碎状镶嵌结构,透水性弱,岩质坚硬。本段主要为Ⅲ级、Ⅳ级、Ⅴ级围岩,按Ⅲb、Ⅳb、Ⅴb 型衬砌结构设计。

7.1　施工监控量测

这里对青岛胶州湾海底隧道初期支护变形进行监测,根据左、右线主隧道和服务隧道不同施工地段的围岩地质状况(围岩级别),每断面间距 10~50m 进行布设。拱顶沉降及收敛变形测线布设图如图 7.3 所示。

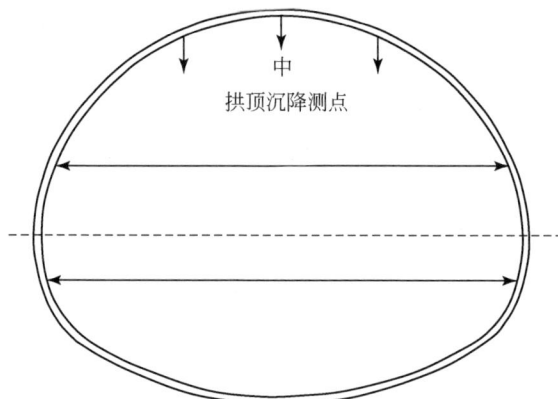

图 7.3　拱顶沉降及收敛变形测线布设图

上述不同级别围岩段内布设初期支护变形测试断面的间距如下:Ⅴ级围岩段的断面间距为 10~30m(平均为 20m),Ⅳ级围岩段的断面间距为 40m,Ⅱ~Ⅲ级围岩段的断面间距为 50m。第三方监控量测的初期支护收敛变形和拱顶沉降测试工作重点放在左、右线主隧道,因此在服务隧道Ⅱ~Ⅲ级围岩段有针对性的布设断面。

　　本工程初期支护变形共布置了 441 个断面(拱顶沉降共 1323 个点、收敛基线 882 条),其中Ⅱ～Ⅲ级围岩共布置断面 131 个、Ⅳ级围岩共布置断面 273 个、Ⅴ级围岩共布置断面 37 个,监测数据共 30 多万组(第三方监测总结报告,2011)。

　　测试数据显示:Ⅱ～Ⅲ级围岩拱顶沉降标准断面累计值在 8.00mm 以内,平均值为 6.99mm;大断面累计值在 21.00mm 以内,平均值为 19.97mm。Ⅳ级围岩拱顶沉降标准断面累计值在 17.00mm 以内,平均值为 15.98mm;大断面累计值在 25.00mm 以内,平均值为 22.89mm。Ⅴ级围岩拱顶沉降标准断面累计值在 22.00mm 以内,平均值为 20.03mm。

　　Ⅱ～Ⅲ级围岩净空收敛标准断面累计值在 4.00mm 以内,平均值为 3.03mm;大断面累计值在 10.00mm 以内,平均值为 8.98mm。Ⅳ级围岩净空收敛标准断面累计值在 9.00mm 以内,平均值为 7.87mm;大断面累计值在 12.00mm 以内,平均值为 10.19mm。Ⅴ级围岩净空收敛标准断面累计值在 9.00mm 以内,平均值为 8.01mm。隧道初期支护变形如表 7.1 所示。Ⅱ～Ⅴ级围岩拱顶沉降曲线分别如图 7.4～图 7.6 所示,相应的净空收敛曲线分别如图 7.7～图 7.9 所示。标准断面和大断面拱顶沉降、净空收敛对比如图 7.10～图 7.11 所示。

表 7.1　初期支护变形测试成果汇总

断面类型			标准断面			大断面	
测点布置图示							
围岩级别			Ⅱ～Ⅲ	Ⅳ	Ⅴ	Ⅱ～Ⅲ	Ⅳ
水平收敛	最大	累计值/mm	3.70	8.74	8.81	9.51	11.68
		速率/(mm/d)	0.85	0.28	0.28	0.11	0.12
		部位	拱腰	拱腰	拱腰	拱腰	拱腰
		历时/d	161	152	187	148	253
	最小	累计值/mm	0.14	0.21	1.93	1.31	2.61
		部位	边墙	边墙	边墙	边墙	边墙
	变形释放率/%		95	98	97	98	99
	平均收敛值/mm		3.03	7.87	8.01	8.98	10.19

续表

断面类型			标准断面			大断面	
围岩级别			II ~ III	IV	V	II ~ III	IV
拱顶下沉	最大	累计值/mm	7.50	17.00	22.00	20.50	24.5
		速率/(mm/d)	0.5	1.0	1.0	1.0	1.5
		部位	左拱腰	拱顶	拱顶	左拱腰	右拱腰
		历时/d	163	161	158	231	253
	最小	累计值/mm	3	4	6	9.50	5.00
		部位	拱顶左	拱顶左	拱顶左	拱顶中	拱顶中
	变形释放率/%		99	94	97	93	95
	平均收敛值/mm		6.99	15.98	20.03	19.97	22.89
初测时测试断面距开挖面距离/m			1.0	1.5	1.5	1.5	1.0

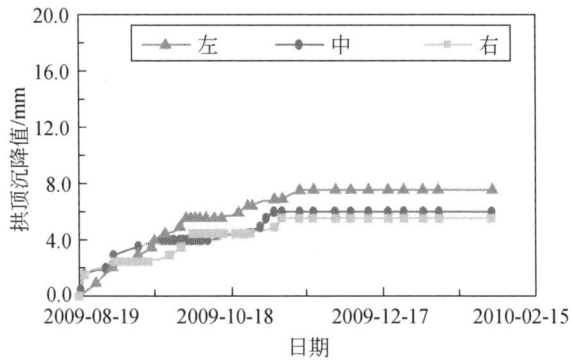

图 7.4　标准断面 II ~ III 级围岩拱顶沉降

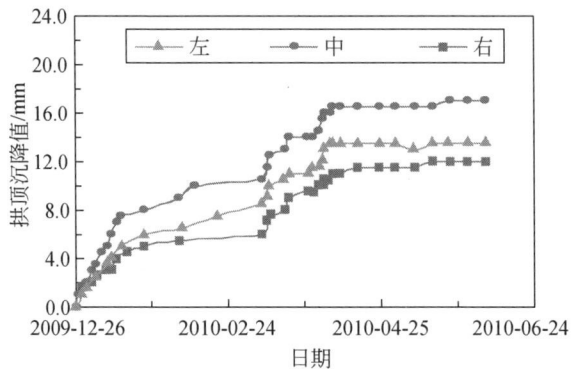

图 7.5　标准断面 IV 级围岩拱顶沉降

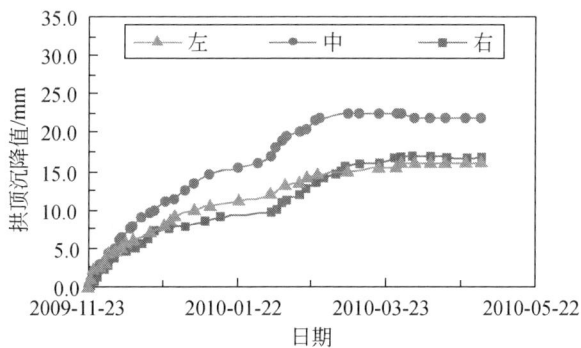

图 7.6 标准断面 V 级围岩拱顶沉降

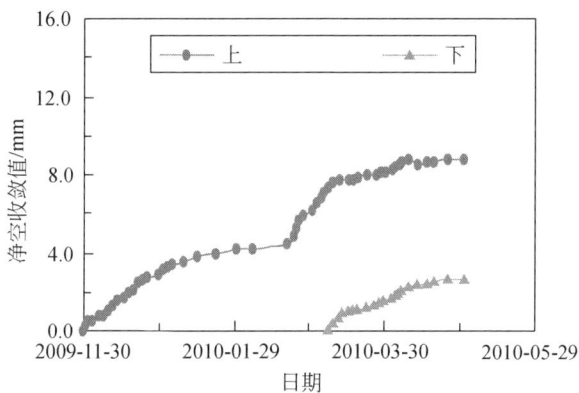

图 7.7 标准断面 II ~ III 级围岩净空收敛

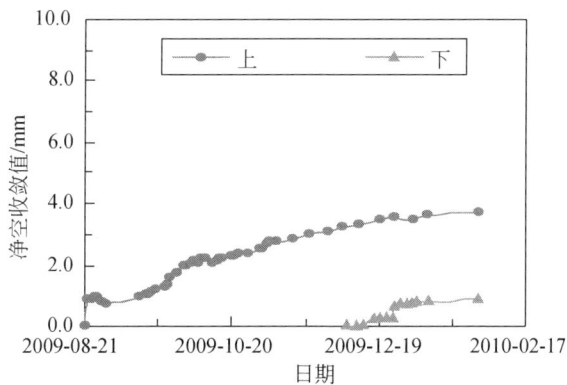

图 7.8 标准断面 IV 级围岩净空收敛

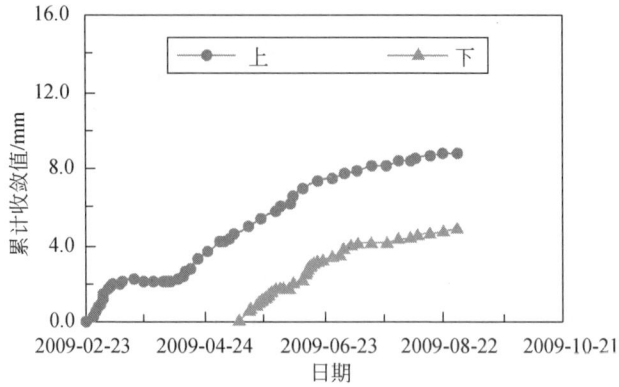

图 7.9 标准断面 V 级围岩净空收敛

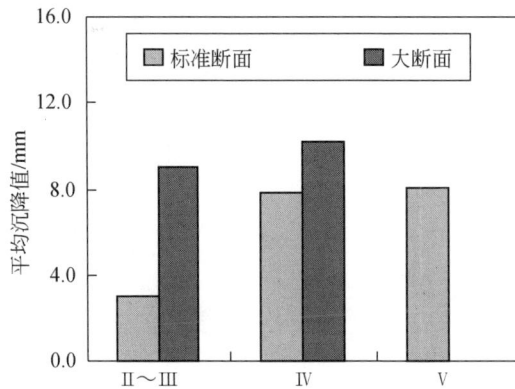

图 7.10 主线净空收敛对比图

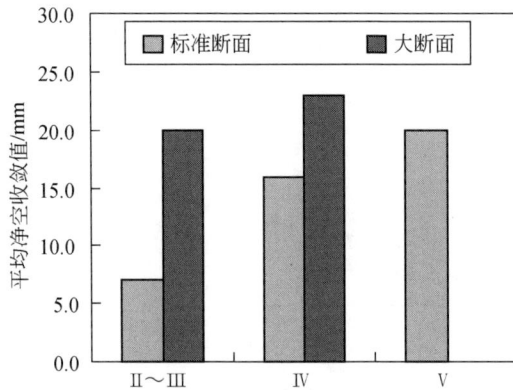

图 7.11 主线拱顶沉降对比图

7.2　隧道围岩岩体力学设计参数的建议值

对于隧道围岩稳定性评价、开挖及支护形式与隧道结构设计等问题,对部分区段的计算分析与优化是必需的,其基础与关键是工程岩体(而不是岩块)计算参数的确定。

岩石力学试验主要用于确定岩石的力学参数,由于取样成本等原因,只能获取有限样本的力学参数。而围岩具有各向异性、非均质等特性,其力学性质在空间上具有很大的变异性,因此仅靠室内岩样试验获取的参数难以表征实际的工程岩体参数。围岩分类体系根据工程类比结果提供了主要参数的推荐值,但直接根据围岩分级来确定岩体力学参数得到的取值范围过大,不便设计计算采用。

在详细的岩体质量分级评价及岩体质量变异性分析的基础上,这里采用多种方法给出了岩体力学设计参数的建议值。重点研究了工程岩体的单轴抗压强度 σ_{cm}、变形模量 E_m、泊松比 μ、内摩擦角 φ、黏聚力 C 和弹性抗力系数 K 等参数。下面对确定各主要指标的方法进行概述。

7.2.1　岩体单轴抗压强度

岩体单轴抗压强度可以通过岩块单轴抗压强度折减计算得到。Barton 等(2000)推荐了基于 Q 分级体系的岩体单轴抗压强度计算公式:

$$\sigma_{cm} = 5\rho\left(Q\,\frac{\sigma_{ci}}{100}\right)^{1/3} \tag{7.1}$$

式中: σ_{cm} 为岩体饱和单轴抗压强度(MPa) ; σ_{ci} 为岩块饱和单轴抗压强度(MPa) ; ρ 为密度(g/m^3)。

Kalamaras 等(1993)推荐了基于 RMR 分级体系的岩体单轴抗压强度计算公式:

$$\sigma_{cm} = \sigma_{ci}\exp\left(\frac{RMR - 100}{24}\right) \tag{7.2}$$

Sheorey 等(1997)推荐了如下计算公式:

$$\sigma_{cm} = \sigma_{ci}\exp\left(\frac{RMR - 100}{20}\right) \tag{7.3}$$

Aydan 等(1998)推荐如下的计算公式:

$$\sigma_{cm} = \sigma_{ci}\,\frac{RMR}{RMR + 6(100 - RMR)} \tag{7.4}$$

考虑各向同性假设,可利用 Hoek-Brown 准则计算岩体单轴抗压强度:

$$\sigma_{cm} = \sigma_{ci}s^a \tag{7.5}$$

7.2.2 岩体变形模量

通过原位测试确定岩体模量的方法需要耗费大量的时间和财力。因此,通过岩体质量分级体系确定岩体模量变得十分有价值。目前已有很多针对各向同性岩体的经验关系其中比较有代表性的是 Bieniawski(1978)、Serafim 等(1983)基于原位试验数据提出的统计公式。Bieniawski(1978)通过原位测量岩体模量给出了RMR 和岩体模量之间的相关关系如下:

$$E_m = 2RMR - 100 \qquad (7.6)$$

式中, E_m 为岩体变形模量(GPa)。式(7.6)仅适合于 RMR>50 的情况。

Serafim 等(1983)基于大坝基础的岩体变形模量的实测资料,给出了如下经验公式:

$$E_m = 10^{\frac{RMR-10}{40}} \qquad (7.7)$$

Hoek 等(2002)认为,对于质量差的岩体,采用式(7.7)估算的岩体变形模量过高。对于质量相对较好的岩体,其变形主要由结构面控制,而对于质量较差的岩体,完整岩块的强度对于岩体的变形有重要影响。他针对 $\sigma_{ci} < 100MPa$,提出了如下修正公式:

$$E_m = \sqrt{\frac{\sigma_{ci}}{100}} \times 10^{\frac{RMR-10}{40}} \qquad (7.8)$$

《工程岩体分级标准》(GB 50218—94)根据 BQ 分级结果推荐了相应的岩体变形模量取值范围,如表 7.2 所示。在同一等级中,考虑到岩体质量的差异,给出了岩体变形模量具体的推荐值。

表 7.2 《工程岩体分级标准》(GB 50218—94)推荐的岩体模量

BQ 修正值	岩体基本质量类别	变形模量/GPa
>550	I	>33
550 ~ 450	II	33 ~ 20
450 ~ 350	III	20 ~ 6
350 ~ 250	IV	6 ~ 1.3
<250	V	<1.3

7.2.3 岩体内摩擦角

Q 分级体系中考虑了三类节理的接触情况:①节理两壁不接触(略有蚀变,无充填物);②两壁剪切接触(薄层的充填物);③两壁剪切不接触(厚层的充填物)。根据工程实例的反算,$\arctan(J_r/J_a)$ 大致给出了岩体内摩擦角的良好拟合。当出现地下水时,需要考虑软化现象和有效应力修正,此时节理水折减系数 J_w 对 arctan(J_r/J_a)有一个良好的调整。基于以上考虑,Barton(2002)推荐了基于 Q 分级体系的岩体内摩擦角的计算公式:

$$\varphi = \arctan\left(\frac{J_r}{J_a}J_w\right) \tag{7.9}$$

由于 J_r/J_a 在评分时考虑了加载方向,因此按式(7.9)计算出的内摩擦角对于节理各向异性十分敏感,该公式给出了内摩擦角的最小估算值。RMR 分级体系推荐的岩体内摩擦角如表 7.3 所示。

表 7.3　RMR 分级体系推荐的岩体内摩擦角

RMR 评分值	岩体基本质量类别	内摩擦角/(°)
>550	I	>45
550~450	II	45~35
450~350	III	35~25
350~250	IV	25~15
<250	V	<15

《工程岩体分级标准》(GB 50218—94)也根据 BQ 分级结果推荐了岩体内摩擦角取值范围(见表 7.4)。

表 7.4　《工程岩体分级标准》(GB 50218—94)推荐的岩体内摩擦角

BQ 修正值	岩体基本质量类别	内摩擦角/(°)
>550	I	>60
550~450	II	60~50
450~350	III	50~39
350~250	IV	39~27
<250	V	<27

7.2.4　岩体的凝聚力

在 Q 级分体系中,第一项 RQD/J_n 表征了岩体的强度。典型节理岩体的 RQD/J_n 变化值为 0.5~10。块状岩体具有很高的黏聚力,然而在深埋隧道中,岩体承受了较高应力,二次应力引起的岩石破裂将使得岩体黏聚力明显减小。这种影响可能通过因素 SRF 来考虑。SRF 表征应力开挖的扰动程度,SRF 越大,则岩体越容易引起应力开裂,从而黏聚力越小。为了考虑岩石本身的强度,引入了因子 $\sigma_{ci}/100$,从而 Barton(2002)推荐了基于 Q 分级体系的岩体黏聚力计算公式:

$$C = \frac{\text{RQD}}{J_n} \frac{1}{\text{SRF}} \frac{\sigma_{ci}}{100} \tag{7.10}$$

式中，C 为岩体黏聚力（MPa）；J_n 为节理组数；SRF 为应力折减系数。对于各向异性很高的岩体，其 σ_{ci}/I_{50} 远大于一般岩体，Barton 建议将式（7.10）中的 $\sigma_{ci}/100$ 用 $I_{50}/4$ 代替，将得到更为准确的预测结果。Bieniawski（1978）也根据 RMR 分级体系推荐了相应的岩体黏聚力经验取值范围（见表7.5）。

表 7.5　RMR 分级体系推荐的岩体的黏聚力

RMR 评分值	岩体基本质量类别	黏聚力/MPa
100 ~ 80	I	>45
80 ~ 60	II	45 ~ 35
60 ~ 40	III	35 ~ 25
40 ~ 20	IV	25 ~ 15
<20	V	<15

Barton（2002）认为，对于坚硬岩石，RMR 为 81 ~ 100 时，RMR 分级体系推荐的岩体内摩擦角和黏聚力偏低。

《工程岩体分级标准》（GB 50218—94）根据 BQ 分级结果推荐了岩体黏聚力经验值（见表7.6）。

表 7.6　《工程岩体分级标准》（GB 50218—94）推荐的岩体黏聚力经验值

BQ 修正值	岩体基本质量类别	黏聚力/MPa
>550	I	>2.1
550 ~ 450	II	2.1 ~ 1.5
450 ~ 350	III	1.5 ~ 0.7
350 ~ 250	IV	0.7 ~ 0.2
<250	V	<0.2

7.2.5　岩体的泊松比

《工程岩体分级标准》（GB 50218—94）推荐的岩体泊松比经验值见表7.7。

表 7.7　《工程岩体分级标准》（GB50218—94）推荐的岩体泊松比经验值

BQ 修正值	岩体基本质量类别	泊松比
>550	I	<0.2
550 ~ 450	II	0.2 ~ 0.25
450 ~ 350	III	0.25 ~ 0.3
350 ~ 250	IV	0.3 ~ 0.35
<250	V	>0.35

在模拟过程中，隧道围岩岩体和支护材料的力学参数根据相关研究结果和《混

凝土结构设计规范》选取,具体取值如表 7.8 所示。

表 7.8　数值计算用岩体和支护材料的力学参数表

类别	重度 $\gamma/(kN/m^3)$	弹性模量 E/GPa	泊松比 μ	黏聚力 C/MPa	内摩擦角 $\varphi/(°)$	抗拉强度 σ_1/MPa
破碎带	21.5	0.89	0.39	0.14	17.41	0.07
V	22	1.08	0.37	0.18	22.62	0.09
IV	23.5	1.36	0.33	0.28	28.72	0.14
II ~ III	25	1.84	0.27	0.45	32.5	0.23
初支	25	31.5	0.15	—	—	—
二衬	25	34.5	0.15	—	—	—
锚杆	78	210	0.15	—	—	—

注:岩体质量级别以 BQ 分级进行统计分析获取;"—"表示不详。

7.3　隧道施工全过程位移释放率及位移全过程曲线

7.3.1　隧道施工全位移及全过程位移释放率

根据相关文献资料和量测实践可知,隧道开挖后即开始产生位移,位移 0 点约在隧道掌子面前方 $(1.5 \sim 2.0)D$ (D 为开挖最大跨径)附近,当隧道开挖到量测断面时相应监测点已经产生位移 U_1。研究断面开挖后到测点安装前测点相应位置发生的位移为 U_2。测点安装后工程现场实际监测到的位移为 U_3。由此可知,随着开挖面的向前推进位移逐渐增大,因此周边位移值直接与开挖面距离有关,隧道周边位移表达式为 $U = U_1 + U_2 + U_2$。式中,U_1 为隧道开挖至测点安装断面前相应测点位移值;U_2 为隧道开挖面已过研究断面且测点未安装前已发生的位移;U_3 为现场位移的量测值。隧道监测断面的变形是随工作面向前推进的空间变化过程,定义位移释放率为

$$f = \frac{U}{U_\infty} \tag{7.11}$$

式中,f 为位移释放率;U 为当前位移值;U_∞ 为最终位移值。

每一开挖步完成后及时施作初期支护,初期支护时位移释放率为

$$f = \frac{U_1 + U_2}{U_1 + U_2 + U_3} \tag{7.12}$$

7.3.2　数值模拟

根据岩石力学原理,通过对地下工程的结构分析,围岩可选用三倍或以上洞径范围作为数值分析的模型范围。本次计算中围岩选取范围以隧道中线为基准,左

侧、右侧各延伸到 60m；上部延伸到地表；下部延伸到辅路隧道底板以下 50m，隧道纵向取 120m。隧道左、右为水平约束，下部为垂直约束，前方和后方均为垂直其面的约束。用实体单元模拟围岩，用壳单元模拟初期支护。计算网格如图 7.12 所示，计算参数如表 7.8 所示。

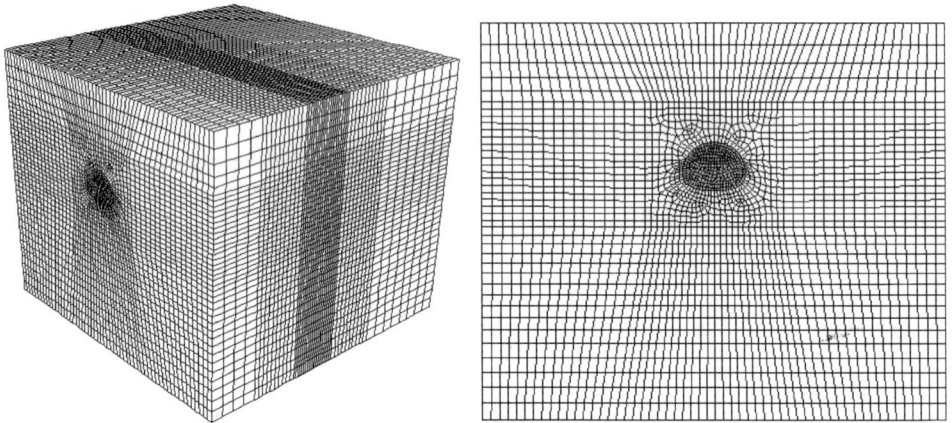

图 7.12　计算网格

　　分别对 Ⅱ ~ Ⅲ、Ⅳ、Ⅴ级围岩开展隧道全过程变形曲线研究，提取的位移关键点和监测断面一致，包括左、中、右三点的拱顶下沉值，上边墙、下边墙洞周收敛值。提取施工全过程变形曲线如图 7.13 ~ 图 7.15 所示，位移释放率如图 7.16 ~ 图 7.18、表 7.9 ~ 表 7.12 所示，塑性区如图 7.19 ~ 图 7.21 所示。

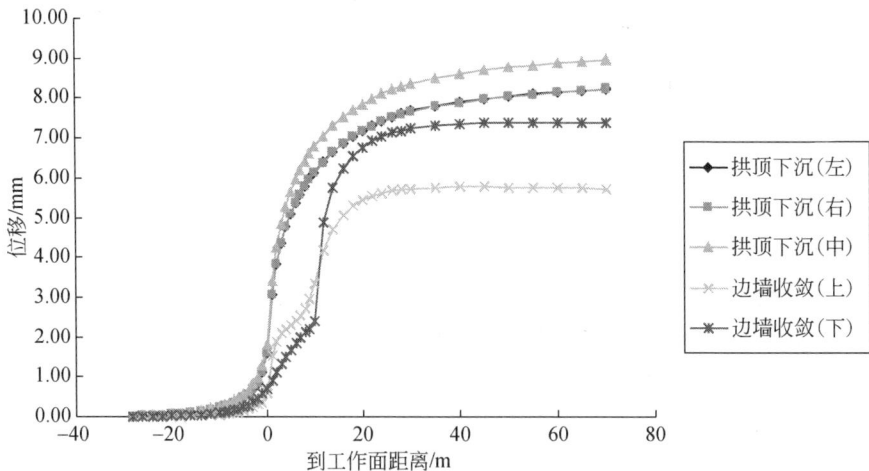

图 7.13　Ⅱ ~ Ⅲ级围岩隧道施工全过程位移曲线

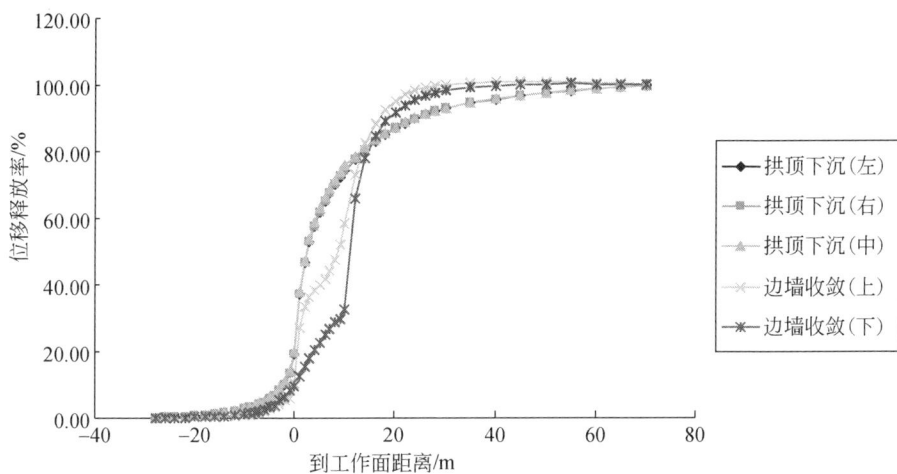

图 7.14 Ⅱ～Ⅲ级围岩隧道施工全过程位移释放率曲线

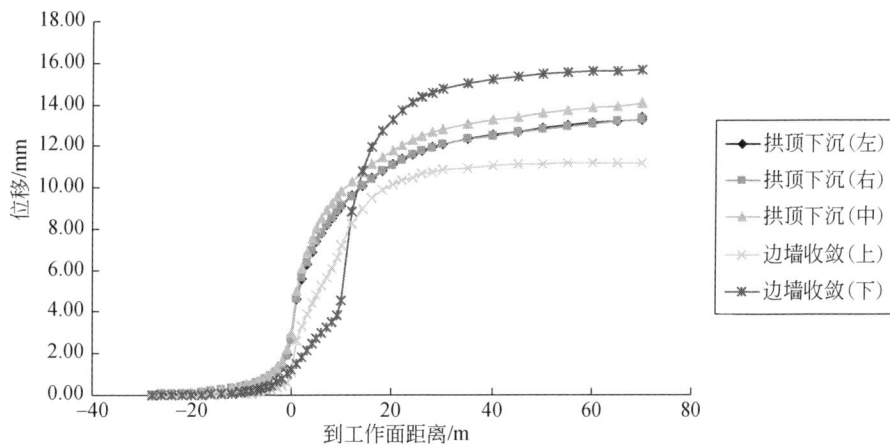

图 7.15 Ⅳ级围岩隧道施工全过程位移曲线

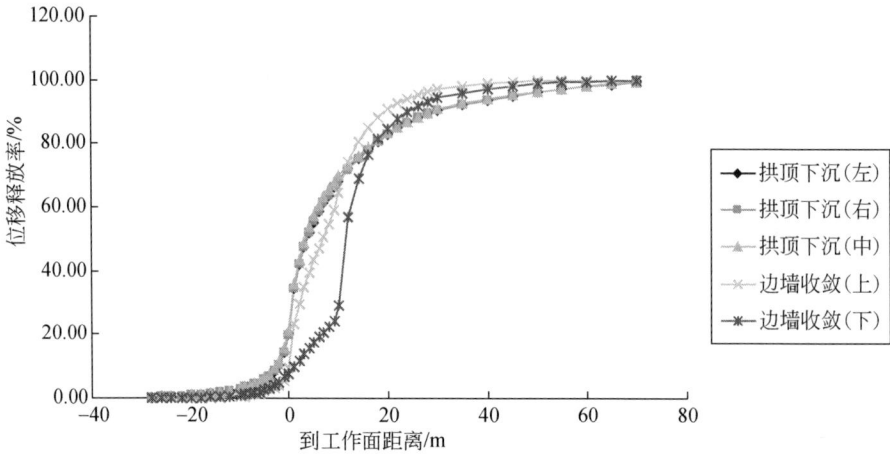

图 7.16 Ⅳ级围岩隧道施工全过程位移释放率曲线

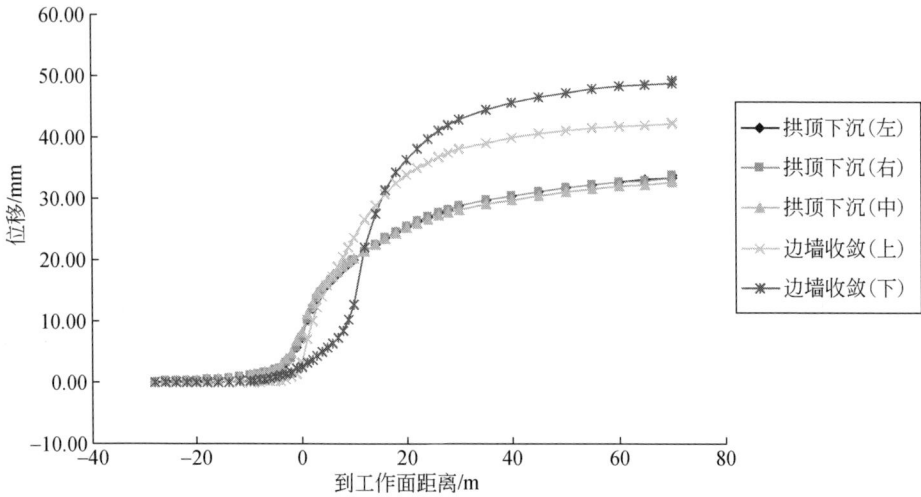

图 7.17 Ⅴ级围岩隧道施工全过程位移曲线

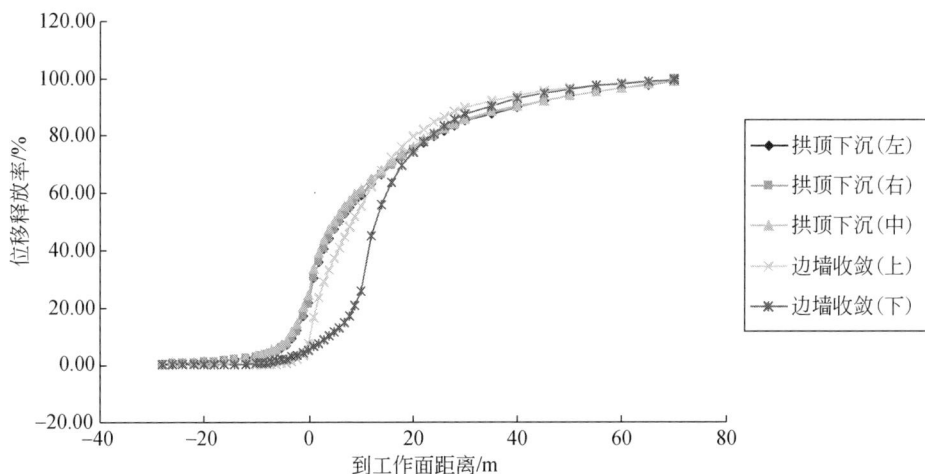

图 7.18　Ⅴ级围岩隧道施工全过程位移释放率曲线

表 7.9　Ⅱ ~ Ⅲ级围岩隧道施工全过程位移释放率

离工作面距离/m	拱顶下沉(左)	拱顶下沉(右)	拱顶下沉(中)	边墙收敛(上)	边墙收敛(下)
-10	2.79	2.79	2.80	0.82	1.21
-5	5.87	5.84	6.28	2.84	3.46
-3	8.55	8.52	9.26	4.32	5.29
-2	10.16	10.13	10.99	5.38	6.04
-1	13.55	13.48	14.35	5.82	8.24
0	19.30	19.23	20.08	10.53	9.61
1	37.20	37.28	37.80	26.92	12.40
2	46.51	46.67	47.14	33.18	15.23
3	52.72	52.93	53.64	36.39	17.88
5	61.55	61.71	62.79	40.06	22.70
10	74.26	74.35	75.68	58.48	32.53
20	86.94	86.92	87.25	94.99	91.82
30	92.95	92.94	93.09	100.01	98.18
50	97.42	97.44	97.49	100.80	100.21

表 7.10　Ⅳ级围岩隧道施工全过程位移释放率

离工作面距离/m	拱顶下沉(左)	拱顶下沉(右)	拱顶下沉(中)	边墙收敛(上)	边墙收敛(下)
-10	2.88	2.89	2.95	0.56	0.89
-5	5.79	5.80	6.35	2.08	2.67
-3	8.36	8.39	9.44	3.27	4.16

离工作面距离/m	拱顶下沉(左)	拱顶下沉(右)	拱顶下沉(中)	边墙收敛(上)	边墙收敛(下)
−2	10.12	10.14	11.38	4.18	4.92
−1	14.37	14.34	15.85	5.21	6.60
0	20.23	19.91	21.21	9.61	7.74
1	34.35	34.36	35.64	23.09	9.71
2	42.00	42.16	43.52	29.57	11.79
3	47.33	47.57	49.02	35.04	13.84
5	55.27	55.32	57.14	43.25	17.44
10	68.26	68.23	69.72	64.47	28.89
20	83.05	82.88	83.37	90.73	84.74
30	90.58	90.49	90.79	97.00	94.29
50	96.22	96.18	96.34	99.71	98.84

表 7.11　V 级围岩隧道施工全过程位移释放率

离工作面距离/m	拱顶下沉(左)	拱顶下沉(右)	拱顶下沉(中)	边墙收敛(上)	边墙收敛(下)
−10	3.02	3.03	3.30	0.07	0.47
−5	5.91	5.90	7.06	0.60	1.75
−3	9.15	9.15	11.47	1.26	2.82
−2	11.84	11.66	14.51	1.94	3.34
−1	17.05	17.04	20.38	3.46	4.46
0	21.43	21.20	24.47	7.41	5.25
1	30.24	30.25	33.75	16.80	6.37
2	35.74	35.84	39.22	23.50	7.58
3	40.31	40.37	43.73	28.86	8.81
5	47.15	47.21	50.18	37.27	11.36
10	59.35	59.41	61.31	55.32	25.67
20	75.31	75.26	76.25	79.55	74.10
30	85.03	85.10	85.60	89.83	87.42
50	93.79	93.86	94.03	96.83	96.24

表 7.12　各级围岩隧道施工全过程位移释放率对比表

离工作面距离/m	II ~ III级围岩拱顶下沉(中)	IV级围岩拱顶下沉(中)	V级围岩拱顶下沉(中)
−10	2.80	2.95	3.30
−5	6.28	6.35	7.06
−3	9.26	9.44	11.47
−2	10.99	11.38	14.51
−1	14.35	15.85	20.38

离工作面距离/m	Ⅱ～Ⅲ级围岩拱顶下沉(中)	Ⅳ级围岩拱顶下沉(中)	Ⅴ级围岩拱顶下沉(中)
0	20.08	21.21	24.47
1	37.80	35.64	33.75
2	47.14	43.52	39.22
3	53.64	49.02	43.73
5	62.79	57.14	50.18
10	75.68	69.72	61.31
20	87.25	83.37	76.25
30	93.09	90.79	85.60
50	97.49	96.34	94.03

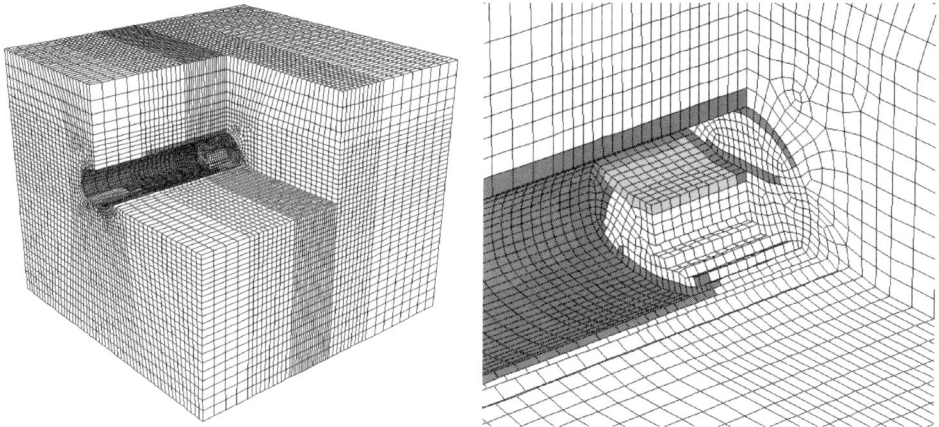

图 7.19　Ⅱ～Ⅲ级围岩隧道开挖塑性区图

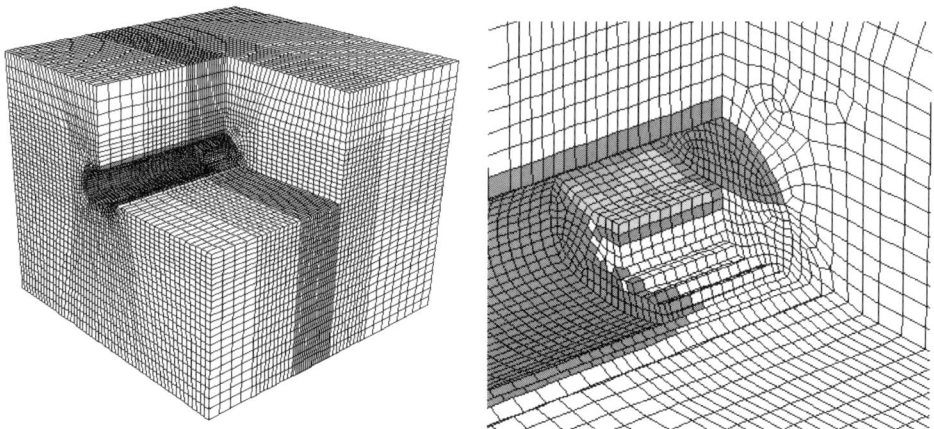

图 7.20　Ⅳ级围岩隧道开挖塑性区图

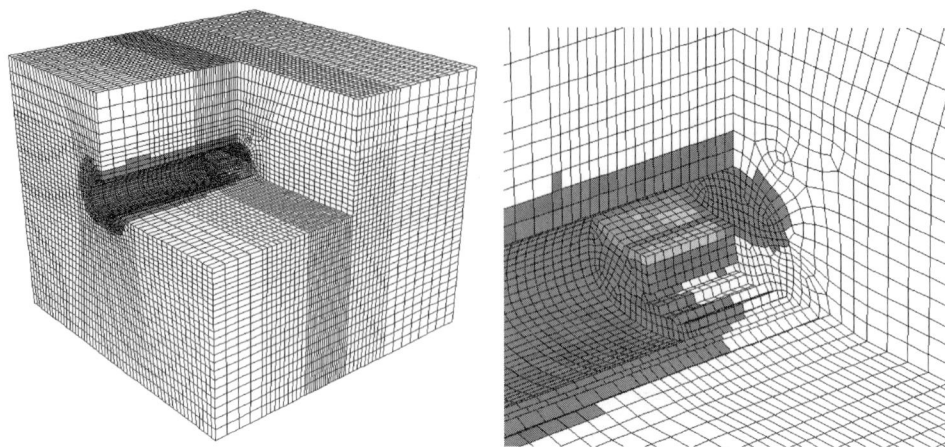

图 7.21　Ⅴ级围岩隧道开挖塑性区图

7.3.3　位移释放率建议值

　　将不同围岩级别的位移释放率全过程曲线汇总在一起,如图 7.22 所示。由该图可见,在距离工作面-3~5m 范围,位移释放率急剧变化,30m 以后变化较小,趋于稳定。将Ⅱ~Ⅲ级、Ⅳ级、Ⅴ级围岩位移释放率曲线进行对比发现,围岩级别提高,曲线变化趋于平缓。假定Ⅱ~Ⅲ级、Ⅳ级、Ⅴ级围岩开挖循环进尺分别为1.0m、2.0m、3.0m,每个循环开挖完成后及时施作初期支护,埋设变形监测点。表7.13 给出位移释放率的建议值。

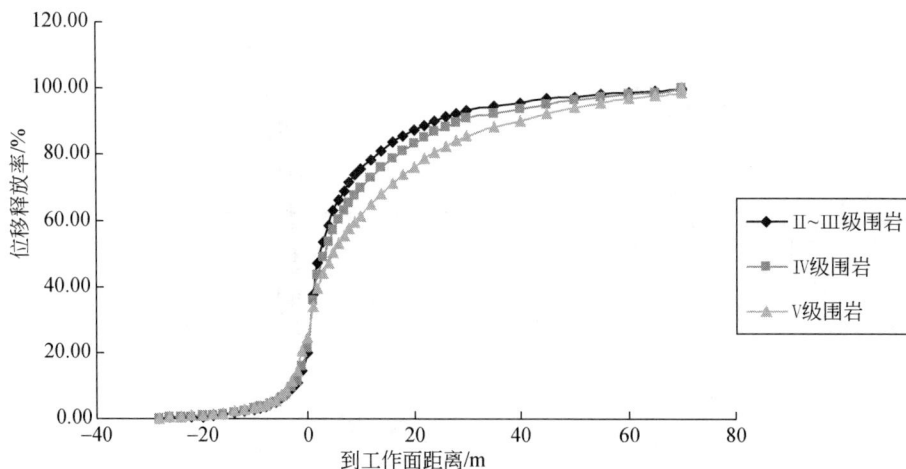

图 7.22　不同等级的围岩隧道拱顶位移释放率曲线

表 7.13 各级围岩支护时位移释放率建议值

分级指标	围岩分级		
	Ⅱ~Ⅲ级	Ⅳ级	Ⅴ级
到工作面距离/m	3.0	2.0	1.0
建议的位移释放率/%	53.64	43.52	33.75

7.4 动态增量位移正算反演分析

隧道围岩的诸多复杂属性,如岩体介质材料的非均匀性、非各向同性、非连续和各种非线性(物理和几何上的)等,均能在围岩开挖后的变形位移量测值中得到综合反映,故而采用位移反分析法进行研究可以有效避免上述岩体众多复杂属性的困扰和给计算带来的不便;此外,针对岩体本构属性上的复杂性,反演和随后的正演均套用了同样的一种本构模型/本构关系进行计算,即使在本构问题的取用上有所偏差,但它对后续计算的正确性却没有影响。该方法具备上述两方面无可比拟的优越性,使位移反分析研究工作多年来取得积极进展,在工程实践方面更有极广泛的应用。孙均院士提出的正算反演分析方法在工程中得到了很好的应用(孙均等,2010)。隧道变形是时间、空间的变化过程,对某断面的变形监测也是时间上连续的过程。本书考虑了施工过程的空间特征和变形监测的时间连续性,提出动态增量位移正算反演围岩物理力学参数的思路如下:以变形监测断面布置里程为分界线,监测断面之间为人工地质单元。每个地质单元视为均质、各向同性岩体,具有相同的力学参数。用工作面紧邻的后方断面监测数据反演前方地质单元的力学参数。具体理论推导是将量测断面分成 n 个施工况,得到 n 个计算域,如图 7.23 所示。

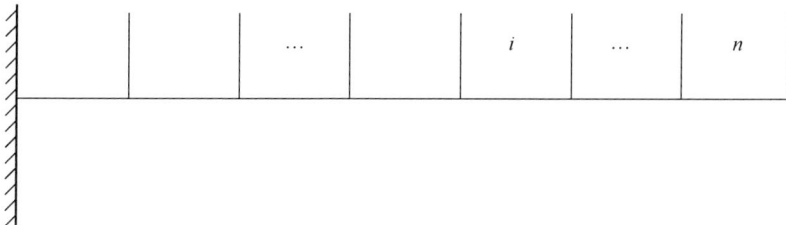

图 7.23 地质单元划分示意图

隧道开挖破坏了原来地层中的相对稳定状态,从而引起洞周围岩体的变形和位移。设初始范围为 D_0 的隧道岩土体在经历 i 个施工阶段后的计算域为 D_i,位移、应变和应力状态分别为 u_i、ε_i、σ_i(下标 i 表示第 i 个工况),现在对其进行一组新的施工作业,即进入第 $i + 1$ 个工况,记该组作业完成后的计算域为 D_{i+1} ,作用在该计算域上的体力为 p_{i+1} ,面力边界 st_{i+1} 上的面力为 t_{i+1} 。计算域 D_{i+1} 内部当前工况的初始应力为上一工况的应力 D_i ,它和作用在当前计算域上的外力 P_{i+1} 、t_{i+1} 不平衡,计算域 D_{i+1} 将产生新的位移直至达到新的平衡状态,得到一个新的平衡应力场 D_{n+1} 。根据施工过程与变形增量的对应关系,可以对岩性参数进行计算求解。

如图 7.23 所示,对于第 i 个隧道岩土体的施工段,测点测得的位移为上一个施工段,即第 $i - 1$ 个施工段开挖后埋设的测点所测得的位移,也就是说,第 i 个施工段测点测得的位移为第 i 个施工段开挖的增量位移;同时反分析预测的位移为下一个施工段开挖完毕后各测点位移,即第 $i + 1$ 个施工段开挖完毕后各测点位移。因此,反演过程中采用的都是增量位移,并且进行动态预测,这种反分析方法称为动态增量反分析。

7.4.1　弹塑性动态增量位移反分析

1. 弹塑性动态增量位移反演优化理论

对于弹塑性问题,用弹塑性模型进行分析时,首先需要假定地层的初始应力状态 σ_0 ,对于平面问题, $\sigma_0 = (\sigma_x, \sigma_y, \pi_{xy})$;其次对岩性诸等代参数的非线性进行反演,可视为非线性最小二乘的最优化计算问题,其目标函数 ω 可写为

$$\omega(x) = \sum_{i=1}^{n} \left[u_i(x) - U_i \right]^2 \tag{7.13}$$

式中, $x = (\sigma, E, \mu, C, \varphi)$; $\omega(x)$ 为反演参数 x 的目标函数; $u_i(x)$ 为洞周围岩沿 i 方向两点间收敛位移的计算值,它是地层的初始应力状态 σ 和岩性参数(E, μ, C, φ)的函数, E 为地层弹性模量, μ 为泊松比, C 为黏聚力, φ 为内摩擦角; U_i 为增量位移量测值; n 为测点个数。

在位移反演分析中,关键问题之一是如何确定反演参数,应尽可能地削减待反演参数,以减少反演分析的工作量和加强反演分析的稳定性。计算域每类岩体的力学参数很多,而且是耦合的,这些参数不可能分离,因而在反演分析中通常只能取得优化解。根据仿真反馈分析理论和弹塑性模型,这里主要考虑四个参数,即 E, μ, C, φ 。

2. 用逐层优化方法进行参数解耦

根据式(7.13)得 μ 的优化目标函数为

$$\omega_1(\mu) = \sum_{i=1}^{n} \left[u_i(\mu) - U_i \right]^2 \tag{7.14}$$

采用一维优化搜索法可求得在该组岩性参数条件下[见式(7.14)]的泊松比 μ 的最优解,它使增量位移的计算值和实测值之间的差值最小。此时,最优的泊松比

值即为其真实值,μ 值只是目标函数式(7.14)的一个局部最优解。为了得到式(7.14)的全局最优解,必须继续对各岩性参数进行优化计算。

对 E 值的优化可与对 μ 的优化同时进行;因为在对每一个 E 值计算其可能达到的极值时,需同时对 μ 进行优化计算。由此,其目标函数可写为

$$\omega_2(E) = \sum_{i=1}^{n} \left[u_i(\mu,E) - U_i \right]^2 \qquad (7.15)$$

通过迭代法,可计算得到该目标函数式 $\omega_2(E)$ 的全局最优解。

每一步反演之前,先进行一次正算,根据正算结果估计哪些区域有屈服现象,若某种材料没有发生屈服,则不进行此种材料强度的反演。因内摩擦角 φ 较黏聚力 C 稳定,故反演强度参数时,先反演 C,φ 采用设计值,C 固定后再反演 φ。

采用与上述计算 μ、E 值相类似的方法,通过对岩性参数逐一优化反演计算,最终可得到目标函数的全局最优解。

3. 反演程序框图

这里根据最优化解法的思想,编写了参数反演程序,其程序框图如图 7.24 所示。

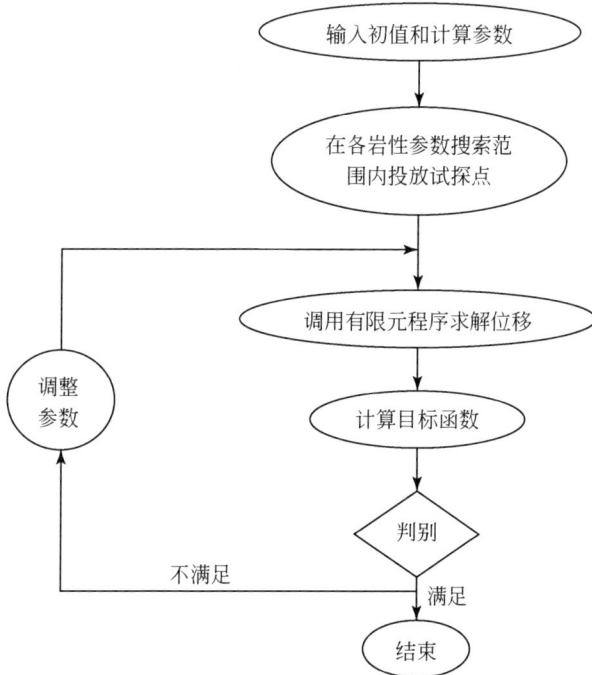

图 7.24　参数反演程序框图

7.4.2　线弹性动态增量位移反演正算反分析

目前工程所采用的传统弹塑性正演优化反分析方法,对非线性问题优化解的运算过程比较烦琐,计算时间长,计算前需给出各待定参数的取值区间和试算值,且当未知量较多时,收敛速度慢,解的稳定性较差,尽管有各种研制的反演程序软件,但仍不便于工地现场的快捷运算。为此,本节提出的"基于施工过程的线弹性动态增量位移反演正算反分析"方法,应用上更为快捷,而又不失工程要求的精度。

1. 线弹性优化法的理论基础

设模型数值分析中计算得到的隧洞围岩位移向量

$$u = f(x_1, x_2, \cdots, x_n) \tag{7.16}$$

式中,f 为理论模型的函数向量;$x_1, x_2, \cdots, x_n$ 为未知参变量。与式(7.13)对应的施工监控量测得到的实测位移向量为

$$U = F(x_1, x_2, \cdots, x_n) \tag{7.17}$$

依据式(7.13)所构造的模型进行数值模拟计算,利用各测点位移向量计算值与实测值之差,可建立如下目标函数:

$$J(x) = \sum_{i=1}^{n} (u_i - U_i)^2 \tag{7.18}$$

结合式(7.16)~式(7.18)得到如下的误差函数:

$$\theta = \theta(x_1, x_2, \cdots, x_n) \tag{7.19}$$

求 θ 关于 x_j 的偏导数,可以得到如下的线性方程组:

$$\frac{\partial \theta(x)}{\partial x_j} = 0 \qquad (j = 1, 2, \cdots, n) \tag{7.20}$$

利用迭代优化方法,结合式(7.20),可以得到目标函数的最优解。

2. 动态增量位移线弹性反演正算反分析

此处将岩体宏观上近似视为一种"似弹性介质",并只需选用均匀、各向同性、连续介质的线弹性模型。但是由于岩体的复杂性、非连续性,将会产生较大的误差。为了尽量减小误差,以线弹性理论为基础进行隧道围岩稳定性分析时,一般来说,除初始地应力 σ 和岩土体弹性模量 E 对洞室围岩变形位移量有决定性影响之外,泊松比的影响也不容忽视。因此,本工程进行反分析的两个主要反演参数分别是等效的泊松比 μ_{eq} 和岩土介质等效的弹性模量 E_{eq}。根据分析确立反演的目标函数为

$$J(E_{eq}, \mu_{eq}) = \sum_{i=1}^{n} (\mu_i - U_i)^2 \tag{7.21}$$

采用动态增量位移反分析,逐步反演岩体的参数并对隧道开挖后的位移进行预测。

设图 7.25 所示施工段利用线弹性反演正算反分析法反演后的参数为 (E_i,μ_i) , $i=1,2,\cdots,n$, E_i 、μ_i 分别为第 i 个施工段的弹性模量和泊松比。考虑到后续的开挖施工会对以前的量测点有影响,而且越靠近掌子面推进断面,对下一步的开挖变形影响越大,此处引入一个系数

$$r_i = 1 - \frac{r(D_i)}{5D} \tag{7.22}$$

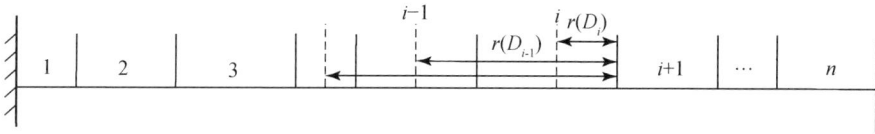

图 7.25　与距离相关的变形影响系数

为了简便,图 7.25 中 $r(D_i)$ 表示第 i 个施工段中点到量测断面的距离,D 表示洞径的最大跨度,推进掌子面到初始位移为零的点的距离,垂直实线表示施工段的划分,垂直虚线表示掌子面的推进。再把上述所求的 r_i 标准化后得到第 i 个施工段反演参数 (E_i,μ_i) 的权重系数

$$\omega_i = \frac{r_i}{\sqrt{\sum_{i=1}^{n} r_i}} \qquad (i=1,2,\cdots,n) \tag{7.23}$$

用正交设计方法选择反演参数得到初值,根据式(7.21)得到第 1 个施工段的弹性模量和泊松比 (E_1,μ_1),然后利用 (E_1,μ_1) 预测第 2 个施工段的开挖位移,结合式(7.21),计算出第 2 个施工段的弹性模量和泊松比 (E_2,μ_2)。假设第 i 个施工段得到反演参数是 (E_i,μ_i),则预测第 $i+1$ 个施工段的反演参数为

$$E'_{i+1} = \sum_{k=1}^{i} \delta_k \omega_k E_k \tag{7.24}$$

$$\mu'_{i+1} = \sum_{k=0}^{N} \delta_k \omega_k \mu_k \tag{7.25}$$

式中,E_k,μ_k 分别是第 k 个施工段的弹性模量和泊松比;ω_k 是第 k 个施工段的权重系数;$\delta_k = \begin{cases}1,k\in\Omega\\0,k\notin\Omega\end{cases}$,$\Omega = \{$第 i 个施工段前方 $5D$ 范围内的施工段$\}$, $k=1,2,\cdots,i$。

根据式(7.21)、式(7.24)和式(7.25)得到第 $i+1$ 个施工段的弹性模量和泊松比 (E_{i+1},μ_{i+1})。利用类似的方法,逐段反演得到各施工段参数。

7.4.3　计算参数反演

选取青岛胶州湾海底隧道稳定的的Ⅱ、Ⅲ级围岩洞段,指定沿隧道轴线里程增大方向为 z 轴正向,竖直向上为 y 轴正向,隧道掘进横断面向左方向为 x 轴正向,计算范围选取为:在 x 轴方向取 100m,竖直 z 轴方向取 120m,隧道轴线 y 轴方向取 100m。所选的边界已经超出洞室开挖的影响范围(大于 3 倍洞径)。计算区域划分成 122200 个单元,26644 个节点,能够保证计算具有足够的精度。其约束条件为:两侧边界水平方向约束,铅直方向自由;底部边界铅直方向约束,水平方向自由;顶部为自由表面。计算模型如图 7.26 所示,位移监测示意图如图 7.27 所示。

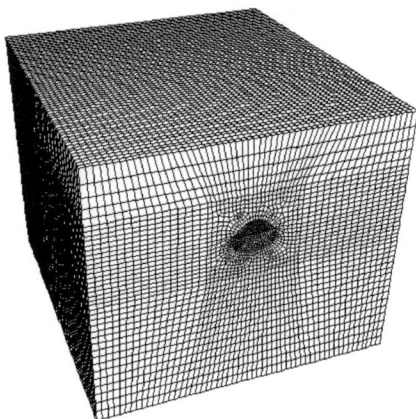

图 7.26　计算模型

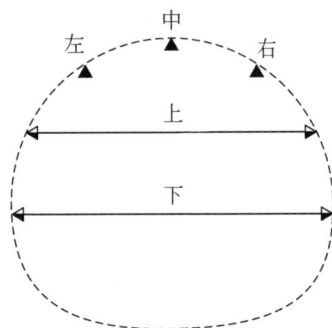

图 7.27　位移监测示意图(拱顶下沉、洞周收敛)

采用正交设计法来选用反演参数的初始试算值。采用动态增量位移线弹性反演正算反分析,求得使目标函数达到最小值(即全局最优值)的最佳参数组合(E_i,

η_i)。对 ZK5+900 ~ ZK6+100 里程段开挖围岩力学参演进行研究,ZK5+920、ZK5+960、ZK6+036、ZK6+070 四个断面实际监测到的拱顶沉降曲线和水平收敛曲线如图 7.28 和图 7.29 所示。

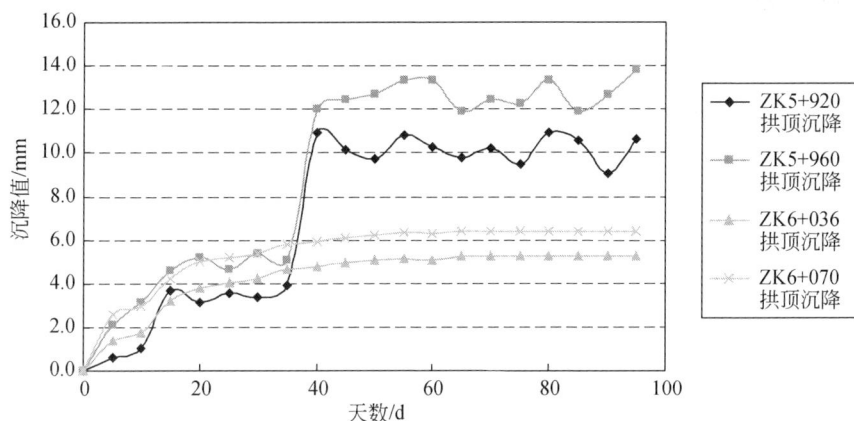

图 7.28　拱顶沉降监测曲线

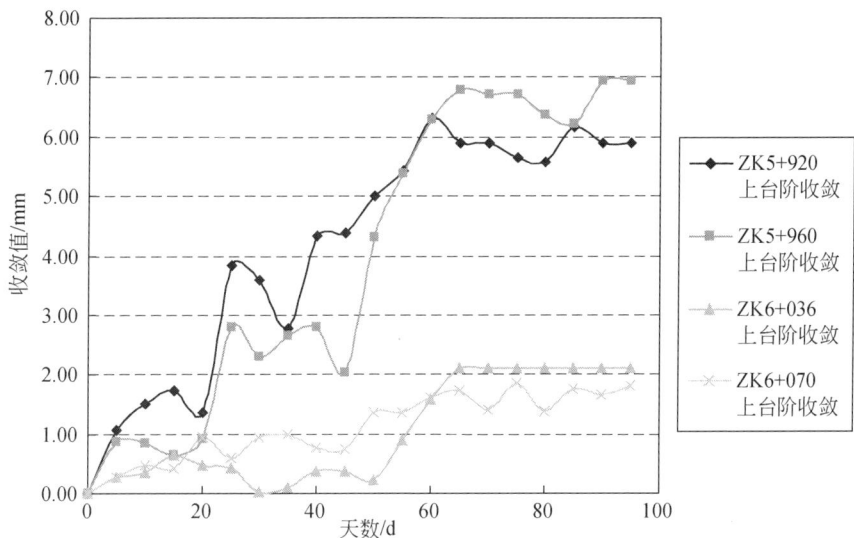

图 7.29　水平收敛监测曲线

假定地表和岩层均为均质水平分布;只考虑自重造成的初始地应力场(海面以下考虑水压力),侧压力系数根据不同等级围岩的泊松比确定,这里取 0.8;计算模型中围岩采用了 FLAC³ᴰ 提供的摩尔-库仑强度准则;复合支护中的初次支护,即喷浆和锚杆分别采用了壳单元和杆单元;根据初次支护承担施工段全部荷载,二次衬砌承担由于初期支护劣化、地层蠕变、环境条件变化等引起的附加荷载以及作为安全储备的设计原则,模拟施工段围岩变形,本次模拟不考虑二次衬砌对变形的影响。通过以上分析,获得了如表 7.14 所示的青岛胶州湾海底隧道 ZK5+920 ~ ZK5+960、ZK5+960 ~ ZK6+036 和 ZK5+036 ~ ZK6+070 三个施工段围岩支护设计反演分析的结果。

表 7.14　　数值计算用的岩体和支护材料的力学参数表

类别	重度 γ/(kN/m²)	弹性模量 E/GPa	泊松比 μ	黏聚力 C/MPa	内摩擦角 φ/(°)
ZK5+920 ~ ZK5+960	22	1.59	0.37	0.15	21.27
ZK5+960 ~ ZK6+036	22	1.28	0.38	0.19	23.68
ZK5+036 ~ ZK6+070	23.5	2.36	0.32	0.36	33.2

7.5　围岩稳定性和支护强度验算

早年地下建筑结构的建设完全依据经验,19 世纪初才逐渐形成计算理论,并开始用于指导地下建筑结构的设计与施工。地下建筑结构在主动荷载作用下发生弹性变形的同时,将受到地层对其变形产生的约束作用。将这类约束作用假设为弹性抗力,地下建筑结构的计算理论便有了与地面结构不同的特点。20 世纪 70 年代以来,各国学者在发展地下建筑结构计算理论的同时,还致力于探索地下建筑结构设计模型的研究。目前,我国的地下建筑结构设计计算主要采用荷载-结构模型、地层-结构模型和收敛限制模型。荷载结构模型采用荷载结构法计算衬砌内力,并据此进行构件截面设计,其中衬砌结构承受的荷载主要是开挖洞室后由松动岩土的自重产生的地层压力。这一方法与设计地面结构时习惯采用的方法基本一致,区别是计算衬砌内力时需考虑周围地层介质对结构变形的约束作用。地层-结构模型的计算理论即为地层结构法,其原理是将衬砌和地层视为整体,在满足变形协调条件的前提下分别计算衬砌与地层的内力,并据此验算地层的稳定性和进行构件截面设计。收敛限制模型的计算理论也是地层结构法,其设计方法常称为收敛限制法,或称特征线法(龚建伍等,2009)。

上述三种计算模型各有其局限性。荷载-结构模型围岩松动圈范围不容易确定,规范给定的经验公式计算误差较大。地层-结构模型能够真实模拟围岩与结构相互作用协调变形过程,但支护时机难以确定。收敛限制模型围岩变形与抗力曲线难以绘制。数值计算验算围岩稳定性和初期支护的强度,围岩力学参数和支护时机的合理选取是正确分析问题的关键。运用上述围岩力学参数反演和位移释放率全过程曲线,可以较好地解决地层-结构模型参数难选取问题,并且能够确定合理支护时机。这里采用上述研究成果对 F_{4-3} 断层位置进行强度校核。

7.5.1　简化的单元形式

计算中对支护参数进行适当的简化处理。施作钢拱架、钢筋网片后,喷射混凝土使钢拱架和钢筋网片封闭围岩使其成为整体,形成钢筋混凝土支护结构,并和系统锚杆共同承担围岩释放的荷载。钢拱架密贴围岩,和围岩共同变形。采用 FLAC^{3D} 中的梁(beam)结构单元模拟工字钢钢拱架支撑,并附到围岩网格上,计算钢拱架和围岩的共同受力和变形。

各种地质体和结构的单元形式如下:

原岩:实体单元;

注浆锚杆加固范围:等效实体单元;

主隧道初期支护($\phi 25$mm 格栅钢架+30cm 厚 C30 喷射混凝土):梁单元;

服务隧道初期支护($\phi 25$mm 格栅钢架+25cm 厚 C30 喷射混凝土):梁单元。

7.5.2　模型建立

选取 F_{4-3} 断层的位置断面进行建模分析,埋置深度 25m,水深 40m。

假定隧道为无限长,隧道开挖变形为平面应变问题。根据地下工程数值计算区域的边界截断普遍方法,计算时边界要大于 5 倍的洞径,因此左、右边界分别取 60m;下边界取 50m,上边界取 25m,轴线方向取 0.5m。模型节点数为 10893 个,单元数为 7046 个,如图 7.30 所示。净断面开挖轮廓如图 7.31 所示。

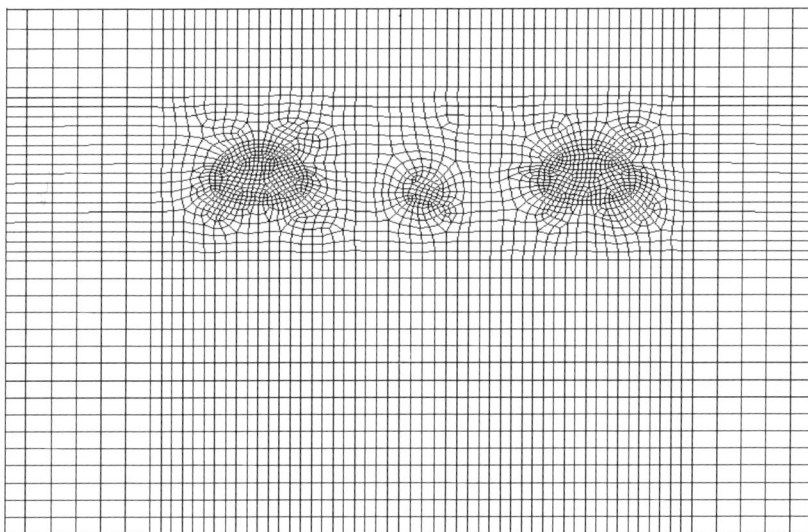

图 7.30　有限差分网格

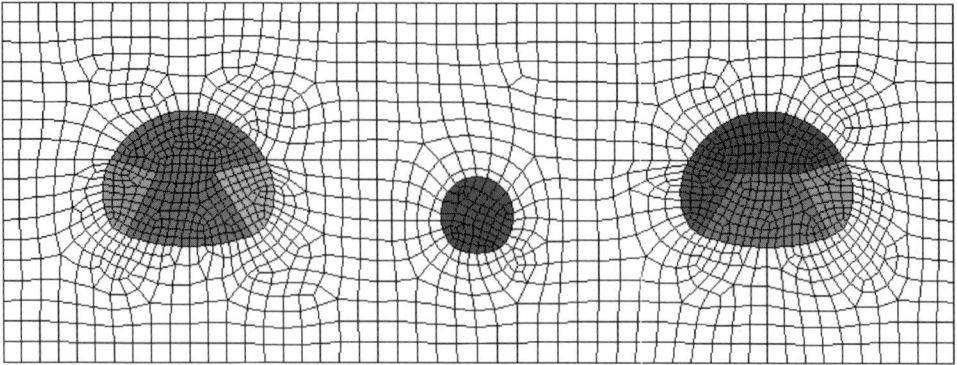

图 7.31 隧道净断面开挖轮廓

隧道开挖断面为马蹄形。根据施工组织设计,采用台阶法开挖,开挖顺序如图 7.32 所示。

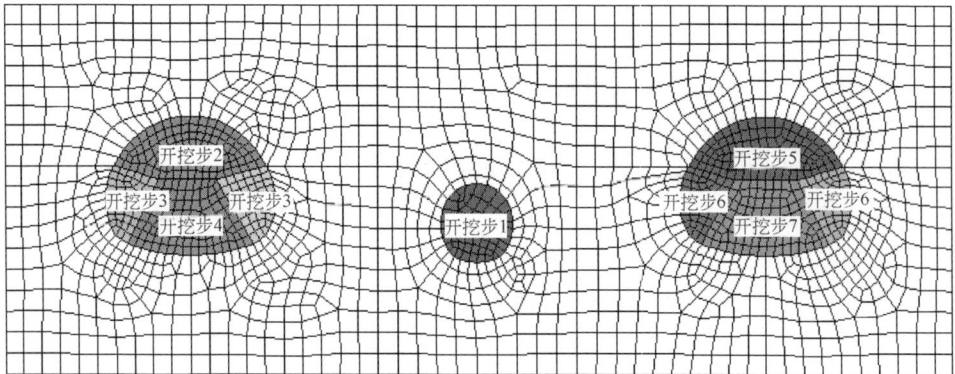

图 7.32 开挖顺序

7.5.3 物理力学参数

计算采用摩尔-库仑本构模型弹塑性分析,不考虑注浆加固和超前支护,原状土下开挖。根据土工试验成果和相关规范,选取 V 级围岩的物理力学参数如表 7.15 所示。

表 7.15 围岩物理力学参数

名称	密度/(kg/m³)	弹性模量/GPa	泊松比	黏聚力/MPa	内摩擦角/(°)	抗拉强度/MPa
围岩	2200	1.08	0.37	0.18	22.62	0.09

7.5.4　边界条件

计算时考虑海水深度 40m,施加 40m 静水压力,水平和隧道轴线方向按侧压力系数 0.8 施加初始应力。模型边界条件如图 7.33 所示。模型前后、左右边界及下边界固定,上边界自由。

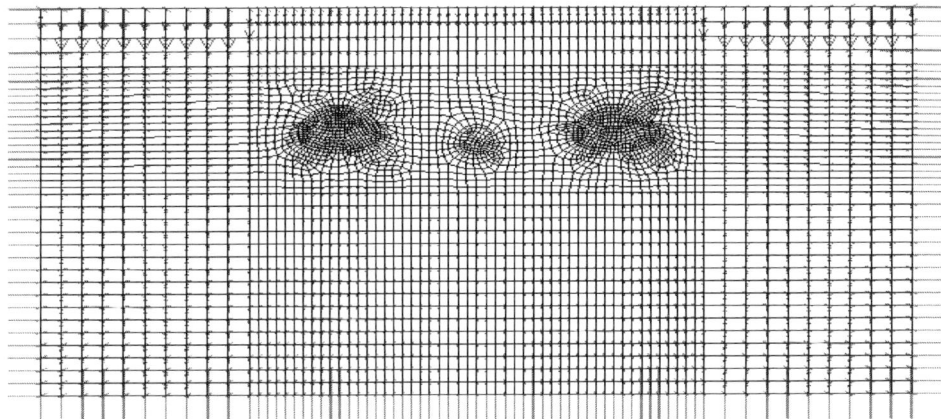

图 7.33　边界条件

7.5.5　初始地应力计算

初始地应力为自重场,侧压力系数取 0.8。

7.5.6　支护设计

根据隧道设计资料,隧道支护形式为钢格栅+喷射钢筋混凝土支护。

1. 主隧道初期支护

ϕ25mm 格栅钢架,间距 50cm,ϕ76mm 中空自钻式管棚超前预支护,$L=10\sim$ 25m,间距 40cm,拱部 ϕ32mm 小导管超前支护,$L=3.0$m,环向间距 40cm,底部 ϕ80mm 小导管超前支护,$L=7.0\sim10$m,环向间距 40cm,C30 喷射混凝土厚度为 30cm,拱部 ϕ8mm 钢筋网,网格间距@150mm×150mm,600g/m² 无纺布缓冲层,2mm 厚 ECB 防水板,C50 钢筋衬砌厚度为 70cm。

2. 服务隧道初期支护

ϕ25mm 格栅钢架,间距 50cm,ϕ76mm 中空自钻式管棚超前预支护,$L=10\sim$ 25m,间距 40cm,拱部 ϕ32mm 小导管超前支护,$L=3.0$m,环向间距 40cm,底部

φ80mm 小导管超前支护, $L = 5.0 \sim 7.0$m, 环向间距 40cm, C30 喷射混凝土厚度为 25cm, 拱墙 φ6.5mm 钢筋网, 网格间距@ 200mm×200mm, 600g/m² 无纺布缓冲层, 2mm 厚 ECB 防水板, C50 钢筋衬砌厚度为 40cm, 内部结构 C30 钢筋混凝土厚度为 25cm。

对初期支护做适当的简化, 假定格栅钢架、钢筋网、喷射混凝土起到封闭围岩的作用, 对钢架支撑不单独予以考虑, 把它的影响结合在喷射混凝土中, 采用梁单元模拟。

3. 梁单元

FLAC³ᴰ 中的梁单元有 12 个自由度, 如图 7.34 所示。可以由几何参数和材料参数来定义梁单元, 梁构件由两个节点之间的具有相同对称截面的直线段构成, 而一个整体的梁单元则由许多这样的梁构件组合而成, 默认每个梁构件是具有各向同性、无屈服的线弹性材料。

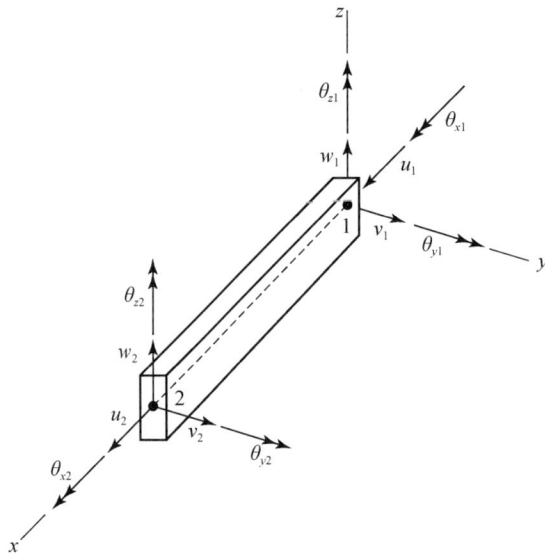

图 7.34　梁单元局部坐标及自由度

梁单元弹性模量采用等效的方法, 其等效公式为

$$EA = E_1 A_1 + E_2 A_2 + E_3 A_3 \tag{7.26}$$

式中, E 为等效后梁单元的弹性模量; E_1 为喷射混凝土的弹性模量; E_2 为钢筋网的弹性模量; E_3 为格栅钢架的弹性模量; A_1 为原设计初期支护喷射混凝土的截面积; A_2 为原设计初期支护内钢筋的截面积; A_3 为原设计初期支护内格栅钢架的截面积。

这里截取初期支护的一个横断面作为实例,如图 7.35 所示。沿隧道轴线方向将其等效成如图 7.36 所示的矩形截面。

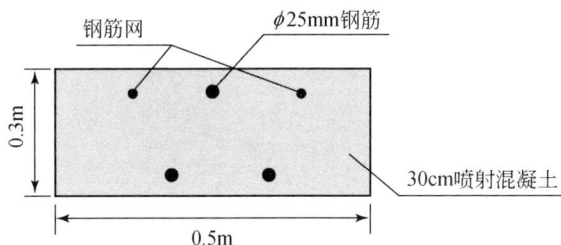

图 7.35 初期支护喷层横断面

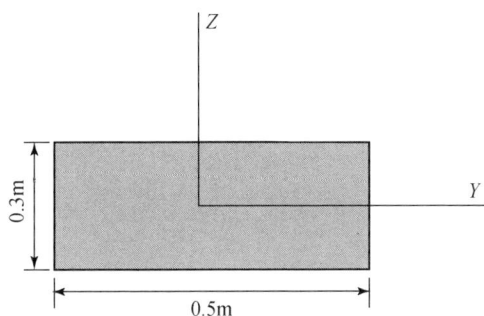

图 7.36 等效后的梁单元横截面

根据式(7.26),等效后梁单元的力学参数和几何尺寸如表 7.16 所示。

表 7.16 等效的梁单元计算参数

类别	密度/(kg/m³)	弹性模量/GPa	泊松比	横截面积 /m²	y 轴惯性矩 /cm⁴	z 轴惯性矩 /cm⁴
主隧道	2500	38.47	0.30	0.30	2.25×10^5	25×10^5
服务隧道	2300	31.82	0.25	0.25	1.3×10^5	20.8×10^5

7.5.7 开挖计算

隧道根据台阶法施工,先开挖服务隧道,控制位移释放,施加梁单元支护;再开挖左洞,控制位移释放量,施加梁单元支护;最后开挖右洞,控制位移释放量,施加梁单元支护。开挖过程中选取的洞周关键点位置如图 7.37 所示。

为模拟喷射混凝土及格栅钢架与围岩的共同作用,并考虑 V 级围岩位移释放率,用 7.3 节的结论取释放率为 33.75%,再施加梁单元。梁单元样式如图 7.38 所示。圆圈表示梁单元的节点,两个节点连成一个梁单元,若干梁单元连接成一根梁,隧道中间不同的梁之间以刚性连接。左洞开挖位移释放及梁单元施加如图 7.39 所示。

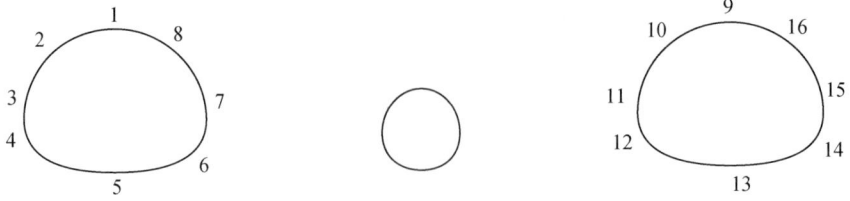

图 7.37　开挖轮廓线关键点

图 7.38　梁单元样式

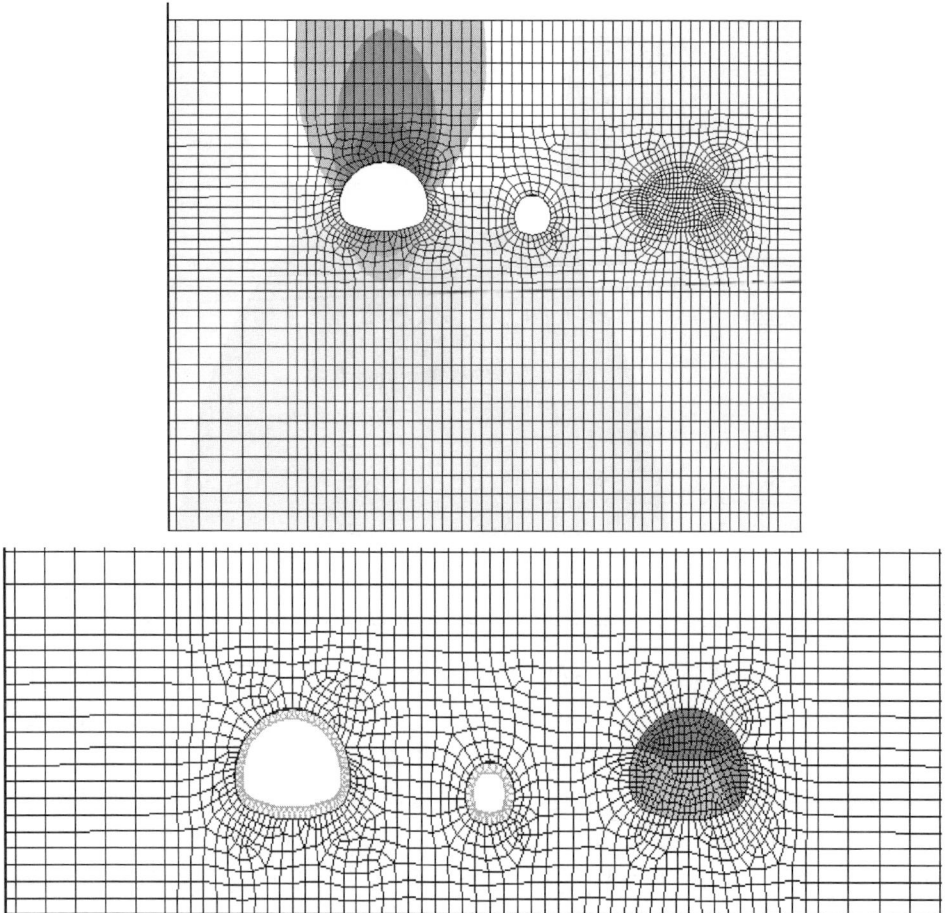

图 7.39　左洞开挖位移释放及梁单元施加

7.5.8　支护效果稳定性分析

洞周关键点位移见表 7.17,塑性区分布见图 7.40。由表 7.17 和图 7.40 可知,考虑位移释放的隧道开挖计算的最终位移量竖向最大沉降约 14.5mm(拱顶),水平向最大位移约 9mm,最大洞周收敛约 16mm,均满足隧道变形控制要求。

表 7.17　洞周关键点的位移

关键点	x 位移/mm	y 位移/mm	合位移/mm
1	0.23	−14.81	14.81
2	2.75	−13.83	14.10
3	8.84	−2.40	9.16
4	1.16	12.19	12.24
5	0.27	12.87	12.87
6	−2.47	9.82	10.13
7	−8.91	−2.56	9.28
8	−1.97	−14.16	14.29
9	−0.46	−14.28	14.28
10	3.82	−12.08	12.67
11	8.05	−0.67	8.08
12	0.51	12.00	12.01
13	−0.38	12.63	12.64
14	−3.32	9.35	9.92
15	−8.96	−0.82	8.99
16	−5.03	−11.55	12.60

7.5.9　隧道支护结构受力

12 自由度的梁单元对一般性的位移和旋转有相应的力和弯矩,力包括 x 方向的轴力和 y、z 方向的剪力,弯矩包括沿轴线 x 方向的扭矩和沿 y、z 方向的弯矩。其受力示意图如图 7.41 所示。

由于梁单元沿隧道轴线方向对称受力,因此可明显看出,梁单元只受 x 方向的轴力、z 方向的剪力以及弯矩 M_y,其他方向受力为 0。开挖后梁单元所受轴力见图 7.42、剪力见图 7.43、弯矩见图 7.44。选取部分梁单元的轴力、剪力、弯矩见表 7.18。

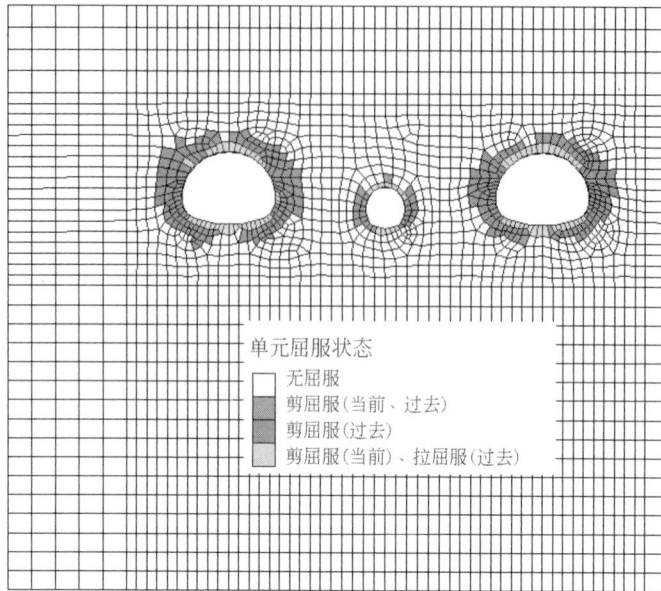

图 7.40　隧道围岩塑性区图

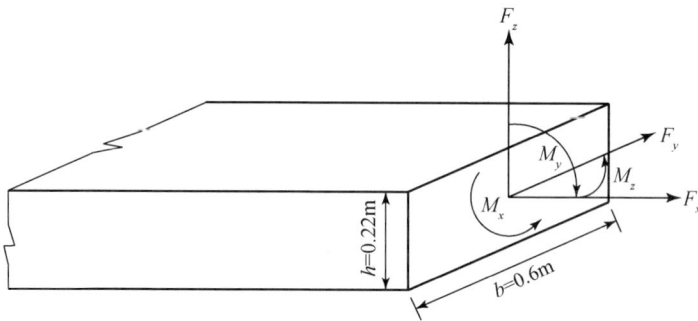

图 7.41　梁单元受力示意图

图 7.42　梁单元轴力

梁单元剪力
■ 正剪力
□ 负剪力

最大剪力为-0.879MN

图 7.43 梁单元剪力

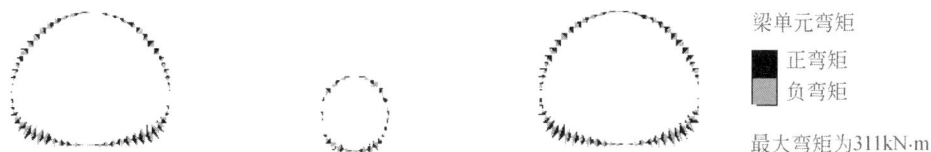

梁单元弯矩
■ 正弯矩
□ 负弯矩

最大弯矩为311kN·m

图 7.44 梁单元弯矩

表 7.18 梁单元轴力、剪力和弯矩

梁单元编号	轴力 N /kN	剪力 Q /kN	弯矩 M /(kN·m)	梁单元编号	轴力 F /kN	剪力 Q /kN	弯矩 M /(kN·m)
1	−349.00	128.70	−43.08	90	−382.33	76.71	−34.57
10	−540.23	−18.57	6.65	97	−261.40	−8.81	3.97
20	−483.33	−28.58	15.20	105	−445.33	−80.74	36.38
30	−349.70	62.42	−28.13	111	−563.75	−1.39	0.46
40	−277.10	−48.02	21.63	114	−509.65	73.97	−26.11
43	−365.03	−78.52	35.38	122	−521.95	−86.53	30.55
56	−348.95	162.71	−57.45	133	−209.62	106.49	−41.21
68	−527.78	63.30	−20.94	140	−164.99	−49.98	19.34
86	−267.18	−184.86	71.53	146	−261.45	−199.83	77.33

7.5.10 隧道支护结构截面强度校核

格栅钢架与喷射混凝土组成钢筋混凝土结构,等效截面受轴力、剪力和弯矩共同作用,依据《冷轧带肋钢筋混凝土结构技术规程》(JGJ 95—2003),对钢混凝土结构的截面强度进行校核,验算支护结构的承载力是否满足要求。

取单个梁单元进行分析,假定相邻梁单元对其作用力为支座反力,视梁单元为简支梁模型,受剪力及弯矩作用,按单向受弯构件进行分析,按正截面验算弯矩和轴力、斜截面验算其剪力。正截面承载力示意图见图 7.45,斜截面承载力计算指导过程见图 7.46。

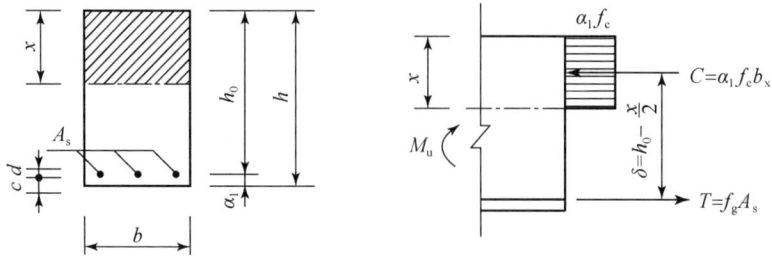

图 7.45　正截面承载力计算推导示意图

$$\sum X = 0, \alpha_1 f_c b x = f_y A_s \tag{7.27}$$

$$\sum M = 0, M \leqslant M_u = \alpha_1 f_c b x \left(h_0 - \frac{x}{2} \right) \tag{7.28}$$

或

$$M \leqslant M_u = f_y A_s \left(h_0 - \frac{x}{2} \right) \tag{7.29}$$

式中,M 为钢筋混凝土截面的弯矩;M_u 为截面承受的极限弯矩值;f_c 为混凝土轴心抗压强度;f_y 为钢筋的抗拉强度;A_s 为受拉钢筋的截面面积;b 为截面宽度;x 为混凝土受压区计算高度;h_0 为截面有效高度,$h_0 = h - a$,h 为截面高度,a 为纵向受拉钢筋合力点至截面受拉边缘的距离;α_1 为截面抵抗矩系数, $\alpha_1 = \varepsilon(1 - 0.5\varepsilon)$。

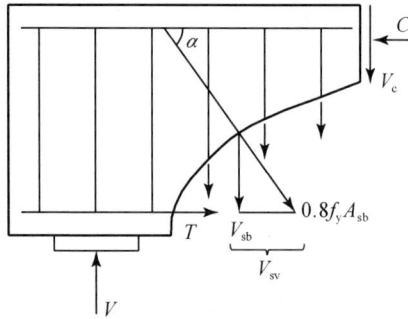

图 7.46　斜截面承载力计算推导示意图

计算时,构件斜截面上的最大剪力设计值 V 应满足如下公式要求:

$$V < V_{cs} \tag{7.30}$$

$$V_{cs} = 0.07 f_c b h_0 + 1.25 f_{yv} \frac{A_{sv}}{s} h_0 \tag{7.31}$$

式中,f_c 为混凝土抗压强度设计值,查表采用;b 为截面宽度;h_0 为截面有效高度;f_{yv} 为箍筋抗拉强度设计值,查表采用;A_{sv} 为配置在同一截面内箍筋各肢的全部截面面积,等于 nA_{svl},其中,n 为同一截面内箍筋的肢数,A_{svl} 为单肢箍筋的截面面积;s 为沿构件长度方向箍筋的间距。

选取轴力最大、剪力最大、弯矩最大的梁单元分别进行强度验算,确定整个结构是否稳定。经过验算,截面结构强度满足安全要求,如表 7.19 所示。

表 7.19　初期支护截面结构强度验算

梁单元编号	轴力 N/kN	剪力 Q/kN	弯矩 M/(kN·m)	截面承载力容许值	安全系数
126	−591.43	12.37	−4.09	1022kN	1.73
117	−320.68	203.93	−71.99	312kN	1.53
146	−261.45	−199.83	77.33	274kN·m	3.54

7.6　本 章 小 结

本章以青岛胶州湾海底隧道为工程实例,总结了隧道纵断面线路设计、复合式衬砌结构设计、监控量测方法,根据地质钻孔取芯的室内试验进行了围岩评价,并确定了供数值计算用的围岩物理力学参数,采用 BQ 围岩分级指标初步确定围岩弹性模量、泊松比、凝聚力和摩擦角等计算公式。提出分地质区段通过动态增加位移正算反演围岩力学参数的方法,考虑隧道施工全过程变形规律,用数值方法模拟了隧道施工全过程变形规律,得到了隧道施工全过程变形曲线。根据隧道施工每循环进尺,提出 Ⅱ~Ⅲ、Ⅳ、Ⅴ 级支护时机的位移释放率。采用上述围岩反演参数及位移释放率,解决了地层结构法参数难以选取,支护时机不好确定的难题,并应用于青岛胶州湾海底隧道 F_{4-3} 断层位移初期支护强度验算。

第8章　总结与展望

8.1　总　　结

通过工程类比、数值计算和模型实验等方法对海底隧道最小岩石覆盖厚度进行了大量研究。建立了通过工程类比、数值计算和理论分析综合研究得到海底隧道最小岩石覆盖厚度的方法体系。工程类比方法主要包括挪威经验法、日本最小涌水量法、国内顶水采煤法、国内规范方法和普氏压力拱理论方法。数值分析方法主要从弹塑性、断裂损伤、流固耦合、爆破振动、地震影响及施工过程等方面进行研究。先后提出了确定海底隧道最小岩石覆盖厚度的应力挠动法、位移收敛法、安全系数法和最小位移法等判别方法。

上述研究成果已成功应用于青岛胶州湾海底隧道和厦门翔安海底隧道,取得了较好的社会效益和经济效益。

8.2　展　　望

目前的研究存在如下问题:挪威经验法是基于挪威已建海底隧道的经验统计得到的,缺少理论基础,对地质、横断面及施工方法等条件与之差异大的隧道较难适用;日本最小涌水量法公式是在覆盖岩层渗透性均匀和各向同性的假定下,采用简化解析公式得到的,只能保证隧道内涌水最小,而不能确保此条件下隧道的稳定性,且该方法未考虑裂隙岩体渗流特性和注浆加固效果,计算精度低;国内顶水采煤法借鉴国内顶水采煤为防突水确定安全开采上限的理念,有可取之处,但保护层厚度和导水裂隙带厚度难以确定;数值方法和理论分析综合考虑多种影响因素,取得了一定研究成果,但海底隧道最小岩石覆盖厚度判别准则需要深入研究。目前主要通过工程类比和数值分析确定海底隧道合理埋置深度,海底隧道覆盖岩层裂隙岩体的渗流、突水及失稳的机理还需要深入研究。

参 考 文 献

毕继红,钟建辉 . 2004. 邻近隧道爆破震动对既有隧道影响的研究 . 工程爆破,10(4):69～73.

蔡小林,吴从师,Swoboda G. 2005. 小间距浅埋隧道的支护设计探讨 . 岩石力学与工程学报, 24(supp2):5943～5949.

陈俊儒,王星华 . 2008. 海底隧道涌水量的预测及其应用 . 铁道建筑技术,5:76～79.

陈卫忠,李术才,邱祥波,等 . 2002. 断裂损伤耦合模型在围岩稳定性分析中的应用 . 岩土力学, 23(3):288～291.

陈卫忠,李术才,朱维申,等 . 2003. 岩石裂纹扩展的实验与数值分析研究 . 岩石力学与工程学 报,22(1):18～23.

陈卫忠,李术才,朱维申 . 2000. 考虑裂隙闭合和摩擦效应的节理岩体能量损伤理论与应用 . 岩 石力学与工程学报,19(2):131～135.

陈卫忠,杨建平,邹喜德,等 . 2008. 裂隙岩体宏观力学参数研究 . 岩石力学与工程学报,27(8): 1569～1574.

陈卫忠,朱维申,李术才 . 1999. 节理岩体断裂损伤耦合的流变模型及其应用 . 水利学报,12: 33～37.

重庆交通科研设计院 . 2004. 公路隧道设计规范 . 北京:人民交通出版社 .

崔积弘,周健,林从谋 . 2008. 爆破震动对既有洞室影响的数值模拟 . 有色金属,60(1):101～104.

戴俊 . 2002. 岩石动力学特性与爆破理论 . 北京:冶金工业出版社 .

蒂克 M,萨利诺 J M. 1994. 直布罗陀海峡隧道 . 隧道建设,2:63～68.

丁万涛,李术才,朱维申 . 2007. 某海底隧道岩石覆盖厚度及选线方案优化研 . 地下空间与工程 学报,3(3):463～469.

董国贤 . 1984. 水下公路隧道 . 北京:人民交通出版社 .

董国贤 . 2001. 论水下隧道抗灾的生命力与优越性 . 地下空间,21(2):117～120.

董国贤 . 2002. 渤海海峡高速公路水下潜伏隧道浅析 . 地下空间,22(3):271～273.

傅洪贤 . 2006. 长距离小间距隧道爆破开挖设计与施工 . 工程爆破,12(3):30～32.

龚建伍,夏才初,郑志东 . 2007. 鹤上三车道小净距隧道爆破振动测试与分析 . 岩石力学与工程 学报,26(9):1882～1887.

龚建伍,夏才初,朱合华,等 . 2009. 鹤上大断面小净距隧道施工方案优化分析 . 岩土力学,30 (1):236～240.

龚召熊 . 1984. 地质力学模型材料试验研究 . 长江水利水电科学研究院院报,10(1):32～46.

关宝树,杨其新 . 2001. 地下工程概论 . 成都:西南交通大学出版社 .

郭陕云 . 2007. 关于我国海底隧道建设若干工程技术问题的思考 . 隧道建设,27(3):1～5.

国家质检总局 . 2003. 爆破安全规程(GB 6722—2011). 北京:中国标准出版社 .

洪代玲 . 1995a. 丹麦大海峡铁路隧道的设计 . 世界隧道,3:33～49.

洪代玲 . 1995b. 大型海底隧道与隧道工程技术的发展 . 世界隧道,3:50～62.

胡耀青,严国超,石秀伟 . 2008. 承压水上采煤突水监测预报理论的物理与数值模拟研究 . 岩石 力学与工程学报,27(1):9～15.

胡耀青,赵阳升,杨栋.2007. 三维固流耦合相似模拟理论与方法. 辽宁工程技术大学学报, 26(2):204~206.

胡政才,余辉,兰利教,等.1995. 挪威对海底隧道工程的研究. 世界隧道,3:68~76.

江级辉.1994. 琼州海峡兴建海底隧道可行性初探. 地下空间,14(2):122~129.

江苏省水文地质工程地质勘察院.2007. 舟山大陆连岛工程(三期)岱山跨海大桥工程可行性研究之东线方案. 淮安:江苏省水文地质工程地质勘察院.

荆春燕,黄宏伟,张子新,等.2007. 小间距隧道施工动态监测与数值模拟分析. 地下空间与工程学报,3(3):503~508.

康宁.2001. 对美国几个城市地铁和水下隧道的观感. 现代隧道技术,38(4):9~13.

黎良杰,钱鸣高,闻全.1995. 底板岩体结构稳定性与底板突水关系研究. 中国矿业大学学报, 24(4):18~23.

李飞,陈卫忠,李术才,等.2004. 高速公路浅埋大跨度双跨连拱隧道爆破振动影响研究. 岩石力学与工程学报,23(supp2):4744~4748.

李术才,陈卫忠,朱维申,等.2003. 加锚节理岩体裂纹扩展失稳的突变模型研究. 岩石力学与工程学报,22(10):1661~1666.

李术才,李树忱,徐帮树,等.2007. 海底隧道最小岩石覆盖厚度确定方法研究. 岩石力学与工程学报,26(11):2289~2295.

李术才,李树忱,朱维申,等.2000. 三峡右岸地下电站厂房围岩稳定性断裂损伤分析. 岩土力学,21(3):193~197.

李术才,李廷春,陈卫忠,等.2004. 厦门海底隧道最小顶板厚度三维弹塑性断裂损伤研究. 岩石力学与工程学报,23(18):3138~3143.

李术才,王刚,王书刚,等.2006. 加锚断续节理岩体断裂损伤模型在硐室开挖与支护中的应用. 岩石力学与工程学报,25(8):1582~1590.

李术才,王书法,朱维申.2001. 三峡右岸地下电站窑洞口围岩稳定性三维断裂损伤分析. 岩石力学与工程学报,20(5):685~689.

李术才,徐帮树,丁万涛,等.2009. 海底隧道最小岩石覆盖厚度的权函数法. 岩土力学,30(4):989~996.

李术才,徐帮树,李树忱.2005. 海底隧道衬砌结构选型及参数优化研究. 岩石力学与工程学报,24(21):3894~3902.

李术才,朱维申,宋振骐,等.1999. 采场围岩破坏过程的断裂损伤模型研究. 力学与实践, 21(1):22~25.

李术才,朱维申.1997. 加锚断续节理岩体力学特性的研究及其应用. 煤炭学报,22(5):490~494.

李术才,朱维申.1998. 加锚节理岩体断裂损伤模型及其应用. 水利学报,8:52~56.

李术才,朱维申.1999. 复杂应力状态下断续节理岩体断裂损伤机理研究及其应用. 岩石力学与工程学报,18(2):142~146.

李术才.1996. 加锚断续节理岩体断裂损伤模型及其应用. 武汉:中国科学院武汉岩土力学研究所博士学位论文.

李树忱,冯现大,李术才,等.2010. 新型固流耦合相似材料的研制及其应用. 岩石力学与工程学报,29(2):281~288.

李树忱,李术才,张京伟,等.2006.数值方法确定海底隧道最小岩石覆盖厚度研究.岩土工程学报,28(10):1304~1308.

李树忱,李术才,朱维申.2005.能量耗散弹性损伤本构方程及其在围岩稳定分析中的应用.岩石力学与工程学报,24(15):2646~2653.

李树忱,张京伟,李术才,等.2007.海底隧道最小岩石覆盖厚度的位移收敛法.岩土力学,28(7):1443~1447.

李廷春,李术才,陈卫忠,等.2004b.厦门海底隧道的流固耦合分析.岩土工程学报,26(3):397~401.

李廷春,李术才,邱祥波,等.2004a.三维快速拉格朗日法在安全顶板厚度研究中的应用.岩土力学,25(6):935~939.

李晓红,卢义正,康勇,等.2007.岩石力学实验模拟技术.北京:科学出版社.

李云鹏,艾传志,韩常领,等.2007.小间距隧道爆破开挖动力效应数值模拟研究.爆炸与冲击,27(1):75~81.

李云鹏,王芝银,韩常领,等.2006.不同围岩类别小间距隧道施工过程模拟研究.岩土力学,27(1):11~16.

林英松,葛洪魁,王顺昌.1998.岩石动静力学参数的试验研究.岩石力学与工程学报,17(2):216~222.

凌昌荣,张子新.2007.偏压小间距隧道荷载结构计算模型研究.地下空间与工程学报,3(6):1148~1153.

刘爱华,彭述权,李夕兵,等.2009.深部开采承压突水机制相似物理模型试验系统研制及应用.岩石力学与工程学报,28(7):1335~1341.

刘胜利,施成华,彭立敏,等.2003.小间距隧道施工期间洞室与结构的稳定性评判.西部探矿工程,13(3):108~111.

刘松.2003.矿山法修建海底隧道最小埋深的探讨.隧道建设,23(3):4~6.

楼如岳.1994.悉尼海底隧道工程.地下工程与隧道,2:46.

卢文波,Hustrulid W.2002.质点峰值振动速度衰减公式的改进.工程爆破,8(3):1~4.

卢文波,Hustrulid W.2003.临近岩石边坡开挖轮廓面的爆破设计方法.岩石力学与工程学报,22(12):2052~2056.

吕明,Grøv E,Nilsen B,等.2005.挪威海底隧道经验.岩石力学与工程学报,24(23):4219~4225.

马积新.1995.世界上最长最深的海底隧道.国外公路,15(4):40~42.

马骧德.1992.英法海峡隧道工程.隧道译丛,11:14~17.

倪新兴.2002.小净距隧道施工技术.西部探矿工程,14(3):78~79.

齐金铎.1995.现代爆破理论.北京:冶金工业出版社.

钱七虎,何益寿.2001a.琼州海峡通道宜隧不宜桥.交通运输系统工程与信息,1(2):156~158.

钱七虎,何益寿.2001b.长江越江通道工程应实行桥隧并举.中国工程科学,3(5):32~35.

钱七虎.2003.由桥隧并举跨江越海所引发的思考.岩土工程界,6(7):3~5.

钱七虎.2006.从河床冲淤分析沉管法修建长江水下隧道问题.现代隧道技术,43(4):1~4.

沙梦麟. 2003. 世界海底铁路隧道. 轨道交通,1：20～21.

沈明荣,陈建峰. 2006. 岩体力学. 上海：同济大学出版社.

沈荣喜,吴秀仪,刘长武,等. 2008. 海底隧道施工过程中突水风险研究. 武汉理工大学学报(交通科学与工程版),32(3):385～388.

孙洪星,康永华,刘武章,等. 1999. 龙口矿区近海厚冲积层下综放采煤防水煤岩柱的留设研究. 煤炭科学技术,27(6)：6～9.

孙钧,戚玉亮. 2010. 隧道围岩稳定性正算反演分析研究. 岩土力学,31(8):2353～2360.

孙钧. 1993. 隧道力学问题的若干进展. 西部探矿工程,5(4):1～22.

孙钧. 2006. 海底隧道工程设计施工若干关键技术的商榷. 岩石力学与工程学报,25(8)：1513～1521.

孙钧. 2009. 对兴建台湾海峡隧道的工程可行性及其若干技术关键的认识. 隧道建设,29(2)：131～144.

孙卫军,周维垣. 1990. 裂隙岩体弹塑性损伤本构模型. 岩石力学与工程学报,9(2):108～119.

谭忠盛,杨小林,王梦恕. 2003. 复线隧道施工爆破对既有隧道的影响分析. 岩石力学与工程学报,22(2):281～285.

唐东旗,李运成,姚秀芳. 2005. 断层带留设防水煤柱开采的相似模拟试验研究. 矿业安全与环保,32(6):26～30.

陶振宇,曾亚武,赵震英. 1991. 节理岩体损伤模型及验证. 水利学报,6：52～58.

铁道部第二勘测设计院. 1995. 铁路工程设计技术手册(隧道). 北京：中国铁道出版社.

铁道部基本建设总局. 1988. 铁道隧道新奥法指南. 北京：中国铁道出版社.

王彬. 1996. 挪威海底隧道的设计与施工. 世界隧道,3:25～33.

王汉鹏,李术才,乔玲. 2006. 施工爆破对确定海底隧道最小岩石覆盖厚度的影响研究. 岩土力学,27(suppl):295～300.

王经明. 1999. 承压水沿煤层底板递进导升突水机理的模拟与观测. 岩土工程学报,21(5)：546～549.

王克忠,李仲奎. 2009. 深埋长大引水隧洞三维物理模型渗透性试验研究. 岩石力学与工程学报,28(4):725～731.

王梦恕,皇甫明. 2005. 海底隧道修建中的关键问题. 建筑科学与工程学报,22(4):1～4.

王梦恕. 2008a. 水下交通隧道发展现状与技术难题. 岩石力学与工程学报,27(11)：2161～2172.

王梦恕. 2008b. 台湾海峡海底铁路隧道建设方案. 隧道建设,28(5):517～526.

王明年,李志业,关宝树. 2002. 3 孔小间距浅埋暗挖隧道地表沉降控制技术研究. 岩土力学,23(6):821～824.

王明年,潘晓马,张成满,等. 2004. 邻近隧道爆破振动响应研究. 岩土力学,25(3)：412～414.

王勖成. 2003 有限元法基本原理和数值方法. 北京：清华大学出版社.

王燕,黄宏伟,李术才. 2007. 海底隧道施工风险辨识及其控制. 地下空间与工程学报,3(7)：1261～1264.

王元汉,徐械,谭国焕,等. 2000. 岩体断裂的破坏机理与计算模拟. 岩石力学与工程学报,19(4):449～452.

蔚立元,李术才,徐帮树.2009a.青岛小间距海底隧道施工优化的有限差分分析.岩石力学与工程学报,28(supp2):3564~3570.

蔚立元,李术才,徐帮树.2009b.舟山灌门水道海底隧道钻爆法施工稳定性分析.岩土力学,30(11):3453~3459.

吴波,高波,索晓明,等.2005.城市地铁小间距隧道施工性态的力学模拟与分析.中国公路学报,18(3):84~89.

吴效良,陆锦荣.1998.英、法海底隧道工程简介.煤矿设计,8:50~52.

肖明清.2005.武汉长江隧道工程概况.土工基础,19(1):2~4.

肖正勤.2006.小间距隧道施工技术探讨.西部探矿工程,18(3):144~146.

徐帮树,李树忱,李术才,等.2007a.海底隧道涌水量与覆岩厚度关系研究.力学与实践,29(1):34~36.

徐帮树,张宪堂,张芹.2007b.海底隧道涌水量预测及应用研究.武汉理工大学学报(交通科学与工程版),31(4):599~602.

徐帮树,丁万涛,李术才.2008a.挪威海底隧道最小岩石覆盖厚度的经验及应用.武汉理工大学学报(交通科学与工程版),32(4):723~726.

徐帮树,李术才,蔚立元,等.2008b.舟山灌门水道隧道最小岩石覆盖厚度研究.地下空间与工程学报,4(4):609~614.

徐继源.1990.日本海下隧道.隧道译丛,5:54~56.

徐靖南,朱维申,白世伟.1993.压剪应力作用下多裂隙岩体的力学特性–本构模型.岩土力学,14(4):1~15.

徐靖南,朱维申,白世伟.1994.压剪应力作用下多裂隙岩体的力学特性–断裂损伤演化方程及试验验证.岩土力学,15(2):1~12.

徐靖南,朱维申.1995.压剪应力作用下共线裂纹的强度判定.岩石力学与工程学报,14(4):306~311.

徐芝纶.1990.弹性力学(第三版).北京:高等教育出版社.

薛翊国,李术才,苏茂鑫,等.2009.青岛胶州湾海底隧道含水断层综合超前预报实践.岩石力学与工程学报,28(10):2082~2087.

鄢建华,汤雷.2003.水工地下工程围岩稳定性分析方法现状与发展.岩土力学,24(supp2):681~686.

阳生权,周健,李雪健.2005.小净距公路隧道爆破震动观测与分析.工程爆破,11(3):62~65.

杨家岭,李术才,邱祥波,等.2003.海峡海底隧道及其最小岩石覆盖厚度问题.岩石力学与工程学报,22(supp1):2132~2137.

杨军,陈鹏万,胡刚.2004.现代爆破技术.北京:北京理工大学出版社.

杨亮,苏强,吴波.2003.南京玄武湖隧道关键施工技术.施工技术,32(8):1~3.

杨年华,刘慧.2000.近距离爆破引起的隧道周边振动场.工程爆破,6(2):6~10.

杨延毅,王慎跃.1995.加锚节理岩体的损伤增韧止裂模型研究.岩土工程学报,17(1):9~17.

杨延毅.1994.加锚层状岩体的变形破坏过程加固效果分析模型.岩石力学与工程学报,13(4):309~317.

姚勇,何川,周俐俐,等.2007.爆破振动对相邻隧道的影响性分析及控爆措施.解放军理工大学学报,8(6):702~708.

易长平,卢文波.2004.开挖爆破对邻近隧洞的震动影响研究.工程爆破,10(1):1~5.

于骁中.1991.岩石和混凝土断裂力学.长沙:中南工业大学出版社,120~180.

余寿文,冯西桥.1997.损伤力学.北京:清华大学出版社.

袁文忠.1998.相似理论与静力学模型试验.成都:西南交通大学出版社.

曾攀.2004.有限元分析及应用.北京:清华大学出版社.

张顶立,李兵,房倩,等.2009.基于风险系数的海底隧道纵断面确定方法.岩石力学与工程学报,28(1):9~19.

张佳文.1996.挪威的海底隧道工程.探矿工程,2:51~52.

张杰,侯忠杰,石平五.2005.地下工程渗流场与应力场耦合的相似材料模拟.辽宁工程技术大学学报,24(5):639~642.

张杰,侯忠杰.2004.固-液耦合试验材料的研究.岩石力学与工程学报,23(18):3157~3161.

张杰,侯忠杰.2009.水体下煤炭开采渗流实验研究.成都理工大学学报(自然科学版),36(1):67~70.

张明聚,郜新军,郭衍敬.2007.海底隧道突水分析及其在翔安隧道中的应用.北京工业大学学报,33(3):273~277.

张明平,徐园园,于广明,等.2008.海底隧道最小安全顶板厚度优化决策研究.青岛理工大学学报,29(1):14~18.

张鹏.2008.海底隧道衬砌水压力分布规律和结构受力特征模型试验研究.北京:北京交通大学出版社.

张强勇,李术才,陈卫忠.2004a.裂隙岩体加索支护模型及其工程应用.岩土力学,25(9):1465~1468.

张强勇,李术才,陈卫忠.2004b.断裂破坏强度模型在大型油库山体边坡支护中的应用,岩石力学与工程学报,23(20):3504~3508.

张强勇,向文,朱维申.2000.三维加锚弹塑性损伤模型在溪洛渡地下厂房工程中的应用.计算力学学报,17(4):475~482.

张强勇,朱维申,金亚兵.1999.弹塑性损伤模型在某地下厂房工程中的应用.岩石力学与工程学报,18(6):654~657.

张小玉,李术才,邱祥波.2004.有限元在水下隧道最小安全顶板厚度中的应用.武汉理工大学学报,26(10):24~27.

张欣,李术才.2007.爆破荷载作用下青岛胶州湾海底隧道覆盖岩层稳定性分析.岩石力学与工程学报,26(11):2348~2355.

张玉军,朱维申,杨家岭.1999.近距离双隧道开挖与支护稳定性的粘弹塑性有限元计算.岩石力学与工程学报,18(supp2):855~859.

中华人民共和国煤炭工业部.2000.建筑物、水体、铁路及主要井巷煤柱留设与压煤开采规程.北京:煤炭工业出版社.

中交第二公路勘察设计研究院有限公司.2005.厦门翔安隧道两阶段施工图设计.武汉:中交第

二公路勘察设计研究院有限公司.

中交公路规划设计院有限公司.2005.宁波象山港大桥及接线工程可行性研究报告.北京:中交
公路规划设计院有限公司.

中铁隧道勘测设计院有限公司.2006.青岛胶州湾隧道两阶段施工图设计.天津:中铁隧道勘测
设计院有限公司.

周维垣,剡公瑞,杨若琼.1998.岩体弹脆性损伤本构模型及工程.岩土工程学报,20(5):54~57.

周维垣,杨延毅.1990.节理岩体的损伤断裂力学模型及其在坝基稳定分析中的应用.水利学报,
11:48~54.

周维垣,杨延毅.1991.节理岩体损伤断裂模型及验证.岩石力学与工程学报,10(1):43~54.

朱镜清,周建.1991.海底地震动估计的一个流体力学基础.地震工程与工程振动,11(3):87~93.

朱维申,何满朝.1995.复杂条件下围岩稳定性与岩体动态施工力学.北京:科学出版社.

朱维申,李术才,陈卫忠,等.2002.节理岩体破坏机理和锚杆效应及工程应用.北京:科学出版
社.

朱维申,李术才,张强勇.1999.三维脆弹塑性断裂损伤模型在裂隙岩体工程中的应用.固体力
学学报,20(2):164~170.

朱维申,王平.1992.节理岩体的等效连续模型与工程应用.岩土工程学报,14(2):1~11.

朱维申,张强勇.1999.节理岩体脆弹性断裂损伤模型及其工程应用.岩石力学与工程学报,
18(3):245~249.

Brown E T. 1991.工程岩石力学中的解析与数值计算方法.佘诗刚,王可钧译.北京:科学出版
社.

Akira Kitamura. 1986. Technical development for the Seikan Tunnel. Tunneling and Underground Space
Technology,1(3/4):341~349.

Ashby M F, Hallam S D. 1986. Failure of brittle solids containing small cracks under compressive stress
states. Acta Metallurgica,34(3):497~510.

Aydan T, Dalgic S. 1998. Slope stability problems of the weak rocks in the Asarsuyu pass of the
Anatolian motorway. Bulletin of Engineering Geology and the Environment,57(2):199~206.

Bandis S C, Lumsden A C, Barton N R. 1983. Fundamentals of rock joint deformation. International
Journal of Rock Mechanics and Mining Sciences,20(6):249~268.

Barton N, Dawson P, Miller M. 2000. Yield strength asymmetry predictions from polycrystal elastoplastici-
ty. Journal of Engineering Materials and Technology, Transactions of the ASME,121(2):230~239.

Barton N. 2002. Some new Q- value correlations to assist in site characterization and tunnel de-
sign. International Journal of Rock Mechanics and Mining Sciences,39(2):185~216.

Bieniawski Z T. 1978. Determining rock mass deformability: Experience from case
histories. International Journal of Rock Mechanics and Mining Sciences & Geomechanics Abstracts,
15(5):237~247.

Blindheim O T, Grøv E, Nilsen B. 2005. Nordic subsea tunnel projects//Proceedings of the ITA Open
Session, Istanbul:43-49.

Blindheim O T, Helgebostad A. 1980. Boreability assessment for the Lesotho Highlands Water

Project. Tunnels and Tunnelling,23(6):55.

Carlsson Anders,Hedman Tommy. 1986. Tunneling of the Swedish undersea repository for low and inter-mediate reactor waste. Tunneling and Underground Space Technology,1(3/4):243~250.

Chen W Z,Zhu W S,Shao J F. 2004. Damage coupled time-dependent model of a jointed rock mass and application to large underground cavern excavation. International Journal of Rock Mechanics and Mining Sciences,41(4):669~679.

Colin J, Krkland. 1995. The channel tunnel: Lessons learned. Tunneling and Underground Space Technology,10(1): 5~6.

Dahlø T S, Nilsen B. 1990. Stability and rock cover of Norwegian Hard Rock Subsea Tunnels// Proceedings of 2nd Symposium on Strait Crossings,Trondheim.

Dahlø T S, Nilsen B. 1994. Stability and rock cover of hard rock subsea tunnels. Tunnelling and Underground Space Technology,9(2):151~158.

Eisenstein Z D. 1994. Large undersea tunnels and the progress of tunnelling technology. Tunnelling and Underground Space Technology,9(3): 283~292.

Elliot Ian, Ostenfeld, Klaus. 1989. Bored rail tunnel helps forge Denmark's missing link. Tunnels and Tunneling International,21(9):37~41.

El Tani,Mohamed. 2002. Circular tunnel in a semi-infinite aquifer. Tunneling and Underground Space Technology,18(1):49~55.

Emanuele F. 1973. Statistical and Geomechanical Models. New York:Springer-Verlag.

Freeze R A, Cherry B W. 1979. Stochastic analysis of steady state groundwater flow in a bounded domain-2,two-dimensional simulations. Water Resources Research,15(6): 1543~1559.

Forsyth D W. 1993. Crustal thickness and the average depth and degree of melting in fractional melting models of passive flow beneath mid-ocean ridges. Journal of Geophysical Research, 98 (B9), 16073~16079.

Gerrard C M. 1982. Equivalent elastic moduli of a rock mass consisting of orthorhombic layers. International Journal of Rock Mechanics and Mining Science,19(4):9~14.

Goodman R E, Moye D G, Schalkwyk A, et al. 1965. Groundwater inflows during tunnel driving. Engineering Geology,2:39~56.

Grøv E,Nilsen B. 2007. Subsea tunnel projectsin hard rock environment in Scandinavia. Chinese Journal of Rock Mechanics and Rock Engineering,26(11): 4220~4225.

Grøv E. 2007. Subsea tunnel projects in hard rock environment in Scandinavia//Keynote Lecture for Conference on Subsea Tunneling,Xiamen.

Hoek E,Brown E T. 1980. Emprical strength criterion for rock masses. Journal of the Geotechnical Engineering Division,106(GT9):1013~1035.

Hoek E, Diederichs M S. 2002. Empirical estimation of rock mass modulus. International Journal of Rock Mechanics and Mining Sciences,43(2):203~215.

Holmy, Kristin H, Aagaard, Bent. 2002. Spiling bolts and reinforced ribs of sprayed concrete replace concrete lining. Tunneling and Underground Space Technology, 17(4): 403~413.

Inoue, Matsuo, Shogo. 1986. Overview of the Sei-Kan Tunnel Project. Tunneling and Underground Space Technology, 1(3/4): 323 ~ 331.

Itasca Consulting Group, Inc. 2005. FLAC3D User Manuals(Version3. 0). Minneapolis: Minnesota.

Jacoby R H, Lee S T, Chen W H, et al. 1981. Experimental and theoretical studies on the fluid properties required for simulation of thermal processes. Society of Petroleum Engineers Journal, 21(5): 535 ~ 550.

Jacoby W R, Schmeling H. 1981. Convection experiments and driving mechanism. Geologische Rundschau, 70(2): 207 ~ 230.

Ju J W. 1989. On energy based coupled elastoplastic damage theories: Constitutive modeling and computational aspects. International Journal of Solids Structure, 25: 803 ~ 833.

Kalamaras G S, Beiniawski Z T. 1993. A rock mass strength concept for coal seams incorporating the effect of time//8th IRSM Congress, Tokyo, 295 ~ 302.

Karlsrud Kjell, Andresen Lars. 2001. Loads on braced excavations in soft clay. International Journal of Geomechanics, 5(2): 107 ~ 113.

Kawamoto Toshikazu, Ichikawa Yasuaki, Kyoya Takashi. 1988. Deformation and fracturing of discontinuous rock mass and damage mechanics theory. International Journal for Numerical and Analytical Methods in Geomechanics, 12(1): 1 ~ 30.

Kemeny J M, Cook N G W. 1986. Effective moduli, nonlinear deformation and strength of a cracked elastic solid. International Journal of Rock Mechanics and Mining Science, 23(2): 107 ~ 118.

Kincaid C, Olson P. 1987. An experimental study of subducting slab migration. Journal of Geophysical Research, 92(3): 13831 ~ 13840.

Kolymbas, Dimitrios, Wagner, Peter. 2007. Groundwater ingress to tunnels—The exact analytical solution. Tunneling and Underground Space Technology, 22(1): 23 ~ 27.

Korehide Miyaguchi. 1986. Maintenance of the Kanmon Railway Tunnels. Tunneling and Underground Space Technology, 1(3/4): 307 ~ 314.

Kristin H Holmøy, Bent Aagaard. 2002. Spiling bolts and reinforced ribs of sprayed concrete replace concrete lining. Tunneling and Underground Space Technology, 17(4): 403-413.

Laginha Serafim J, Paulino Pereira J. 1983. Considerations on the geomechanical classification of Bieniawski. Soc Portuguesa de Geotecnia and Lab Nacional de Engenharia Civil, 1: 33 ~ 42.

Langefors U, Kihtrom B. 1978. Modern Technique of Rock Blasting. New York: Halsted Press.

Lei S Z. 1999. An analytical solution for steady flow into a tunnel. Ground Water, 37(1): 23 ~ 26.

Lemaitre J. 1990. A Course on Damage Mechanics(Version 2. 0). Berlin: Springer-Verlag.

Li S C, Chen W Z, Zhu W S. 2004. Study on stability and anchoring effect of jointed rock mass of an underground powerhouse. Key Engineering Materials, 263: 1551 ~ 1556.

Li S C, Zhu W S, Chen W Z. 2000. Mechanical model of multi-crack rockmass and its engineering application. ACTA Mechanica Sinica(English Series), 16(4): 357 ~ 364.

Lombardi F, Tzalenchuk A Ya. 2002. Tunnel barriers for an all-high-Tc single electron tunneling transistor. Physical C, 368(1-4): 337 ~ 342.

Lu M, Beitnes A. 2005. Research on subsea tunnels//Keynote Lecture for International Seminar on Subsea and Underwater Tunnels, Beijing.

Lu M, Nilsen B. 1990. Analytical study of the minimum rock cover for subsea tunnels//Proceedings of 2nd Symposium on Strait Crossings, Trondheim.

Marechal S T, Lockington D A, Barry D A, et al. 2003. Confined- unconfined flow in a horizontal confined aquifer. Journal of Hydrology, 271(1-4): 150 ~ 155.

Miyaguchi, Korehide. 1986. Maintenance of the Kanmon railway tunnels. Tunneling and Underground Space Technology, 1(3/4): 307 ~ 314.

Nilsen B, Maage M, Dahlø T S, et al. 1989. Undersea tunnels in Norway—A state of the art study. Tunnels and Tunnelling, 20(9): 18 ~ 22.

Nilsen B, Palmström A, Stille H. 1999. Quality control of subsea tunnel project in complex ground conditions//Proceedings of ITA World Tunnel Congress, Balkema: 137 ~ 145.

Nilsen B. 1989. The utility of pre- investigations in predicting tunneling conditions—A study of 10 Norwegian Subsea Tunnels//Proceedings of International Congress on Progress and Innovation in Tunneling, Toronto: 727 ~ 736.

Nilsen B. 1993. Empirical analysis of minimum rock cover for subsea rock tunnels. Developments in Geotechnical Engineering, 74: 677 ~ 687.

Nilsen B. 1998. Subsea rock tunnels-some norwegian experiences in geo-investigation and construction//Proceedings of 5th South American Congress on Rock Mechanics, Santos: 327 ~ 331.

Nilsen B. 2003. Investigation and testing for norwegian hard rock TBM performance prediction//Proceedings of 50 Years Symposium of the Faculty of Mines. Istanbul Technical University: 89 ~ 95.

Nilsen B. 2005. Concept of Norwegian Subsea Tunnelling//International Seminar on Subsea and Underwater Tunnels, Beijing.

Palmstrom A, Huang Z P. 2007. Application of Norwegian Subsea Tunnel experiences to construction of Xiamen Xiang'an Subsea Tunnel. Chinese Journal of Rock Mechanics and Engineering, 26(11): 2236 ~ 2246.

Palmstrom A. 1994. The challenge of subsea tunneling. Tunneling and Underground Space Technology, 9(2): 145 ~ 150.

Palmstrom A, Stille H, Nilsen B. 2000. The Frøya tunnel—A subsea road tunnel in complex ground conditions//Proceedings of Swedish Rock Mechanics Conference, SveBeFo: 19 ~ 30.

Perrochet P, Penard A. 2005. Confined flow into a tunnel during progressive drilling: An analytical solution. Ground Water, 43(6): 943 ~ 946.

Persson Lars, Göransson Mattias. 2005. Mechanical quality of bedrock with increasing ductile deformation. Engineering Geology, 81(1): 42 ~ 53.

Rat M, Laviron F. 1973. Measurements of the permeability coefficient by borehole tests. Bulletin de Liaison des Laboratoires des Ponts et Chaussees, 73: 179 ~ 182.

Rustan Agne, Naarttijaervi Torbjoern, Ludvig Bengt. 1985 Controlled blasting in hard intense jointed rock in tunnels. CIM Bulletin, 78(884): 63 ~ 68.

Schleiss A. 1988. Design criteria applied for the lower pressure tunnel of the North Fork Stanislaus River Hydroelectric Project in California. Rock Mechanics and Rock Engineering,21(3): 161~181.

Serrano J M,Gonzalez GG. ,Cornejo L. 1988. Underground works in Spain. Tunnels and Tunneling International,20(6): 70~71.

Shemenda A I. 1992. Horizontal lithosphere compression and subduction: Constraints provided by physical modeling. Journal of Geophysical Research,97(B7): 11097~11116.

Sheorey P R, Barat D, Mukherjee K P, et al. 1997. Application of the yield pillar technique for successful depillaring under stiff strata. International Journal of Rock Mechanics and Mining Sciences & Geomechanics Abstracts,34(7):699~708.

Shogo M. 1986. An overview of the Seikan Tunnel project. Tunneling and Underground Space Technology,1(3/4): 323~331.

Smith M. 1988. Channel rail tunnel gets under way. World Tunneling,10~25.

Smith M. 1988. Channel Tunnel. Mining Magazine,158(4):198~205.

Swoboda G,Shen X P,Rosas L. 1998. Damage model of jointed rock mass and its application to tunnel. Computers and Geotechnics,22(3/4):183~203.

Swoboda O, Zeng G, Li N, et al. 1991. Dynamic analysis of blast procedure in tunnel. Structural Dynamics,5: 386~437.

Thomas R,Kuesel. 1986. Alternative concepts for undersea tunnels. Tunneling and Underground Space Technology,1(3/4): 283~287.

Uga Y. 1995. The channel tunnel project: Challenge and rewards. Tunneling and Underground Space Technology,10(1): 27~29.

Vandebrouck P. 1995. The channel tunnel: The dream becomes reality. Tunneling and Underground Space Technology,10(1): 17~21.

Wada K. 1986. Maintenance and control of the Kanmon Highway Tunnel. Tunneling and Underground Space Technology,1(3/4): 315~322.

Wallis,Shani. 1987. Seattle bus tunnels for a smoother ride. Tunnels and Tunneling International,19 (12):38~40.

Wiens J. 1986. Plate tectonic model for Indian Ocean "intraplate" deformation. Tectonophysics,132 (1): 37~48.

Williamson P E,Jones T D,McCue K F. 1989. Evidence forcrustal thickening and shortening of the overriding plate during incipient plate/plate subduction. Journal of Geodynamics,11(1):1~15.

Yang R. 1993. A new constitutive model for blast damage. International Journey of Rock Mechanics and Ming. (33):245-254.

Zaitsev Y V,Wittmann F H. 1981. Simulation of crack propagation and failure of concrete. Matériaux et Constructions,14:357~365.

Zhang J C, Song L P. 1998. Determination of microcrack boundary resulting from rock blasting with seismic travel time tomography. Transactions of Nonferrous Metals Society of China, 8 (1): 154~159.

Zhang L, Franklin J A. 1993. Prediction of water flow into rock tunnels—An analytical solution assuming an hydraulic conductivity gradient. International Journal of Rock Mechanics and Mining Sciences & Geomechanics Abstracts, 30(1):37~46.

Zhu W S, Zhang Q Y, Li S C, et al. 2003. Brittle elastoplastic damage constitutive model for jointed rockmasses and computation concerning bolt-reinforcement. International Journal of Damage Mechanics, 12(1):65~84.

Zhu W S, Zhao J. 2004. Stability Analysis and Modelling of Underground Excavations in Fractured Rocks. Amsterdam:Elsevier.

索　引

彩　　图

0.00E+000

1.25E+000

(a) 岩石覆盖层厚度为7m工况的位移场

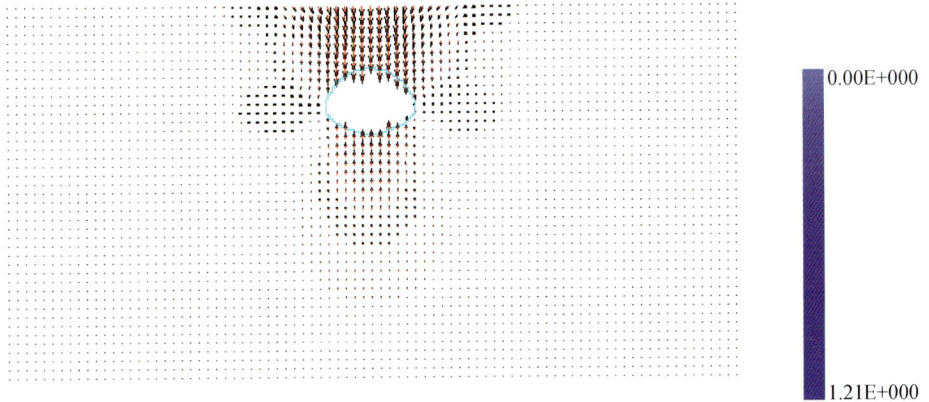

0.00E+000

1.21E+000

(b) 岩石覆盖层厚度为9m工况的位移场

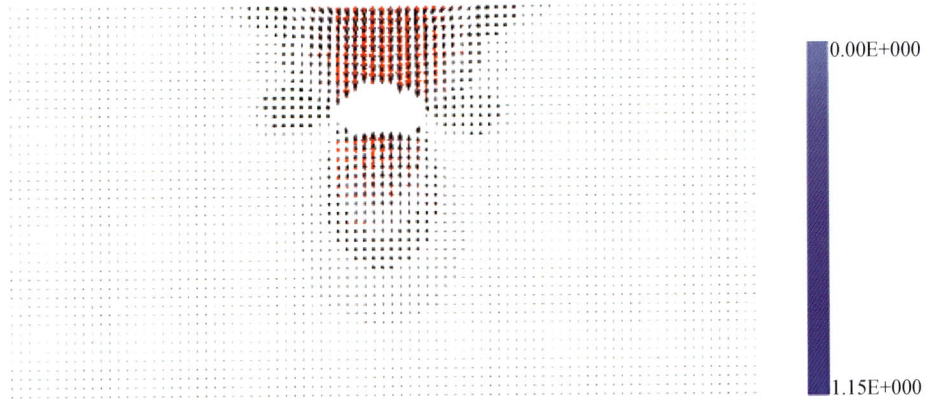

0.00E+000

1.15E+000

(c) 岩石覆盖层厚度为11m工况的位移场

图 4.27　不同岩石覆盖层厚度下 ZK5+915m 剖面各计算工况的位移场

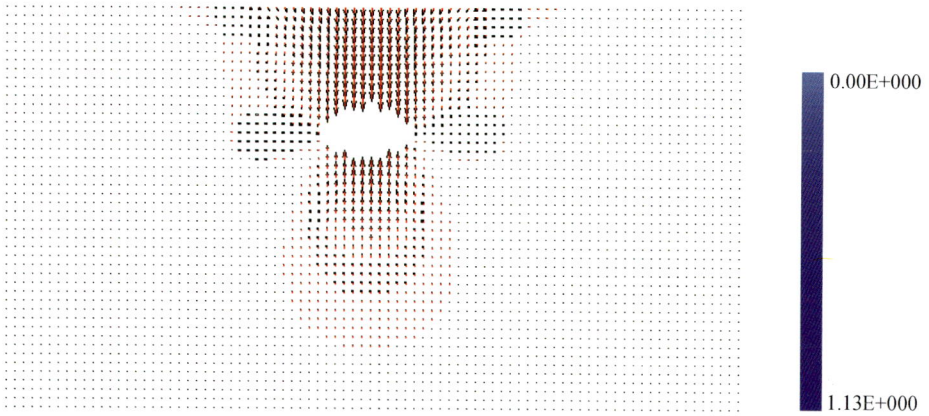

(d) 岩石覆盖层厚度为13m工况的位移场

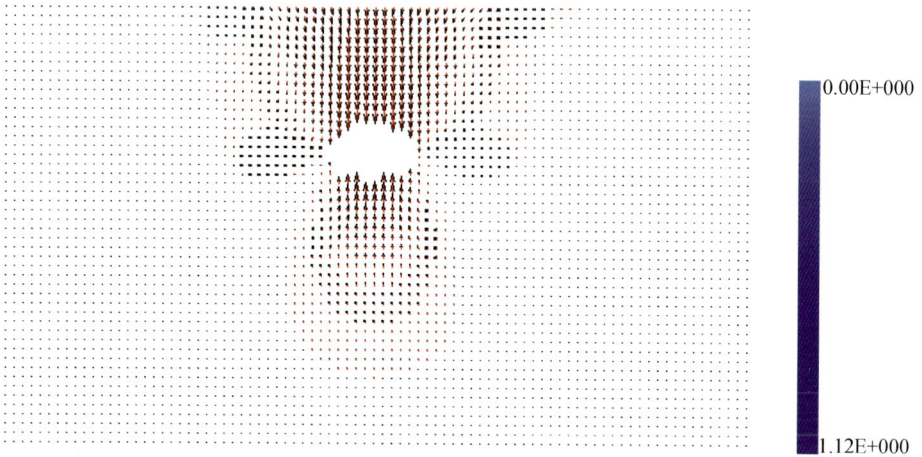

(e) 岩石覆盖层厚度为15m工况的位移场

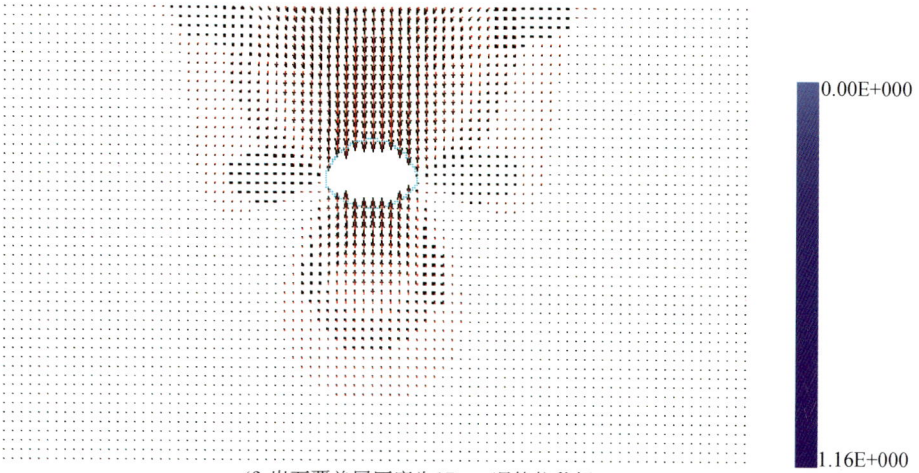

(f) 岩石覆盖层厚度为17m工况的位移场

图 4.27　不同岩石覆盖层厚度下 ZK5+915m 剖面各计算工况的位移场(续)

0.00E+000

1.21E+000

(g) 岩石覆盖层厚度为19m工况的位移场

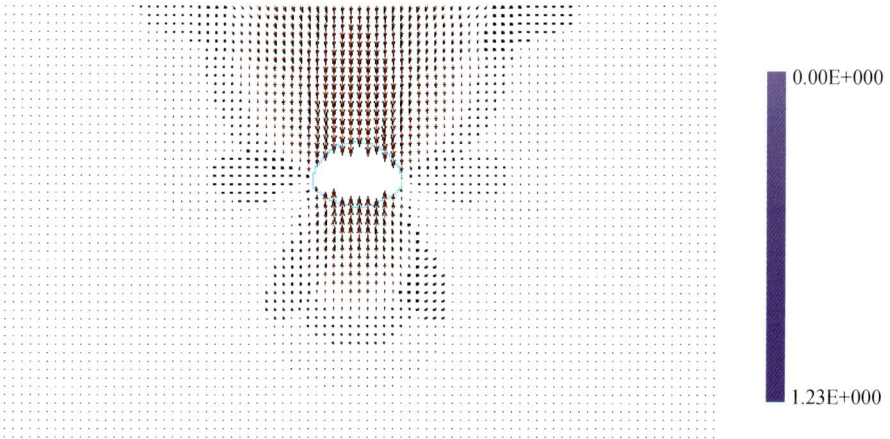

0.00E+000

1.23E+000

(h) 岩石覆盖层厚度为21m工况的位移场

0.00E+000

1.26E+000

(i) 岩石覆盖层厚度为23m工况的位移场

图4.27 不同岩石覆盖层厚度下 ZK5+915m 剖面各计算工况的位移场(续)

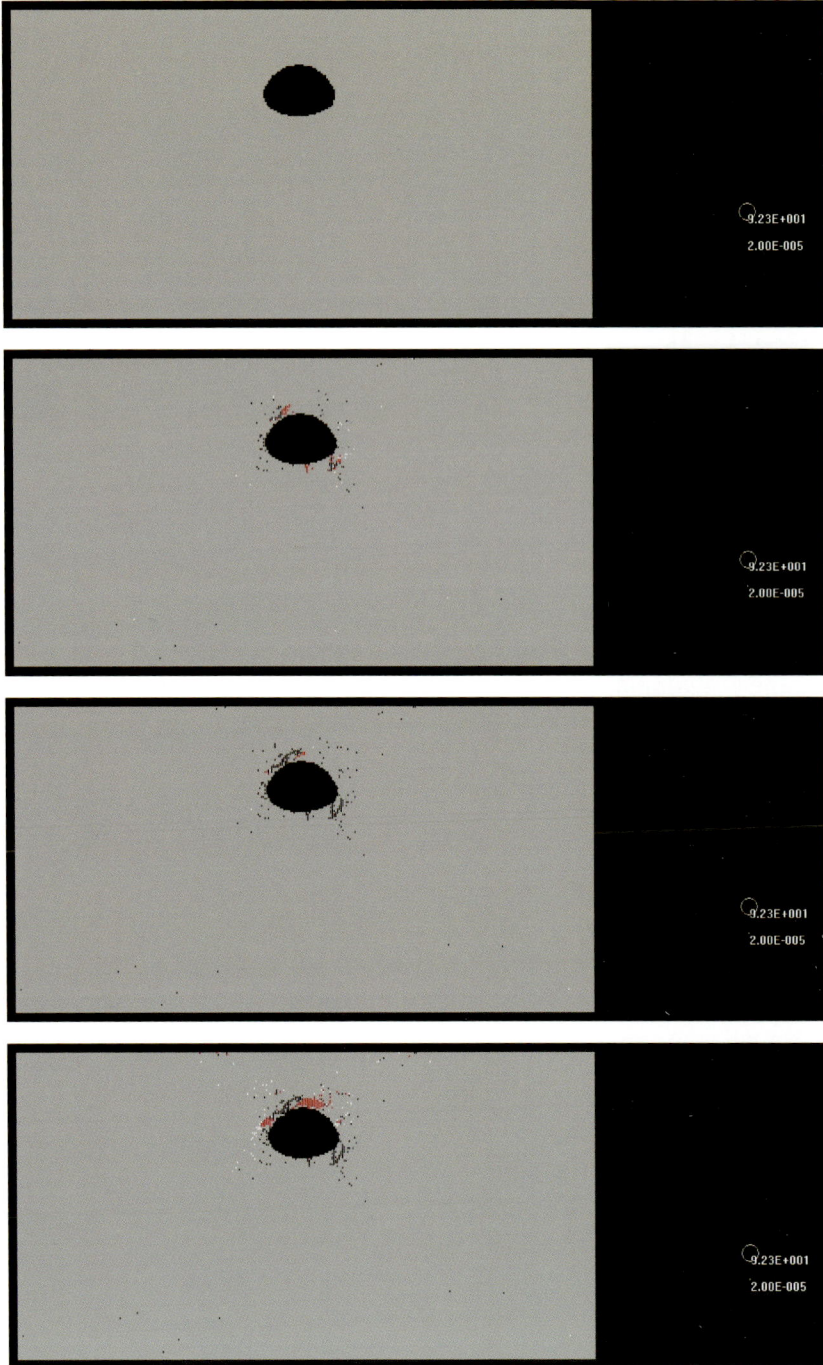

(b) 岩石覆盖层厚度为11m时的离心破坏过程(损伤演化)

图 4.28 不同岩石覆盖层厚度下 ZK5+915m 剖面各计算工况的离心破坏过程

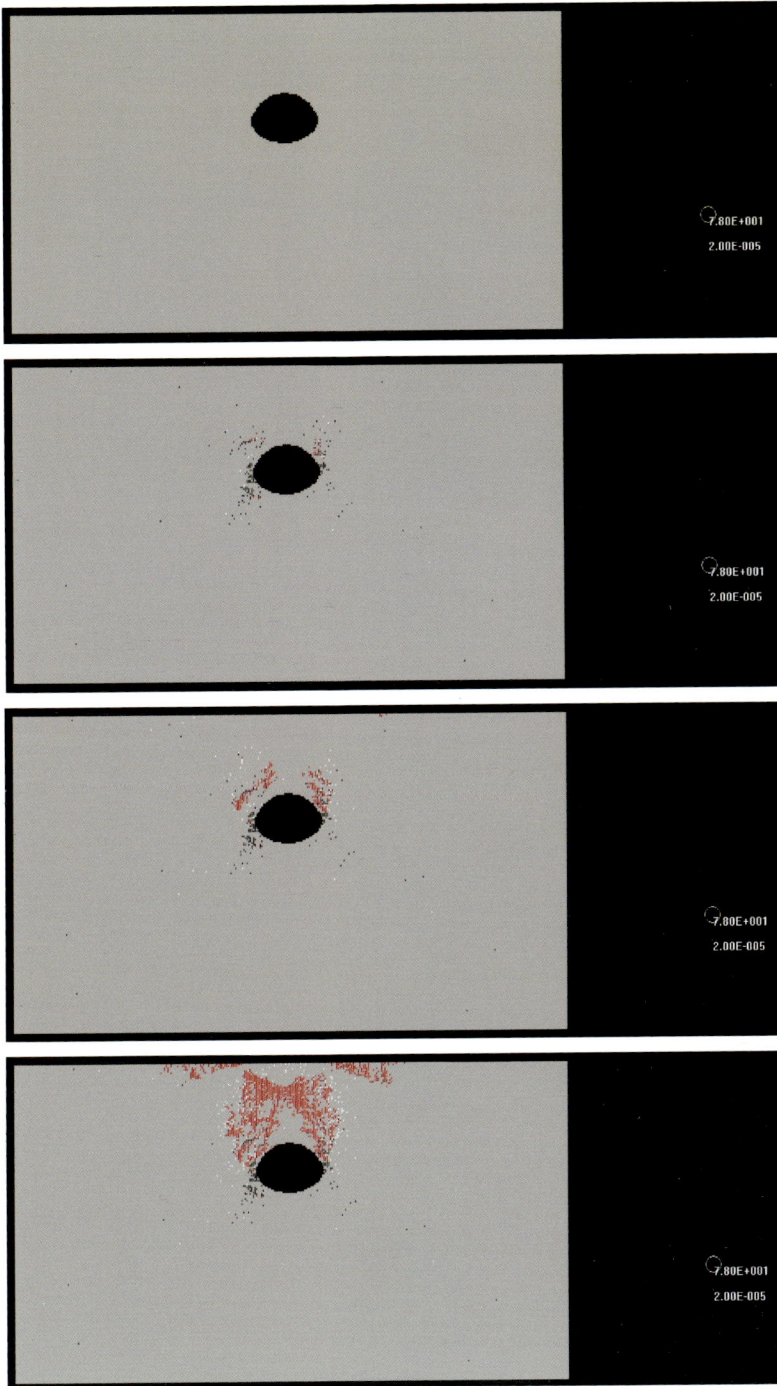

(d) 岩石覆盖层厚度为15m时的离心破坏过程(损伤演化)

图 4.28   不同岩石覆盖层厚度下 ZK5+915m 剖面各计算工况的离心破坏过程（续）

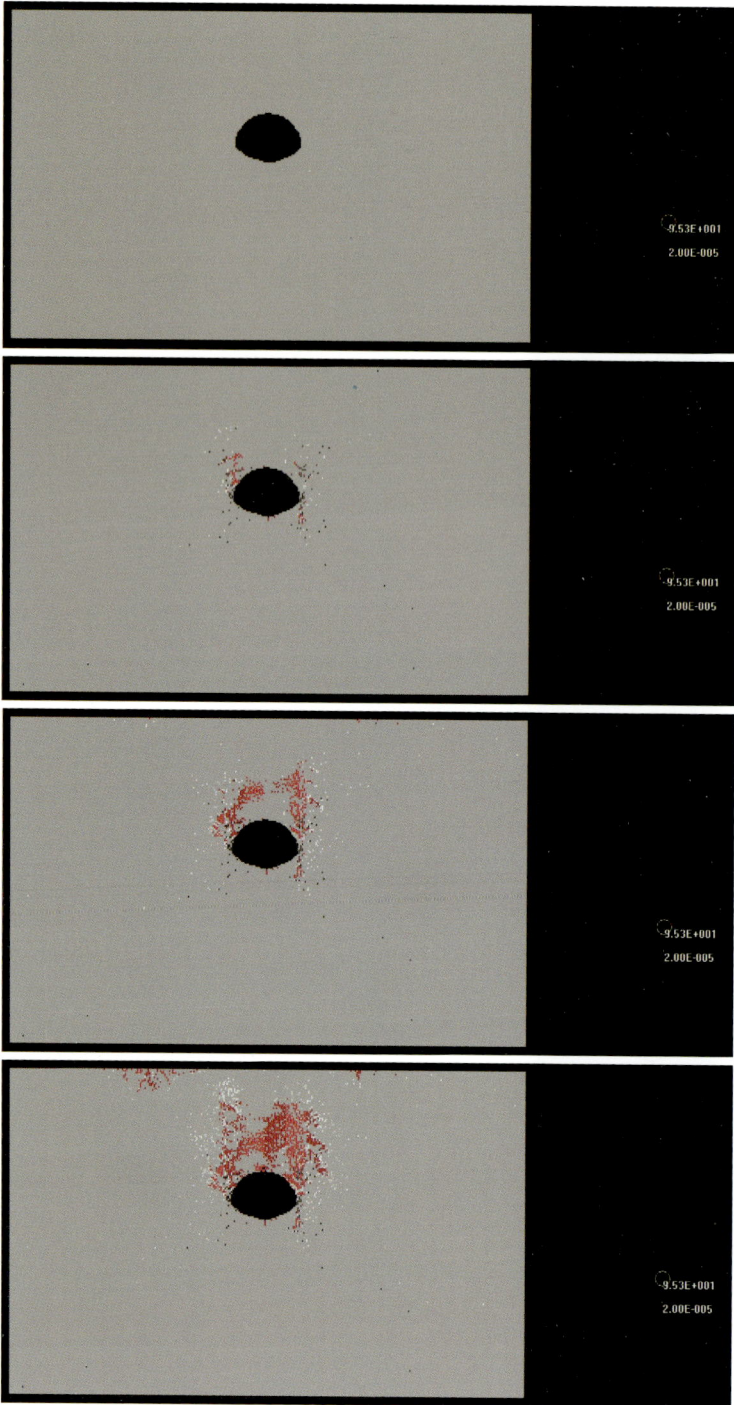

(f) 岩石覆盖层厚度为21m时的离心破坏过程(损伤演化)

图 4.28　不同岩石覆盖层厚度下 ZK5+915m 剖面各计算工况的离心破坏过程(续)

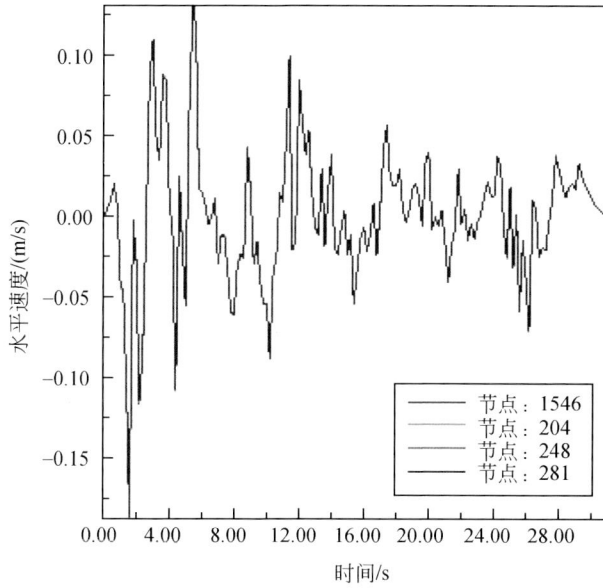

图 4.48　ZK5+915 剖面监测点水平速度时程曲线

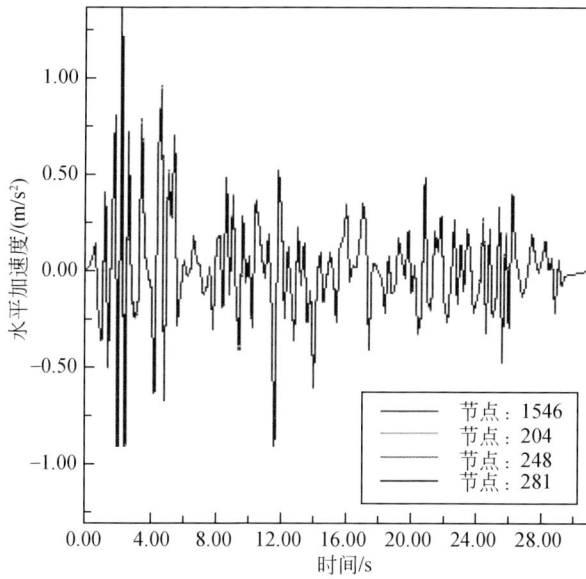

图 4.49　ZK5+915 剖面监测点水平加速度时程曲线

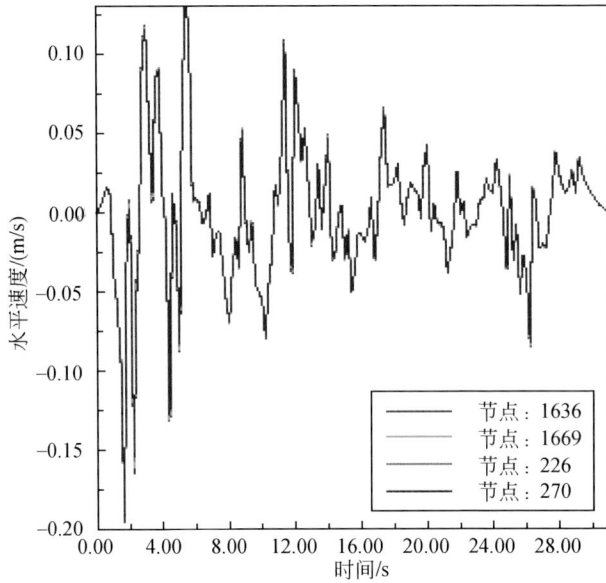

图 4.51　YK5+953 剖面监测点水平速度时程曲线

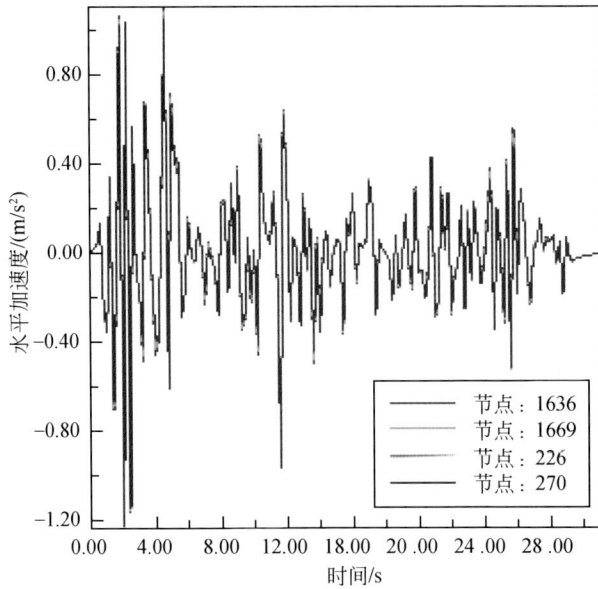

图 4.52　YK5+953 剖面监测点水平加速度时程曲线